· 四川省高校思想政治理论课“蒋家胜名师工作室”项目成果
· 广东省 2021 年度教育科学规划课题（德育专项）“人工智能时代高职思政课数字化教学资源开发与运用研究”（项目编号：2021JKDY058）成果
· 广东省 2021 年高职教育教学改革研究与实践项目“基于 OBE 的高职思政课智慧课堂创新与实践”（项目编号：GDJG2021279）成果
· 广州番禺职业技术学院校级重点教育教学课题“基于 OBE 的高职思政课智慧课堂建设研究与实践”（项目编号：2021JG02）成果
· 成都职业技术学院“全国优质专科高等职业院校”和“双高院校”建设项目成果
· 高职院校思想政治理论课建设（总主编/蒋家胜　欧美强）

高职院校思想政治理论课建设

信息化建设

蒋家胜　范华亮　欧美强 ◎ 著

西南交通大学出版社
· 成　都 ·

图书在版编目（CIP）数据

高职院校思想政治理论课建设. 2，信息化建设 / 蒋家胜，欧美强总主编；蒋家胜，范华亮，欧美强著. —成都：西南交通大学出版社，2022.6
ISBN 978-7-5643-8425-8

Ⅰ. ①高… Ⅱ. ①蒋… ②欧… ③范… Ⅲ. ①高等职业教育－思想政治教育－教学研究－中国 Ⅳ. ①G711

中国版本图书馆 CIP 数据核字（2021）第 243331 号

前 言

当今世界，科学技术发展日新月异，互联网、云计算、大数据、区块链等现代信息技术的发展推动了包括经济、教育等社会领域的深刻变革，并由此改变了人类的生产、生活、学习、思维和行为方式。现代信息技术为教育改革提质赋能插上新的翅膀，促进了教育信息化和新型教育服务供给方式的变革，推动了现代信息技术与教育融合创新发展。教育信息化已成为现代教育发展的趋势，要培养高素质劳动者和技术技能型人才，离不开职业教育信息化和现代化。高等职业教育信息化是促进高等职业教育改革创新，贯彻落实“双高计划”和提高高等职业教育质量的有效途径，是教育信息化发展面临的历史课题和创新前沿。在加强信息技术基础设施和信息资源建设的同时，大力推进信息技术与高等职业教育的深度融合，充分激发信息技术对教育的革命性影响，推动教育观念更新、模式变革、体系重构，建立新型教育服务供给方式，促进高等职教育内容、教学手段和方法现代化成了题中应有之义。

新的时代赋予了新的任务和新的目标，新形势又面临新的机遇和新的挑战。教育是国之大计、党之大计，“培养什么人，怎样培养人、如何培养人”是教育的根本问题。党中央高度重视思想政治理论课建设，强调其是落实立德树人根本任务的关键课程，作用不可替代。但如何上好思想政治理论课，让学生真心喜欢、终身受益，一直是我们思考的问题。一方面，我们要坚持内容为王，强调课程的逻辑主线和讲授的重点和难点；另一方面，我们要注重教育方式和教学方法的创新，增强课程的亲和力和针对性。习近平总书记在全国高校思想政治工作会议上强调，思想政治工作要因事而化、因时而进、因势而新，要运用新一代信息技术使思想政治工作“活”起来，推动思想政治工作传统优势同信息技术高度融合，增强时代感和吸引力，增强教学的亲和力、针对性的统一，不断提高教学的实效性和学生的获得感。教育部颁布的《职业教育提质培优行动计划（2020—2023 年）》中提出要育人为本、质量为先，要推动信息技术与教育教学深度融合，创新职业学校思想政治教育模式，提升课程教学质量和职业教育信息化建设水平。中共中央办公厅、国务院办公厅印发的《关于深化新时代学校思想政治理论课改革创新的若干意见》中明确提出要坚持问题导向和目标导向相结合，注重推动思想政治理论课建设内涵发展，全面提升学生身心素质，注重理论素养，实现知、情、意、行的统一；要大力推进思想政治理论课教学方法改革，提升思想政治理论课教师信息化能力素养，推动人工智能等现代信息技术在思想政治理论课教学中应用。

现代信息技术的发展与应用，促进了思想政治理论课信息化改革与实践。思想政治理论课是高等学校落实立德树人根本任务的关键课程，但在教学实践中，还存在思想政治理论课信息化数字教育教学资源开发与服务能力不强，信息化学习环境建设与应用水平不高等问题。因此，思想政治理论课要适应现代教育信息化发展潮流，必须充分利用现代信息技术手段，加快对思想政治理论课的数字化改造，创新思想政治理论课信息化教学与学习方式，丰富并创新思想政治理论课课程形式，探索和建立个性化的互动教学模式，从而推动思想政治理论课信息化改革与实践。

促进和推动思想政治理论课信息化改革与实践，必须树立思想政治理论课与现代信息技术融合构建观。人工智能时代的到来，思想政治教育的发展范式和创新路径受到技术化的规约和选择，数字化、网络化、智能化不仅是新一轮科技革命的突出特征，更为加强和改进思想政治教育提供了重大历史机遇，即通过“人—机—环境”交互设计，创设不同话语场域的教学情境，实现从“被动学习、权威认同”向“协同创新、交互认同”转型，打造智慧课堂，促进智慧学习。在教学实践中，现代信息技术在思想政治理论课中的应用，丰富了高校思想政治理论课的教育教学资源，改变了教师教学方式，完善了学生的学习方式，在一定程度上大大提高了教学效果，久而久之，形成了现代信息技术不仅是思想政治理论课知识资源的一种新的呈现工具和必备的教学辅助手段，而且是作为当代大学生强化认知和学习工具的“向技术学习”观念。这种观念强调，现代信息技术在思想政治理论课教学中扮演重要的角色，通过这种手段，思想政治理论课传递的学理知识的效果越好，学生所获得的知识也就越丰富。然而，现代信息技术设施和平台只是学生获得思想政治理论课相关知识的媒介而已，这方面知识实际上是学生通过认知、理解和思考等一系列过程变化才获得的，并由此产生一定的情感，形成相应的价值观，思想政治理论课教师的重要职责是利用现代信息技术帮助和促进学生思考。基于此，现代教育信息技术不应仅仅被用作思想政治理论课学习知识的传播工具，而应被当作学生学习思考、知识构建和价值观形成的促进者。因此，促进和推动思想政治理论课信息化改革与实践，必须树立思想政治理论课与现代信息技术融合的构建观。

基于以上思考，我们将思想政治理论课信息化改革列入成都职业技术学院优质校建设项目，后又组建联合项目组，先后申请了广州番禺职业技术学院校级重点教育教学课题“基于 OBE 的高职思政课智慧课堂建设研究与实践”（项目编号：2021JG02）、广东省 2021 年度教育科学规划课题（德育专项）“人工智能时代高职思政课数字化教学资源开发与运用研究”（项目编号：2021JKDY058）、广东省 2021 年高职教育教学改革研究与实践项目“基于 OBE 的高职思政课智慧课堂创新与实践”（项目编号：GDJG2021279）等项目，积极探索和推进思想政治理论课信息化教学改革。该书首先阐述现代信息技术与思想政治教育融合创新面临的机遇与挑战，在此基础上，我们就现代信息技术与思想政治理论课教学改革的现状、问题、目标和原则，现代信息技术与思想政治理论课资源库和思想政治理论课信息平台建设进行了较深入系统的研究，并对思想政治理论课教师信息化素养及其提升和思想政治理论课信息化教学的组织管理等进行了探索，形成了本著作。本著作由广州番禺职业技术学院蒋家胜教授拟定提纲，完成统审稿。第一章由成都职业技术学院欧美强、广州番禺职业技术学院蒋家胜撰写；第二章由成都职业技术学院程佳、广州番禺职业技术学院蒋家胜撰写；第三章由广州番禺职业技术学院蒋家胜、成都职业技术学院程佳撰写；第四章由广州番禺职业技术学院蒋家胜、成都职业技术学院欧美强撰写；第五章由成都职业技术学院范华亮、广州番禺职业技术学院蒋家胜撰写；第六章由成都职业技术学院范华亮撰写；第七章由成都职业技术学院范华亮、广州番禺职业技术学院蒋家胜撰写。

在撰写过程中，本书参考了许多专家学者的研究成果和著作，在此深表诚挚谢意！由于借鉴参考的文献资料较多，也许有部分文献资料没有一一列明，敬请谅解。由于著者水平和能力有限，书中不妥之处在所难免，敬请读者批评指正。

蒋家胜　欧美强

2022 年 4 月

目 录

第一章　现代信息技术与思想政治教育融合创新

现代信息技术的发展，不仅深刻影响了人们的生活方式和思维方式，而且对教育产生了革命性的影响。为增强高职院校思想政治教育时代感、吸引力和实效性，推动思想政治教育与现代信息技术高度融合创新势在必行。现代信息技术与思想政治教育融合创新，既可充分发挥现代信息技术在思想政治教育中的引领作用，又可推动思想政治教育传统优势实现迭代升级。因此，深入把握现代信息技术与思想政治教育融合创新的优势和不足，迎接现代信息技术与思想政治教育融合创新的机遇和挑战，是高职院校思想政治教育工作面临和需解答的新的历史课题。

第一节　现代信息技术与思想政治教育融合创新的优势

随着信息社会的不断发展，现代信息技术所构建的网络空间已经成为人们生产生活的新空间，数字化的信息交流已经成为人们交往的新常态，移动互联网已经成为信息传播的主渠道。可以说，现代信息技术已渗透到社会的方方面面，使人类社会的生存和生活方式发生了深刻变革，并由原来的技术保障要素变成了引领要素，现代信息技术也从初步运用发展到与各行各业深度融合创新的阶段。在这一融合创新浪潮中，思想政治教育迎来了难得的发展契机。在谈及如何做好高校思想政治工作时，习近平总书记明确指出："要运用新媒体新技术使工作活起来，推动思想政治工作传统优势同信息技术高度融合。”[①]可见，思想政治教育与现代信息技术的融合创新，既是党和国家领导的期望所在，也是信息技术变革发展的大势所趋。实现现代信息技术与思想政治教育的融合创新，不仅可以使现代信息技术在思想政治教育中的作用发生根本性变化，而且还可以转变思想政治教育的样态，最终激发并形成两者共融互通和优势互补的格局，使思想政治教育真正“活起来”。

一、现代信息技术与思想政治教育融合创新，可让思政理论课堂“活起来”

课堂教学是思想政治教育的主渠道，目前尽管学术界对于现代信息技术与思想政治教育融合创新还存在分歧，但将现代移动信息技术运用到思想政治教育课堂教学已成为一种普遍趋势，并不断在改变传统的思想政治教育课堂样式，使思政课课堂教学呈现出新的样态，思想政治教育主阵地活力初现。

在学校，尤其是高校，思想政治教育课堂教学告别了多媒体应用的初级阶段，利用慕课、微课等多种形式建立和开设网络思政课程已经比较普遍。在国内，比较有名的如由复旦大学马克思主义学院牵头建设的“思想道德修养与法律基础”课程，早已在智慧树在线互动学堂平台上正式发布，开启了我国高校现代信息技术与思想政治教育课程深度融合的先例。例如清华大学和武汉大学先后将“马克思主义基本原理概论”“毛泽东思想和中国特色社会主义理论体系概论”“中国近现代史纲要”“思想道德修养与法律基础”等四门课程全部以“慕课”形式放在学堂在线上。显而易见，借助现代信息技术，以慕课方式呈现的思想政治理论课，既突破了传统课堂教学的时空限制，拓展了教学场域，又凸显学生的主体地位，从而使学生学习方式具有更多的选择性。因此，现代信息技术与思想政治教育课程的融合，使得思政课的呈现形式和学习思政课方式活了起来。

从课堂组织形式上看，利用学习通、蓝墨云班课、课堂派等新型课

① 习近平.把思想政治工作贯穿教育教学全过程[EB/OL]. http://jhsjk.people.cn/article/28935836.

堂教学组织形式开展思想政治教育课堂教学已经较为普遍。与传统思政课教学模式相比，应用蓝墨云等新的课堂教学模式，在提升教师信息技术素养、探索课堂教学改革、调动学生学习积极性、增强思想政治理论课效果等方面均得到了很大改善，尽管这种新的教学形式遭到了一些质疑，但不可否认的是，这种教学方式大大提高了教学时效，在课堂教学中收集和反馈信息高效便捷，对于改善教与学效果显著，尤其是借助大数据统计、分析与挖掘，在人才培养方案执行、教学内容组织、教学过程管理、学生学习状态评估等方面，提供了一些数据性的资源，从而使得思想政治理论课的教学、管理、学习评价结果更具有说服力和可接受度。通过文字、图片、动画、视频等可视化数字技术功能的运用，思想政治理论课堂适应了数字化时代青年学生的思维行为习惯，思政课教学互动性增强，课堂显得更加活跃。近年来，很多学校启动了思政智慧教室和虚拟仿真教学中心的建设，推动信息化技术与思政课建设与改革的深度融合与创新，取得了一定的成果。2021 年 10 月，教育部公布了一批全国高校思政课虚拟仿真体验教学中心。电子科技大学吴满意、王丽鸽在《从精准到智慧：思想政治教育创新发展的根本态势分析》中提出新时代实现思想政治教育新目标要有新作为，要求思想政治教育进行复合性选择、跨界融合、混搭渗透，从数字驱动、网络驱动和智能驱动等维度发掘创新驱动生长点，努力实现传统与现代、虚拟与现实、技术与社会间的融合发展，并在此基础上，实现精准思政和智慧思政的范式转换，为新时代思想政治教育创新发展提供新的发展进路。[①]北京理工大学李永进在《论 5G 时代高校思想政治理论课的创新建设》中提出：5G 具有超高传输速度、超低网络时延、超强设备性能等技术特征，不仅会对人类生产方式、生活方式、思维方式、学习方式产生极大影响，也将推动高校思想政治理论课教学内容、教学方法、教学理念的创新变革。5G 将在资源协同共享、虚拟仿真教学、思政智慧课堂、人工智能考核等方面，丰富和拓展新时代高校思政课建设路径，提升思政课铸魂育人的

① 吴满意，王丽鸽. 从精准到智慧：思想政治教育创新发展的根本态势分析[J]. 马克思主义与现实，2019（04）.

实效性。[①]西南大学崔建西在论文《论人工智能时代思想政治教育的“变”与“不变”》中提出智能思政以大数据、深度学习、强算力为前提构筑了专属性的研究论域，其在实践中主要以数据思政、精准思政、虚拟思政等为实践样态，并以数据信息与思想意识、人工智能与人的智能、算法风险与数据安全等范畴为学科边界，实现了思想政治教育与人工智能的有机融合。[②]广州番禺职业技术学院曹群在论文《信息化智慧课堂研究》中提出了依托思政课智慧课室、创新教学模式，打造高效的“可听可信可用”的思想政治理论课智慧课堂的主张。[③]

在现代信息技术与思想政治教育融合创新实践过程中，个别学校还积极探索建立思想政治理论课教学平台，并将其与传统课堂相结合，充分发挥各自的课堂教学优势，以解决思政理论课教学存在的难点。如南京师范大学马克思主义学院构建了网络教学平台，依托网络平台和课堂教学这“两个课堂”，并利用这两个课堂进行分层教授与学习，即“用网络平台传授知识点，用课堂专题传播思想”，从而为解决“如何让所有学生参与、如何让学生真正喜欢、如何让教师有积极性以及如何构建学生的信仰体系”[④]这一难题提供了一种值得借鉴的方案。“两个课堂”的实践，发展和丰富了思想政治理论课的课堂教学层次。

二、现代信息技术与思想政治教育融合创新，可让思想政治教育平台“活起来”

在移动互联网时代，互联网“原住民”一代的主流阅读媒介已经发生很大变化，移动终端成了信息传播和接受的主要平台和首要选择。从理论上讲，借助现代信息技术挖掘和开发思想政治传统资源，使其以网络信息资源的形式呈现在教育引导对象面前就成了现代信息技术与思想政治教育

① 李永进. 论5G时代高校思想政治理论课的创新建设[J]. 思想理论教育导刊，2020（07）.

② 崔建西. 论人工智能时代思想政治教育的“变”与“不变”[J]. 思想教育研究，2021（05）.

③ 曹群. 信息化智慧课堂研究[J]. 深圳信息职业技术学院学报，2019，17（06）.

④ 南京师范大学运用网络平台创新思政课教学纪实[EB/OL]. http：//www.ict.edu.cn/news/gddt/xxhdt/n20140624_14460.shtml.

融合创新题中应有之义；从实践来看，坚持移动优先，有机融合思想政治教育资源，使思想整政治教育移动平台动起来和活起来势在必行。由此看来，思想政治教育资源平台的构建是开展思想政治教育的一项基础性工作。

融合各种商业化、社会化的互联网平台的优势，特别是移动传播平台的优势，让更多社会企业和平台都参与到思想政治教育平台的建设中来，形成覆盖全社会的思想政治教育移动平台，使网络教育平台形式活起来。在人工智能时代，作为信息传播和接收的移动网络平台正从一种大众传媒演变为公众接收信息、参与舆论评论与扩散的新兴媒体，网络平台就不再只是对传统媒体的一种简单替代平台，它还具有了舆论监督、价值评判与导向、社会教化等多重功能。因此，有研究者提出了思想政治教育与“网络交往、网络学习、网络娱乐、网络购物”[①]等交往平台结合起来，充分挖掘这些网络平台的思想政治教育资源，形成覆盖整个社会的思想政治教育网络平台，凝聚成一种全领域、全社会的思想政治教育力量，让思想政治教育功能渗透到所有的移动平台中。具体来说，在网络交往平台贯彻思想政治教育的原则，将社会交往与受教育面临实际困难解决、思想情绪变化等结合起来，以引导形成正确思想观念，使其符合社会主义核心价值观原则；在网络学习平台，在解决知识学习与传播、能力形成的同时，更要关注与学习者的情感交流、态度养成、价值取向，真正发挥网络学习平台知识传授与育人的功能；在网络娱乐平台，应将节目的娱乐性、知识性与教育性融为一体，寓“三义”“四信”内容于其中，真正做到寓教于乐；在网络购物平台，要掌握和引导消费者的习惯和行为，以培养正确的消费观念，通过消费咨询反馈，引导他们调整和形成合理的消费结构。在以上这些栏目中，尤其是对于主流媒体、相关热门网络平台等，国家应从政策和法律法规方面加强管理和引导，让它们成为思想政治教育的一支重要力量。

继续加强思想政治教育专业平台建设，如红色网站、“三微一端”等平台建设，使之真正发挥思想政治教育的主阵地功能，让思想政治教育专业平台活起来。习近平总书记指出，“我们党带领人民在革命、建设、

① 郭明飞. 创新网络思想政治教育[N]. 人民日报. 2013-11-21（7）.

改革过程中锻造的革命文化”[①]为思想政治理论的建设提供了一种深厚的力量。丰富的“革命文化”资源是一座进行思想政治教育的丰富宝藏，因此，各种红色网站也应运而生。有研究者提出，“我国第一个‘红色网站’由清华大学汽车工业 71 班自发建立，它是以思想政治教育为内容的理论学习网站，网站的宗旨是：宗马列之说，承毛邓之学，怀寰宇之心，砺报国之志，取名为‘红色网站’”[②]。自此以后，许多高校、党政机关、革命历史纪念馆等均纷纷建立了类似的网站。大量红色网站的建立，适应了全媒体时代信息传播的发展潮流，也是革命历史文化、马克思主义理论传播大众化的有效载体，但与此同时，红色网站还存在内容转化形式单一、更新不及时、吸引力差、点击率低等问题，因此，“遵循思想政治工作规律，遵循教书育人规律，遵循学生成长规律”，坚持以学生为本，建立一支专兼结合的专业化人才开发和维护队伍，加大经费投入，切实提高红色网站的时效性，并充分发挥其理论通俗化的优势，使其成为思想政治教育专业平台的一大亮点。与此同时，还应加强思想政治教育“三微一端”平台的建设，有人将思想政治理论课称为“第一课堂”，课外科技文化活动称为“第二课堂，”“三微一端”称为思想政治教育的“第三课堂”，从而提出“以‘三微一端’为载体，延伸‘第一课堂’，丰富‘第二课堂’，引领‘第三课堂’”[③]的主张。“三微一端”已经成了思想政治教育的重要宣传教育平台，它们为思想政治教育提供了一个广阔的空间，加强几者之间的有效联动，将会形成新媒体协同育人的新格局。

三、现代信息技术与思想政治教育融合创新，能使思想政治教育内容“活起来”

与现代信息技术深度融合的思想政治教育，能够利用网络信息技术

① 习近平主持召开学校思想政治理论课教师座谈会并发表重要讲话[EB/OL]. http://www.81.cn/sydbt/2019-03/18/content_9452111.htm.

② 陈卫星. 高校“红色网站”建设实证研究——以四川高校“红色网站”建设为例[D]. 成都：西南交通大学，2010：10。

③ 王莉.“三微一端”下高校思想政治教育改革探析[J]. 山西高等学校社会科学学报，2019，31（7）：65.

覆盖面广、传播速度快的特点，借助各种载体和有效途径，不仅开辟了思想政治教育的新空间，构建起了网上网下的思想政治教育新格局，实现了思想政治教育的全覆盖，而且还使得思想政治教育内容能够得到及时、广泛的传播，为思想政治教育内容活起来提供了技术手段。“信息找人”是全媒体时代的一个主要特点，思想政治教育工作者不仅是教育传播者、服务提供者，而且还是关系的构建者，因此，坚持在主题教育宣传、焦点热点回应等方面，运用思想政治教育内容个性化定制、精准化推送等技术，在信息生产方面进行创新，让思想政治教育内容活起来就十分必要。

坚持思想性与趣味性的统一，让思想政治教育内容的品位活起来。习近平总书记指出：“全媒体不断发展，出现了全程媒体、全息媒体、全员媒体、全效媒体，信息无处不在、无所不及、无人不用。”[①]可见，全媒体时代，信息是最不缺乏和最离不开的。但获取信息并不等同于学到了知识，转化成了能力，提升了思想境界，因此，思想政治教育制作的一些微视频，发表的段子、文章等，要有思想深度、有精神营养、有文化内涵，短小的要活泼有趣，俏皮而不媚俗，雅致精巧而不曲高和寡，长篇大论的要内容丰富、构思精巧而不乏味，在吸引“眼球”的同时，融入高雅的格调，以免使思想政治教育的内容变得迎合媚俗或索然寡味。

坚持知识性与价值性的统一，让思想政治教育内容的导向灵活起来。形成符合社会主义核心价值观的观念和行为是发挥思想政治教育舆论导向、政治导向和价值取向的具体体现，在信息化时代，马克思主义基本原理作为对自然、社会和人类思维发展本质和规律的正确反映，以及中国特色社会主义理论体系是我们正确认识世界和改造世界的思想武器，借助现代信息技术传播手段，这些思想更能得到快速传播，但是了解和掌握这些原理和理论，并不等同于掌握了真理，更不能等同于内化为知识接受者的理想和价值观念，因此，在实际传播过程中，通过不同形式的信息传播媒介和终端，坚持知识性与价值性的统一，实现现代信息技术深度融合的思想政治教育，从而利用网络提供及时丰富鲜活的思

① 习近平. 加快推动媒体融合发展 构建全媒体传播格局[J]. 求是，2019（6）：5.

想政治教育素材，使思想政治教育成为网络接受者的精神营养大餐，就能对受众进行有倾向性的引导，帮助他们对多样化的社会舆论进行辨别和有意识地导向选择，尤其是在政治方向、政治立场、政治路线和政治态度上起到定向与把关的作用，并进一步帮助和引导人们坚持以社会主义核心价值观去甄别各种社会现象，实现思想政治教育借助现代信息技术手段和呈现形式而使内容导向更加灵活起来。

坚持创新性与系统性的统一，让思想政治教育内容的效能鲜活起来。现代信息技术使得思想政治教育传播更加便捷和富有现代气息，也更易为年轻人所接受，但也不可避免地产生了网络信息碎片化与思想政治教育内容系统化的矛盾，尤其是微博等信息平台，对信息的表达和传播有明确的中文字符限制，这无疑加深了思想政治教育在利用这些平台时迫不得已只能将系统性的知识与思想“碎片化”，利用这些信息机制的思想政治教育，“只言片语”所能产生的教育引导功效就会大打折扣，因此，创造性重构各种媒介上的思想政治教育信息碎片和创新各种思想政治教育媒介平台体系，如微视频展播、情景剧教学、智慧课堂、抖音等成体系的现代信息技术呈现形式，使思想政治教育内容体系与这些现代信息技术系统融通共生，才能实现整体大于部分简单相加的效能，让思想政治教育形式变得让更多人接受的同时，思想政治教育内容的功效更加鲜活。

四、现代信息技术与思想政治教育融合创新，能使思想政治教育互动方式“活起来”

微博、微信、移动终端等网络新媒体已不仅仅是一种的信息传播工具，而且已经成为一种重要的思想情感交流平台，思想政治教育必须顺应现代信息技术所带来的这一革命性影响，构建和创新网络思想政治教育模式。借助思想政治教育移动网络平台，思想政治教育工作者可以利用和组织网络传播优势，选好思想政治教育内容，组织好网络传播语言和话语，以更加贴近不同思想政治教育群体日常生活，贴近他们的实际需要与关切，从而可以将思想政治教育的道理和内容变得通俗易懂，语言更加生动活泼，形式更加丰富多彩，找准思想政治教育的对象和信息接收方式，使思想政治教育的传播力和亲和力得到较大提升，从而改变了思想政治教育“你说我听”的单向传播方式，思想政治教育变成了关系的构建者，教育的互动方式更加明显。

从理论上看，利用现代信息技术与思想政治教育的深度融合，充分发挥移动媒体在思想政治教育的优先策略，整合并建立载体多样、独到丰富、覆盖面广的集群化有机移动传播矩阵，可以不断强化移动端的用户意识，针对不同群体实现思想政治教育的精准推送，优化和提升受众的使用体验，最大限度地增强思想政治教育移动传播媒介的和内容的吸引力，从而让思想政治教育的生成方式、接受方式和反馈方式活起来。在实践中，尤其是在高校，针对青年大学生网络信息交流特点，学校更应统筹规划，整合和联通学校、学生组织和个人“两微一端”平台，在学校层面建立起以官网、官方微博、官方微信公众号、手机APP客户端等为核心，以职能处室和二级学院官网、官方微博、官方微信公众号等为辅助，学生团体、师生个人、临时班课所开通的信息平台为补充的多层次立体移动平台体系，着力增强核心平台建设的权威性和公信力，充分发挥其在思想政治教育的“定心丸”价值和“一锤定音”作用。同时，结合学生日常学业提升、生活服务、就业指导、心理疏导等需要，突出管理、教育和服务特色定位，使其能更好地满足学生成长与发展的多样化需求，并以此展开有针对性的思想政治教育工作，切实扩大思想政治教育的影响范围，做活辅助平台。此外，规范师生个体信息平台建设的管理，遵循“谁建立，谁负责”的原则，管住和管好辅助平台，培养和提升学生骨干的网络信息素养，充分发挥他们在网络思想政治教育中的疏导、沟通和传递作用，让师生移动平台在思想政治教育中发挥更加灵活多变的作用。

第二节　现代信息技术与思想政治教育融合创新的不足

在国家教育信息化的战略部署推动的历史背景下，加之党和国家领导人高度重视现代信息技术与思想政治教育创新融合，并做了明确论述和提出了具体要求，为此学术界还召开了“思想政治理论教育传统优势同信息技术高度融合”的研讨会，并对此进行了专门和深入研讨。虽然学术界对现代信息技术与思想政治教育融合创新也展开了研究，并对实践探索进行了总结，在一定程度上推动了实务界有关两者融合创新的改革与发展，但结合实务界现状和学术界所做的分析，现代信息技术与思想政治教育融合创新还存在定位不高，融合创新视域狭窄；融合不深，水平较低；理论供给不足，融合创新缺乏精品等问题。

一、定位不高，现代信息技术与思想政治教育融合创新视域狭窄

针对现代信息技术与思想政治教育融合创新，学术界还存在一定的疑虑和分歧，尤其是针对思想政治理论教育传统优势同信息技术融合的目的、手段和效果等问题，有学者提出，“在思想政治理论教育传统优势同信息技术融合的过程中，应处理好信息技术与课程内容的关系，认为不管信息技术如何发展，都是辅助工具，都是为内容服务的，要坚持‘内容为王，手段为辅’”；还有学者指出，“思想政治理论教育传统优势和信息技术的运用应该两举并重，学会‘两条腿走路’”[①]。循此思路，学术界还有人认为，“信息技术的确可以给思想政治教育带来革命性的影响，但并不能解决思想政治教育中的所有问题，也并不是所有的技术运用都能取得好的效果”，因此，“在教育教学中，有效运用现代信息技术固然重要而且必要，却决不能无限夸大其作用，陷入‘技术万能论’的窠臼，不能让技术运用的热情遮蔽理性的审视与思考”。[②]虽然以上论点是就思想政治理论教育传统优势同现代信息技术融合目的等问题而提出的，但无论是“主辅论”“两条腿论”，还是“技术万能论”，都反映了他们对现

① 郑洁．新时代新机遇新作为——“思想政治理论教育传统优势同信息技术高度融合”学术研讨会综述[J]．马克思主义理论学科研究，2018（4）：181.

② 董祥宾．思想政治教育同信息技术融合的路向、问题与原则[J]．教育评论，2019（9）：14.

代信息技术在与思想政治教育融合创新这一问题上的认识还存在一定偏差，他们均过分强调思想政治教育理论教学与思想政治教育存在较大差别。即使如此，思想政治理论课与现代信息技术的融合创新已经不可避免，借鉴联合国教科文组织关于现代信息技术在教育教学发展中应用的不同阶段划分标准，有人提出，“高校思政课教学与信息技术的融合创新发展，主要包括信息技术在思政课教学中的起步与应用、思政课教学与信息技术的逐步融合和思政课教学与信息技术的高度融合等阶段”①。可见，在全媒体时代，信息技术已经从过去手段、条件保障等要素变为引领要素，信息技术的创新和引领已经成了各行各业发展的基础，思想政治教育理论教学也不例外。正因为如此，在《教育信息化 2.0 行动计划》中，国家再一次强调，“信息技术与学科教学深度融合不够”，要“坚持信息技术与教育教学深度融合的核心理念”，“推进新技术与教育教学的深度融合，真正实现从融合应用阶段迈入创新发展阶段”。②而在教学实践中也才有蓝墨云、课堂派、学习通等更多与教育教学深度融合的现代信息技术平台出现。

现代信息技术不仅更新了思想政治教育的度，还拓展了思想政治教育方法和手段，为加强和改进思想政治教育工作提供了更多的机遇和广阔的发展空间。基于信息与通信技术已经在思想政治教育领域广泛应用的考量，有研究者从现代信息技术与思想政治教育融合创新实践操作层面出发，认为现代信息技术与思想政治教育融合创新在思想认识方面还存在“教育形式与内容的和谐统一”“现代技术手段与教师情感的有效结合”“不断加强信息化建设与提升教师的综合素质”“激发教师的主观能动性”③等不容忽视的问题。应该说，以上建议，对于现代信息技术与思想政治教育融合创新具有技术指导意义。

立足国家安全和育人体系构建，现代信息技术与思想政治教育融

① 李梁. 思想政治理论课教学与信息技术融合创新发展的历史与逻辑[J]. 思想理论教育导刊，2018（2）：91.

② 教育部. 教育信息化 2.0 行动计划[EB/OL]. http：//www.moe.gov.cn/srcsite/A16/s3342/201804/t20180425_334188.html.

③ 陈春雷. 思想政治教育运用信息技术应注意的几个问题[J]. 思想理论教育导刊，2006（10）：65～67.

合创新显得十分迫切。从国家层面来看，现代信息技术的广泛应用和网络空间与各种网络平台的兴起发展，在极大促进了经济社会繁荣与进步的同时，也带来了新的安全风险和挑战，维护国家在网络空间的主权、安全和发展利益已经刻不容缓。与此同时，越来越多的人已经和正在通过网络交流思想情感、开展创业和实现梦想。“网络育人质量提升体系”已经受到了高度重视。国家明确要求：“推动思想政治工作传统优势同信息技术高度融合，引导师生强化网络意识，树立网络思维，提升网络文明素养，创作网络文化产品，传播主旋律、弘扬正能量，守护好网络精神家园。”[①]可见，现代信息技术与思想政治教育不是融合与否的问题，而是怎样融合创新的问题。因此，我们应该立足于国家安全，贯彻落实党和国家在加强和改进新形势下高校思想政治工作的意见来审视和谋划现代信息技术与思想政治教育的融合创新，而不应简单地把现代信息技术当作一种手段或工具，要深刻认识信息技术给思想政治教育带来的革命性影响和挑战，让现代信息技术与思想政治教育融合创新，成为为党和国家实现“两个一百年”奋斗目标、实现中华民族伟大复兴的中国梦提供强大精神力量和输送数以亿计的社会主义现代化建设者和接班人的一项基础性工程。

二、融合不深，现代信息技术与思想政治教育融合创新一体化水平低

为与我国社会主义现代化发展整体战略相一致，党和国家提出要“加快信息化时代教育变革”[②]，对照此要求，教育部认为：“信息技术对教育的革命性影响已初步显现，但与新时代的要求仍存在较大差距。数字教育资源开发与服务能力不强，信息化学习环境建设与应用水平不高，教师信息技术应用能力基本具备但信息化教学创新能力尚显不足，

① 中共教育部党组. [EB/OL].http：//www.moe.gov.cn/srcsite/A12/s7060/201712/t20171206_320698.html.

② 中共中央国务院印发《中国教育现代化 2035》. [EB/OL].http：//politics.people.com.cn/n1/2019/0224/c1001-30898642.html.

信息技术与学科教学深度融合不够，高端研究和实践人才依然短缺。”①一句话，无论是在管理服务能力、融合创新程度、人才支撑等方面，现代信息技术与教育的深度融合水平还不高。就思想政治教育而言，存在现代信息技术与思想政治教育融合创新在内容转换、数字化信息资源挖掘与利用等方面与现代信息技术融合一体化程度不紧密的问题。

第一，现代信息技术与思想政治教育融合创新在教育内容方面还存在偏差。思想政治教育与现代信息技术的融合创新，既是现代信息技术发展的产物，也是思想政治教育创新升级和迭代发展的需要，“促进融合”“创新融合”已成为不可阻挡的趋势。然而在这一进程中，有研究者认为，“当前思想政治教育与信息技术的融合，主要是思想政治教育内容通过信息技术‘上平台’，而没有做到思想政治教育内容与信息技术的真正‘融入’”②。此看法颇有见地。当下各类各级思想政治教育网络平台，设计和开辟了各种栏目，也上传了许多教育资源，确实极大地方便了资料文献查阅，也做到了国家方针政策或单位部门通告要求的上传发布，但这种简单的语言文字移植与网络信息表达和语言习惯还存在一定差距。因此，如何运用主流价值导向驾驭“算法”，使“算法”体现价值导向，这是现代信息技术与思想政治教育融合创新在思维方式和内容上需实现深刻变革和转换的关键所在。在现代信息技术与思想政治教育融合创新实践中，必须坚持用社会主义核心价值观去改造和设定“算法”，让思想政治教育的内容由原先较为单一的传播文字、图片、声音、视频等方式，对传播内容进行改版，使其符合“数与网”的全媒体时代呈现形式，做到思想政治教育与现代信息技术的真正融合创新，并能够实现信息、社交、服务、导向等于一体的功能，从而增强思想政治教育的点击率和交互性，做到思想政治教育在内容方面与现代信息技术的有机融合。

第二，在挖掘现代信息技术与思想政治教育融合创新数字资源和建立思想政治教育评价标准方面还存在偏差。大数据、云计算、人工智能等移

---

① 教育部．教育信息化 2.0 行动计划[EB/OL]. http：//www.moe.gov.cn/srcsite/A16/s3342/201804/t20180425_334188.html.

② 沈壮海，史君．推动思想政治教育与信息技术的高度融合[J]．国家教育行政学院学报，2017（1）：17.

动信息技术提高了思想政治教育的组织效率，也较为详细地记录了思想政治教育过程的轨迹，并留下了“海量”的数字资源，这为我们了解思想政治教育全程面貌、教育对象互动状况、教育活动与成效评价提供了依据，从而使得思想政治教育的定向化、个性化、科学化成为可能。正因为如此，学界有人指出，“运用信息技术可以精确记录思想政治教育教学活动的全方位信息，有效追踪教育对象接受教育后的发展变化，分析思想政治教育对教育对象产生的实际作用和影响，这为我们监测思想政治教育全过程、评估思想政治教育效果，精准发现问题、深入改进思想政治工作提供了条件和可能”①。然而，在庞大的数据中，抽取和设立哪一些观测指标来对思想政治教育成效进行评判，还有待于进一步优化各项观测点。以应用现代信息技术的思想政治理论课为例，学生在课堂上回答问题、知识掌握等情况可以通过“课堂表现”“课堂测试”等活动一目了然，但思想政治理论课教学有其特殊性，除了要对学生进行“知识性”传授外，还要坚持“价值性”培养与养成，将对人文社会科学知识的认识升华为学生的理想信念，是思想政治理论课的一项重要职责，因此，作为课堂教学的一环，这些知识性理解和掌握测评指标不存在任何问题，但如与学生思想情感培养、价值养成等建立起必然联系则值得商榷。

第三，从发展水平来看，现代信息技术与思想政治教育融合创新发展正处于攻坚克难的关键阶段，与实质性的高度融合还存在一定的距离。现代教育技术虽然很早就得到实务界的高度重视并加以运用和推广，然而，要实现现代信息技术与思想政治教育融合创新却是一个十分漫长的过程，不可能一蹴而就。借鉴有关研究成果，根据现代信息技术在教育教学中应用的四个发展阶段，即“‘起步’（Emerging Stage）、‘应用’（Applying Stage）、‘融入’（Infusing Stage）和‘变革’（Transforming Stage）”。学界有人提出，目前高校思想政治理论课教学与现代信息技术融合创新大体经历了“‘起步’与‘应用’”“整合”“融合创新的实践探索”“高度融合”四个阶段，但“由于理论研究和具体实施环节缺乏有机结合，信息技术在高校思政课教学上的应用多是粗放式的，在细节上缺

① 董祥宾. 思想政治教育同信息技术融合的路向、问题与原则[J]. 教育评论，2019，（9）：15.

乏周密的设计和安排，没有很好地达到增强思政课教学效果的目的”。[①]此论表明，承担思想政治教育主阵地的高校思想政治理论课与现代信息技术的融合创新尚且如此，广泛意义上的现代信息技术与思想政治教育融合创新发展水平就可见一斑。

综上，现代信息技术与思想政治教育融合创新已经成了一种不可逆转的发展趋势，但两者间的有机融合并不深入，这还需理论界和实务界不断探索实践。

三、供给不足，现代信息技术与思想政治教育融合创新精品缺乏

在现代信息技术与思想政治教育融合创新的实践与探索中，虽然理论界对此也进行了研究与分析，实务界也创建了诸如“易班”之类的创新性平台，但总体来看，无论是融合创新理论供给还是融合创新产品供给，都与现实需求存在一定差距。

从理论研究来看，由于掌握思想政治教育理论和现代信息技术人员之间存在壁垒，“在实际工作中，有扎实马克思主义理论素养的思想政治教育工作者不懂信息技术、缺乏相关操作和实践经验，而具有计算机科学、信息科学、统计学等知识与信息技术运用能力的人员又缺乏扎实的思想政治教育理论素养，导致思想政治教育同信息技术的融合缺乏精深度和充分度”，[②]因此，关于现代信息技术与思想政治教育融合创新的研究还不深入。从目前公开发表的理论成果看，其群体全是从事思想政治理论教育工作者，正因为如此，研究焦点也主要聚焦高校思想政治教育、思想政治理论课的教育教学与现代信息技术融合创新，并多是谈论它们融合创新重要性、存在问题、对策策略等研究，而对于运用现代信息技术去实现思想政治教育网络语言转换、信息编辑、生产、分发、接受和

① 李梁. 思想政治理论课教学与信息技术融合创新发展的历史与逻辑[J]. 思想理论教育导刊，2018，(2)：91~94.

② 董祥宾. 思想政治教育同信息技术融合的路向、问题与原则[J]. 教育评论，2019（9）：15.

反馈等技术层面的创新则鲜有涉及。同时，对于全媒体时代的“全程化”“全息化”“全员化”和“全效化”理解和研究也不深入，自以为思想政治教育还处于“我说你就会听”“我写你就会看”的单向传播模式，可见，学界对全媒体时代思想政治教育主体与受众的互动性理解不够深刻，研究还有待深入。此外，立足于规律探索与把握，有研究者指出，“要想真正把握思想政治教育与信息技术融合的一般规律，除了要分别研究思想政治教育规律、信息技术发展规律、新时代受众成长规律以及网络思想政治教育规律外，还要深入探究如何做到这四大规律的有机统一，这样才能科学预见思想政治教育将面临的信息技术新样态、新受众群体和新时代问题”。[①]由上可见，无论是为了适应全媒体时代思想政治教育发展趋势，还是从规律发展角度，增加现代信息技术与思想政治教育融合创新研究刻不容缓。

从现代信息技术与思想政治教育融合创新成果形态来看，借助已有移动平台，开展思想政治教育与现代信息技术嫁接融合创新是目前较为通行的做法，真正属于原创性的创新性平台并不多见，“易班”是其中一个。对此，学界有人总结认为，“易班”是立足于“思想政治教育丰富内容与网络多媒体形式呈现融合、主题教育活动与网络凝聚力融合、社会主义核心价值观教育与网络文化作品创作融合、全员全方位全过程育人要求与网络共建共享优势融合”[②]的一个富有原创性的高校思想政治教育网络平台，为此，教育部等部门专门下发了《“易班”推广行动计划和中国大学生在线引领工程实施方案（2014—2017 年）》，在高校广泛推进“易班”实施行动计划，并明确要求“着力增强校园网站的思想性、教育性、服务性、互动性，打造一批示范性学生网络互动社区、主题教育网站和思想理论教育资源网站”。[③]从实践成果来看，“易班”是当前唯一

① 沈壮海，史君．推动思想政治教育与信息技术的高度融合[J]．国家教育行政学院学报，2017（1）：20.

② 吴昊，朱明伦．基于易班实现思想政治教育传统优势同信息技术融合的实践与展望[J]．电子科技大学学报（社科版），2019，21（2）：60～64.

③ 教育部办公厅，国家互联网信息办公室．“易班”推广行动计划和中国大学生在线引领工程实施方案（2014—2017 年）[EB/OL]．http://www.moe.gov.cn/jyb_xxgk/moe_1777/moe_1779/201502/t20150209_185743.html.

能与“中国大学生在线”和“全国高校思政网”相提并论的集全国高校教育教学、生活服务、文化娱乐的综合性互动社区，它能为在校师生提供主页定制、社区交流、空间存储、群组聊天、在线学习、活动发布、兴趣交友等信息化一站式的管理、教育和服务。除此以外，在现代信息技术与思想政治教育融合创新实践中，具有如此强大功能、覆盖面十分广泛、影响力持久的平台并不多见，“易班”是难得一见的融合创新精品。

第三节　现代信息技术与思想政治教育融合创新的机遇

在致国际教育信息化大会的贺信中，习近平主席明确指出，“互联网、云计算、大数据等现代信息技术深刻改变着人类的思维、生产、生活、学习方式，深刻展示了世界发展的前景”，着眼未来人才的培养，必须“积极推动信息技术与教育融合创新发展，共同探索教育可持续发展之路”。[①]可见，借助现代移动通信技术的发展，推进包括思想政治教育在内与信息技术融合势在必行，也是难得的发展机遇。现代信息技术与思想政治教育融合创新不仅顺应了教育与信息技术融合发展潮流和趋势，做到了“因事而化、因时而进、因势而新”，而且还为进一步彰显思想政治教育传统优势发展提供了机遇，从而极大丰富了思想政治教育资源，增强了思想政治教育的覆盖面和时效性，使得思想政治教育在信息化时代获得更加广阔的发展空间。

一、为进一步彰显思想政治教育优势提供了机遇

就思想政治教育而言，无论是在革命和建设，还是改革开放的各个历史时期，中国共产党都一贯高度重视思想政治教育工作，并由此形成

① 习近平．致国际教育信息化大会的贺信[EB/OL]. http：//www.xinhuanet.com//politics/2015-05/23/c_1115383959.htm.

一种优良传统和政治优势。在总结中国共产党的伟大奋斗历程时，中国共产党人明确指出："思想政治工作是经济工作和其他一切工作的生命线。"[①]这一论断是新的历史条件下党对思想政治教育传统优势的坚持和发展。学界有人认为，中国共产党的思想政治教育优势主要表现在四个方面，即"党的政治领导优势""党的思想宣传优势""党的理论优势"和"先进文化优势"。[②]而现代信息技术与思想政治教育的融合创新，无疑会使是这些传统优势得到放大和倍增，并形成思想政治教育的新优势。

借助现代移动终端技术的发展，将现代信息技术与思想政治教育融合创新，思想政治教育的组织优势借助网络平台和终端，在扩大受众面的同时，也使得思想政治教育环境得到优化。在没有网络技术的时代，思想政治教育的方式主要依靠各级组织"面对面"倾听和交流，而利用移动终端技术，思想政治教育的方式则大为改观。思想政治教育工作者只需要一台电脑或手机，点击一下按键，则可以将思想政治教育的内容进行传输和告知。思想政治教育互联网络体系的建立，不仅使得教育内容和信息能够及时传播到受众，而且还可以对教育反馈的情况做出即时的回应。现代信息技术与思想政治教育融合创新而产生的网络思想政治教育，为思想政治教育营造了一个更加开放的环境，而充分、有效地利用现代信息技术便捷、即时等优势，能使思想政治教育工作者与工作对象能在同一时刻甚至千里之遥的地点与众多的对象进行交流和沟通，从而完全突破了传统思想政治教育空间、人数等局限，形成了远距离、开放性的教育空间。至于受教育者，也不会因交通、时间、气候等客观条件限制，从理论上说，只要根据自身安排，受教育者可以不受时间、地域限制，随时随地都能够接受教育，从而形成思想政治教育覆盖面更广、时效性更高的新优势。

由于现代信息技术所带来的革命性影响，它实现了随时随地将文

① 中国共产党中央委员会. 关于若干历史问题的决议和关于建国以来党的若干历史问题的决议[M]. 北京：中共党史出版社，2010：72.

② 陈运普. 论中国共产党的思想政治教育优势[J]. 思想教育研究，2012（11）：34～38.

本、声音、图像、视频等信息传送到有终端设备的个体和任何地方，并集报刊、广播、电视、电话等功能于一体。从信息传播和接收原理看，国外有研究表明，“人的大脑每天通过五种感官接受外部信息的比例分别为：味觉1%、触觉1.5%、嗅觉3.5%、听觉11%，以及视觉83%”[①]。可见，听觉和视觉是我们接受外界信息的主要渠道。因此，现代信息技术与思想政治教育融合创新，这不仅以立体方式丰富了思想政治教育资源和内容，而且也使得其表现形式更富有时代气息和“接地气”，原先较为枯燥的思想政治教育工作变得生动活泼，这不仅可以激发受教育者的想象力和求知欲，而且还能充分调动他们获取这些信息的主动性和参与性，尤其是图文并茂声像俱佳的呈现方式更是符合信息化一代的胃口，也有利于“入脑入心”，从而改变了思想政治教育在人们心中“说教”的刻板印象，变成了集管理、教育、服务于一体的新型信息平台，思想政治教育也进行了转型升级，为其在社会生活中进一步彰显和发挥舆论导向和价值导向优势提供了千载难逢的机遇。

思想政治教育主要是为了解决人的思想和认识问题，只有解开了“心中的结”，受教育者才能敞开心扉进行交流，并实现思想和行为的转变，因此，从本质上看，思想政治教育就是一种平等交流沟通的个性化活动。而在网络思想政治教育平台中，原先受教育者的主动权和选择权更大了，思想政治教育对象的主体性更强、主动性更重要，这对教育的针对性和平等性提出了更高要求。现代信息技术为思想政治教育更加精准化、个性化地疏导、影响、转化提供了技术手段支撑，而且由于处于“虚拟世界”，受教育对象可以放下更多顾虑，并能便捷轻松地进行沟通，而施教者也能更好地“对症下药”和排忧解难，通过移动平台和终端，思想政治教育传统的“谈心活动”就可以更加深入，在此，现代化的手段和传统的方式得到了很好的结合，网上的“共振”加上网下的互动，思想政治教育的效率大大提高。因此，现代信息技术与思想政治教育的融合创新，为打开“思想之锁”提供了更多的“钥匙”，并为更好开展个性化的思想政治教育提供了机遇。

① 常龙生. 善用信息通道[J]. 上海教育，2017（30）：77.

二、为拓展和延伸思想政治教育空间提供了广阔平台

随着现代信息技术的迅猛发展，互联网已经成为当今社会信息传播的重要媒介，作为一种方兴未艾的新媒体，它已成为人们获取知识和各种信息的重要渠道，并对学习、生活、工作乃至思想观念和思维方式产生着广泛而深刻的影响。总之，现代网络信息技术的发展，已经突破了时空场域限制，极大地拓展了传播的范围，改变和创新了传播手段，引发了信息传播格局和接收方式的根本性变革。因此，我们应该清醒地认识到，现代信息技术的发展和普及，为思想政治教育提供了更加先进的技术支撑和新机遇，极大地拓展和延伸了思想政治教育阵地和平台。

利用现代信息技术构建具有开放性、交互性、及时性等特点以及各种移动终端平台，可以在互联网上开展形式多样、生动活泼的思想政治教育活动，开辟网上思想政治教育新阵地。当今世界，由于网络已经成为一种生产生活的新空间，它已经深度融入人们的学习、生活、工作、交往、休闲娱乐等方方面面，网络教育、创业就业、医疗、购物、金融、点餐等也十分普及，可以说，网络已经成了越来越多的人思想交流、社会交往、成就理想与事业、出行等不可或缺的工具。在“建设一支听党指挥能打胜仗作风优良的人民军队”的讲话上，习近平总书记指出：“政治工作过不了网络关就过不了时代关。”[①]虽然习近平总书记是针对军队强调思想政治工作在网络时代的重要性，但此话却有着一定的普遍指导意义。因此，在现代信息化社会，只有把思想政治教育与互联网紧紧联系并融合创新发展，才能让思想政治教育焕发出强大的生命力。思想政治教育管理部门和工作者还必须以主动“开疆拓土”的精神“建网”，用积极、健康、向上的思想文化占领网络阵地，用符合社会主流的价值观念引导人们的网上言论和思想行为，让网络空间充满正能量。同时，还必须利用互联网思维，对传统思想政治教育资源和内容进行“改版”，对传统思想政治教育方式和方法进行

① 习近平．建设一支听党指挥能打胜仗作风优良的人民军队[EB/OL]．http：//jhsjk.people.cn/article/28337043.

“切换”，让传统思想政治教育也带上互联网的特点，积极研究和构建“互联网+思想政治教育”模式，推动思想政治教育由单向走向互动、由“光与电”的立体媒体时代进入到“数与网”的全媒体时代，不断拓展和延伸思想政治教育新空间。

为利用现代信息技术拓展和延伸思想政治教育空间，必须做到以下几点。首先，互联互通，协作整合，形成思想政治教育网络育人体系，实现互联网和思想政治教育内与外、上与下、左与右的一体化融合建设与发展，实现各级各类思想政治教育网站同频共振，增强思想政治教育功效，形成全方位、多层次的思想政治网络覆盖，让每一个角落和移动终端平台都能够接收到思想政治教育所传递的正能量。其次，共建共享，充实和完善互联网思想政治教育资源。在实践中，加强统筹规划，按照行业划分，依托骨干思想政治教育网站实现“纵向到底”的“串联”，依托各种辅助思想政治教育网站，实现“横向到边”的“并联”，用一盘棋的思想，开通雅俗共赏的教育移动客户端，开发思想政治教育网上学习课堂、电台、工作室等平台，建立横纵贯通的思想政治教育资源体系，并用科学化的理论、特色鲜明的资源、专业化的技术使各种思想政治教育资源“转起来、动起来、火起来”，让每一个移动客服端都能分享到这种正能量。最后，同向同行，加强网络思想政治教育队伍专业化建设。拓展和延伸思想政治教育的网络空间和阵地，需要培养一支既具有较高的政治理论水平和素养，熟悉、了解、掌握思想政治教育规律，又能较熟练地掌握现代信息应用技术与网络文化特点的专业化思想政治教育工作的队伍。具体来说，就是必须培养一批既能够保证网络安全，又能自主开发技术储备，同时还会讲述网络思想政治教育故事的建设和管理人才，从而牢牢掌握网络思想政治教育的主导权，让每一个移动客服端都能感受到这种正能量。

三、有利于构建完善的高校网络育人质量提升体系

中国共产党历来高度重视高校思想政治工作，探索形成了一系列高校思想政治教育工作基本方针原则和工作准则，并制定了《关于加强和改进新形势下高校思想政治工作的意见》，为将该意见引向深入和落实，

教育部党组印发了《高校思想政治工作质量提升工程实施纲要》，并提出了构建“十大”育人体系的基本任务，其中，网络育人质量提升体系的构建，就是为了建好和守护好网络精神家园，而现代信息技术与思想政治教育的融合创新，为这一育人体系的建立和完善提供了难得发展的契机，并起到了助推的作用。

第一，思想政治教育与现代信息技术融合创新，有利于各高校整合内部网络资源，构建和完善高校网络思想政治教育局域网。为利用现代信息技术创新网络育人体系建设，各高校加强了工作统筹，进一步优化了校内思想政治教育工作网，调整和改版了工作栏目，增加了网络思想政治教育和“课程思政栏目”，更新了信息发布、工作交流、管理服务和数据分析平台,加强了校内思想政治教育工作管理系统共建与资源互享。与此同时，各高校还强化网络意识和安全教育管理，编制了类似于《高校师生网络素养指南》的网络使用规范，并结合教育教学，强化师生网络使用能力提升和网络素养教育，从而增强了高校师生网络安全意识，引导他们遵守网络行为规范，并养成了文明健康的网络生活方式。这些举措，不仅与国家“全面提升师生信息素养，推动从技术应用向能力素质拓展，使之具备良好的信息思维，适应信息社会发展的要求，应用信息技术解决教学、学习、生活中问题的能力成为必备的基本素质”[①]的要求相吻合，而且为营造良好的网络育人体系提供了人才支撑。

第二，利用现代信息技术与思想政治教育融合创新机遇，创新了高校思想政治教育新型平台，构建起了覆盖全国的网络育人平台体系。在利用现代信息技术与思想政治教育融合创新构建全国高校网络育人体系案例中，“易班”比较突出。“易班”是上海市教卫党委、上海市教委委托上海市教育系统网络文化发展研究中心，自主研发整合论坛、社交、博客、微信、邮箱、网盘、移动终端等功能于一体网络虚拟社区，其页面包括学校、班级和个人三级层面模块和功能。自 2009 年在部分高校实现以来，现正在全国推广，截至 2019 年年初，已经覆盖全国 905 所高校，

① 教育部. 教育信息化 2.0 行动计划[EB/OL]. http：//www.moe.gov.cn/srcsite/A16/s3342/201804/t20180425_334188.html.

学生用户达 932 万。[①]“易班”正在成为继“中国大学生在线”之后又一个具有全国性影响力的网络育人平台，并将各高校校园网整合成全国性的、立体的、多重覆盖的网络育人体系。为深入推动全国性网络育人体系建设，“易班”还联合中国大学生在线发挥全国高校校园网站联盟作用，推选和评比出了一批校园网络名站名栏，开展了“大学生网络文化节”“高校网络育人优秀作品推选展示”“网络文明进校园”等网络文化建设活动，在全国形成了高校思想政治校园网络育人体系矩阵格局。

第三，借助现代信息技术与思想政治教育融合创新的机遇，各级高校网络育人研究中心的成立，为推动各地网络育人体系实践开展提供了组织管理保障和理论支撑。从国家层面来看，先后成立“高校网络文化研究评价中心”和“教育部易班发展中心”等管理研究机构，并制定了《高校校园网络文化建设专项试点工作方案》等指导性的文件，以调动各高校加强和改进网络建设管理的积极性，主动探索信息社会条件下网络文化育人主动权和网上舆论引导话语权的构建，着力研究新时期如何弘扬网上思想文化主旋律，推进网络思想文化阵地建设，增强网络文化育人功效等建设。对网络文化传播发展规律深入研究，必将促进网络育人体系的完善。

第四节　现代信息技术与思想政治教育融合创新的挑战

随着现代信息技术的飞速发展以及互联网的普及，现代信息技术与思想政治教育融合创新在给我们带来方便的同时，但由于其自身存在的一些特点和不足，也给这种融合创新带来了挑战。

一、从内在张力看，这种融合创新面临思想政治教育内容系统化与信息碎片化的矛盾

思想政治教育既是科学，也是一门单独的学科，思想政治教育内容

① 吴昊，朱明伦．基于易班实现思想政治教育传统优势同信息技术融合的实践与展望[J]．电子科技大学学报（社科版），2019，21（2）：61.

是系统和有机的而不是零碎的，它本身具有严密的科学体系。有专家认为："思想政治教育内容是丰富、动态的系统。从思想政治教育内容要素出发，思想政治教育内容体系分为思想教育、政治教育、道德教育和心理教育；从人的思想观念的构成出发，可以分为世界观、人生观、政治观、道德教育观；从思想政治教育目标和任务出发，可以分为理想信念教育、爱国主义教育、公民道德教育和素质教育四个方面的内容。"[①]可见，无论从哪一个视角来看，思想政教育教育内容都是一个较为完整的系统，因此，在进行思想政治教育与现代信息技术融合创新时，我们必须充分考虑这种有机性和整体性，断章取义或随意割裂都可能有损其本来含义，甚至是背道而驰。

然而，现代信息技术所带来的现代传媒"碎片化"传播特点却是不争的事实。一方面，知识呈现碎片化。知识碎片化是指，在现代移动技术条件下，"云"成了信息迅速传播的一种新载体，知识也以图片、动漫、音频、视频等方式非连续性地呈现在受众的移动终端，这种表达方式打破了传统教育所秉持的连贯性和系统性，而且只要一打开移动终端，各种"头条""抖音"等各式各样的新闻、广告宣传、短视频等短小资讯就会自动弹出而进入我们的视野。这种将具有整体性、系统性，逻辑严谨的思想政治教育内容体系通过分解为零碎的、缺乏逻辑结构的知识碎片或微知识，其更新速度快的特点满足了受教育者可以随时随地学习的需要，这既为那些大部头的经典著作的网络呈现提供了机遇，但也带来了不小的挑战。另一方面，媒体信息传播和接受的碎片化。利用现代信息技术，微信、微博、抖音、今日头条等新兴信息传播平台如雨后春笋般快速发展，并成了人们获取信息的重要方式和手段，这些新媒体平台通过专题知识、理论学习微课堂、数字视频等形式不仅极大改善了思想政治教育学习环境和体验，而且还可以借助大数据实时掌握学习的情况，但是以这种方式所推动的知识信息往往随机性强、系统性不足、逻辑性欠缺，并不利于学习者建构其系统的知识体系，同时这种碎片化的理论学习往往比较肤浅，很难使学习者对某一理论和思想形成系统的看法，

① 罗洪铁. 思想政治教育学原理[M]. 重庆：西南师范大学出版社，2009：85.

并形成真知灼见，更不用说运用它们来分析和批判各种社会现象，学习者的系统化思维难以得到训练。对此，学界有人提出，为了应对新兴媒体“碎片化”的挑战，而应采取网络思想政治教育“碎片化”灌输的教育方法，即“把系统化的思想政治教育理论通过‘碎片化’的形式对思想政治教育网络受众施加有目的、有计划、有组织的影响，使他们在长期的‘碎片’教育中，耳濡目染、积少成多、由点到面、由浅入深，最终形成稳定的、符合社会要求的思想品德”，其表现形式为“灌输时间的‘零碎化’、灌输内容的‘碎片化’、灌输方法的‘精细化’和灌输话语的‘网络化’”，为此，该研究者还提出了“宣传网络思想政治教育‘微重点’，培养网络思想政治教育‘微人才’，搭建网络思想政治教育‘微平台’，创新网络思想政治教育‘微技术’”等相应策略。①以上观点和主张，对于思想政治教育常识性的知识点也许较为适用，但对于学理性、逻辑性、有机性强的思想政治教育内容则提出了很明显的挑战。为此，有研究者指出，高校作为思想政治教育的主阵地，信息碎片对高校思想政治理论课和日常思想政治教育带来的挑战十分明显，信息碎片化传播不仅使得思想政治理论课教学目标模糊化，而且使得教学理念与教学方法受到冲击，从而使得思想政治理论课教学环境更加复杂，尤其是“信息碎片化传播弱化了高校日常思想政治教育工作者的话语权威”。②应该说，这些都是现代信息技术与思想政治教育融合创新面临的直接挑战。

二、从时效维度看，思想政治教育新型传播话语权体系和话语权还较为薄弱

现代信息技术在给我们带来便捷、高效的同时，为提高网络综合治理能力和避免碎片化的信息源对网络思想政治教育所带来的负面影响，习近平总书记强调，宣传思想教育“关键是要提高质量和水平，把握好

① 司忠华. 网络思想政治教育“碎片化”灌输的缘由、内涵与策略[J]. 思想教育研究，2017（8）：100～105.

② 沈玲. 信息碎片化传播对高校思想政治教育的影响及对策研究[D]. 徐州：江苏师范大学，2017：32～36.

时、度、效，增强吸引力和感染力，让群众爱听爱看、产生共鸣，充分发挥正面宣传鼓舞人、激励人的作用”①。而从提高网络综合治理能力看，网上教育宣传必须“旗帜鲜明坚持正确政治方向、舆论导向、价值取向，用新时代中国特色社会主义思想和党的十九大精神团结、凝聚亿万网民，深入开展理想信念教育，深化新时代中国特色社会主义和中国梦宣传教育，积极培育和践行社会主义核心价值观，推进网上宣传理念、内容、形式、方法、手段等创新，把握好时度效，构建网上网下同心圆，更好凝聚社会共识，巩固全党全国人民团结奋斗的共同思想基础”②。可见，思想政治教育作为一项教育人、鼓舞人和引导人的工作，如何构建新型媒体传播话语体系和牢牢掌握网络传播话语权，以提高思想政治教育时效度，是现代信息技术与思想政治教育融合创新的过程面临的一个新的课题。

习近平总书记关于思想宣传时效度的思想表明，在实践过程中，网络思想政治教育除了要找准时机、把握住节奏外，还必须讲究策略和方式方法，其中就包括思想政治教育话语体系的构建和话语权的掌握。也就是说，要正确把握思想政治教育与信息技术融合创新中手段与内容的关系，通过思想政治教育与信息技术融合创新的研究与实践，以实现对其规律把握和话语转化，从而达到推动思想政治教育与信息技术的高度融合创新。然而，在思想政治教育与信息技术融合创新实践中，还存在只是简单将思想政治教育内容、教育方式搬上现代信息技术移动平台，并没有根据现代信息技术移动平台自身特点、传播要求、发展趋势等要求去打造专门的思想政治教育话语内容体系和话语权。也就是与现代信息技术融合创新了的思想政治教育，既符合思想政治教育基本原理，体现了思想政治教育主流价值导向，在实现了这些原理和内容传播形式的信息化、网络化的同时，又适应了不同现代移动信息平台的特色而进行了表达内容的转换和更新。例如，在利用微博、微信、微电影“三微”

① 习近平. 胸怀大局把握大势着眼大事 努力把宣传思想工作做得更好[EB/OL]. http：//cpc.people.com.cn/n/2013/0821/c64094-22636876.html

② 习近平. 敏锐抓住信息化发展历史机遇 自主创新推进网络强国建设[EB/OL]. http://cpc.people.com.cn/n1/2018/0422/c64094-29941696.html

现代移动信息技术平台进行思想政治教育时，虽然理论上各种思想政治教育内容均可与此进行融合创新并传播，但现代信息技术平台既是各种信息的传播平台，又是一个内容生产平台，思想政治教育要在海量的信息中心获得恰当的互联网话语表达方式，使思想政治教育术语与网络潮流用语相结合，既不媚俗，又能让教育对象喜欢和接受，这不仅涉及思想政治教育话语体系转换和重构，而且还必须主动挖掘和推送能够吸引受众点击并愿意分享转发的话题。

为了应对现代信息技术对传统思想政治教育话语体系的构建和话语权掌握的挑战，必须利用信息技术编码重新调整、优化、整合和确立现代性思想政治教育话语体系，使思想政治教育话语体系和话语权能够适应全媒体时代的信息传播规律。对此，有学者提出，“在把握思想政治教育话语权的前提下，探讨平等对话机制”“加强微观叙事基础上的宏观引导，增强思想政治教育话语的吸引力”“打破‘闭环场域’并进行‘分众’引导，实现思想政治教育话语精准传播”“聚合碎片化的虚拟空间，积极拓展思想政治教育话语空间”，①这些举措不失为现代信息技术与思想政治教育融合创新新型传播话语权体系和话语权构建的有效举措。

三、从条件保障看，具有高素质的现代信息技术研发与应用能力的高端人才比较缺乏

信息技术对教育的革命性影响已初现端倪，现代信息技术与思想政治教育融合创新是顺应这一教育发展趋势的必然选择，但与经济社会发展的要求仍存在较大差距。在分析现代信息技术在教育教学的应用中存在的问题和面临的挑战时，教育行政主管部门指出，“数字教育资源开发与服务能力不强，信息化学习环境建设与应用水平不高，教师信息技术应用能力基本具备但信息化教学创新能力尚显不足，信息技术与学科教学深度融合不够，高端研究和实践人才依然短缺”②是信息技术与教育

① 杨柳青，王建新. 解构与重构——基于自媒体信息碎片化传播的思想政治教育话语研究[J]. 学习论坛，2020（2）：14～16.

② 教育部. 教育信息化 2.0 行动计划[EB/OL]. http：//www.moe.gov.cn/srcsite/A16/s3342/201804/t20180425_334188.html.

融合存在的瓶颈，这也是当下现代信息技术与思想政治教育融合创新面临的一大挑战。

随着现代信息技术的迅速发展，同以往相比，思想政治教育资源形式更加多样，内容也更加丰富，尤其是各种网络平台的建立，为开展思想政治教育资料的查找、运用提供了更加便捷的途径，最大限度地做到了资源共享，思想政治教育内容也得到了及时更新，与这种应用相比，从事网络思想政治教育研究与开发的人才则相对缺乏，一些人只是把现代信息技术作为思想政治教育的手段，而对于两者的融合创新认识不够深入，并且对网络技术、多媒体技术、远程通信技术等信息技术的理解和把握不够深刻，没有将现代信息技术素养作为新时期一名教育工作者综合素质的一部分进行专门的学习和研究，仅仅满足于浅层次的使用，因而谈不上运用现代信息技术对思想政治教育资源进行研发。当今社会，现代信息素养已经成为包括思想政治教育者在内的大众一项重要的培养内容，思想政治教育要与现代信息技术融合创新离不开千千万万具有现代信息技术素养的复合型人才，因此，培养一支具有较高现代信息技术研发与应用能力的高素质思想政治教育人才已经刻不容缓。

有研究为寻求提升教师信息技术应用研发能力的可行策略，以上海教师为样本进行比较研究，研究结果表明，“与国际数据相比，上海教师理解和准备信息技术能力表现良好，信息技术应用能力欠缺。不同性别和学历的教师信息技术应用能力表现没有显著差异，不同教龄教师信息技术应用能力有显著差异，教龄越高的教师信息技术应用能力越强；在已有的专业发展活动中，相比阅读专业发展文献、课程研讨会、线上培训和教育专家论坛等活动，正式的资格证书或学位培训、参观考察以及加入教师专业发展学习小组等对教师信息技术应用能力的正向影响更大”[①]。可见，相较国外测试数据，上海教师现代信息技术应用能力还是偏低。这也可以反映其他地区的情况。同时，我们还可以看出，教师现代信息技术应用能力与教龄、各种教育培训活动呈正相关。处于当今大数据时代，现代信息技术与思想政治教育融合创新需要一大批数据综

① 梁茜. 教师信息技术应用能力国际比较及提升策略——基于 TALIS2018 上海教师数据[J]. 开放教育研究，2020，26（1）：50～59.

合分析、挖掘与运用技术能力强，又能掌握和熟练运用思想政治教育规律的专业化人才。为了促进思想政治教育工作者的信息化素养，教育行政部门推出了“‘互联网+教师教育’创新行动”计划，在加大培训的同时，还将着力从师范生现代信息技术应用能力标准和信息素养方面加强培养。因此，有意识加强对思想政治教育工作者有关现代信息技术培训，造就一大批既懂思想政治教育规律，又能熟练掌握和应用现代信息技术的专业化人才队伍，是现代信息技术与思想政治教育融合创新亟待解决的一个主要问题。

第二章　现代信息技术与思政课信息化改革

第一节　思想政治理论课信息化改革的现状

随着高职教育的快速发展，《国家中长期教育改革和发展规划纲要（2010—2020 年）》中明确指出，教育信息化纳入到国家信息化发展整体战略的高度,明确教学资源开发和应用在整个教育信息化中的重要地位。信息技术的飞速发展，要求思政课教学应充分利用信息技术创新教学模式，实现信息技术与思政课教学活动的有机整合。高职院校思想政治理论课（简称“高职思政课”）是对大学生进行思想政治教育的主渠道和主阵地，将当前最先进的信息化技术和网络资源应用到高职思政课教学改革中，成为思政课实践教学改革的新思路和新途径，而了解高职目前的信息化教学现状是教学改革的前提和依据。

一、国家高度重视信息技术与教育教学的融合

随着现代信息技术的发展，信息技术对教育教学的影响越来越深，二者的关系越来越密切，信息技术与教育教学的融合也越来越受到各国和地区的重视。我国也将以教育的信息化带动教育的现代化作为教育事业的发展定位。近年来，教育部多次下发落实信息化发展政策，不断加大对教育、教学实施信息化的规范力度，加强信息化教育的治理能力，以更好地促进教育的信息化发展。

2012 年，在《教育信息化十年发展规划（2011—2020）》中首次提出“信息技术与教育教学深度融合”这一实践概念。2016 年，习近平总书记在全国高校思想政治工作会议上强调，要运用新媒体新技术使工作活起来，推动思想政治工作传统优势同信息技术高度融合，增强时代感

和吸引力。

2017 年,《高校思想政治工作质量提升工程实施纲要》再次指出："推动思想政治工作传统优势同信息技术高度融合"。2017 年，在十二届全国人大五次会议记者会上，时任教育部部长陈宝生讲到思想政治理论课抬头率不高,"配方"陈旧、"工艺"粗糙、"包装"不那么时尚，进一步强调线上和线下相结合。运用好信息化手段，运用好网络阵地，给学生输送正确的营养、健康的营养。

2019 年 3 月 18 日，习近平总书记在学校思想政治理论课教师座谈会上强调,"推动思想政治理论课改革创新,要不断增强思政课的思想性、理论性和亲和力、针对性"。可见，在信息化时代下，实施"互联网+教育"的教育模式成为一种不可逆转的趋势，思政教学也必须紧跟信息化时代步伐，促进信息技术与教育教学融合，贯彻党的教育方针，落实立德树人根本任务，不断探索新局面、新形势下现代信息技术与思政教学融合的新途径。教育部颁布的《职业教育提质培优行动计划(2020—2023年)》中提出要育人为本、质量为先，要推动信息技术与教育教学深度融合，创新职业学校思想政治教育模式，提升课程教学质量和职业教育信息化建设水平。

二、思想政治理论课的信息化是教学改革的必然趋势

马克思指出："技术的发展将引起生产方式和社会关系的改变。"随着信息时代的到来，信息技术对社会的不同领域都有所渗透。教育是社会中必不可少的，信息技术对教育领域的影响也非常重要，教育的每一次变化都与信息技术有着一定的关联，信息技术的发展打破了原有教学模式，更新了教育理念、教育方式。随着信息技术的飞速发展，教育信息化已是大势所趋，高校思想政治理论课作为一门落实立德树人根本任务的关键课程，更应该紧跟时代步伐，顺应时代的潮流，主动接轨信息技术的发展，形成一种新的教学形态。信息技术与高校思政课教学深度融合，不仅更新了传统的教学模式，还满足了当代大学生个性化的发展需求，提高了学生进一步研究这门课程的热忱度。

因此，就目前看来，高校思政课教学信息化已经成为思政课教学改革的必然趋势。

信息技术的迅速发展使得信息量剧增，新知识和新信息层出不穷，并且还有便捷高效的渠道去吸纳它们，促使知识体系快速接收所有新的东西。一些优秀的教学资源、课程资源也不断更新，对传统的思政课教育观念、教学方式都产生了深刻的影响。思政课的信息化改革则是在尊重教育的基本规律之上，打破传统的教育思想、教育模式，构建师生共同参与的教学过程。然而，传统的思政课教学则仍停留在教师单纯地采取讲授、灌输的方式传授课本上的内容。在整个教学过程中，教师为主体，师生间合作交流不够，共同探究方面的课堂互动不充分。因此，传统的思政课堂模式已经不能满足学生对知识量的需求，学生自身探究的热情不高，教学效果大打折扣。要激发学生学习的兴趣，提高学生学习的自主性，就必须紧跟信息时代步伐，不断为传统的知识体系注入新的东西。信息技术的发展加快了知识体系的更新速度，拓宽了教学资源获取的渠道，学生可以根据自己的需求迅速地找到学习资源，大大激发了学生探究的自主性。此外，各类网络教学平台的运用，不仅创新了教学模式，还降低了老师的教学难度和学生的理解难度，拓宽了师生互动的空间，增强了思政课的教学效果。2019年8月14日，中共中央办公厅、国务院办公厅印发的《关于深化新时代学校思想政治理论课改革创新的若干意见》中明确提出要坚持问题导向和目标导向相结合，注重推动思政课建设内涵发展，全面提升学生身心素质，注重理论素养，实现知、情、意、行的统一；要大力推进思政课教学方法改革，提升思政课教师信息化能力素养，推动人工智能等现代信息技术在思政课教学中应用，建设一批国家级虚拟仿真思政课体验教学中心。

三、现代信息技术与思政课的融合还需不断与时俱进

当前有很多学校虽然已经普遍将信息技术投入到思政课教学中，但大多数也只是用多媒体代替了板书，并没有做到信息技术与思政课的真

正融合。因为它们二者的深度融合并不是简单相加，也不是将教学内容机械地搬上各类教学平台进行重复展示，而是要真正做到教学内容的融入，催生新的教学思想和教学形式。信息技术与高校思政课教学深度融合，改变了思政课之前的教学方法与形式，打破了这种单一灌输式的传统教学模式，不断在“互联网+思政课”教学模式中寻找新突破点，这有助于提升学生自主探究的积极性，让师生全程参与教学，从而提高思政课教学的实效性。

高校思想政治理论课是落实“立德树人”根本任务的关键课程，其本质就是要传播马克思主义主流意识形态,引导学生树立正确的世界观、人生观、价值观。信息技术的运用使得主流意识形态的传播更加便利。教师通过录制授课、课程制作软件等信息技术将授课的内容转化为高质量网上课程，学生通过课前对网上课程的学习进一步了解知识误区。在课堂上，教师只需要发挥组织和引导的作用，针对学生的疑难问题进行答疑解惑。整节课由原来的“讲什么”变为“做什么”，让学生真正成为课堂的主体，既发挥了老师对正确价值观的引导，又激发了学生自主学习的积极性。这种新型的课程模式是把信息技术手段作为支撑，把教师辅助学习当作引领，把以老师为中心的旧教学模式转换为以学生为中心的新式教学模式。但是随着信息技术的飞速发展，思政课信息化的内容、途径、模式等还将不断与时俱进。

信息技术与高校思政课教学深度融合，要适应当代大学生不断发展变化的个性化的需求。明显的意识形态性是高校思政课区别于其他课程的主要特性，要实现“立德树人”的根本任务就必须要实现思想政治理论知识向马克思主义主流意识形态信仰的转换。这是一个由被动接受知识到主动内化知识，再由此转换为内在信仰的过程，要完成这一过程，必须要把握学生学习特性，满足学生不断发展变化的心理需求和个性化发展需求。当代大学生生活在信息时代，它们对信息的需求量、捕捉量、接受量都很大，对新信息和新领域充满了好奇，而信息技术的传播方式正适应了大学生这种个性化的发展需求，信息技术的发展为思政课教学的开展提供了更加有效的手段，突破了高校思政课教学在时间上和空间上的限制，开辟了一条高校思政课主流意识形态传播的新通道。

目前，通过各种网络渠道来获取信息已是高校课堂中很普遍的现象之一，大学生在课前、课中、课后获取时政新闻、言论观点和深度评论的渠道更多是微博热搜、微信订阅以及不同类型的“圈子”转发，这些网络平台已成为他们获取信息最热衷的渠道。以此为出发点，教师进一步掌握学生学习的特点，一方面，利用人工智能技术，开发“抗疫精神”“北京冬奥精神”“红色文化”“优秀传统文化”等“泛在可及”数字化思政育人资源，促进校内小思政课和社会“大思政课”对接，用生动、鲜活的资源引领、激励、感召广大学生坚定不移听党话、跟党走，努力成为堪当民族复兴大任的时代新人；另一方面，运用信息技术手段丰富课堂教学形式，创设思政课的教学情景，这就需要我们不断与时俱进，在选取可用的教学资源基础上建立最优教学平台,创新智慧思政教学模式，避免单一的“灌输式”教学方式，坚持用学生乐于接受的形式来进行教学，激发学生学习思政课理论知识的兴趣，从而接受知识并不断将知识内化于心、外化于行，促进知情意行的统一。

第二节　思想政治理论课信息化改革的问题

高校思想政治理论课与其他基础课程和专业课程相比具有一定的特殊性。一方面，它承担着传授马克思主义理论相关知识的重要任务；另一方面，高校思政课是帮助大学生树立正确理想信念和“三观”的核心课程，更是实现“立德树人”的根本任务的关键课程。因此，与其他学科相比，高校思想政治理论课具有更加明显的意识形态属性。如何更好地让思想政治理论课教学与信息技术深度融合，推进思想政治理论课信息化改革，必须要从思想政治理论课的课程本质出发进行探究。当前很多高校将信息技术融入教学，出现了一系列以现代信息技术手段为支撑的微课、慕课、翻转课堂等新式教学模式和云班课、雨课堂、清华在线等网络教学平台。这些教学模式将信息技术一定程度地运用到教学之中，做到了资源共享，但没有从高校思想政治理论课的学科性质和课程本质出发，探究两者之间的内在联系。在两者深度融合的过程中存在着手段与目标融合脱节的现象、形式与内容融合度不高、高校思政课教师信息素养有待进一步提高的现象和问题。

一、现代信息技术手段与思政课教学目标融合不一致

1．教学目标与教学手段的关系

教学目标与教学手段两者之间相辅相成，相互促进。一切教学手段的使用都是为实现教学目标服务的，任何脱离教学目标的教学手段都是毫无意义的，教学目标决定使用什么样的教学手段，合理有效的教学手段将有利于促进教学目标的实现，反之，则无益于教学目标的实现。高校思政课作为马克思主义理论前沿的一门课程，它始终要吸收当下最新的思想与时代保持同步发展。思政课的教学目标与传统教学目标相比，更强调学生的主体性，要调动学生自主探究的积极性，就必须使用能够与时代发展保持同步的最新教育手段，获取最新的教育资源，吸收最新的理论知识。信息技术手段作为一种新的教学手段进入教学领域，它能够为思政课程提供最新的教学资源,创新课堂教学模式和课堂组织方式，满足这门课程作为一门前沿理论课程的教学需求，从而有效促进思政课程教学目标的实现。

2．信息技术手段与思政课融合的必要性

随着现代科技的发展，信息技术作为一种新的手段在不同领域被广泛运用。在高校思政课教学领域，信息技术作为一种教学辅助手段被教师们所使用。课前，教师可以借助信息技术手段搜集与本节课内容相关，同时又能够让学生感兴趣的教学资料，制作相应的教学课件；课中，可以在教学平台上发布任务、头脑风暴、讨论话题等调动学生参与的积极性，并能实时监督每一个学生的参与情况，及时在课堂中共同探讨学生遇到的问题；课后，师生还可以在网络教学平台上进一步无障碍地交流讨论，这样以一种学生更感兴趣、更易接受的教学方式来进行教学，能够提高教学的实效性。如果只是采取思政课教师直面传授思想政治理论知识的方式，很容易导致学生学得累、教师教得累，达不到思政课预期

的课堂效果。因此，在思政课教学中使用现代信息技术手段，在很大程度上能够激发学生自主学习该门课程的积极性，但是它不管以何种形式出现在思政课教学过程中，都是作为思政课教学的一种辅助手段，其宗旨始终是服务思政课教学目标，提高教育教学质量。因此，高校思政课的教学目标与信息技术手段相辅相成，相互影响，只有二者合理有效地融合，才能促进该课程教学实效性的提升。

3．信息手段与思政课教学目标融合的脱节现象

习近平总书记强调，要巩固马克思主义理论在意识形态领域的指导地位，自觉坚持社会主义意识形态的阵地。高校思政课不仅要传授知识，还要落实“立德树人”根本任务，具有明确的目标。作为高校思想政治工作的强大理论支撑，用马克思主义理论指导学生，用社会主义核心价值观引领学生是该门课程的重要任务。因此，不论怎样丰富的教学形式最终都要以思政课教学目标的实现为宗旨。当前，在慕课、微课、翻转课堂等一系列新式教学模式中，教师运用现代信息技术手段进行教学信息的传递，将课程内容与信息技术手段相结合，把知识通过信息技术平台来重新展现。这在一定程度上确实丰富了课堂的形式，但是这一手段与该课程教学目标有效融合的情况不容乐观。有时候为了体现信息化而机械搬用信息化，反而使得师生之间面对面交流的机会逐渐减少，学生很难感受到教师言传身教的人格魅力，面对一些理论性较强的知识，学生很多时候难以深入理解所学知识，更难以将所学知识内化为信仰，导致教学目标逐步弱化，尤其是能力和素质目标难以有效达成，价值引领和知识传授、能力培养难以同步实现，不利于进一步实现思想政治理论课“立德树人”的目标。

4．过度依赖信息技术手段，弱化思政课教学目标

高校思政课始终围绕培养什么样的人、怎样培养人和为谁培养人的问题具体展开，始终以马克思主义理论为指导思想。高校思政课有着明确的教学目标，进行马克思主义基本理论知识的传授，引导学生树立正确的理想信念和科学的世界观、人生观、价值观，指导学生运用马克思主义基本观点分析和解决问题，思想政治理论课的教学要始终围绕着这

一教学目标来开展,任何脱离这一教学目标的教学手段都是没有意义的。在传统的思政课教学过程中，教师主要采用讲授的教学方式，学生可以体会教师不同的讲课风格和人格魅力。在信息技术渗入教育领域后，越来越多的老师在教学中接受和运用信息技术手段，思政课教学对信息技术手段的依赖度也越来越高，在这门课程中，信息技术被“泛化”使用的表现越来越明显。一些教师为了使用信息技术而使用信息技术，他们难免将重点放在如何更好地使用信息技术手段上，而在一定程度上忽视或弱化了思政课的教学目标，而应该时刻记住，在教学中使用信息技术手段目的是更好地服务于思政课教学目标。但是，当前一些教师没有把握好信息技术手段与思政课教学目标的关系，在教学过程中，一些思政课教师过度依赖信息技术手段。在备课中，教师过分重视信息化教学，而将工作重心放在怎样运用信息技术上，过多地关注“怎么教”的问题，忽视了“为什么教”这一问题，将大量的精力投入到如何制作精美的课件上。在课堂上，教师将本节课的重难点、自己的观点都体现在课件上，学生认为通过课件就能获取整节课的知识点，很难做到将所学知识“内化于心”；另外，教师过度使用信息技术手段也会使学生形成一种依赖，很多学生对图片、短视频、影视素材等热情高涨，但对需要深入思考的理论问题则情绪低落，课堂上大部分学生不再做课堂笔记，而习惯用手机拍老师的 PPT，忽视了师生思维互动和心与心的交流。如老师一旦脱离了信息技术这一教学手段进行授课，学生上课的积极性就不高，甚至产生厌倦，更是很难专注于本节课的重难点。在移动互联网时代，学生能越来越便捷地从各种移动终端获取信息资源，碎片化学习的时间大大增加，但整体性和系统性的学习不够，导致学习效果并不是很理想。

技术是一把双刃剑。一方面，信息技术可以很好地在该课程教学领域发挥教学辅助的作用；另一方面，信息技术无形中也塑造着学生的各种思想观念。信息技术使用不合理会在一定程度上降低教学目标的实现。在价值观层面，这门课程承担着引导学生坚定和践行社会主义核心价值观的重要作用，而这种价值观念的传授是信息技术代替不了的，因为观念的熏陶更需要教师的言传身教和情感沟通，同时，思政课是一门紧跟时代步伐的课程，它要紧跟社会新形势的发展变化，反映社会最新思潮和最新动态，该课程的教材内容中也会不断有新的东西融入。因此，每一次思政课的具体的教学目标也不是一成不变的，教师需要不断学习，与时俱进，调整每次课的教学目标。但是，当前很多教师将更多的精力放在信息技术手段的使用上，出现了信息技术“喧宾夺主”，思政课教学目标的实现与信息技术手段的使用二者“本末倒置”的情况。教师过度依赖信息技术手段，对于课件的制作过度强调用而非实用，一个课件用很多年，没有与时代保持一致的步伐，缺少当下最新观点的融入，教学资源等比较陈旧，难以实现思政课教学的实时性。部分教师“一刀切”式投入信息技术，不顾学情的不同特性，不加区别地进行教学设计，难以开展更加有针对性的教学，从而不利于教学目标的实现。教师对信息技术手段的过度依赖也逐渐影响到学生，使得学生也对信息技术形成了一定的依赖性和盲目性，他们更习惯于遇到问题就网络搜索，采用网络上现成的分析结果，严重缺乏自主探索精神，容易人云亦云，缺乏独立批判精神，理性思考、探究问题的能力不断下降。这种过度依赖信息技术的思政课教学，很容易造成思政课教学目标失去针对性、实时性和实效性的结果，而信息技术手段因失去了教学辅助的效用甚至会弱化思政课教学目标的实现。

二、信息化教学形式与思政课教学内容融合不充分

形式与内容的辩证统一是马克思主义理论体系的重要内容之一，形式与内容的辩证关系表明，形式是内容的存在方式，内容是事物存在的基础，二者相辅相成，相互作用，当形式适合内容时，它将有利于内容的更好呈现，反之，则不利于内容的呈现。信息技术在教育领域的广泛渗透也影响到教学形式的改革，思政课教学中也广为使用信息化教学这种新的教学形式，而思政课的内容与其他科目相比比较抽象，它要进行马克思主义相关理论知识教育，引导学生紧密结合经济、政治、文化生活，运用辩证的思维去看待生活中的不同问题，参与社会生活，从而逐步形成正确的理想观念和人生价值观。思政课的教学内容具有较强的理论性和意识形态性，因此，与信息技术融合时必须要挖掘两者的结合点，

把握好内容与形式的关系。但就目前来讲，很多思政课教师的信息化教学并没有抓住二者融合的结合点，过度注重信息化教学形式，而忽视了思政课教学的主要内容。实际上，信息化教学形式对于思政课教学内容的服务不够好，信息化教学形式和思政课教学内容融合度不高。习近平总书记多次强调课堂教学的重要性，高校思政课是高等教育的重要课程之一，是落实“立德树人”根本任务的关键课程，是加强大学生思想政治教育的重要阵地和主渠道。所以，该课程的教学内容应围绕“立德树人”的宗旨具体展开，用马克思主义理论相关知识、基本观点教育学生，引导学生运用辩证的思维看待、处理工作、学习、生活中的各种问题，从而树立正确的价值观，养成良好的行为习惯，不断提升自身道德素养。为此，要以学生内心真正的需要作为出发点，提高这门课程的亲和力和针对性。

高校思政课是时代的理论前沿课程，反映着国家治理的最新动态、社会进步的最新成果，这些新的思想要及时让学生接受，就要以一种学生更易接受的形式来进行传播，信息化教学通过信息技术手段来获取最新的理论知识，已成为当代大学生喜爱的一种教学形式。在思政教学中运用信息技术手段，则满足了新时代大学生对新技术手段的偏爱和依赖的需求，从而促使他们主动去学习相关理论知识，提升学习的兴趣。因此，只有准确地把握信息化手段和课堂教学内容两者的关系，才能让两者融合得更充分。

三、高校思政课教师信息素养有待进一步提高

高校思政课教师承担着传授马克思主义理论知识的艰巨任务，是社会主义核心价值观的传递者和引导者，是高校师资力量的重要体现者，发挥着重要的作用，思政课教师的综合素质在一定程度上影响着教学的效果。信息化对思政课教学的影响主要体现在思政课教师包括信息技术素养在内的综合素质上。当前，在新的课堂环境下，老师的信息素养面临着新的挑战，将使用信息技术情况与教学成绩挂钩是很多高校采用的教育管理的办法，把教学成绩作为信息技术使用效果的标准之一，信息

技术的使用效果又作为教学成绩的评价标准之一。但事实上，由于信息技术迭代更新速度快，新技术、新手段层出不穷，很多教师的信息素养与实际课程评价标准是有一定差距的，在课堂使用信息技术的过程中，一些教师存在观念落后、技能操作不熟练、使用形式化的问题，难以真正实现技术在课程中的实际应用。

1. 信息化教学观念落后

受传统教学观念的影响，仍有部分教师习惯于使用传统的教学手段——粉笔、黑板、教科书来进行教学，对于现代信息化技术并不是很熟悉，也不愿意轻易尝试，将其运用于教学。但“90 后”“00 后”的年轻人一出生就置身在一个丰富的网络世界，他们习惯于网络中数字化的生活方式，也更享受这种便捷。相反，一些年龄较大的高校思政课教师在这方面比较保守，一旦形成相对稳定的教学形式就很难改变。部分高校教师对于教学中使用信息技术的积极性不高，原因之一是在教学中使用信息技术需要投入的精力和时间太多，而他们没有太多的时间和精力去研究信息技术在教学中的使用，他们更习惯于使用传统的授课方式。首先，思政课是一门意识形态性强、理论性强的课程，很多教师认为只有与学生面对面地进行直面教授，才能更有效地让这些理论知识入学生的脑、入学生的心，对于现代信息技术融入思政教学过程没有清晰的认识和理解，也就失去了对此研究的积极性。其次，要将信息技术融入思政课教学中提升思政课教学实效性，要达到这一效果是一个长期且复杂的过程，教师在短时间内很难消化不断更新的信息技术，这也将影响教师使用信息技术的积极性。最后，很多教师平时课时多、科研压力大，因此对于教学方面的教学模式、教学思想等研究得较少。

高校思政课是高校德育教育的主阵地和主渠道，教师以“立德树人”的目标为导向，选取教学内容、运用教学手段。如果教师对这种新的教学形式认识不够甚至有抵触心理，就算表面上运用信息技术，但也很容易导致课程目标模糊，授课内容失效，最终难以真正实现信息技术与思政课教学的有效融合。

2．信息技术技能参差不齐

随着信息化教学的广泛开展，对思政课教师的基本素养的要求已经不局限于专业素养和思想道德素养，教师的基本信息素养对课程目标的实现同样有不可忽视的作用，因此，要求教师应同时具备基本的专业素养和信息素养，这样才可以更有效地进行思政课的信息化教学。高校思政课的理论性和意识形态性较强，而很多思政课教师习惯于运用传统的教学方法进行教学，他们对于信息技术知识和技能的了解较少。陈旧的授课形式、脱离时代的脚步使得他们的亲和力不够，这也是导致思政课的抬头率不高的主要原因之一。

部分高校教师对信息技术的知识以及相关的技能不是很了解，对新媒体的熟练程度也处于一般水平。在信息技术的基本知识与技能方面，大部分教师对简单的多媒体及其环境下的各种单媒体操作应用水平较高，但如何将这门技术高效地应用到课程中，老师们的认识程度还不够，实践效果也不好。而对于大多数年轻的思政课教师而言，他们往往更看重信息技术给教学带来的好处，过度依赖信息技术而忽视了技术本身存在的某些缺陷。在当前的教育教学过程中，很多教师已经习惯了使用信息技术。高校思政课是一门注重思想道德素质和法律素养的塑造、正确价值观的引领的课程，在教学过程中，思政课教师的情感熏陶和言传身教是必不可少的，这是信息技术无法替代的。事实上，在信息技术进入课堂之后，一些教师过度依赖信息技术，教师的讲解很多时候变成了 PPT 展示。在这个过程中，教师过度依赖信息技术的教学，而缺少师生之间必要的互动和交流。事实上，由于思政课本身具有很强的意识形态性和理论性，使得学生学习的积极性并不高，再加上教师过度依赖信息技术，在教学中缺少必要的情感输入，就很难将学生真正地带入课堂，从而也影响到正确价值观的有效引领。

3．信息技术使用形式化

信息技术与思政课教学融合，目的是要将教学资源进行有效地整合。在这个过程中，要以思政课教学内容和教学目标为主，信息技术则是为教学提供有效的辅助手段，更好地服务教学，促使教学模式的改进，最终提高教学的有效性。但是大多数思政课教师没有对信息技术的相关知识进行系统的学习,在日常的思政课教学中只是简单地使用幻灯投影、计算机多媒体技术等，简单地将教学内容在计算机上进行展示，误以为这是一种信息化教学。一些高校也盲目地将大量的信息技术投入到教学当中，错误地认为信息技术的使用就是当前课程教学的一个目标。事实上，一些高校对信息技术的使用效果并不是很好，一方面，并没有很好地发挥信息技术对教学质量提升的作用；另一方面，学校的一部分信息化建设事实上并不能满足现实教学的需要，在一定程度上造成资源的浪费。除此之外，一部分思政课教师在计算机平台上放一些教学资源，例如电子教案、电子教材、PPT 等，学生通过相关的链接或教学平台来获取课程资源，以此来实现所谓的教学信息化。但不管是以上何种方式，都只是信息技术在教学中的应用，是一种结合，而不是融合。信息技术在思政课教学中并不是单纯的应用，也不是信息技术手段与教学内容的简单叠加，在这个过程中要将技术资源与教学资源进行有效地结合，通过智慧教学模式的创新和学生智慧学习方式的革命，达到两者融合的目的。

在高校现代化教学硬件设施不断完善的过程中，教学方式也要不断更新完善。部分思政课教师不断将信息技术应用到教学中，利用信息技术不断丰富教学资源，创设情境教学、案例教学等。但是，这样的应用部分教师只是停留在表面上，只是将教材内容从书上搬运到线上，搬上 PPT 课件而已，学生从之前看书变为看多媒体，师生之间缺乏实质性的互动交流，教学方式并没有实质性的改变。除此之外，很多学校将信息技术在教学中的使用情况作为课程评估的一个重要指标。事实上，思政课是一门意识形态较强的课程，它的教育对象是有思想、有观念的人，有时候很难用一种固定的衡量体系或量化的指标来衡量教学效果的好坏，更不能以应用信息技术的程度来判断学生对知识的掌握程度和学生素养的提升程度，因此也不能根据学生对知识的掌握程度来进一步完善教学方法、教学技巧。“一刀切”式的教学评估就促使信息化教学能力不高的老师也不得不在教学中使用信息技术手段，而这只能是停留在形式上去使用信息技术手段。

第三节　思想政治理论课信息化改革的目标

思想政治理论课信息化改革可以很好地推进思政课程的建设与发展。思政课始终坚持主流意识的主导性，在改革创新中不断完善和发展。一方面，该课程始终追寻课程的授课规律，不断完善学科的理论基础，推进这门课程的科学化发展；另一方面，这门课程又要体现社会变化与需求，始终同时代的发展一致。党的十九大提出“加快教育现代化”的要求，思政课的科学性进一步促进思想政治教育现代化发展。思政课教学信息化改革既展示了该学科的科学性，也展现了现代化价值。因此，明确思想政治理论课信息化改革的目标，可以继续促进思政课程的建设与发展，从而加深信息技术与思政课教学的融合。

一、构建“互联网+思政课”教学模式

随着信息化教学的推行，“互联网+教育”的新模式逐渐在各高校开展，为“互联网+思政课”教学模式的广泛开展提供了动力。教育部原部长陈宝生提出，高校思想政治工作要充分利用好线上和线下相结合的模式，线上要运用好技术手段和网络阵地，给学生提供及时有效的教学资源，教师通过网络不断丰富教学资源，学生也可以通过互联网自主获取一些线上的教学资源、教学辅导完成一系列知识理论的学习，有利于学生将知识“内化于心”；线下就要充分发挥好各种活动载体的作用，充分体现思政课老师的主导作用，针对学生在线上学习遇到的问题答疑解惑，不再对相关的理论知识进行重复讲解，并通过一些主题活动，将所学的知识“外化于行”。在此过程中，教师要针对遇到的问题进行详细的分析，真正实现知识的“内化于心，外化于行”的目的，从而提高教学的实效性。2017 年颁布的《高校思想政治工作质量提升工程实施纲要》指出，要“推动思想政治工作传统优势同信息技术高度融合”。这就要求思政课的信息化改革，要不断创新思政课课程形式，进一步构建推进“互联网+思政课”。

二、提升教师信息素养

信息技术在教育教学中的广泛应用为教育带来了更大的改革发展空间，教师是信息技术在教学中有效应用的具体实施者，信息化教育实施的效果如何，在很多时候是由教师的教学行为所决定的。思政课教学信息化改革实施的效果如何，一定程度上也取决于思政课教师的教学行为。如何有效地对思政课老师进行相关技能的培训，提升老师信息素质是当前思政课信息化改革的当务之急。信息化教育很大程度上强调的是以学生为中心，老师起主导作用，一方面，需要转变思政课老师的教学观念，加强理论和技能的学习，提升教师信息化教学能力；另一方面，要构建师生交流平台，双向互动，更好地促进思政课教学信息化的发展。这是一个长期且复杂的过程，思政课教师要循序渐进，将“教”“学”与“做”相结合，在教中学、在学中教、在教中做、在做中学，在学中做，真正地让课堂活跃起来，从而提升思政课教学的亲和力和针对性。

三、建立以过程评价为中心的思想政治理论课信息化考核评价机制

考核评价是引导学生如何“学”的导向标，是检验教学成效的试金石。科学合理的考核评价能够使学生端正学习态度，提升学习热情，加速学习内化。思想政治理论课是学生思想政治教育的主阵地和主渠道，这决定了思政课必须同时兼顾学科科学性与意识形态性，因此，该课程对学生的考核评价要注重过程性评价和终结性评价的结合、注重多维主体评价和增值性评价的动态考核，要注重成绩与表现、知识与品德、思想与行为的结合，思政课的信息化改革就要实现由终结性评价向过程性评价的转变。发挥信息化手段的作用，记录每一个学生参与教学活动的所有表现，比如在思想政治理论课及其有关专栏学生参与的互动讨论情况、完成作业情况、跟帖发帖数、观看课程资源数等，凸显学生学习与成长过程的考核，注重对学生日常行为的评价。几乎与学生有关的所有信息都可以在思政信息化教学平台上留有痕迹并能得以便捷统计，均可

纳入考核评价的参照坐标体系，凸显过程性考核，引导学生既要关注学业成绩，又要重视日常表现，增强思政课的教学实效性。比如广州番禺职业技术学院构建了思政课“多元主体、全方位、全过程”考核评价机制（见图 2-1）。

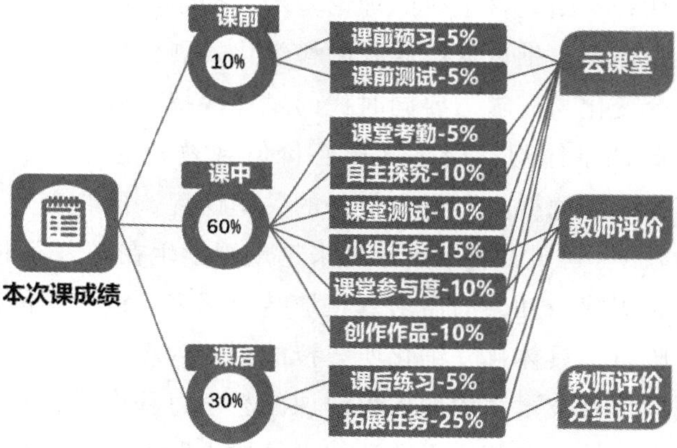

图 2-1　广州番禺职业技术学院构建了思政课“多元主体、全方位、全过程”考核评价机制

第四节　思想政治理论课信息化改革的原则

2016 年 12 月，习近平总书记在全国高校思想政治工作会议上强调，“要运用新媒体新技术使工作活起来，推动思想政治工作传统优势同信息技术高度融合”；2015 年，中共中央宣传部、教育部印发《普通高校思想政治理论课建设体系创新计划》，明确指出：“形成课堂教学与网络教学相互支撑……的思想政治理论课教学体系。”为顺应信息化时代潮流，各地高校也纷纷推行思想政治理论课的信息化改革，但是在推行的过程中，仍然要坚持以下几点原则。

一、凸显思政课的实效性

习近平总书记提出，要整体推进思政课建设，依托创新，促进教学不断改革，加强传统教学与实践教学相结合，提高课堂效率。思政课的信息化改革就是要推进思政课的建设与发展。而思政课这一学科本身有着马克思主义与时俱进的理论品质、稳定的学科价值取向以及始终坚持主流意识形态的主导性，因此，思政课的信息化改革一方面要始终追求学科的科学性，不断完善学科的理论基础，探索此课程的授课规律，形成完整的理论体系，推进这门课程的科学化发展；另一方面，该课程始终要体现社会变化与需求，要同时代的发展保持一致。

高校思政课是体现社会主义核心价值观教育的一门十分重要的课程，更是落实“立德树人”根本任务的关键课程，围绕着这一根本目标开展具体的教学。除此之外，国家越来越重视学生在各方面的综合发展，把他们的成长规律与社会的需求真正地结合起来，以学生的内心需求为出发点和落脚点，具体化、细化所教授的主要内容。思政课信息化改革就是要将现代信息技术手段融入思政课的教学过程中，提高思政课的亲和力和针对性，始终以落实思政课“立德树人”的目标为根本目标，促进受教育者的综合发展。要提高思政课教学的针对性和有效性，就要把握好课堂在整个教学过程中的重要性。学生获得的知识大多源于课堂，课堂是学生学习知识的主要渠道。要提高思政课的实效性，强调以学生为中心，教师就要运用好现代信息技术这一教学手段，调动学生学习的主动性和积极性，思政课的信息技术改革要强调教授者的引导性和受教育者的能动性，改变传统教学中“填鸭式”的方式，真正让学生参与到课堂中，让学生由原来的“不愿学”转变为“我想学”，切实落实“立德树人”的目标，凸显思政课的实效性。

二、坚持“主导主体相统一”的教学理念

在传统的高校思政课教学中，过分强调教师的教，教师为主体，学生课堂参与度不高，缺乏自主性，课堂效果不是很好。随着技术的不断发展，信息技术在高校思政课教学领域不断拓展，将信息技术与思政课深度融合成为该课程课改面临的新挑战。2019 年 3 月 18 日，习近平总书记在学校思想政治理论课教师座谈会上强调，推动思想政治理论课

改革创新，要不断增强思政课的思想性、理论性和亲和力、针对性，具体提出了“八个相统一”要求，其中“坚持主导性和主体性相统一”是“八个相统一”的重要内容。习近平总书记要求学校和教师应该遵循思政课基本的教学规律，思政课教师应发挥良好的主导作用，加大对学生的认知过程和接受特点的研究，充分发挥学生的主体性作用。这种理念以培养学生学习能动性作为出发点，既有利于让学生对课程的学习产生浓厚兴趣，又有助于拓展学生的思维，促进他们认知结构的形成与发展。但是，思政课是一门强意识形态的课程，正确思想观念的树立、思想道德品质的形成都离不开教师的言传身教，过分强调学生的学容易忽视教师的引导作用，在教学过程中，老师的主导性同样不可忽视。首先，教师是教学活动的组织和引导者，在教学过程中，教学进程的安排、教学内容的选取、教学方法的运用、学生成绩的评价都离不开教师的主导作用，这会对学生的思想行为产生重要的影响。其次，发挥学生的主体性作用还要求教师了解学生的心理需求，掌握学生的认知规律和认同过程，促进学生学习观念的转变，由“要我学”转变为“我要学”，突出学生的主体性地位。

因此，在教学过程中，无论是以教为主还是以学为主都存在着缺失，只有兼顾两者，树立“主导主体相统一”的理念，既强调老师的主导作用，又注重学生的主体参与性。坚持“主导主体一体化”的教学理念，既要发挥教师价值观引导和思想引领的作用，又要调动学生自主参与学习的积极性，才能提升教学实效性。

三、加强线上线下融合的教学方式

在信息化教学的影响下，“互联网+教育”的新模式逐渐在全国各高校开展，为“互联网+思政课”教学模式也应运而生。教育部原部长陈宝生提出，高校思想政治工作要将线上和线下相结合。线上要运用好技术手段和网络阵地，不断给学生提供有效的教学资源；线下就是要充分发挥好各种活动载体的作用，让他们充分发挥自身的能动作用。这就要利用好网络线上的作用，教师通过互联网不断丰富教学资源，学生通过互联网获取线上的教学资源、完成一系列知识理论的学习、实现线上的教学辅导；线下充分体现思政课教师的主导作用，针对学生在线上学习遇到的问题答疑解惑，不再对相关的理论知识进行重复讲解。这就要求教师在此过程中要针对遇到的问题进行详细的分析，实现理论知识的“内化于心，外化于行”的目的，从而真正提高教学实效性。

1. 巩固思想政治教育线下教学基础

高校思政课是集讲授知识、培育人才于一体的一门学科，授知效果取决于教师对知识的讲解，育人效果则取决于教师的言传身教、人格魅力，这种情感上的交流只有教师与学生面对面地进行，效果才明显。这是思想政治工作具有的普遍规律，思政课的教学也必须遵循这样的规律才能使教学变得更加有效。正是思想政治教育这种规律和特点决定了线下的教学及相关活动是必要的，更是重要的，必须要巩固思政教育线下教学基础。针对当代学生学习的特点和个性化发展需求，教师要改变原有的那种比较机械、枯燥的授课方式，要善于运用生活中的具体鲜活的事例分析，生动地讲解相关的理论知识，让思政课的课堂接地气、“活起来”。只有这样，才能充分地调动学生主动参与课程学习的积极性。

高校思政课具有较强的意识形态性，很多学生对理论性较强的知识学习兴趣不浓、接受度不高，因此很多理论性知识的传授必须要在教师的反复解释和耐心指导下才可以完成。教学时，教师会根据学生的真实需求选择合适的授课方法，例如情景教学法、讨论法等；可以与学生进行情感交流，让学生产生对这门课学习的自觉性、积极性，有助于学生加深对此学科的理解；教师要学会运用互联网的思维来进行网上思想政治教育。网络已成为当代大学生接触新事物、学习新事物的重要渠道，教师要把握好学生的这一学习需求，运用好信息技术这一手段，以一种更加形象、直观的方式传授抽象化、理论化的知识，而运用信息技术并不是简单地将教学内容搬上信息技术平台，而是要根据课程的教学需求与学生的特点，有效地将整合后的理论知识通过合适的方式放在信息平台上进行传授。此外，教师的教学风格在一定程度上直接影响学生对该课程的兴趣度，在线下实际的思政课教学过程中，每位老师各具特色、各有风格，可以满足不同学生的需求，使得线下的教学更有效，同时，也为线上思想政治教育打下牢固的基础。

2．优化思想政治教育线上教学模式

信息技术在教学领域的不断渗透，促使思政课教学的信息化程度不断加强。线上思想政治教育则是利用信息化手段在线上教育这个平台上进行其相关教学的一种教育形式，在巩固线下教育的基础上紧跟时代的步伐，做好相应的线上教育工作。教育资源是教育教学工作顺利开展的基础，在当前信息化时代，网络教学资源数量大、种类多，各式各样的网络资源充斥着我们的眼球。学生一方面接受着思想政治教育，另一方面难免会受到不良网络资源的影响，很多时候学生难以对这些资源做出正确的评判和选择。高校思政课始终坚持马克思主义主流意识形态，坚持社会主义核心价值观的引领。因此，教师要特别注意对网络上的教学资源和网络教学平台进行严格筛选，要选择那些能够弘扬社会主义核心价值观的有效资源，摒弃那些与主流意识形态相背离的不良资源，加强网络教学资源平台与校内外相关平台的管理沟通，共享课程的有效性资源。

思政课具有传授知识的显性功能，又具有立德树人的隐性功能，教师可根据这两种不同的功能分层整合网络教学资源。就传授知识而言，该课程侧重于马克思主义中国化理论成果的研究以及社会主义思想、道德、法治教育等理论知识的传授。思政课教师可以根据思政课主要授课内容对教学大纲、教学资料、教学课件、具体案例等在网络上进行展示、分享，形成一套完整的教学资源库。选择合适的网络平台进行线上教学，学生可根据教师整理的知识资源库进行自主学习，同时也可以实时实地地通过网络教学平台与老师进行交流讨论，针对线下没有掌握的知识也可以进行进一步的学习探讨。在与学生交流的过程中，教师可以针对学生的问题或关注点，有针对性地开展教学，促进学生更好地能动学习，进一步提高了课程的亲和力和针对性。

线上教育和线下教育两者相辅相成，缺一不可，线下教育是线上教育的重要基础，要发挥好线上教育的作用必须先牢固线下教育的基础。发挥好线下教育作用，让抽象化、理论化的知识以一种更加形象直观的方式传授，将有助于线上教育起到事半功倍的效果。

第三章　现代信息技术与思政课资源库建设

第一节　运用现代信息技术建设思政课资源库的重要意义

在信息化时代，高校思政课资源库建设作为思想政治理论课程的一种改革创新方向，对于改进思政课教学，推动思政课的信息化改革，提高思政课的有效性，具有较强的现实价值。高校思想政治理论资源库建设有利于实现思政课教学资源的共享、创新高校思政课智慧教学方式、增强高校思政课教学的效果。因此，高校思想政治理论课数字化教学资源建设十分重要且必要。

一、有利于实现数字化教学资源共享

共享包含三个层面的含义。第一，资源自身的共享。在共享平台上，教师在投入精力与时间来构建资源的同时，也是其他资源元素材料的使用者。第二，与他人的共享，这种共享是双方的，是一方从另一方获取信息资料，个人与个人、大众与大众之间的信息交换、共享使用，在这个过程中实现思政教学的双向互动。第三，全球范围内的共享。信息资源是全人类的财富，教育资源亦是如此。

数字化教学资源是经过数字化处理，可以在多媒体计算机及网络环境下运行的多媒体教学材料，包括声音、文本、图形、图像、动画、音频和视频等颗粒化积件资源，以满足不同课程教学为需而序化组合为课程教学组件资源。人工智能时代思政课数字化资源具有网络化、智能化、数字化驱动的特征，满足移动泛在学习要求，满足思政课“价值引领、能力本位”的意识形态的教育功能。任何人都有权利获得知识，在交流、

互动的过程中，思想得到升华，在网络教学这一环节中，优秀的思政课数字化资源库的建设，更有利于实现网络教学资源的共享。思想政治理论课内容涉及广泛，具有政治性突出、理论性深刻、实践性关键的特点，思政课资源库的共享能够满足教师与学生对多样、及时、快捷的学习资源的需求。

通过思政课资源库的建设，一方面能为高校思政课教师及时补充和更新教学内容提供广泛的支持，另一方面，为学生提供进入真实活动的复杂学习环境，方便学生从不同的角度来探索学习材料，培养学生的反思能力，充分发挥学生在学习过程中的主动性、积极性与创造性。

二、有利于丰富高校思想政治理论课信息化教学内容

思政课数字化教学资源开发和应用对当前思想政治理论课教学改革发挥着重要作用。人工智能等新一代信息技术引发了思政课课堂教学模式，改变了思政课教学场景，而智慧思政教学模式呼唤数字化教学资源。支持教学活动的人、财、物就构成了教学资源，智慧课堂需要数字化资源。随着“大、智、物、云”新一代信息技术的发展，经过数字化处理或原本就是以数字化形式存在的，以 VR、AR、微课等形式呈现出可视化、网络化、智能化特征的教学资源，就成为数字化教学资源。在此基础上，通过搭建承载平台+技术前端+思想政治教育生态场域+智慧课堂教学模式等方式来运用数字化资源，从而实现人工智能赋能、数字化驱动思政课创新改革，而数字化教学资源却是思政课智慧教学模式创新必不可少的支撑要件。

思想政治理论课涉及学科的范围广泛，内容丰富，理论性强，已有的教学参考书已不能完全地、及时地满足课程的教学要求，一些参考书列举的案例较冗长，缺乏时效性和针对性，参考价值不高。而网络资源内容丰富多彩、贴近实际，图文并茂，形式多样新颖。2021 年 3 月 6 日，习近平总书记在看望参加全国政协会议的医药卫生界教育界委员时，强调“‘大思政课’我们要善用之，一定要跟现实结合起来。上思政课不能拿着文件宣读，没有生命、干巴巴的”。随着高校思想政治理论课网络建

设的进一步发展，思政课的内容也日益丰富，多媒体的应用、主题网站的建设、网络课堂等模式的形成，在思政课信息化改革的前进之路上发挥着重要作用。从各高校思政课智慧课堂的建设和实践来看，近年来，各高校高度重视思想政治理论课建设，积极推进现代信息技术和思政课建设相融合，很多学校都投入大量资金建设思政课智慧教室和虚拟仿真体验教学中心，开展思政智慧课堂的创新改革。但我们也发现数字化资源开发与应用、智慧课堂模式与教学方法创新、思政课教师的信息化能力等软件建设滞后于智慧教室、虚拟仿真等硬件建设，导致二者不匹配，甚至资源闲置，同时也影响课程教学目标无法高质量达成。或者说数字化资源开发不足，资源应用场景、模式、方法研究不够，导致思想政治教育生态场域和智慧课堂教学模式创新乏力，严重制约思政课数字化、网络化、智能化创新步伐，人工智能赋能、数字化驱动思政课创新改革的程度还不够高。

思政课教学资源库建设对高校思政课网络教学来说，其扮演的角色日益重要，思政教学资源库要本着科学、规律、丰富的原则，打造出教学内容丰富和教学方式多彩的网络教学资源库。思政课网络教学是信息技术与基础学科的结合，将静态的被动学习与动态的主动学习相结合，从学生的角度考虑知识吸收的问题，网络教学将枯燥的思政教育活灵活现，打破传统教学的旧模式，集图、文、声、影于一身的教育资源，使高校的思政课教师在生动活泼的教学环境下，更能游刃有余地实施教学。学生则可在网上自主学习，丰富的教学资源能有效地激发学生参与讨论复习的积极性。内容丰富的思想政治主题网站能很好地展现思想政治理论的体系和研究方法，与课程相关的影视、文献等学习资料库开阔了学生的眼界，广泛而具体的内容促使学生有兴趣、踏实地去学习，丰富的资源为学生的学习提供帮助。此外，高校思政课优质教学资源库的建设，对于信息相对闭塞的偏远学校来说更加具有积极的意义，这些学校师资力量有限，设备设施缺乏，思想教育活动的开展面临诸多问题，高校思想政治理论课网络教学资源的建设能够弥补这些学校教育资源的不足，丰富其学校教师的教学内容。

三、有利于激发学生学习的积极性

高校思想政治理论课的科目较多、内容深刻、理论系统，因此，为了提高思政课教学的实效性，必须将抽象、概括的知识转变为具有可操作性的教学指南。另外，高校思想政治理论课教师在教授过程中面临授课地点、授课时间的限制，师资力量相对有限，教学方式单一，这些都制约着思政课的教学效果的提高，难以激发学生的学习兴趣，而思政课数字化教学资源库的建设是对课堂教学的有益补充和对学生学习兴趣的合理开发。利用现代先进的信息技术手段，对枯燥乏味的思想政治理论进行有机整合，一方面，能促进教师教学方法的改进；另一方面，在师生关系中，使老师充分起到引导作用，学生充分地进行自主学习，从共享资源平台上来获取不同学习信息和学习资料，在共享平台上收集教学资源，观看视频录像，从其他老师的授课中汲取知识。教师充分利用网络资源，改进教学方法，将枯燥的理论知识变得生动有趣，浅显易懂，在线上线下宽松的教学环境下完成教学任务。这样不仅可以扩大自身的知识面，还有助于学生积累知识，培养自主学习的良好习惯。

总之，思政课数字化教学资源库的建设对激发学生主动学习的兴趣，给学生视觉、听觉的感受，为学生提供丰富的学习资料，将枯燥、抽象的系统理论生动化、形象化，调动学生学习的主动性，提高学习的效率等方面都有着不可替代的作用。

第二节　运用现代信息技术建设思政课资源库的科学路径

随着现代信息技术的发展和应用，思想政治网络教育已经成为高校学生学习的重要手段，充分利用现代信息技术，最大限度地发挥思政课资源库的优势，是符合我国当前高校思想政治理论课发展潮流的，也是符合现阶段我国高校在“高专精”教学资源不足的情况下，提高学生思想政治素质的战略措施的。在教育过程中，实现学生自主学习，利用先进的现代信息技术摆脱传统课堂教学的限制，为学生提供多媒体资源和多种多样的思想政治理论资料，以学生为中心，满足学生实用化、个性化的学习。但是，思政课数字化教学资源库的建设并不是一蹴而就的，更不是一帆风顺的，优质的资源是开展以后各项活动的“发动机”，所以，找到加强思政课资源库建设的科学路径就显得尤为重要。

一、加强高校思政课资源库建设的基本原则

高校思政课资源库建设应遵循相应的基本原则，主要包括：传统思想政治教育与网络思想政治教育相结合的原则、主动性与引导性相结合的原则、科学性与适应性相结合的原则。

1. 传统思想政治教育与网络思想政治教育相结合的原则

传统的思政教育方法一般都是采用课堂教学的模式，也有通过讲座、个别指导等方式，达到对学生的教育目的，提高学生的思想政治水平。这种传统的思政教育方法是在长期的工作和实践中总结出来的，是我们做好思政教育工作的宝贵经验。传统的思政课教育方法是目前高校必须坚持的一种教育方法，无论教学技术和手段多么先进，也无法替代教师的作用。在课堂上，教师的人格魅力，教师言传身教的作用，师生之间的语言、情感交流等，这些都是网络教学无法实现的；学生做人、做事、做学问的能力，也只能在跟随教师长时间的学习和耳濡目染中慢慢提高。因此，不能因为出现现代信息技术和先进的教学手段，而偏废传统思想政治教育的方式、方法，传统的课堂教学仍然是思政课教学的根本。但是，传统的思政教育方法基本上是老师讲、学生听，老师写、学生记，以老师为中心，既枯燥无味，也不利于学生接受。这种“灌输式”方法教出来的学生，大多缺乏自主创新精神。因此，应将传统思政教育与网络思政教育相结合。运用现代信息技术开展的网络思政教育，是网络与思政教育联姻的产物，它主要是以计算机为媒介，通过互联网的传播，引导人们在接触大量的、全面的信息的同时，取其精华、去其糟粕，从而实现思政教育的目的。网络思政教育的实施可以使教学方法更加多样，人们获取信息更加便捷，得到的信息更加丰富，同时，多媒

体课件一改以往单一的板书形式，使教学活动更加活泼、生动。网络思政教育的发展，也是现代思政教育的必然要求。

2．主动性与引导性相结合的原则

这里的主动性是指高校从事思想政治教育的主体通过网络教学平台，主动传播思政教育信息，实施思想政治教育。随着网络的快速发展，每天都有各式各样的信息充斥着我们的头脑，大量的非主流的甚至各种反动的、对学生思想成长有害的信息接踵而来，而很多学生并不具备筛选这些信息的能力，这时就要发挥教育者的引导作用，坚决抵制各种不良信息及文化垃圾，为思想政治教育的发展提供积极的、良好的网络环境。因此，在思政课网络资源的建设中应坚持主动性和引导性相结合的原则，思想政治理论课教师既要主动在网络上发布思政教育相关信息，又要在网络教学活动中扮演引导者的角色，通过专业知识，认真地对信息资源进行鉴别，从中找出并利用有益的信息，要始终保持马克思主义在意识形态领域的指导地位。此外，高校从事思政教育的工作者还应当通过网络手段，引导学生理解、掌握马克思主义思想方法，构筑精神支柱；引导大学生对自我学习进行评价和反思，并对自己的学习方法进行调整完善。同时，教师还应当精心组织网络教学训练，提供互动平台，让学生在网络上参与讨论。在课外时间，还应鼓励大学生充分利用网络，关注新闻时事，积极参加网络平台上的讨论和评论，积极把所学知识用于实践，实现课堂内外的联动互动。

3．科学性与适应性相结合的原则

科学性原则是指在思政课教学资源库的建设中，科学制定教学目标和教学内容，选择符合马克思主义理论实际的理论知识进行传播。具体实施中要注重两点：一是坚持对思想政治教学资源进行辨别，做到去伪存真，保证资源真实可靠、具备科学依据；二是从大量的网络资源中选取精华，找出其中最符合教学要求的材料，确保教学效果。此外，在坚持思政课资源库建设科学性原则的基础上，还要体现适应性原则。这里讲到的适应性原则，指的是适合在校大学生知识结构和身心特点的资源，这就需要我们在选择思政课教学资源的时候一定要恰到好处，不能过也不能不及。具体实施中要注重两点：一是以学生为中心，选择与学生实际生活贴近的网络教学资源；二是认真研究思想政治理论课的重点和难点并予以解决，增加网络课堂的针对性。

二、通过多渠道开发思想政治理论课数字化教学资源

建设思政课资源库，首先应该结合教学需要，配合高校具体教学的条件，开发创造出符合具体实际的网络资源。这不仅能提高教学质量，也能激发师生共同学习的热情。思政课数字化教学资源库的建设应该分两大部分来完成。

1．开发思政课数字化教学资源库模块

目前，校园网的建设已经相当完善，汇集了精品课教学资源、教务管理系统、图书馆等一系列的教学资源平台，我们要充分发挥校园网的巨大优势，在此基础上，把思政理论课的教学资源分享在网上，为思政课信息化教学改革与发展奠定坚实的基础。主动适应科技革命和产业革命要求，推动信息技术与教育教学深度融合，遵循产教融合的方式，以VR、AR为呈现样态，订制开发一批具有地方特色、职教特色、数字化特征的思政教育资源库，服务课程开发、教学设计和教学实施，建设在线开放课程，推动混合式教学模式的创新。以围绕习近平新时代中国特色社会主义思想“三进”为核心，以爱党、爱国、爱社会主义、爱人民、爱集体为主线，以中国共产党精神谱系、地方红色文化资源、大湾区改革开放时代精神、爱国华侨爱乡报国、职业理想和职业道德五大数字化资源为主要内容，构建“一个核心、一条主线、五大内容供给”的“115”资源库内容体系，形成颗粒化积件教学资源。同时，按照思想政治理论课教学功能进行功能化组合，形成有逻辑成体系的功能化课程教学组件资源。其教学资源功能化组件模块的内容大致包括课程标准、教学大纲、教学课件、教学案例、数字化教学素材、教学短视频、教学图片、虚拟仿真教学资源、阅读书目、实践要求等，并将这些资源充分地、合理地整合，以形成一个完整的教学资源库。

2．建立师生互动交流模块

师生的互动交流是活化教学过程，体现思政课智慧教学互动性的一个重要渠道。师生互动交流数字化资源的建设可考虑通过开设思政课专属的网络账号的方式来实现。具体形式主要包括微信公众号、微信群、QQ 群、博客、微博等。比如微信公众平台订阅号，它是公众平台的一种账号类型，旨在为用户提供信息，公众号可以每天主动向用户推送一条重要通知或趣味内容，各高校的马克思主义学院或思政教学部门，可以申请自己的微信公众号，让学生关注后，就可以将网络资源整合为有效的教学资源推送给学生，这也符合当下学生的阅读习惯。另外，微信公众号内还可以构建不同层级的数个栏目，然后把建设好的数字化积件资源以条目式的方式，分门别类地进行归置，也有助于学生有针对性地课后查阅和拓展学习。此外，公众号内还可以搭建互动交流平台，学生可以不受时空限制，在每个资源下面的讨论互动区留言，老师通过对学生留言的回答，实现师生线上教学互动。

三、建设全国性和数字化思政课教学资源共享平台

目前，我国思想政治理论课资源库共享平台建设无论是平台的构想还是目标建设等方面都处于初步阶段，优质资源十分缺乏。尤其是在全国性和的地区性网络平台建设上更是显得力不从心。其原因主要是大部分高校思政课教学资源平台，更多是以自身课程的教学为主，所建立的网站平台也都是为自身教学服务的，与其他高校缺乏深度互动和联系。主要关注的是自己学生的状态，在发布的信息中，侧重于课后作业完成。因此，这样的资源平台缺乏共享和互动。课程教学和资源平台的特性包括便捷性、丰富性和互动性，而互动性是其中十分重要的环节。现实中，大多高校非常重视构建教学资源平台，但教学资源数量不少，精品资源却不多，可以供同行借鉴、使用的资源非常少。因此，建立全国性和地区性的思政课资源库网络平台就显得尤为重要。2022 年 4 月 28 日，国家智慧教育公共服务平台上线“大思政课”专题资源，推出了“抗疫精神”“北京冬奥精神”等专题资源，供全国师生学习使用。全国高职院校

思想政治理论课教学联盟与人民网公开课联合，携手百名高职院校思政课教学名师录制党史重要事件和重要党史人物的系列微课，在人民网数字马院平台上线，共建共享教学资源。广州番禺职业技术学院马克思主义学院曹群全国思政课名师工作室，联合其他四家高职院校全国思政课名师工作室，共同组建全国职业院校“大思政课”创新建设联盟，共同建设网络化智能化数字化的思政课教学资源。2017—2020 年，成都职业技术学院马克思主义学院联合成都工业职业技术学院、成都纺织高等专科学校、四川工商职业技术学院等优质师资力量，开发了“思想道德修养与法律基础”“毛泽东思想和中国特色社会主义理论体系概论”系列微课政课资源库，实现区域内资源共建共享。其中“思想道德修养与法律基础”微课资源库清单如表 3-1 所示。

表 3-1：“思想道德修养与法律基础”微课资源库目录

序号	教材章节	微课名称
1	绪论： 珍惜大学生活 开拓新的境界	高职成就出彩人生——从高职招生与就业的“冰火两重天”现象谈高等职业教育
2		适应大学新生活——从不愿“断奶”的大学生谈一谈如何适应大学新生活
3		做更好的自己——从“素质冰山”理论谈一谈如何提高大学生思想道德素质与法律素质
4		社会主义核心价值观——从 2016 里约奥运会谈一谈社会主义核心价值观
5	第一章： 追求远大理想 坚定崇高信念	理想的重量——从《站着上北大》的“保安哥”谈一谈理想的重量
6		信念的力量——从公益广告“让未来感谢今天这个不平凡的自己”谈一谈信念
7		理想信念不可或缺——从马××事件谈一谈理想信念的重要性
8		确立马克思主义科学信仰——从余旭的特殊党费谈一谈如何确立马克思主义的科学信仰
9		中国梦和共同理想——从《少年中国说》谈一谈中国梦和中国特色社会主义共同理想
10		个人理想与社会理想——从钱伟长的传奇谈一谈个人理想与社会理想的统一

续表

序号	教材章节	微课名称
11	第二章：弘扬中国精神共筑精神家园	解读中国精神——从鲁迅先生所说的“中国脊梁”谈中国精神
12		爱国主义的科学内涵——从中国女排行注目礼尊重国家谈爱国主义
13		爱国主义的时代价值——从“留学生陈磊拒绝选修美国教授的课程”谈爱国主义的时代价值
14		爱国主义过时了吗——从华人科学家回国执教谈爱国之义与经济全球化
15		爱国就要爱社会主义吗——从钱学森谈爱国主义与爱社会主义
16		弘扬中华民族精神——从岳飞“精忠报国”谈爱国主义与民族精神
17		解码时代精神——从哥伦布竖立鸡蛋的故事谈以改革创新为核心的时代精神
18		做忠诚的爱国者——从《向中国人脱帽致敬》谈如何做忠诚的爱国者
19		树立新国家安全观——从“听风者”谈树立新国家安全观
20	第三章：领悟人生真谛创造人生价值	正确处理人生矛盾——从“乔布斯与他的苹果王国”谈人生矛盾
21		创造有价值的人生——从“穷得只剩下钱”的迷茫看人生价值
22		爱在家里——从家风传承谈家庭美德
23		如何看待爱情——从苏格拉底的对话谈爱情真谛
24		人啊，认识你自己——从德尔菲神庙的铭文谈人生目的
25		人的本质是什么——从诗歌《有的人》的辨析探秘人的本质
26		正确的人生观——从“救险”到“诈骗”事件谈用科学高尚的人生观指引人生
27		正确认识人生环境 ——从“××大学投毒悲剧”解码人生环境
28		实现人生价值的条件——从郎平带领中国女排重回巅峰谈实现人生价值的条件
29		积极的人生态度——从神奇小游戏谈人生态度

续表

序号	教材章节	微课名称
30	第四章：注重道德传承 加强道德实践	道德也“疯狂”——从古代私刑“浸猪笼”看道德的发展
31		一诺千金——从“战场上的承诺”看道德的主要功能
32		大爱无疆——从“磨刀老人”看传统道德中的“仁爱精神”
33		助人自助——从“当代雷锋精神”看社会主义新型人际关系
34		我为人人 人人为我——从“郭明义爱心团队”看为人民服务
35		八方来援——从《排队献血抗震》看集体主义的正确价值取向
36		体面人生——从“道德与体面人生”看树立社会主义核心价值观的必要性
37	第五章：遵守道德规范 锤炼高尚品格	解码社会公德——从“五记耳光是对社会公德缺失的掌掴”看社会公德
38		文明在指尖——从《网络文明公约》谈正确使用网络“双刃剑”
39		我的未来，我做主——从一份《网络简历》看大学生的择业与创业
40		诚信行天下——从《曾子杀猪》谈大学生该如何为诚信买单？
41		友善一家亲——从“从司机与乘客良性互动”看相处之道
42		婚姻的缔结——从一场婚礼谈结婚的条件和程序
43		敬业之道——从大国工匠谈敬业之道
44		追求崇高道德境界——从“最美村干部‘耶鲁哥’”谈崇高的道德境界
45	第六章：学习宪法法律 建设法治体系	法律的产生和发展——从所罗门王“智断亲子案”谈法律的产生和发展
46		什么是法律——从“国家动真格，老赖末日来了”谈法律的内涵和本质
47		社会主义法治体系的建设——从“法律体系”到“法治体系”的重大转变谈起

续表

序号	教材章节	微课名称
48	第六章：学习宪法法律建设法治体系	全面依法治国的基本格局——从“聂×斌案”看依法治国基本方略的新提升
49		公正之道——从“佘×林”案谈公正之道
50		自由之道——从“仇×明事件”谈社会主义自由
51	第七章：树立法治观念尊重法律权威	法治之道——从“雷×事件”谈法治观念
52		法治思维的培养——从“小鸟大案”谈大学生如何培养法治思维
53		解读“依法治国”——从伪命题“党大还是法大”谈党的领导、人民当家作主、依法治国有机统一
54		维护宪法权威——从“建立宪法宣誓制度”谈宪法精神
55	第八章 行使法律权利履行法律义务	公民的权利与义务——从“公交车上丢手机乘客被搜身”谈公民的权利与义务
56		权力的制约——从“张氏叔侄案”谈权力制约
57		法律义务的特点——从一千古难题谈法律义务
58		依法履行义务——从一起泄露国家秘密罪谈依法履行义务
59	结束语：做社会主义核心价值观的积极践行者	做社会主义核心价值观的积极践行者——从中国梦看青年社会主义核心价值观的塑造

1．建立质量高覆盖广的数字化资源教学平台

建立高质量的、共享的地区性、全国性的资源库数字化教学资源共享平台要做到以下几点。首先，要打造高质量数字化教学资源。这就要求教师在发布教学资源时，必须对自己的成果负责，因为大部分学生缺乏辨别的能力，所以就要求教师们严格筛查选择或开发建设高质量的教学资源与大家共享。其次，开放心态共建共享思政课数字化教学资源。不能只把眼界放在自己所在的学校，要多关注本地区、全国的思想政治教育的网络化发展，通过建立共享的地区性和全国性的教学资源平台，

加强互动交流，通过思政课数字化教学资源的共建共享机制，可以发挥数字化教学资源的放大、叠加和倍增效应，全面提升思政课建设质量和教学水平。

2. 将高校思政课建设成精品开放课程

教育部“十二五”教学质量工程的重点工作之一就是要建设一大批精品共享课程，其中重要的一点就是要将以前的国家级精品课升级打造为精品资源共享课，“十三五”期间启动在线开放课程建设，同时不同学校或独立或联合开发慕课、微课也不断上线，推动思政课数字化教学资源库共建共享平台建设。目前，在国家层面有“国家精品课程资源网”和“全国高校精品资源库”等，在该网站上有精品资源共享课的专题部分，这些网站无疑都成为高校建设思政课资源库网络共享平台值得学习借鉴的对象。

四、提高教师对思想政治理论课网络教学的接受和认可度

运用现代信息技术，在高校开展思想政治理论课网络教学，教师对教学的导向性依然发挥着重要作用。提高教师对思想政治理论课网络教学的接受和认可度，促进教师引导性地位的转变，制定科学合理的网络教学方案，能够有效提升高校思政课资源库建设的效果。

1. 促进教师由主导性地位向引导性转变

在传统的思政课教学中，教师一直处于“主导性”的地位，而智慧化、数字化、网络化教学的发展，改变了传统的教育模式，教师的“主导性”地位被弱化，教师对教学支配性和控制性逐渐弱化。在网络环境中，教师的“权威性”也受到了前所未有的冲击，这主要是网络的文化特征决定的，即网络的“开放性”“交互性”“主体性”“平等性”对教师“主导性权威”的弱化。

在传统的教学中，整个教学过程主要在封闭的教室内完成，教师是完全的掌控者、主导者，处于支配地位，拥有对教育资源的选择权。而随着人工智能时代的到来，智慧教学和智慧学习的日渐盛行，教学活动

不再是师生间的一种单向的程式化的支配和被支配的过程，而是一种师生间互相影响的过程，属于“双向交流”。在网络环境下，双方都能平等获取资源，因此学生就不再一味地接受教师的“灌输”，而可以根据自己的喜好选择自己感兴趣的内容，可以充分地表达自己的主观意愿，这将会大大弱化教师的主体地位。在这种环境下，教师的“主导性”会变成某种程度的“引导性”，其权威在不断下降。。

2．制定科学合理的网络教学方案

针对信息化教学的不足，思政课教师应该制定出一套科学合理的信息化教学方案，结合传统教育和网络教育的优势，创新的智慧教学理念，更好地实现思想政治理论教育的教学目标。要制定科学合理的思政课信息化教学方案应做到以下注意事项。首先，应针对信息化教学的全过程的教学设计，制定包括教学目标、教学内容、网络教学过程、师生互动交流等在内的科学合理的方案系统。其次，应针对每个教学方案，充实数字化教学资源，包括文字、声音、影像和虚拟仿真等不同形式的教学资源，选派熟悉人工智能技术的思政课教师在信息化教学的过程中为学生答疑解惑。最后，要进一步提升教师对于思想政治理论课信息化教学的接受和认可度，使其逐步认识到信息化教育具有传统教育无法比拟的优越性，主动转变教育理念，适应新时代教学发展的要求。

五、坚持高校思政课数字化教学资源库建设的动态性

思政课数字化教学资源库的建设为高校思政课智慧化网络化教学的发展带来了新的机遇与挑战。我们应顺应发展，充分利用新一代信息技术带来的强大优势，强化数字化教学资源库的建设，保证教学资源的动态性和科学性，并创建共建共享的资源使用平台，推动思政课课程建设和教学改革。

1．根据学生心理及时更新平台网站信息

平台网站建设应当符合学生对思想政治理论课的学习要求。由于网络具有“交互性”，学生对思政课数字化教学资源具有选择性，这就要求

教师要时刻抓住学生的心理特征，站在学生的视角，围绕教学目标创建学生乐于浏览的内容，这将有利于教学目标的实现。其一，要创建丰富的教学资源，优化网站内容。力争做到教学资源多层次、多样化和鲜活性，例如提供与课程相关的影视资源、图片资源和故事资源等，确保学生能在不同的资源中找到学习兴趣。其二，做到信息及时更新。思政课教学要取得实效，不但要在内容上加大投入，还要做到根据理论课的发展，做出及时的调整。为此，应对现实生活中国家发生的热点事件、学生身边发生的极具影响力的事件进行准确合理的解读，组织学生进行讨论，帮助同学们走出误区，引导学生树立正确的世界观、人生观、价值观。

2．应加强数字化资源开发的教师队伍建设

要办好思想政治理论课网站，既需要教育学、传播学、心理学等学科的理论支撑，也需要信息安全、网站设计、数据处理等计算机网络技术的支撑。因此，高校应该加大对相关工作人员的培训力度，让教师掌握一些软件应用技术。让技术人员掌握一些教育学、心理学理论，是为了让所有参与网站建设的人员能够顺利地交流设计意图，把网站建设得更加科学合理，实现思政课教学资源建设的动态性和更新的及时性。

第三节　运用现代信息技术建设思政课资源库的运用策略

随着新一代信息技术的发展，经过数字化处理或以数字化形式存在的，且可以在计算机或网络上运行的多媒体信息资源被称为“数字化教学资源”。思政课数字化教学资源库就属于一种信息化教学资源，一般而言，课程的教学资源库，应具备标准化、科学化、动态化、共享化的特点。这就首先要求教学资源库的开发和设计必须符合一定的规范标准，才能便于对资源进行共享，也方便对资源库进行有效管理；其次，思政课具有较强的意识形态属性，作为为教学服务的资源库，其内容必须科学准确；再次，在信息化背景下，要提高教学的有效性和针对性，就需要教学资源库的信息及时更新；最后，建设教学资源库的目的是推动传统教学方式的改变，打破时空限制，与学生分享教学资源。高校思政课资源库作为一种教学资源，也应该符合上述要求和上述特点。高校思想政治理论课教学资源建设的主要目的是实现优质资源共享，提升我国高等教育人才培养质量，培养出合格的时代新人。有效运用好思政课资源库必须注重以下几个策略。

一、丰富资源库内容建设

丰富资源库内容建设，首先要搭建框架。以“思想道德修养与法律基础”课程为例，根据高等教育出版社2018年版《思想道德修养与法律基础》教材的主要内容，分专题开展资源库建设，完成教学资源库的框架搭建。值得一提的是，素材的整合和微课程的设计都必须根据框架结构来定，框架搭建关系到资源库建设的质量。教材内容逻辑决定了专题教学设计的思维逻辑，两者应保持统一，教材的内容由绪论和六章构成，以教材各章的内容为依据，除作为导论的专题一外，其他15个专题可以划为八个单元，每个单元的专题安排遵循由抽象到具体、由理论到实践、由思想到行为的逻辑思路，这样便于框架的合理构建。

资源库的资源类型包括文本类素材、音频类素材、图形类素材、视频类素材、动画类素材和虚拟仿真类素材等。根据框架规定的不同专题的内容和要求，搜集素材，完成案例、课件、单元测试、教学视频等教学资源的开发制作。充分发挥信息技术优势，提高库内视频类、动画类、虚拟仿真类资源的占比。视频类素材以“微课程”“短视频”为主要形式，用于讲解知识点或技能点，主要注重叙事性和完整性；动画类素材注重逻辑规律运动的形象表达，将抽象微观枯燥的概念可视化，用于演示复杂结构、抽象概念、复杂流程等；虚拟仿真类素材注重现场文化交流感和体验，主要用于展现“看不见、进不去、动不得、难再现”等不能开展现场教学的场景环境过程。资源库内容应该具有科学、丰富、鲜活、多样性等特征，涵盖理论资源、课程资源、测试资源、交流论坛等。

二、强化资源库的共建、共享

资源库整体建设完成以后，应该编制资源应用指引，并利用网络平台，在网上进行发布，共享教学资源，并开展课程开发、资源利用、运行管理等培训，提高教学资源库的受益面，最大限度地发挥其效用。实现人工智能技术与课程的整合是当前教育发展的主要契合点，也是实现课程内容拓展的重要手段，利用现代信息技术实现教学资源的拓展。一方面，要应用信息技术搭建思想政治教学与学生学习的平台。比如在信息资源平台建设中可以将传统的思想政治理论知识以丰富多彩的形式进行展现，避免知识呈现的单一性和片面性，能充分调动学生学习的积极性。学生既可以在课外时间，利用网络线上平台实现自主学习和智慧学习，还可以通过网络线上平台与教师进行沟通与交流，实现学习的自主化和互动化。另一方面，教师可将全国优秀的思政教育资源纳入平台体系，从而保证学生能够了解最新的理论知识。思想政治教育网络线上平台还应该设有互动功能的区域，让所有的参与者能够互动，实现即时释疑、解惑，有效引导大学生的思想和行为。举办与网络活动相关的校园文化建设活动，将大学生引导到虚拟与现实相结合的正常轨道上，从而实现与对大学生进行经常性的思想政治教育活动对接，不断提高大学生思想政治教育的实效性。

此外，为保证专业教学资源库的可持续发展，按照边建边用、共建共享的原则，创建资源库平台运行管理和更新维护机制，确保教学资源持续更新，以满足教学需求和技术发展的需要。可在全国范围内推广、使用思想政治理论课教学资源库，积极营造智能、交互、自主、个性化的学习环境，提供一站式学习、便捷式查询、多渠道交流等功能，最大限度地满足学生、教师、社会学习者和企业等不同学习主体个性化需求。

三、充分发挥思政课教师的主体作用

习近平总书记在全国学校思想政治理论课教师座谈会上发表重要

讲话，他强调，“思想政治理论课是落实立德树人根本任务的关键课程”“思政课作用不可替代，思政课教师队伍责任重大”“办好思想政治理论课关键在教师，关键在发挥教师的积极性、主动性、创造性”。

思政课数字化资源库的建设同样有赖于教师的积极参与。首先，应该构建有效的组织体系，教师分工协作，以提高资源库建设效率，特别是要结合教师所授课程和教学特长，明确分工，提出资源库建设的进度时间表，进行项目化管理。在资源库建设中建立考核机制，既能鼓励教师参与建设，也能适当增加教师压力，提高教师建设资源库的动力，充分调动老师参与该项目的积极性，充分发挥思政课教师建设资源库的主体作用。

高职院校思想政治理论课教师的学科素养和信息化教学能力是建好资源库的核心因素，加强师资队伍建设，在信息化技术应用和教学能力方面，大力提升教师的教学水平，丰富教师课程建设改革的经验，鼓励其制作更多更优秀的素材，保证资源库的质量和顺利运行。

四、形成适应高校思政课智慧教学的教育理念

教育理念能够有效地指导教学活动。改变传统的思想政治理论课教育教学理念，树立思政课智慧教学理念对于应对高校思政课人工智能时代对思政课教学的挑战具有重要的作用。。

1．改变传统的思政课教育教学理念

首先，改变思政课形式单一的教育理念。在教学中，学生是学校教育的客体，但又是学习的主体，这就要求高校设计出来的思政课网站能够满足学生的个性化需求，能够为学生提供多种学习方案。如果仅仅是把课堂上的教学资源机械地搬移到网上，移到课堂上，那就没有建设思政课资源库的必要了。因此，为了提高思政课教学的实效性，教师应该充分利用数字化教学资源，为思政课的教学提供充足丰富的资源和素材支撑，促使理论从“死板”走向“生动”，从“灌输”走向“互动”。高校思政课教师对思政课教学形式的认识在很大程度上影响着思政课的教学效果，也影响着学生对思政课的学习态度。因此，高校思政课教师应

该树立一种以网络教学资源库建设为课程教学重要支撑的全新的教育理念。其次，改变单向传授系统知识的教育理念。在教学资源数字化网络平台上，思政课教师不仅仅是知识的传授者和管理者，也是学生发展的促进者和引导者，要努力营造宽松的学习气氛，充分调动学生的主体性作用，促进学生智慧学习。因此，在数字化教学资源的建设上，要充分考虑那些能激发学生学习主动性的可用资源和能够训练学生的思维能力的有效资源，从而提高学生发现问题和解决问题的能力。要通过这些资源的开发和应用，引导、帮助学生独立学习和合作学习。最后，要改变把学生局限在教室课堂的教育理念。在思政课的网站上，学生的学习将从线下延伸到线上，因此，在网站的建设中，教师可以将教学案例、实践活动发布在网站上，真正做到线上线下学习的有机结合。让学生通过互联网与世界沟通、与社会沟通，扩大学生的接触面，积极探索网上社会实践活动的新途径。

2．树立思政课资源库网络教学的品牌理念

随着现代信息技术推动网络线上教学平台和数字化资源平台的发展，一些高校已经建立了思想政治理论课特色网站，如“红色网站”“思想政治工作之窗”“马克思主义之家”等。只有先创造出属于高校自己的特色网站，提高网站的影响力和知名度，才能树立自己的品牌。通过各种品牌网站的建立，吸引更多的学生的注意，帮助大家提高思想政治理论水平。在思政课网站建设方面，高校思政课教师和教育技术人员应该建设以学生为中心的专题网站；另外，要以优质的教学资源库打造思政课的网络教学品牌，以优质的网络资源建设支撑思政课的网络教学，这对思政课网络教学品牌的树立起着至关重要的作用。

第四节　运用现代信息技术建设思政课数字化资源库的实践探索

按照教书育人规律、学生成长成才规律和思想政治工作规律，在新一代信息技术的推动下，各高职院校都在积极探索思政课数字化教学资源的建设理念和路径，并积极思考和谋划“建什么”“如何建”“怎么用”等问题。现在以成都职业技术学院和广州番禺职业技术学院的思政课数字化资源建设为例，来探讨思政课数字化教学资源库的建设路径。

一、创新推动思政课数字化教学资源库建设思路与举措

（一）成都职业技术学院的实践探索

围绕思政课资源库“建什么”“如何建”和“怎么用”三个关键环节，结合教材的重难点、学生的兴奋点和困惑点，以社会主义核心价值观为主线，成都职业技术学院坚持以问题导向，价值引领，彰显高职特色和碎片化资源系统集成的思路，以“思想道德修养与法律基础”为例，学院将教育教学内容进行了分解，确立了“高职也精彩”“爱在家里”“指尖上的文明”等 60 个微课项目，辅之以文字、视频、动画图片等素材，建立了具有成都职业技术学院特色的思政课资源库。

1．高起点谋划，做好思政课资源库建设规划

2019 年，学校党委以习近平新时代中国特色社会主义思想为指导，全面贯彻党的教育方针，进一步提升政治站位，切实深化思想认识。通过党委中心组、教职工政治学习等形式，认真学习贯彻习近平总书记就加强高校思政队伍建设发表的重要讲话、做出的重要指示，以及全国高校思想政治工作会议、全国教育大会、学校思想政治理论课教师座谈会等一系列重要会议精神，并安排马克思主义学院统筹规划思政课资源库建设。2019 年，学院主要领导和分管领导带领相关处室部门负责人，多次到思政教学部召开现场办公会，听取思政课资源库建设情况汇报，学院党委还专题研究思想政治理论课资源库建设相关工作，及时解决经费、技术和人员等方面存在的相关问题。高起点的思政课资源库的建设，确保了该项工作的顺利推进。

2．提升教师素质，确保思政课资源库建设质量

办好思政课，关键在教师。重点是发挥教师的积极性、主动性和创

造性，思政课资源库建设也遵循调动教师主观能动性的原则，在配齐配强教师的基础上，分工合作，协同推进思政课资源库建设。学院党委长期以来高度重视思想政治理论课教师队伍建设，把配齐建强思政课教师队伍作为政治任务，认真履行思政课建设第一责任。学院认真落实孙春兰同志在有关会议上的重要讲话精神、杨兴平同志关于思政课建设的重要指示，以及全省教育工作会议有关工作部署，严格按照师生比不低于1∶350的比例核定我校专职思政课教师岗位34人，通过公招、引进和内部转岗，目前有思政课教师26人，教师队伍整体素质高，结构合理。与此同时，学院还采取“双学双进”工程（即重学马列经典著作、学教育理论；思政教师进机关进企业挂职锻炼、名家名师进课题进课堂）等多种途径，把好政治关、师德关、业务关，提升教师政治素质和教学科研能力，并以四川省高校思想政治理论课蒋家胜名师工作室为平台，在教学、科研等方面带动一批老师成长。为推动思政课资源库建设，马克思主义学院对资源库建设进行了分工，每位教师都参与到建设中。此外，在选送部分教师外出培训学习的基础上，学院还邀请校外专家到校举办专题讲座和进行技术指导，有针对性地提升教师的信息化素养，确保思政课资源库建设质量。

3．开展合作，建立思政课资源库技术中心

按照《高等学校思想政治理论课建设标准》《普通高校思想政治理论课建设体系创新计划》的要求，根据新时代信息化教育特征和学生身心特点，蒋家胜教授工作室与北京智启蓝墨信息技术有限公司签约，建立四川省职业院校移动思政课云教学大数据研究中心，中心为思政课资源库建设提供了有力的技术支撑。在建设实践过程中，学院坚持“八个相统一”原则，加强“价值引领、能力本位”的信息化教学设计，构建问题导向、理实一体的教学模式，整合成都周边兄弟学校优秀师资资源，开发120个思政微课，开发运营“明德e堂”思政主题教育微信公众平台，采用云班课网络教学手段，成功建设“两馆一廊”思政实训基地（即新时代红色铸魂馆、道德讲坛、马列经典著作阅读长廊），创新“两微一云”（即微课资源、微信公众平台和云教学）联动的线上线下混合的教学方法，努力打造“配方先进、包装时尚、工艺精湛”的思政金课，促进思政课在改进中加强，在创新中提高，不断增强思想政治理论课的思想性、理论性和亲和力、实效性。

4．完善条件，加强思政课资源库建设保障

为推动思政课资源库建设，学院依托四川省思政课“蒋家胜名师工作室”，学院蒋家胜和赖晓凡“教授工作室”，学院“新时代高校思想政治教育研究中心”“敬业文化研究中心”等教学科研平台和载体，小切口大纵深地研究习近平新时代中国特色社会主义思想，破解学院思想政治教育和思政课建设方面面临的理论与现实问题，努力以高水平科研支撑高质量的思想政治理论课教学水平和资源库建设质量。与此同时，学校党委行政切实加大投入，真抓实干，不断补齐思政课程建设的短板。将思政课作为重点课程进行建设，纳入学校事业发展规划，在原有日常运行经费的基础上，按照生均30元的标准拨付专项经费，用于教师暑期实践研修和学术交流，仅2019年，学院就一次性投入60余万元，用于“两馆一廊”校内实践基地和微课资源库建设。

（二）广州番禺职业技术学院的实践探索

1．创新理念，高起点谋划思政课数字化教学资源的建设

遵循边探索边实践、边实践边研究的思路，按照“发现问题—揭示问题根源—查阅文献资料—分析凝练理论—提出解决问题方案—教学实践验证—形成研究成果—提升推广运用”等环节，并依托名师工作室、虚拟仿真教学中心、人民网数字马院、广州大中小学思政课协创中心等协作创新平台，采取理论研究与实践推进互为支撑、螺旋上升的路径，探索人工智能时代高职思政课数字化教学资源开发和应用规律，推动思政课信息化教学革命，增强教学的亲和力和针对性，提高学生对思想政治理论课的满意度和获得感。

2. 探索规律，把握数字化思政课教学资源的一般特征

从教育功能、技术特征、呈现样态等角度探索数字化思政课教学资

源的特征是项目研究的起点，着力解决“开发什么”的问题。数字化资源是经过数字化处理，可以在多媒体计算机及网络环境下运行的多媒体教学材料，包括声音、文本、图形、图像、动画、音频和视频等颗粒化积件资源，以满足不同课程教学为需而序化组合为课程教学组件资源。人工智能时代高职思政数字化资源具有网络化、智能化、数字化驱动的特征，满足移动泛在学习要求，满足思政课“价值引领、能力本位”的意识形态的教育功能。

3. 积极实践，推动数字化思政课教学资源的开发

以广州番禺职业技术学院双高院校建设和职业本科课程建设为依托，主动适应科技革命和产业革命要求，推动信息技术与教育教学深度融合，遵循产教融合的方式，以 VR、AR 为呈现样态，订制开发一批具有广东特色、职教特色、数字化特征的思政教育资源库，服务课程开发、教学设计和教学实施，为充实虚拟仿真实训基地教育资源，建设在线开放课程，推动混合式教学模式的创新。以围绕习近平新时代中国特色社会主义思想“三进”为核心，以爱党、爱国、爱社会主义、爱人民、爱集体为主线，以中国共产党精神谱系、广东红色文化资源、大湾区改革开放时代精神、爱国华侨爱乡报国、职业理想和职业道德五大数字化资源为主要内容，构建“一个核心、一条主线、五大内容供给”的“115”资源库内容体系，培育和践行社会主义核心价值观，用党的最新理论武装头脑，指导实践。

4. 共建共享，探索数字化思政课教学资源的应用机理

通过创新智慧思政教学模式和共建共享机制，实现人工智能时代数字化资源应用机理。一是从教学环境、教学方法、教师信息素养、教学评价等方面协同创新，探索数字化思政教学资源的应用，整体创新构建智慧课堂教学模式，“一线穿、巧设计”的教学体系（一线穿是指教学内容、教学资源要和智慧教学空间相适配的一线贯穿），探索线上与线下“两面引、妙引线”的线上线下混合式教学模式（两面引是指线上与线下两面引导师生进行智慧教学和智慧学习），创新构建“教师讲授+虚拟仿真技术+交互体验+任务考核”“四联动”智慧教学流程，打造“三课堂、

精育人”的理论智慧课堂、实践行走课堂和网络体验课堂，实现以信息技术为支撑的理论育人、实践育人和网络育人的有机统一。二是以人民网公开课数字马院、全国思政名师工作室、广州思政课大中小协同创新中心为载体创新数字化教学资源共建共享机制，跨界融合全国优质资源，打造思政课备课资源库、智慧教学资源库、无纸化考试试题库，搭建数字马院门户网站和资源空间，推动资源共建共享，着力解决智慧课堂和虚拟仿真教学中心如何发挥育人功能和社会服务功能，努力打造智慧思政广东样本。

5. 加大投入，推进数字化资源库建设

学校高度重视智慧思政建设，2014 年，学校在投入 500 余万元建设 5 间智慧教室的基础上，在“双高”院校建设期间，学校预算 400 余万元新建 6 间智慧教室，学校投入 410 万元，建设包括“飞夺泸定桥”“过雪山草地”“岭南红色文化”“爱国华侨史”虚拟仿真资源、职业道德等虚拟仿真资源（含 VR 和 PC 版），投入 245 万元在校内新建“华侨史·爱国主义教育基地”，打造“馆课”结合的思政沉浸式实训中心，运用大数据等技术开发思政课学生学习管理、教师教研管理和资源共建共享平台，升级打造数字马院，项目组所在单位把这 3 个项目列入“双高”院校建设的标志性成果之一，切实加强和保障思政课教学改革，推动数字化教学资源和智慧思政教学改革。

二、信息化思政课资源库建设成效与不足

（一）成都职业技术学院的建设情况

1．思政课数字化教学资源库建设成效

成都职业技术学院马克思主义学院守正创新、铸魂育人，加强思政课数字化教学资源建设，以共建共享微课资源库建设为核心，以教学案例、视频推动思想政治理论课在改进中加强，在创新中提高，逐渐凝练成职思政品牌。按照“八个相统一”要求，创新“价值引领、能力本位”理实一体的教学设计，构建“两微一云”翻转混合的信息化教学模式。

已建成“毛泽东思想和中国特色社会主义理论体系概论”和“思想道德修养与法律基础”两门课程共计 140 多个微课的微课资源库，同时开发了“明德 e 堂”微信思政主题公众教育平台，并已打造建成以新时代红色铸魂馆、道德教育馆和马列经典立德树人阅读长廊为主体的体验式“两馆一廊”教学平台。以数字化教学资源库为支撑，建成 2 门省级思政课示范课程及 1 门市级精品课程。2020 年和 2021 年，在花源校区新建“四管五室”思政课实训基地，占地 1300 平方米，包括了 5 间智慧教室和 1 间虚拟仿真训练室。

数字化教学资源推动思政课智慧教学改革，该部门青年教师多次获国家级、省级教学比赛特等奖、一、二、三等奖。《坚持立德树人 构建全面育人思政工作新格局 ——成都职业技术学院思想政治教育课程体系创新》获 2017 年全国高职思想政治教育创新案例 50 强，其创新经验被《中国青年报》（2017 年 7 月 19 日）全文刊发。以数字化教学资源为支撑，开展课程思政与思政课程协同育人实践创新，“课程思政与思政课程协同育人体系与路径创新研究”入选省教育改革重点项目；2019 年，“思想道德修养与法律基础”被评为省级课程思政创新示范课程，并受邀在北京、上海、广东、宁夏、内蒙古、湖北、四川、湖南、广西等地高校进行课程建设经验专题讲座 30 余场，课程思政专题在线课程由国家教育行政学院在全国推广，《光明日报》《中国青年报》、四川教科频道、人民网公开课等媒体对此进行了报道，具有广泛的影响力。

2. 思政课数字化教学资源库建设存在的不足

成都职业技术学院思政课数字化教学资源建设起步比较早，主要以微课资源为主，辅之以部分虚拟仿真资源，建设了两门省级思政示范课，1 门市级精品课，获得两项思政创新工作案例，取得了较好的改革成效，有良好口碑。但也存在一定不足，存在一定提升空间。一是教学资源共享不足，整合了部分兄弟院校的力量，共建了微课资源库，但在区域内共享，推广力度不够大，没有惠及更多的师生。二是没有从精品资源共享课或者在线开放课程努力，课程建设的层次有待进一步提高。三是教师的信息化教学能力有待提高，尤其是运用虚拟仿真教学资源，推动智慧教学或学生智慧学习方面存在短板。

（二）广州番禺职业技术学院的建设

1. 思政课数字化教学资源库建设的成效

广州番禺职业技术学院信息化教学改革起步于 2014 年，建设了全国高职院校首批思政课智慧教室，2021 年又新建了 4 间新型智慧教室和 2 间虚拟仿真实训室，探索了明德致用教学模式。2021 年拍摄了“思想道德与法治”“毛泽东思想和中国特色社会主义理论体系概论”两门课的微课，在此基础上启动慕课和在线开放课程建设。2021 年投资 90 万元，购买了“长征精神”“中共一大”“民法典”“延安精神”等虚拟仿真教学资源；2022 年新建“华侨史·爱国主义教育基地”，并配套开发华侨史虚拟仿真和短视频等数字化教学资源，同时开发了广东红色文化、职业道德、中国精神等虚拟仿真教学资源，并积极探索智慧教学模式，推动学生智慧学习，是全国首批数字马院建设示范校。

2. 思政课数字化教学资源库建设的不足

广州番禺职业技术学院智慧教室起步早，成效显著，在全国范围同行中有广泛影响力。但面对新一代信息技术，尤其是人工智能技术的不断迭代更新对资源库建设和信息化改革，我们发现在以下几方面存在不足，需要进一步改进。一是思政课数字化教学资源落后于硬件建设，导致思政课信息化改革没有达到预期成效，有极大提升空间。二是与数字化教学资源和智慧课室、虚拟仿真实训室等硬件相匹配的智慧教学模式有待进一步探索。三是教师的信息化教学能力有待进一步提高，技术更新迭代，需要思政课教师不断学习，掌握新一代信息技术，并及时应用到教学中。

三、当前思政课数字化教学资源库建设的现状研判

通过文献梳理和对部分高职院校思政课教学资源建设情况的调研，我们发现各校都十分重视数字化教学资源库建设，取得一定成果，但当前思政课数字化教学资源库建设呈现以下不足。一是缺乏理论建构。对思政课数字化教学资源库的建设和应用研究有别于传统思政课教学资源开发与应用，其理论基础、开发模式和应用机理需要深化研究，还处于探索初期阶段，存在诸多分歧和争议。二是缺乏研究深度。对思政课数字化教学资源库建设的内容体系、技术标准和呈现样态缺乏整体、系统研究，高质量成果鲜见。三是缺乏可操作性。思政课数字化教学资源建设和应用理念、观点成熟，但可借鉴、可操作的具体举措不多，教育部牵头推动建设国家教育公共服务平台“大思政课”专题资源也刚刚起步，上线了“抗疫精神”“北京冬奥精神”等数字化教学资源，但各高校携手合作、共建共享思政课数字化教学资源的路径还没有完全建构起来，学校各自为政的多，造成重复建设，导致人力、物力、财力的浪费。四是思政课教师数字化教学资源开发建设和信息化教学能力不高，亟待培训提高。

通过我们对思政课数字化教学资源建设和应用的研究，我们认为思政课数字化教学资源建设和应用的探索与应用大致呈现以下趋势：一是从关注智慧课室、虚拟仿真中心等硬件建设，逐渐转向到数字化资源建设、智慧教学模式和智慧学习等软性建设领域。二是“大思政课”教学资源从教学案例、短视频、图片等教学资源，逐渐扩展到 AR、VR、抖音等现代信息技术支撑的数字教学资源上来，关注如何用数字化手段将社会大课堂资源引入思政小课堂来。三是从单个学校单兵作战到多所学校共建共享联合开发转变，从自主研发到产教融合协同开发转变。四是从校内小思政课资源建设逐渐扩展到开发“社会大课堂”资源，挖掘具有育人效应的社会现实资源，建构具有社会辐射效应的大德育场，并充实运用到思政小课堂。

在分析广州番禺职业技术学院和成都职业技术学院进行思政课数字化教学资源库建设的举措、成效和不足后，我们觉得新一代信息技术给思政课教学带来严峻挑战的同时，也带来崭新的改革机遇，率先改革者，都取得了良好的育人效益和社会效益。结合人工智能技术发展的新趋势以及国家对思政课建设新要求，我们对进一步推动思政课数字化教学资源库建设提出自己的新思考。

第一，加大思政课数字化教学资源的开发，解决智慧教室和虚拟仿真体验教学中心的软硬件适配性问题，打造沉浸式智慧教学空间。从智慧教室和体验式虚拟仿真教学中心等软件和硬件相适应的需求，同步研究、同步部署建设智慧课室、体验式虚拟仿真教学中心，真正打造好沉浸式智慧教学空间，有效推动传统课堂向智慧课堂、教育场景向场景教育蜕变升级，引发课堂革命。

第二，加大思政课数字化教学资源应用场景研究，解决智慧教学方法严重滞后，影响智慧教学空间功能发挥不充分的问题，创新混合式教学模式。当前教师信息化水平、智慧教学方法、智慧学习严重滞后于智慧课室和体验式虚拟仿真教学的硬件建设，导致智慧课室和虚拟仿真中心功能无法有效发挥，为此，要探索以智慧课室、体验式虚拟仿真教学中心为载体，对理论教学与实践教学一体设计，打造教学信息化教学互动平台和数字化分析与管理平台，创新混合式教学模式。

第三，加大“大思政课”数字化教学资源开发，解决智慧思政课堂有效教学资源严重短缺的问题，建设颗粒化的思政积件与组件思政资源库。2021 年 3 月 6 日，习近平总书记在看望参加全国政协会议的医药卫生界教育界委员时，强调“大思政课”我们要善用之，一定要跟现实结合起来。上思政课不能拿着文件宣读，没有生命、干巴巴的。在思政课数字化教学资源建设中，我们要以习近平新时代中国特色社会主义思想“三进”为核心，以社会主义核心价值观践行、红色文化浸润、优秀传统文化传承、爱国主义精神弘扬、工匠精神培育等为着力点，突出时代特征、地区特色、职教特色，建设颗粒化的积件资源，以不同层次不同课程的教学需要组合序化为结构化、数字化的思政课数字化组件资源，搭建数字马院门户网站和资源空间，推动资源共建共享，努力打造智慧思政典型样本。

第四章　现代信息技术与思政课信息平台建设

为进一步推进现代信息技术与思想政治理论课的融合创新，教育行政部门要求，“坚持信息技术与教育教学深度融合的核心理念，持续推动信息技术与教育深度融合，使网络学习空间真正成为广大师生利用信息技术开展教与学活动的主阵地。推进信息技术和智能技术深度融入教育教学全过程”①。因此，在教育教学实践中，将现代信息技术运用到思想政治理论课信息平台建设，既顺应了信息技术对教育变革性影响的发展趋势，也抓住了信息技术和智能技术深度融入教育教学全过程这一潮流。

第一节　运用现代信息技术建设思政课信息平台的重要意义

2022 年 2 月 25 日，中国互联网络信息中心（CNNIC）在京发布第 49 次《中国互联网络发展状况统计报告》（以下简称《报告》）。《报告》显示，截至 2021 年 12 月，我国网民规模达 10.32 亿，较 2020 年 12 月增长 4296 万，互联网普及率达 73.0%；手机网民规模达 10.29 亿，较 2020 年 12 月增长 4373 万，网民使用手机上网的比例为 99.7%；我国网民使用手机上网的比例达 99.7%；使用电视上网的比例为 28.1%；使用台式电脑、笔记本电脑、平板电脑上网的比例分别为 35.0%、33.0%和 27.4%；我国网络视频（含短视频）用户规模达 9.75 亿，较 2020 年 12 月增长 4794 万，占网民整体的 94.5%；其中，短视频用户规模达 9.34 亿，较

① 教育部．教育信息化 2.0 行动计划[EB/OL]．http：//www.moe.gov.cn/srcsite/A16/s3342/201804/t20180425_334188.html.

2020年12月增长6080万，占网民整体的90.5%。[①]在此背景下，运用现代信息技术建设思想政治教育信息平台具有十分重要的意义。

一、建设思政课信息平台，可推动思政课教学方式和管理实现重大变革

将现代信息技术融入思想政治理论课教学，不仅能继续发挥原有课堂教学的优势，为教学变革注入活力，更好地发挥教师主导作用，调动学生的学习积极性，还能创新多种教学模式，增强思想政治理论课教学效果。

建设思政课信息平台，有利于思政课实行开放式教学。各种基于现代信息技术建立起的移动终端平台大大方便了信息的传播，课前预习、课堂教学、课后答疑和课程考核等教学环节完全可以通过网络教学平台实现，思想政治理论课教学和管理网络化，基于现代信息技术的思想政治理论课教学模式建立。思想政治教育课的课程性质和教授内容决定了其教学方式。思政课要上得生动活泼，做到价值性和知识性、理论性和实践性、主导性和主体性相统一，利用传统的“黑板+粉笔”的方式很难达到这种预期的效果。然而，借助网络教学平台，将现代信息技术手段与思想政治理论课课程进行融合创新，则可以建立和形成一种开放式教学模式。思政课教师可以将网下准备的教学参考资料、视频、测试题等通过网络进行展示，并制定学习目标，要求学生进行学习反馈，建立每位学生的学习行为数据库，教师可依此了解学生的学习状态，准确掌握学生的学习态度、学习轨迹以及学习成效。这种开放自主式的学习，有利于调动学生参与思政课教学的积极性，学生随时可以从网站思政课网络平台上下载所需资料，进行预习、测试和复习，而思政课教师则可以根据学生网络学习情况，调整课堂教学策略，就学生在网络平台上学习、讨论所反映的焦点和难点进行重点讲解，不但教学的目标和针对性更加明确，还能增强学生自主学习能力。

---

① 中国互联网络信息中心网站．第49次中国互联网络发展状况统计报告[EB/OL]. http://www.cnnic.net.cn/hlwfzyj/

建设思政课信息平台，有利于形成思政课专题教学。现代信息技术的运用以及思政课信息平台的建立有利于开展思想政治理论课专题教学，即在思政课教学过程中，根据思想政治理论课的教学内容，以及人才培养目标和教材重难点，结合网络信息教学平台的特点，将原先较为系统和完整的思想政治理论课内容分解为不同的专题，教师依此进行备课和网络呈现，从而增强学生的学习兴趣，培养他们思考问题和解决问题的能力。这种教学模式与传统“满堂灌”的填鸭式教学相比，教学的主体转向了学生。从教学设计上看，思想政治理论课专题教学以培养学生提出问题、分析问题和解决问题能力为出发点；从教学组织上看，这种教学课堂已经前移，教学内容、教学形式具有更多动态性的特征；从学习目标来看，这种教学方式让学生聚焦某一问题，将理论学习嵌入对现实问题的思考和解决中。由此可见，基于现代信息技术基础上的思想政治理论课专题教学模式是一种更加关注学生的学习过程，强调教与学的辩证统一，以学生为主体的探究性教学模式，其与传统以教师为主体的思想政治理论课教学存在很大的区别。思想政治理论课专题教学，不仅改变了传统常规教学中教师按章节讲授教材的模式，而且还可以根据形势变化，结合社会需要选择社会热点问题进行专题教学，从而增强了思想政治理论课的时效性、教育性和引导性。

建设思政课信息平台，有利于推动思政课教学管理创新。由于网络教学平台可以通过视频、图片和声音等多种方式来呈现思想政治理论课的教学内容，这种全方位的信息表达方式，不仅增强了思想政治理论课的生动性和吸引力，而且使得讲授、观看视频、讨论互动、课堂抢答和抽答、小组学习等多种教学方法使用成为可能，从而使得学生学习成就感更强，学习积极性更高。因此，在教学实践中，思想政治理论课除了可以利用慕课、翻转课堂、微课等多种教学平台和方式外，还可以自主开发和设计专门的高校思想政治理论课教学和互动平台，突破时间和空间的限制，设立适合不同高职或本科学生感兴趣的栏目，采用竞赛、游戏、积分、动手制作、经验值获取、实时排名等方式举措，强化与教学的有效性互动，将学生学习过程与期末考试相结合，创新学生评价方式，并对学生学习进行过程性监督和指导，从而促进教育教学的良性互动。

二、建设思政课信息平台，有利于全面提升师生信息素养

建设思想政治理论信息平台，有利于持续推动信息技术与思想政治教育深度融合，并从融合应用向创新发展的高阶演进，现代信息技术和智能技术深度融入思想政治理论课的全过程，不仅推动了教学方式的变革，优化了思政课教学管理，而且还有利于全面提升师生信息素养，推动广大教师从技术应用向能力素质拓展，使之具备良好的信息思维方式，从而全面提升他们运用信息技术解决教学中问题的能力素质。

思政课信息平台的建设，有利于思政课教师信息意识和思维的培养。随着现代信息技术的飞速发展，互联网作为信息传播新型媒介，越来越成为师生获取知识和各种信息的重要渠道，并对广大师生的学习、生活方式乃至思想观念发生着广泛和深刻的影响。互联网技术的发展和普及，拓展了思想政治理论课教学的新渠道和新手段，通过互联网平台，师生不仅可以及时获取大量有价值的信息，丰富和拓展思想政治教育的资源和视野，而且利用互联网开放性、交互性、及时性等特点，师生之间还可以开展形式多样、生动活泼的思想政治教育活动，从而使得思想政治理论课教师可以快捷、准确地了解学生的思想情绪、学习状态、他们关心的热点问题，及时与他们进行沟通，调整教育教学内容。因此，思政课信息平台的建设，有利于思政课教师摆脱传统的教育教学模式和思维，树立起“互联网+教育”的思维方式，从而转变教育教学观念，以适应信息化变革对教育发展的根本要求。

思政课信息平台的建设，有利于思政课教师对现代教育信息技术知识的理解与培养。面对不断发展变化的现代信息技术，思政课教师还应不断培养和增强现代技术教育意识，对现代信息技术的发展所引起的教育思想、教学模式、教学方法的重大变革有较为深刻的理解和认识，自觉将信息素养作为衡量教师教育教学能力和专业发展的一项重要指标，从而在信息化教学、信息技术与学科教学整合、信息化教育、教学资源开发与制作等方面下功夫，加强自身信息技术教育教学与实践管理运用能力的培养。

思政课信息平台的建设，有利于思政课教师信息化教育能力的运

用。随着思想政治理论“平台+教育”教学模式的引入，以及相应资源平台和支持系统的建立，各级各类思想政治教育资源也不断网络化和平台化，思政课教师不充分利用教学资源与学习资源，并对其进行精心选择、加工和制作，可以说，这样的思想政治理论课课堂教学不仅没有现代气息，而且还不能提起成长于数字化时代学生的学习兴趣，思想政治理论教学的效果也大打折扣。而思政课信息平台则为教师实现这一转变，掌握和运用信息化教育能力提供机遇。因此，在教学实践中，思政课教师必须学会运用课堂教学与多媒体课件、现代信息技术的整合能力、教学设备简单故障的处理能力、信息教学平台熟练的驾驭技能等。

思政课信息平台的建设，有利于思政课教师网络信息道德的培养。现代网络信息平台在带给思政课教学便捷的同时，也带来了一些思想政治教育的新问题，如网上良莠混杂的信息，尤其是全员媒体时代，个别人在互联网上发表不负责任的信息和议论，混淆视听，一些敌对分子有意利用网络进行煽动，企图影响高校和社会的政治稳定。作为一名思政课教师，除了要具备信息的辨伪和处理能力外，还要不断提高自身网络信息道德素养，理性地选择和运用网上教育资源，切实维护学生的身心健康。

三、建设思政课信息平台，可提高思政课的吸引力和实效性

思想政治理论课关系到“培养什么人、怎样培养人、为谁培养人”这个根本性问题，是立德树人的关键性课程，肩负着培养担当中华民族伟大复兴与中国特色社会主义现代化建设者和接班人的伟大使命，是贯穿大中小学课程体系的灵魂。因此，思政课必须针对学生思想特点和存在的困惑，强化理论阐释，做好解疑释惑，不断提升思政课的吸引力和实效性。

思政课信息平台的建设为创设各种教学情境提供了技术支撑，有利于增强思政课的吸引力。以移动互联技术、大数据、云计算等为代表的信息技术被广泛应用于思想政治理论课教学，可为思政课创设教学空间、教学设计、教学组织、教学活动、师生关系，课堂互动、课堂参与、课

堂体验以及团队学习等教学情境提供条件。这种让学生在创设的教学情境中通过感悟、参与、体验等方式，可以充分调动学生学习的积极性和主动性，增强思政课的课堂吸引力。第一，有利于通过网上网下教学空间的构建，创设互动教学情境，增强课前教学吸引力。思想政治理论课一般都是实行大班教学，在不借助现代信息教育技术的前提下，思政课教师难以兼顾课堂教学效率与增强学生吸引力的问题。在此教学情境下，教师教学的针对性和实效性也难以实现。借助思政课信息平台的独特优势，思政课教师能够有效将原先较为单一、封闭的教学空间和状态变为多元、开放的教学场景。在此教学情境下，学生可提前预习思政课网络信息平台教学资源，了解相应的学习要求，学生的学习积极性和主动性将有所增强。第二，有利于构建课堂教学体验式教学情境，增强课堂教学吸引力。体验式教学注重和重视学生的课堂参与度以及课堂活力，思政课教学力图通过引导参与，利用情景再现、角色扮演等教学场景让学生在课堂上充分体验到参与、创造与合作的快乐，并在这一过程中激发学生对知识的探究兴趣，使其思维能力得到提升，树立正确的价值观。同时，在课堂教学过程中，学生也可以通过移动终端在线学习和发送实时观点，参与课堂讨论和抢答等互动活动，“微弹”“微点赞”等小程序也能够有效增强课堂的趣味性和吸引力。在教学实践过程中，现代信息技术环境下思政课体验式教学情境的创设，其目的是如何开发、选择和运用信息技术环境下的教学资源，更好地实现和完成教学任务，而不是为情境而情境。第三，有利于变革教学组织形式，创设协作情境教学，增强团队学习吸引力。没有现代信息技术支撑的小组协作学习，形式比较单一，而思政课信息平台的建设却有利于打破时空限制，构建起教师与学生、学生与学生、人与机的互动协作学习环境，在教师的主导下，充分调动学生主体的参与度、活跃度，以发挥、培养学生的主动性、创造性和协作性。在协作教学情境构建过程中，思政课教师既可以根据不同的教学内容采取不同的协作学习形式，也可以根据学生的性别、学习水平以及兴趣等，把学生分成不同的学习小组（利用现代信息技术还可以采取随机分组的方式）。以问题为导向，各小组在课前、课中、课后等教学环节，通过开展线上线下、形式多样的学习活动，师生之间、学生之间相互协作的学习交流机会增多，相互间的思想碰撞、情感交流有所增强，学生的学习兴趣得到激发。第四，有利于构建探究式教学情境，增强学生学习的积极性和吸引力。探究式情境教学，亦称问题导向性教学，是指教师将教学目标设置为学生通过自主学习加以解决的问题，教学中更注重引导学生查阅资料、找到解决问题方法，从而在这一过程中构建起相应的知识范畴和知识体系，并提升解决问题的能力。基于思政课信息平台的探究式教学情境创设，要求思政课教师设计和构建教学活动，发挥自身在教学中的主导作用，通过现代信息技术手段和平台，为学生提供丰富的思想政治教育资源，引导学生自主探究学习。与此同时，借助思政课信息平台，通过课前、课中和课后等环节，以及线上线下的互动，培养学生信息获取、信息甄别、信息运用的能力和研究能力，增强思政课的吸引力。

思政课信息平台的建设还有利于增强思政课的实效性。现代信息技术自身具有将文本、声音、图像等融为一体的功能，通过这些直观形象的媒介，思想政治理论课原本抽象、复杂的概念、规律就可以灵活多样的方式呈现在学生面前，学生主动参与教学各环节的积极性得到有效调动，因而有利于在教学活动中培养他们树立高尚的理想信念和道德情操。更为主要的是，思政课信息平台的建设，以学生为主体的教育教学观念有了更加有效的支撑手段，思政课教学资源的网络化，互动的教学模式以及不同情境教学模式的创设，不仅丰富了思政课教学内容，而且拓展了教学渠道，增强了思政课教学的实效性。

第二节　运用现代信息技术建设思政课信息平台的科学路径

发挥现代信息技术优势，“注重信息技术与教育的全面深度融合，在促进教育公平和实现优质教育资源广泛共享、提高教育质量和建设学习型社会、推动教育理念变革和培养具有国际竞争力的创新人才等方面具有独特的重要作用”[①]。可见，将现代信息技术与思想政治理论课进行融合创新，不仅适应了这一发展潮流，而且还是建设思政课的信息平台的科学路径。

一、借助大数据信息研究与分析，整体布局思政课信息平台建设

大数据时代改变了人们学习、工作和生活方式，借助大数据进行研究与分析成了开发和利用思想政治理论课信息平台的重要途径。在大数据背景下，海量的数据信息通过互联网和移动网络对学生的世界观、人生观和价值观产生深刻影响，思想政治理论课最主要的教育目的是培育具有社会主义核心价值观的青年学生。利用大数据对学生的思想情况进行分析是构建思想政治理论课信息平台的起点。对学生的思想状况进行调查、分析，不仅可以有效反映大学生的思想现状，准确捕捉到大学生思想发展演变的轨迹，而且还可以将学生归属于不同的群体类别，据此，教师在思政课教学实践中才可以制定出分类指导的教学策略，并进一步采集学生学习的相关数据，从而积累大量有关学生思想状态和教学实践的状态数据，为思政课信息平台构建提供数据支撑。

大数据背景下的思政课信息平台必须具有终端软件管理、数据服务管理、数据收集、分析统计以及移动终端使用设计等功能，每一项功能必须具备相应功能模块。终端软件管理应具备实时管理功能，教师可以通过终端发布和查看课程布置和完成情况，以便开展和完成系列教学活动，并能收集和分析学生对教师教学活动和课程的评价，以便进一步改进教学实践活动，提高教学效果；数据服务管理主要包括思政课信息平台的资源数据、学生在移动信息平台学习过程中产生的数据与系统管理教师账户和学生账户权限；数据收集、分析统计功能就是思政课信息平台必须具有较为强大的数据收集、分析统计功能，以便教师及时掌握学生思想动态和学习成效，并根据这些数据进行分析研判，随时调整课程内容、教学进度以及教学策略，使得思政课信息平台能更好地为思想政

① 教育部. 教育信息化十年发展规划（2011—2020 年）[Z]. 2012.

治理论课的教学活动服务；移动终端使用设计是思政课信息平台的操作系统，一般来说，它应包括思政课的学习、课程评价、信息速览和自我测试等四个基本的模块。对这些功能和模块的大数据进行研究和分析，是大数据时代思政课信息平台建设必备的条件。

动员全体教师整合校内外各种数据资源，构建思政课信息平台。思政课信息平台很难依靠个人力量建设完成，全体思政课教师都是这一平台的建设主体。只有人人参与，在分工协作的基础上，才能避免个人视野和思维的限制，取长补短，优化平台结构和内容。从思想政治资源论角度来看，政府、企业、个人等网络资源都可以成为思政课信息平台构建不可或缺的数字资源，采集、挖掘和整合不同地区、不同部门、不同行业的信息数据，不仅有助于思想政治理论课信息平台的搭建，而且还可以形成极富特色的思想政治理论课教学资源特色。值得一提的是，专门的教育研发机构学堂在线与清华大学在线教育办公室共同研发了“雨课堂”，其目的在于通过有效连接师生的智能移动终端，全面提升课堂教学体验，将课前、课中、课后的每一个环节，使师生感受到一种全新的互动体验，最大限度地释放教与学的能量。“雨课堂”充分利用大数据的优势，通过课堂扫码签到、实时答题、随机抽问、答疑弹幕、数据分析等设计，较好地解决了思政课到课率、抬头率、入脑率的问题，不仅增强了教学过程中的师生互动，而且提高了思政课课堂教学质量。

加强大数据提取、分析和研究，有效改进思想政治理论课的信息平台的建设。作为思政课信息平台的管理者，教师应该随时通过后台管理平台对学生的学习情况进行分析，收集学生反馈信息，发现学生在学习过程中存在的问题，帮助他们解决在学习过程中遇到的困难和产生的思想困惑，并按照教学安排和学习任务安排，调整或补充学生所需的数字资源。其中，教师通过信息平台对移动学习终端软件进行实时管理时，主要应关注以下几个方面的数据。一是通过思政课信息平台终端查看教学过程情况，查看学生对教师布置学习任务、课堂学习表现、课后作业完成情况的数据；二是通过思政课信息平台，教师需要查看和收集学生活动完成数据情况；三是数据平台所产生的学生对教师、课程、教学活动的教学评价数据。通过收集和提取各种思政课信息平台大数据，并对其进行研究和分析，挖掘和总结各类数据所反映的教学状况，在进一步改进课程教学流程内容和提高教学效果的同时，不断完善思政课信息平台建设。

二、开发和建设数字化教学资源库，着力打造新型思政课教学平台

现代信息技术的发展使得大学生的阅读和学习方式发生了很大变化，传统的单向教学方式的效果越来越不明显，而极具自主性、参与性和互动性的学习方式却广受数字化时代大学生的欢迎。要想实现数字化教学方式的转变，就必须建立思想政治理论课数字化资源库。数字化教学资源库是思政课课堂教学的资源和技术支撑系统，从教学环节来看，它包括了课前、课中、课后的教学资源和学习资源；从功能效用来看，其目的在于为教师备课、课堂教学、课堂互动、作业管理、教学研究、师生互动、学生自学、实践教学等一系列教学活动提供丰富和优质的资源；从表现形式来看，它是以文本、视频、音频、动画、图片等多种数字化方式呈现的信息群；从内容来看，它包括“马克思主义基本原理概论”“毛泽东思想和中国特色社会主义理论体系概论”“中国近现代史纲要”“思想道德与法治”四门主干课程；从系统构成来看，它包括思想政治教育基本原理、教学设计、典型案例、问题解析、研究成果、人物事件、试题、研究成果等子系统。面对现代信息技术所带来的变革，科学开发和建设思想政治理论课数字化教学资源库显得尤为迫切。而从现状来看，思政课教学资源库建设却是一个较为薄弱的环节，在现有公开的各类教学资源库中，思想政治课程数字化教学资源库并不多见，从已有的资源来看，也还存在内容不够准确、权威性和规范性缺乏、原创性资源相对较少以及后期维护跟不上等问题。为此，进行思想政治理论课数字化教学资源库建设既是提高思想政治理论课教育教学质量，又是思想政治理论课适应信息化教学需要和着力打造新型思政课教学平台的科学途径。总体来看，建设思想政治理论课数字化教学资源库要以思想政治理论课教学改革为中心，以数字化资源研发为基础，以提高师生信息化

素养为关键，并在教学资源库观念转化、质量提升和应用等方面下功夫。

第一，要加深开发和利用思想政治理论课数字化教学资源库重要意义的认识，牢固树立思想政治教育数字化教学资源观。思想政治理论课数字化教学资源库的开发和利用是信息技术条件下思想政治理论建设的一项基础性工程。有研究者认为，在信息化社会，网络学习能力已经成为一种重要的能力，而思想政治理论课数字化教学资源库的建立不仅是教学的需要，也是学生网络学习能力培养的重要途径，因此，思想政治理论课必须改变原先借助数字化和网络化等传播手段，综合运用图文、电光、声音、视频等多种表现形式，建立信息化时代思想政治教育教学资源库，适应全媒体时代思想政治理论课教学的最新要求。开发和利用思想政治理论课数字化教学资源库，必须强化和树立这一新观念，在教学实践中进一步更新思想政治理论课数字化教学资源库建设的理念。

第二，加大投入和加强组织协调，提升思想政治理论课数字化教学资源库建设质量。思想政治理论课数字化教学资源库的开发和利用，离不开大量的人力、物力和财力。首先，要解决网络基础设施的投入问题，必须能满足数字化校园建设规范以及学校的教育教学需要，为思想政治理论课建设的网络化、信息化提供一定物质技术条件。其次，网络信息的生产、生长需要投入大量人力，思想政治理论课数字化教学资源库建设亦是如此，因此，学校要组织创新教学团队，坚持共建共享的原则，利用团队的力量和智慧开发建设思想政治理论课数字化教学资源库，着力突出不同学校和教学对象的特色，建设内容丰富、质量优良、利用有效的网络信息教育资源。最后，要兼顾教师教学和学生学习的需要，提升资源库建设质量。思想政治理论课数字化教学资源库的开发利用是为了服务教师教学和学生学习，因此，在思想政治教育教学信息资源的生产、开发过程中，既要考虑在教学过程中起主导作用的教师的需求，又要考虑作为教学主体的学生的需要，并在信息内容选择、信息种类丰富性以及网络话语表达形式等方面下功夫，而不是简单将思想政治教育内容“上传”到网络，从而提升其资源的利用价值。

第三，优化资源库结构，强化资源库应用，着力提高思想政治理论课数字化教学资源库的利用率。思想政治理论课数字化教学资源库的建设，一是要做好顶层设计和规划，使资源库内各个子库系统形成有机的整体，从而才能将分散的各个数字化教育资源有序地组合起来，相互协调发展、相互促进，并充分发挥各自的作用和功能，从而形成教育教学的合力。二是在资源信息发布时机方面，考虑到思政课自身的特点，除了要保证师生教学能获得相应资源外，还应及时补充社会关注热点等资源。三是要提高师生的信息利用实践能力，尤其是要提升思政课教师信息素养和课堂教学信息应用实践能力，并通过问题导向、课堂测试、课后作业等形式引导学生利用资源库分析问题和解决问题，从而提高学生对思想政治理论课数字化教学资源库的利用。

三、借助网络平台深化移动课堂教学改革，着力提升思政课信息平台水平

随着“互联网+教育”和数字化校园的深入推进，以移动终端为技术支撑的课堂教学形成了一股势不可挡的潮流，思想政治理论课教学不断改革，教学方法不断创新。与传统思政课堂教学相比，移动课堂教学不仅能调动学生的学习兴趣，提高学生学习的主动性，培养学生的自主学习能力和团队合作意识，而且还能有效地提高教师课堂教学和学生学习的效率。作为一种全新的思想政治理论课教学模式，移动课堂线上与线下相结合的方式，可以有效改变思想政治理论课抬头率不高的现象，改变思政课说教式的教学场景，增强思政课堂的生动性，让思政课堂在遵循一定的教学目标的基础上，实现教学空间、时间、内容、过程、主体、场景等课堂教学活动、要素和整个过程真正移动起来，从而增强思想政治理论课教学的吸引力和有效性。因此，深化思政课移动课堂教学改革，是建设和提升思政课信息平台的又一重要科学途径。从移动课堂教学特点来看，移动教学课堂可分为研究式移动教学、体验式移动教学和反思式移动教学；从移动平台来看，目前学校应用较为普遍的有蓝墨云班课、超星学习通、智慧树在线教育、课堂派等移动教学平台。下面将以思政课怎样利用蓝墨云班课、超星学习通为例，探讨怎样借助这些平台进行移动课堂改革，从而推动思政课信息平台的建设。现在以蓝墨

云班课和超星学习通为例，阐释网络教学平台对思政课教学的促进作用和注意事项。

蓝墨云班课是一款课堂互动手机 APP 软件，其融入了深度的人工智能技术，并能实现直播，迄今全国近 6 500 所院校 1 500 万师生在使用。以蓝墨云班课移动教学为例，其突破了思想政治理论课教学对电脑的依赖，教师和学生只需要一部手机就可以展开教学和学习，并能即时完成师生互动、批改作业等。比如教师把文字、声音、视频、图片、文档等各类教学资源上传到云班课，老师可以查阅学生不受时空限制的学习情况，并自动排名，轻松实现对学生学习情况的掌握；同时，老师还可以发起远程或现场与学生开展答疑讨论、问卷调查、头脑风暴、抢答、举手、随机选人、测试、作业小组、布置作业、批改作业等活动，通过在线大数据的收集，教师可以快速地对学生的参与情况、效果进行评价，并将这些评价结果转换成数据，可以根据需要生成日数据、周数据、月数据、学期数据等智能汇总及明细排名。通过以上信息的反馈与分析，学生的学习情况，包括学生个人学习轨迹、教学效果与教学目标吻合程度等一目了然，教师可以据此不断调整教学，实现教学的过程性评价和个性化评价。蓝墨云班课作为移动教学信息技术平台，为思想政治理论课模式的创新提供了新的渠道，为教师和学生营造了一个不受时空限制的教育教学环境，它有助于在教学实践中形成师生积极参与的浓厚的互动育人氛围，有利于教学交流、思想交换、成果分享，增强学生对思政课的认同感和思政课的亲和力，从而更加有效地发挥思政课的育人功能。首先，蓝墨云班课创新了思政课教学方式，打破了思政课教与学的清晰界限以及原先课堂教学的时间和空间限制，使思政课堂教学得到了最大限度的延伸，课堂之外教师照样可以进行思想政治教育和引导，这不仅加深了学生对理论教学知识点和结构的理解与掌握，而且还较大程度地提高了思想政治理论课的实效性，增强了育人成效。其次，蓝墨云班课有效地促进了学生自主学习，提升了学生学习能力。蓝墨云班课移动课堂的建立，为学生借助移动终端进行思政课的自主学习提供了丰富的网络资源，学生甚至可以利用零碎的时间，随时随地接收需要的信息，让学习变得更加高效。学生不仅可以在课前、课中借助云班课进行有效学习，而且还可以在线下课堂利用手机有针对性地学习。最后，蓝墨云班课便于师生即时交流，精准把握学生知识掌握状况和思想动态。利用云班课，学生还能与老师进行学习心得体会、作业、学习疑惑等交流，教师根据学生情况进行适时解答和引导，及时了解学生的学习情况，掌握学生的思想动态。蓝墨云班课为学生的自主学习和交流提供了一个便捷高效的平台，每位同学还可以在云班课上进行质疑和探究，从而提高自身的学习能力。

基于神经系统原理，北京超星公司推出了一款集知识传播与管理于一体，面向智能手机、平板电脑等移动终端的超星学习通分享平台，用户可以在超星学习通上借助客户端APP自助完成图书馆藏书借阅查询、电子资源搜索下载、图书馆资讯浏览。目前，已有许多学校基于该平台建设网络开放课程，发布和共享课程教学资源。超星学习通平台的功能十分强大，能够实现通知发送、学生签到、分组讨论、上传、下载、作业提交与批改、投票、评分以及统计等教学活动，可方便师生开展移动教学活动并对活动的开展进行实时记录。从移动教学资源建设、移动教学实施及教学效果评价等方面来看，超星学习通可以自助完成图书馆藏书借阅查询、电子资源搜索下载、学习学校专业课程、查阅海量报纸文章以及中外文献元数据，以超星学习通为平台的移动课堂教学在提高思政课教学效果，进一步促进思政课信息化平台建设等方面都起到了很好的作用。

当然，利用蓝墨云班课等网络教学平台时，一定要坚持内容为王、手段为要，教学手段始终为内容教学服务的。在利用蓝墨云班课、超星学习通、智慧树在线教育、课堂派等移动教学平台时，必须把握好信息技术使用的度，以促进思政课课堂教育质量的提高，要推广运用，但不可滥用。思政课教学的生命力在于其思想的解释力和吸引力，因此，在教学实践过程中，要坚持内容为王、手段为要的原则，如果过度应用信息技术，不仅使思政课内容碎片化，不能很好地体现马克思列宁主义基本原理，而且也不利于学生系统理解和掌握思政课的知识体系；另外，思政课的重要且主要的目的是传播马列主义思想和精神，主要职责在于立德树人，便捷的线上教学和交流不能取代面对面的言传身教与情感交流，如果过度依靠线上的思政教学而忽视教师面对面的思想碰撞和情感沟通，思政课最终目标的实现效果就要大打折扣，这是在进行蓝墨云班课、超星学习通、智慧树在线教育、课堂派等移动教学平台进行思政课教学时给予高度重视，促进思想政治理论课思想引领、知识传授和能力培养的统一。

第三节　运用现代信息技术建设思政课信息平台的运用策略

在加强和改进新时期思想政治工作的实施意见中，党中央明确要求："要加强互联网思想政治工作载体建设，加强学生互动社区、主题教育网站、专业学术网站和'两微一端'建设，运用大学生喜欢的表达方式开展思想政治教育。"①思想政治理论课作为学校思想政治工作的主渠道和主阵地，借助运用现代信息技术，采取学生喜欢的信息接收和表达方式进行思政课信息平台建设就成了一种必然选择。在思政课信息平台建设中，除了采取科学的途径外，还必须运用恰当的策略。

一、充分利用微信微博新媒介，着力构建思政课理论教学信息平台建设

2019 年 2 月，由全国青年学生大数据实验室、微博校园和新浪微博数据中心联合发布的《2018 校园微博发展年度报告》显示，"2018 年度，4 915 个高校官方账号共发布 191.22 万条微博，累计阅读量高达 194.96 亿次"，其中，高达 87%的大学生都使用微博，"微博大学生月活跃用户达 2 500 万，日均在线大于 2 小时"。②由上可见，基于现代信息技术的微博新媒体已成为青年大学生信息接收、传播和发布的一种重要方式。

① 中共中央，国务院. 关于加强和改进新形势下高校思想政治工作的意见[Z]. 2016.

② 从校园微博年度报告，看微博的赋能化垂直运营[EB/OL]. https：//baijiahao.baidu.com/s?id=1627259039331602884&wfr=spider&for=pc.

与此同时，微信官方发布数据显示，截至2019年9月，微信月活用户达到10.82亿，用户每天发送消息450亿次，每日音视频通话4.1亿次。①虽然此报告并未明确大学生使用微信的具体报道，但根据大学生拥有微博比例来看，拥有微信的大学生的比例不会很低。微博、微信对青年学生的思维方式、学习方式、社交方式正在产生潜移默化的影响，并影响着他们的人生观、世界观、价值观的构建。因此，利用微信、微博建设思政课信息平台更易于为青年学生所接受。

“思政课微博课堂”是指在现有校园网络平台的支持下，将微博的信息传播功能与思政课教学相结合，通过微博发布思政课程教学内容，实现教学资源共享。“思政课微博课堂”信息教学平台是思想政治理论课课堂教学延伸的一种虚拟课堂，它具有其他移动终端互动交流、不受时空限制的共同特点，此平台极大地方便了师生间、学生与学生之间的沟通，促进了思政课的教学组织与管理。“思政课微博课堂”信息教学平台由校园网服务、教师指导和师生互动三大模块构成，其中校园网服务模块是由学校的数字化校园网络所提供的信息服务平台，它为全校师生提供办公、教务、考试、图书等各种开放的数据库资源；教师指导模块包括思政课课程网站和教师博客两部分，网站为学生提供了自主学习的课程资料，而教师博客是以日记的形式，通过平台发布各种教学信息；师生互动模块主要包括思政课教学论坛和QQ群、微博等通过以上工具和空间，实现师生文字、语音、视频等相互交流。通过“思政课微博课堂”信息教学平台，思政课教师可以利用现代信息技术平台和工具，不断改进思政课教学方式，从而提高思政课的针对性和实效性，学生则通过网络平台，在教师的指导下，培养和提高自主学习能力，激发出学习思政课的兴趣，增强学习的主动性。通过“思政课微博课堂”信息教学平台实施教学的过程中，教师要注重教学情景的设计，积极引导学生进行教学信息资源共享，教师通过言传身教地引导和树立各种学习规范，注重学生自律意识和能力的培养，从而在学习过程中树立起正确的人生观和符合社会主流的价值观，与此同时，教师还应在这一虚拟世界引导学生

① 微信发布2018数据报告：月活达10.82亿[EB/OL]. https：//baijiahao.baidu.com/s?id=1622178729729171407&wfr=spider&for=pc.

遵守必要的网络社交礼仪和法律法规，避免出现网络人格与现实人格的分离。在“思政课微博课堂”信息教学平台建设中，除了校园网络硬件建设外，更要注意技术人才等软件方面的建设，思政课教师应该建立相应的教学团队，对网络平台进行维护，及时更新教学资源数据库，并在课件制作等方面得到专业技术人员的支持和配合，更好地发挥平台的教学功能。

“思政课微信教学平台”是以借助和发挥微信媒体优势，将思想政治理论课教学、讨论、互动、考评、反馈等环节融为一体的多功能新型平台，从而实现教师与学生等多方参与互动的一种教学组织形式，有效促进思想政治理论课从教材体系、课堂体系、理论体系向认识体系、信仰体系、行为体系的有效转化。“思政课微信教学平台”的目的是将马克思主义基本原理的教育融入微信界面，通过新颖的教学方法、丰富的教学资源、乐于接受的方式，提高思政课教学的实效性。“思政课微信学习平台”可以设置理论教学、实践教学、网络教学等模块，并贯穿每门思想政治教育理论课程，每门课程又可以设计不同的理论教学流程和实践教学链条。“思政课微信教学平台”是集思想政治理论课教、学、考、评于一体的综合信息平台，其建设主要涵盖思政课的教学目标、设计、内容、方式、重难点以及参考资料等，同时，平台还为老师、学生、家长之间提供了沟通交流的渠道，使得教师和家长更加了解学生的思想状况和学习状况。在教学实践中，“思政课微信教学平台”有利于师生对思想政治理论课教学内容与资源的整合与利用，并借力现代信息技术对教师教学和学生学习以及思想政治状况的大数据分析研究，从而将思想政治理论课教学与思想政治理论课信息化建设有效结合起来，并不断提高思政课的育人成效。

二、整合校内外各种数字化资源，着力构建整体思政课实践教学信息平台体系

思政课实践教学与理论教学构成一个完整的教学体系，其作用日益凸显。为此，教育行政主管部门要求，在教学实践中“形成第一课堂与

第二课堂、理论教学与实践教学、课堂教学与网络教学相互支撑，理念手段先进、方式方法多样、组织管理高效的思想政治理论课教学体系”①。可见，离开了思想政治理论课实践教学信息平台建设，思政课信息平台是不完整的。因此，思政课信息平台的建设，必须坚持理论与实践并重的原则,实现思政课实践教学信息平台与理论教学信息平台的有机融合。目前，思政课实践教学还存在随意性大、内容流于形式等问题，构建思政课实践教学信息化平台可以有效促进教学的规范化和标准化。思政课实践教学信息平台是为了进一步彰显学生主体作用，通过网上所发布的实践教学资源，学生可以结合自己的专业、自身的特点以及兴趣爱好，自主选择实践教学活动和实践项目，这不仅满足了学生在教学过程中的多种需要，而且能促进学生的个性发展。与此同时，随着学生主体意识和主体地位的强化和提高，学生在实践过程中能更好地培养自身的创新意识、批判性思维以及解决问题的能力，从而在“做中学”中加深对所学思政理论的理解和把握。此外，思政课实践教学信息平台的建设，不仅培养了学生理论联系实际的学风，而且还有利于整合各种实践教学资源，真正实现全员育人、全过程育人和全方位育人的立德树人格局。

第一，整合校内资源，建立校内思想政治理论课实践教学专门信息立体平台。树立“大思政”理念，根据不同的思政课程内容和教学要求，结合不同学校层次与学生特点，整合校内承担思想政治教育职能部门的资源，建立校内思政课实践教学专门网络平台，将学生事务管理、生活服务、第二课堂参与等融入思政课实践教学平台，从而有效利用、整合全校思想政治教育资源，形成思想政治教育合力。思政课实践教学网络信息平台应由承当课程的教学单位牵头建立，信息平台板块设计主要包括资源信息发布、报名参与系统、课程与师资队伍、实践教学成果展示和咨询支持系统等几个板块。资源信息系统主要发布校内外与思政课实践教学相关的信息活动和安排要求；报名系统是平台发起的各类校内外实践活动的报名登录系统；课程与师资队伍主要包括思政课相关课程实践教学活动实施方案，以及相关指导教师情况介绍；实践教学成果展示

① 教育部.普通高校思想政治理论课建设体系创新计划[EB/OL]. http://www.moe.gov.cn/srcsite/A13/moe_772/201508/t20150811_199379.html.

模块主要为每一次实践教学活动的成果，并作为学生该门课程实践教学学习档案记载，每学期结束汇总后可以作为该门课程学期实践教学指导教师进行评价的材料支撑；咨询支持系统是就思政课实践教学咨询、建议、交流、政策法律支持等进行交流的师生互动平台，以引导顺利开展思政实践教学，从而提升思政课实践教学成效。

第二，借助校企校地合作平台，拓展思政课实践教学信息空间平台。社会实践是思想政治理论课的重要环节，利用好寒暑假和课外实践，到企业、社区等参加社会调查、生产劳动、志愿服务、公益活动、科技发明和勤工助学等形式多样的社会实践活动，将这些企业、社区等较为固定的单位思想政治教育资源数字化和网络化，不仅为思政课实践教学注入了新的活力，而且还是检验思想政治理论课教学成效的一种有效手段。因此，在思政课实践教学过程中，结合各校学生素质和特点，选择与学校专业间有较为紧密联系的具有代表性的企业和社区，双方共建思政课实践教学线下基地和线上实践教学信息平台，使这些实践教学基地和场所能够承载和涵盖思想政治理论课教学的内容，并能作为这些理论的最好实践注释，让思政课教学内容通过最直接、最便捷、最形象、最生动、最有效的方式真正入脑、入心，从促进学生主动了解社会、认识和了解国情，将思政课堂所学知识化为一种动力，不断增强社会责任感，从而达到思政理论课教学理论与实践的统一，实现学生行与知的融合。

第三，借助“课程思政”和专业实习，深化思政课实践教学信息平台内涵建设。习近平总书记强调，要充分挖掘每门课程的思想政治教育资源，各类课程都要与思想政治理论课同向同行，形成协同效应。“课程思政”是指在“立德树人”的教育理念指导下，将思想政治教育融入每门专业课、通识课，依托、借助专业课、通识课等课程，发掘和利用其所包含的思想政治教育资源而进行的思想政治教育实践活动。而专业实习不仅是对专业教育知识、技能的验证，更是对学生对待工作态度、价值取向的检验，将思想政治教育课教学的要求与针对学生进行的各种实训、毕业实习等专业课教学要求两者之间并不矛盾，将二者统筹安排，才能真正在实践中做到知识、能力和态度培养的有机统一。因此，在“课程思政”与专业实习教学实践中，将对学生情感、态度和价值的评价纳入教学管理过程，并形成对学生思想政治素质的制度化评价指标，是深化思政课实践教学信息平台建设的一项重要内容。

第四，借助革命文化和社会主义先进文化资源，提升思政课实践教学信息平台品位建设。中国共产党在领导人民革命、建设和改革过程中锻造的革命文化和社会主义先进文化，为思想政治理论课实践教学提供了深厚的力量，由此形成的历史博物馆、建设成果展览馆等为开展思政课实践教学提供了难得的素材，借助现代信息技术手段，整合利用这些馆所数字化资源作为思政课实践教学线上或线下参观、体验、反思的平台，使得思政课实践教学既具有历史感，又富有时代感，思政课信息平台的品位和档次也得到了提升。

第四节　运用现代信息技术建设思政课信息平台的实践探索

在实践探索中，针对高职思想政治理论课开设的情况和特点，成都职业技术学院马克思主义学院和广州番禺职业技术学院坚持“政治性和学理性相统一”“价值性和知识性相统一”“建设性和批判性相统一”“理论性和实践性相统一”“统一性和多样性相统一”“主导性和主体性相统一”“灌输性和启发性相统一”“显性教育和隐性教育相统一”的原则，充分运用现代信息学技术，利用在线精品课程、“微信”“微课”“云班课”等多种载体，建设和打造具有高职特色的思想政治理论课信息平台。。

一、思想政治理论课信息平台建设的思路

思想政治理论课承担着对大学生进行系统的马克思主义理论教育的任务，是巩固马克思主义在高校意识形态领域指导地位、坚持社会主义办学方向的重要阵地，主要为培养中国特色社会主义事业的合格建设者和可靠接班人服务，因此，思政课信息平台建设必须遵循高职教育规律、思政工作规律、学生成长规律和教书育人规律，并以此确立相应建设思路。

成都职业技术学院和广州番禺职业技术学院都积极推动思想政治理论课信息化教学改革，坚持思想政治工作规律、学生成长规律和教书育人规律，努力创新思想政治理论课信息平台建设的理念和思路。成都职业技术学院遵循“价值引领、能力本位”的课程建设理念，以培养社会主义建设者和接班人为导向，从思想政治理论课的一般属性去思考和构建“价值引领”，从高职高专课程的特殊性去构建“能力本位”，推动思想政治理论课信息化教学改革。广州番禺职业技术学院建构集理论教学、思维的实践性训练、教研、成果推广为一体的“思政课智慧课室”，并“依托思政课智慧课室、创新教学模式，打造高效的‘可听可信可用’的思想政治理论课智慧课堂”[①]。“思政课智慧课室”信息化教学平台按照五层两翼的结构来进行设计，其中五层包括：感知层、网络层、平台层、数据资源层和应用层。两翼包括信息安全体系和运维管理体系。能较好地结合数据资源层和应用层的建设与应用，将信息资源、信息环境、信息技术融合在一起，涵盖了“思政课智慧课堂”需要的主要方面，能承担传统的理论教学和满足实施“可听可信可用”的思想政治理论课教学模式的需要。同时，利用智慧教学平台，创新“明德致用”教学模式，智慧教学平台提供以文字教材、电子教材、辅助教材和参考资料相配套的“资源库”和由教学软件组成的“学习包”，实现教学资源共享，学生也可以利用手机 APP 实现线上线下无缝隙的智慧学习，帮助学生将思政教育的知识和理论“内化于心”，引导学生以理论指导实践的“外化于行”，促进知行统一。

遵循思政工作规律，坚持全面发展的教育理念。围绕学生、关照学生、服务学生，不断提高学生思想水平、政治觉悟、道德品质、文化素养，让学生成为德才兼备、全面发展的人才。遵循思想政治工作的规律，因事而化、因时而进、因势而新。思想政治理论课的教育引导对象是人生观、价值观和世界观正处于“拔节孕穗”期的青年大学生，重点是对大学生的思想、人的行为及其转化规律进行探索，根本目标是通过发现大学生的思想和行为的特点和规律，促进青年大学生的全面发展。因此，思政课信息平台建设必须遵

① 曹群.信息化智慧课堂研究[J]. 深圳信息职业技术学院学报，2019，17(06).

循促进青年大学生德智体美劳全面协调发展。

遵循学生成长规律，坚持学生主体的本位回归。通过移动微信等公众平台，实现与学生点面结合的交流，而且对话内容完全对外保密，具有私密性，能够让学生敞开心扉，诉说心中的疑惑与不解。微信平台拥有封闭式交往平台的特征，具有纽带作用，可以过滤掉外在过多的噪音干扰，帮助学生以主体的身份充分向教师表达自己内心最真实的想法，可以与教师交流对时政热点的看法和观点，进而引起学生对思想政治理论的关注与兴趣；同时，鼓励学生运用微信公众平台，开展自主学习，激发学生的学习积极性。

遵循教书育人规律，改进高校思政课育人的方法策略。“人”是核心，“育”为关键；教无定法，贵在得法，思想政治工作要因时而新。习近平总书记强调，“做好意识形态工作，比以往任何时候都更加需要创新”。“随着国内外形势的深刻变化和现代信息技术的迅猛发展，有些做法过去有效，现在未必有效；有些过去不合时宜，现在却势在必行；有些过去不可逾越，现在则需要突破。”积极探索有利于破解工作难题的新举措新方法，充分运用新技术新应用创新媒体传播方式，占领信息传播平台制高点。注意方法策略：一是尊重个性、承认差异。二是注重方法、拓展思路。针对性地发布消息，分类指导学生，在学生中培植“粉丝”。积极引导大学生正确利用微信公众平台，培养大学生在微信信息场域中的理性态度和判断能力。

二、开发思政课微信公众平台，打造移动学习平台

随着移动互联网和人工智能技术的发展，5G、大数据、物联网等技术进入教育领域，并推动教育和学习方式的变革，移动 APP、微信公众号等移动学习平台日益受到学生喜爱。成都职业技术学院马克思主义学院开发了“橙汁思政｜明德 e 堂”思政课微信公众平台，广州番禺职业技术学院开发了“PYP 马院”微信公众平台，推送最新思政咨询，上传数字化教学资源，师生互动开展教学活动，构建线上教学空间。

（一）成都职业技术学院“橙汁思政|明德 e 堂”移动学习平台

“两微一端”具有交互性强、信息量大、资源丰富等特点，借助移动互联网，通过智能手机、平板电脑来进行思想政治理论课教学，不仅能及时将教学信息和要求传递给学生，而且还为学生学习思政课提供了便捷的方式，通过视频、图文等方式使思政课变得更加容易为学生所接受，从而充分激发他们的学习兴趣，增加了思政课的互动性，改进了传统思想政治理论课存在的不足。为了适应现代信息技术发展为思想政治理论课教学带来的机遇和挑战，我校思想政治教育教学部着力谋划利用“两微一端”开展思政课教学的探索和尝试，平台定位为一个思政学习与传播的引领与服务平台，对内服务广大师生、及时传播思政动态，对外作为展现成职思政魅力，全方位提供各类思政信息和服务。2017 年，马克思主义学院开发的“橙汁思政｜明德 e 堂”已经成功申请注册，并正常运营建设，该平台获得官方认证，并取得计算机软件著作权证书。

成职思政课微信公众平台以“传播正能量、构建思政大格局”为宗旨，正确引导校内舆论，营造良好的学习环境，紧跟时代发展步伐，打造成职思政的品牌形象为目标。“橙汁思政｜明德 e 堂”思政课微信平台集教学、信息发布、答疑、测试等功能于一体，该平台主要由“慎思”“博学”“笃行”三大模块，“慎思”模块下设“习语近人”“思政微讯”“部门简介”三个子板块，“博学”模块下设“思修课”“概论课”“形势与政策”“职业素养培养”四个子板块，“笃行”模块下设“大咖导行”“三创贯通”“青春点赞”“在线测试”四个子板块。每个功能板块均上传了线下资源供线上共享。其中，“慎思”主要发布部门贯彻学习习近平新时代中国特色社会主义思想的相关报道，以及习近平新时代中国特色社会主义思想解读、权威著作荐读等；“博学”主要发布思修课、概论课、形势与政策等课程资源，分享互动，为学生提供便捷服务；“笃行”及时发布学生学习与践行思想政治教育理论的实际结果，让学生积极了解并参与学院建设发展，同时发布课程考试试题，及时掌握学生学习动态，弘扬真善美，传播正能量。

利用该平台我校开展了线上主题实践教学活动。2018 年思政教学部明德 e 堂举办线上线下主题实践教学。此次活动不仅为“明德 e 堂”迎来了近 30 万次的访问量，更带动了成职学生放飞青春梦想，发扬新时代大学生精神激励青年学生奋发有为、振奋精神，充分展示大学生紧跟时代砥砺前行，为实现中华民族伟大复兴的中国梦不懈奋斗。

针对新型教学平台，学校还尝试开展线上教学考试。2018 年 11 月，思政教学部明德 e 堂首次运营在线考试系统。针对 2018 级 3914 名新生，本学期的“思想道德修养与法律基础”的中期考试，创新性地运用微信公众平台进行在线测试，填补了本部门无纸化考试的空白。“明德 e 堂”不仅注重通过微信公众平台在线上服务学生，还十分强调线上线下的协同配合，构建了线上教学资源共享、线上实践教学协调联动、线上线下教学反馈的工作方式，形成线上线下联动并进的实践教学长效机制。

（二）广州番禺职业技术学院“PYP 马院”思政微信公众平台

广州番禺职业技术学院马克思主义学院开通了“PYP 马院”微信公众平台，以“打造线上思政，分享番职马院特色；展现学生风采，共筑青春梦想”为宗旨，推送时政咨询，营造精神家园，师生互动学习，积极引导学生，用正确舆论打造坚强党建思政阵地。

“PYP 马院”有“教育教学”“理论研习”“双高建设”三个栏目，“教育教学”栏目又分为“党建之声”“实践金课”“通知公告”三个子栏目，主要推送党建咨询、课程教学资源、实践教学项目等，“理论研习”主要推送党的最新理论成果和相关理论阐释文章，推送师生共读《共产党宣言》《党的十九届六中全会公报》《习近平在庆祝中国共产党成立 100 周年大会上的讲话》等音频，“通知公告”主要发送思政课实践教学主题活动的相关通知和实践教学成果展示等。

“PYP 马院”近年来主要聚焦党史学习、经典著作推荐与选读、馆课结合等，策划并开展了思政系列主题实践活动，如师生共读党史经典文献，开展红色文化进校园、网上展馆、网上党史主题实践活动等，开展国家安全教育网上知识竞赛和国家安全教育短视频征集与展示等活动，打造线上线下联动学习的移动平台，收到了良好的育人效应。

三、利用精品课程建设构建思政课信息平台

成都职业技术学院和广州番禺职业技术学院积极创新构建慕课或者在线精品课程，集成数字化教学资源，供学生课后拓展学习，有良好口碑和育人效益。

（一）成都职业技术学院思政课思政课在线平台建设

成都职业技术学院先后建设了“毛泽东思想和中国特色社会主义理论体系概论”“思想道德修养与法律基础”两门省级精品课程和省级思政示范课程，分享数字化教学资源。“毛泽东思想和中国特色社会主义理论体系概论”是以马克思主义中国化为主线，以马克思主义中国化最新成果为重点，旨在帮助青年学生系统掌握马克思主义中国化的理论成果，不断增强中国特色社会主义道路自信、理论自信、制度自信、文化自信，坚定中国特色社会主义信念，树立科学的马克思主义信仰。课程本身具有鲜明的意识形态和“价值引领”属性。同时，坚持价值性和知识性相统一，坚持理论性和实践性相统一的原则，课程从国家、社会对高职学生的需求出发，着眼学生成长成才的育人要求，培养学生运用马克思主义的基本立场、观点和方法发现问题、分析问题、解决问题的能力，着力提高学生的政治鉴别与价值抉择能力、认识大势与把握规律能力、肩负使命与勇于担当能力、理论思维与职业核心能力。所以，“能力本位”是该门课程教学设计的关键所在。“思想道德修养与法律基础”是一门融思想性、政治性、科学性、理论性和实践性于一体的思想政治理论课。本课程针对大学生成长过程中面临的思想道德和法律问题，开展马克思主义的世界观、人生观、价值观、道德观、法治观教育，引导大学生提高思想道德素质和法治素养，成为自觉担当民族复兴大任的时代新人。为聚集更多优质的思政课教育资源，提高课程教育教学质量和学习效果，我校借助和利用现代信息技术，从思想政治理论课课程规划、师资队伍、教学内容及课程体系、教学方法与手段建设、教材和实践教学等方面入手，分别建成了“毛泽东思想和中国特色社会主义理论体系概论”“思想道德与法律修养”两门精品课程。

（二）广州番禺职业技术学院思政课在线平台建设

广州番禺职业技术学院马克思主义学院近年开发了“毛泽东思想和中国特色社会主义理论体系概论”“思想道德与法治”“形势与政策”三门课程的微课资源库，并开发了“长征精神”“民法典”“职业道德与职业精神”“广东红色文化”“中国精神”等虚拟仿真资源，并建设了“思想道德与法治”在线精品课程，“毛泽东思想和中国特色社会主义理论体系概论”“形势与政策”慕课，打造疫情防控和党史学习专题“大思政课”，在广东电视台和广州电视台播放，并推送学习强国，取得良好的育人效益和社会效益。

（三）思政课在线课程建设的主要框架与内容

从成都职业技术学院和广州番禺职业技术学院思政课在线课程的建设情况看，网络在线课程平台集教学内容、教学方法、教学过程、教学评价等于一体，其内容涵盖整个教学过程，包括预习、课堂教学、课后答疑解惑、学生复习、在线作业、释疑、在线测试等每一个环节。利用该平台，学生可根据自身情况不受时空限制通过网络进行自主学习，教师除可以布置作业、发布调查和自测、组织在线教学活动、对教学效果和教学过程进行综合测评外，还可同步或异步加强与学生进行沟通互动。平台上图文并茂的学习资源、交互的教育教学过程以及不受时空限制的网络学习方式，不仅激发了学生的学习兴趣，而且还提高了这两门课程的教学质量。

在建设过程中，本着与课堂教学同步的原则，两门课程的有关资料，如教学大纲、教学进度、主讲教师、参考资料等都会提前整体发布，而随着课堂教学的深入教学课件、案例分析、自测练习、作业等主要教学资源也逐步发布和向学生开放。同时，针对这两门课程的不同特点，着重培养学生发现问题、分析问题和解决问题的能力，将传递给大学生的理想信念、思想道德与法律素养内化为他们的价值观念，教学设计多从学生学习视角去组织和设计教学资源，为此，“毛泽东思想和中国特色社会主义理论体系概论”还设置了“研究型学习”“答疑讨论”栏目，充分发挥精品课网络教学优势，以弥补思政课课堂教学的不足，更好地提升学生综合能力和素养。为实现师生之间和学生之间的多向互动，还专门设置了“课程问卷”“常见问题”等栏目，针对学生关心和关注的问题，充分进行交流和探讨。

在教学内容设计方面，除了课程信息、教学内容、师生互动、教学评价等栏目外，着力彰显课程团队和教师的学识魅力、人格魅力，不仅详细介绍每位教师的工作时间、学术成果，而且还公开其办公地点、联系方式等信息。在课程信息方面，每门课除了提供明确的课程学习目标、教学要求以及学习方法外，还公布了课程介绍、教学大纲、教学日历、学习要求、考核方式等，让学生尽可能了解教与学的要求。在教学内容拓展方面，为巩固学生对基本知识的掌握，每门课程还设计了“试题库”栏目，以帮助学生巩固所学知识。而课程讨论、课堂练习、辅导答疑、问题讨论等教学活动完全实现网络化，并定期通过课程“课程讨论区”实现有组织的教学互动。平台提供的测试考核、作业管理等模块，不但激发了学生自我学习的热情和兴趣，而且还极大地提高了教师的工作效率。

第五章　现代信息技术与思政课信息化教学实施

近几年，我国大力推行信息化教育及数字化课堂的建设，教育领域掀起的网络直播课堂教学、在线教育平台互动等信息化教学手段成为教育新模式，近两亿学生受益。

教育信息化是指在教育领域，全面深入地运用现代化信息技术来促进教育改革和教育发展的过程。[①]伴随计算机通信技术、网络多媒体技术、大数据云计算技术在各个领域的广泛应用和普及，教育信息化的程度也越来越高，运用水平迅速提升。网络化、数字化、云存储等技术与介质构筑起了新的虚拟空间，成为大学生获取信息资源的重要渠道。同时，教育信息化的传播特性也掀起了教育改革浪潮：随着有线网络技术向无线网络的发展，手持移动设备的性能得到了显著提高，信息量不断膨胀和爆炸，用户的习惯也在发生着变化和颠覆。随着社会信息化的快速发展，信息技术已经渗透到社会的各个领域，在影响大学生思维方式、学习方式、生活方式的同时对思政课教学也产生了重要影响。[②]

高等学校信息化是以信息通信技术为手段，以数字化校园为技术基础，从而促进高校的管理、教学及科研效率，以期培养出适应信息社会要求人才的系统建设工程。[③]面对教育信息化发展潮流，高校思想政治理论课（以下简称“思政课”）教学也积极参与其中，以主动赢得发展先机，推动思政课教学迈入信息化时代。在高校思政课教学中，教师和学生已普遍使用多媒体设备（PC端、手机端、投影等）、网络教学平台、

① 金楠. 职业学校信息化教学管理现状及改进策略[D]. 扬州：扬州大学，2018.

② 高奇，周向军，等. 高校思想政治理论课信息化教学需把握好的若干重要关系[J]. 思想理论教育导刊，2018（2）：25.

③ 赵国栋. 信息时代的大学：美国高等教育信息化发展及其启示[J]. 现代教育技术，2003（5）：11.

数字图书馆、信息资源网等信息技术手段以及数字文献、电子图书等数字资源，思政课与信息技术的融合创造了思政课教学的新形态和新环境。

第一节　运用现代信息技术创新思政课信息化教学的重要意义

一、信息化教学是传统教学的“好助手”

1．信息化教学是教育现代化的必然趋势

2010 年，我国颁布了《国家中长期教育改革和发展规划纲要（2010—2020 年）》（以下简称《纲要》），教育信息化加入了国家信息化的总体战略。国家必须高度重视教育信息化，是因为信息技术对教育的发展有着革命性的影响。到 2020 年，国家的战略目标是在城乡基层教育部门构建信息化教育体系，具体措施是：使教师提高信息技术的应用能力，更新信息化教学理念，改进教学策略，完善信息化教学效果，鼓励学生使用信息化的手段寻找知识，自主学习，找出解决问题的途径。可见，教育信息化对实现国家教育改革和发展的目标具有重要作用和意义。

信息化技术已经渗透到社会的各个方面。教育领域中，一场信息化的颠覆性变革正悄悄地发生着。在 2020 年年初全国抗击新冠肺炎疫情中，教育信息化技术以其高效、快捷、方便传播的特点，在大学生的学习和生活中发挥着不可替代的重要作用，并成为新时代大学生学习的好帮手。

2．信息化教学可为传统教学锦上添花

信息化教学可以培养学生创新思维模式，帮助教师创新教学方式，是学校提升教学质量的重要途径之一。信息化教学与传统的教学相比，具有以下的特点：（1）信息共享的程度高，实时性好；（2）数字化的保存方式，方便快捷，连续性强，储存量大；（3）信息流动性比较好，可以双向交互，完整性好；（4）能系统、全面地、准确地反应信息全过程。

传统的教学模式是甄选适合教育的学生，而信息化教学模式是一种选择适合各种学生的教育模式。教学管理的改革和创新与教学设计的改革是密不可分的。信息化的教学管理必须和高质量的信息化教学设计互相适应，才能达到比较好的教学效果。

在发扬传统教学模式擅长组织教学优点的基础上，融入信息化教学的互动性和创新性，课堂教学效果会有较好提升。信息化教学可以为传统教学锦上添花。

3. 思政课信息化教学可改变思政课传统教学的刻板印象

长期以来，思政课存在艰涩深奥和严肃无趣问题等“刻板印象”，人到心不到成为思政课“难以言说的痛点”。根据“00 后”学生信息化特征，可以用数字化、网络化、智能化、个性化“四化交融”改革思政课教学，充分发挥 MOOCs、SPOCs、微课在改革课堂教学模式、突破教学时空限制、实现优质资源共享等方面的优势，持续推进信息化思政资源建设与应用，激活了“课程思政”生命力。①

让思政教育入耳入脑入心，扫除大学生成长成才过程中的烦恼，培养充满正能量的高技能应用型人才，是高职教育的目标。高职思政课融入信息化教学，可以克服传统思政课的刻板印象，在有亲和力的引导中“润物有声”，潜移默化地影响学生的思维方式，提升其是非判断能力。

二、高职院校信息化教学发展新趋势

网络在线课程教学是近年来各大院校教育方式改革的重大举措，也是抗击新型冠状病毒期间，各类学校开展信息化教学的有效手段，很多学校都第一时间使用了网络教学（很多学校网络直播超过 2 个月），其具有明显的优点。

1. 课堂教学互动形式更加多元化

大数据时代和抗疫背景下，高职院校课堂教学在信息化技术的引入

① “四化交融”激活“课程思政”生命力 _[EB/OL]_ 中国青年网，http://edu.youth.cn/zthd/2019wlszgz/altjq/201911/t20191119_12122856.htm.

下，逐渐改变了传统教育课堂单一、模式化、固定化的教学模式，教学空间和时间也不再受到限制，课堂教育和互动形式变得更加多元化、多样化。与此同时，学生对于知识的接收和学习也不再只从单一的课堂教学中获得，知识获取渠道变多，学习途径也更加多样，学生的知识来源和拓展变得更加多样。

2．教学过程更具开放性

网络在线课程教学的开展，不仅突破了传统教学模式下教育空间和时间的限制，更促进了师生之间的友好互动以及教学地位、关系的转变，使师生关系更加融洽，学习和教学过程也更加开放。比如，新时代大学生可以根据自己的情况选择上网络课程的地点（可以沐浴在阳光下、花丛中等），可以与老师屏幕互动和开麦互动。

信息化教育开放平台变得可行。实现信息化教学首先需要构建信息化教学平台，创造信息化环境，这是实现信息化教学的首要前提。4G 和 5G 网络的应用，以及大数据技术广泛普及和应用，使信息化教学成为可能。尤其是近年来高职院校教师对于将在线教育教学课程与传统教学模式的有效融合，更为信息化教学提供了充足的动力。由于“在线教育课程以信息化学习平台为载体，因此，实现全面快捷的信息化教学需要不断将院校教学资源逐渐向各大学习平台开放、内容开放、校园开放，为学生创造更多学习途径的同时，也有利于营造学生个性化成长的教育环境”。[①]“人工智能技术条件、情境教学模式可通过构建模拟法庭、讲述红色故事、重现疫情大考等情景，给予学生在社会事件中的判断权和决策权，并依托智能分析软件根据学生做出的决策，推演出事件进一步发展的趋势与结果，让学生在社会角色定位和社会责任承担中将思政课所学转化为实践应用所需，推动思政课成果的实践转化。”[②]通过信息化教学模式创新，让思政课教学更具有开放性，有效贯通学校思政小课堂与社会思政大课堂，增强学生的责任感和使命感。

① 韩锐，杜文龙，刘万辉. 大数据背景下高职教师信息化教学应对策略研究[J]，电脑知识与技术，2019（30）.

② 刘佳. 人工智能技术条件下高校思政课情景教学模式创新研究[J]. 思想理论教育导刊，2021（11）.

3．教学方式变得灵活

大数据的思维和技术方式，使教学资源的种类更加充足和丰富，但是也对高职院校的教育教学模式提出更高的要求和标准，同时需要建立起与大数据背景相适应的全新的教育教学模式，在师生思维模式、学习方式、教学方式和交往方式方面积极进行相应的改变和革新。对于高职院校教师来说，需要教师对教学课程的把控与信息化技术相适应，及时转变和更新教学课程的教学模式，不断提高自身信息化技术能力和数据信息分析能力以及多元教学途径下找寻合适的教学方式来实现教学目标。

4．个性化教育更贴合实际情况

近年来，云计算技术、大数据技术、物联网信息技术这三大网络信息技术，正在不断推动和引导世界范围内的各大院校积极展开教育教学改革，充分开发和应用各种网络信息技术教育模式和教学评断，实现个性化教育的教学模式。在信息化教学中，如果学生临时有事耽误，可以回放整个教学过程，不懂的地方可以多次回看。可以灵活选择学习的时间、地点，更贴合学生实际。

第二节　运用现代信息技术创新思政课信息化教学的实施策略

信息化教学的实施能力是指教师根据信息化的教学设计开展教学，并对教学进行组织与管理以达到教学效果的能力。[①]近几年来，各级教育部门都在用“以赛促教”的方式推进信息化教学改革，很多老师参加各种级别的微课大赛、信息化教学设计大赛以及信息化课堂教学大赛，取得了不错的成绩。但当前一些赛事本身存在问题，功利化、“赛秀”成分严重，比赛成果应用与常态化教学实践还有很大距离，对推广应用上没有太多指导价值，以赛促教可以起到一定的效果，但是否能成为教学

① 王晓丽．TPACK框架下体育师范生信息化教学能力培养研究[D]．太原：山西师范大学，2011.

实践的“法宝”，还值得推敲。

根据求真务实的工作作风，为了实现高职思政课信息化教学培养正能量高技术应用型人才的目标，高校应该实施以下策略。

一、高职院校教师信息化教学能力体系的构建

（一）构建信息化云共享教学平台①

可以通过云共享数据库的形式解决各大学信息化教学平台建设的问题。目前，互联网与信息化教学的发展，许多高校建立了信息化教学平台，在学校内部形成一定程度的教学资源共享。但是，受限于硬件设备，也因为学校与学校之间、学校各二级学院间缺乏沟通与协作，很大程度上制约着云共享教学平台的建设。

云储存技术的发展以及云共享教学平台的出现解决了原有教学资源储存空间不足、硬件购置与维护高成本等显著问题。通过信息化教学平台，将学校的教学资源共享到“云”中，构建一个教学资源丰富的云分享教学平台。基于云存储的资源平台系统突破采用传统存储方法的局限性，可以让更多的人学习到高质量的资源，并大大降低移动学习系统的建设和维护成本。②

教师具备健全和专业完善的信息化教学技能是实现信息化课堂教学的关键环节，为取得全新的教学模式和良好的教学效果提供便利。教师的信息化教学能力主要包含四个方面的内容，即以信息化技术为基础的教学设计、教学实施、教学反思、教学监控的能力。

（二）加强师资培训，建设信息化教学团队

在信息技术、知识内容、全球网络不断发展以及新兴教育理念的影响下，无论基础教育还是高等教育，教师的角色都在发生着翻天覆地的变化。

① 谢丹，胡若曦．基于“互联网+”的独立学院信息化教学的问题及对策[J]．教育教学论坛，2019（10）：179.

② 黄颖，郑代富．“互联网+”高校教学信息化现状及对策研究[J]．中国成人教育，2016（10）：102～104.

在教学中，教师不再是处于中心地位的知识传授者，而是在向学习引导者的角色逐渐转变。教学目标、内容、过程、手段以及方法都发生着质的变化，高职教师若要跟上时代的脚步，必须不断更新观念，不仅要提高教学组织与设计能力、教育资源管理能力，还要培养利用网络与多媒体技术的能力和信息技术与课程的整合能力等各方面能力。同时，培养自己的创新意识和网络教学能力等。针对高职院校的教师提出以下建议。

1．建设教育信息化教师团队①

建设一支热爱教育事业，工作、年龄、知识结构合理，专业技能较高的教师团队队伍。逐步建立开放的、多层次的教师教育技术能力培养培训体系，培养一批较高信息化应用水平的学科骨干教师，深入推进教育信息化在学科教学中的深入应用。

2．加强教师信息化应用能力培训

教师的信息化培养包括互联网信息集成、教学技术和手段，以及基于信息的教学能力。在完成日常教学过程中，需要独立学院的教师不断丰富和提高信息化水平，掌握多样化的信息化教学方法，提高信息化教学质量。首先，高职院校应当以高技能应用型的优秀毕业生作为人才培养目标，促使教师认识到信息化教学是当代教育的必然发展趋势，使其自然形成学习信息化的良好习惯，了解适应转变才能有更好的发展。其次，通过座谈、培训、继续教育、宣讲等多种形式，从“互联网+”、云共享、信息化等理论知识，到实际软硬件的操作、教学平台的利用，再到课堂信息化教学手段的使用等，培养教师的信息化水平。加强教育技术应用培训基地的建设，以教师信息技术应用能力培训项目为主导，充分发挥教研部门的教学研究指导作用，加强教师信息化应用能力培训。建设教师培训、教学研修支持系统，构建各类虚拟学习社区，利用信息化手段创新教师培训和教学研究的模式。同时，加强对管理和技术服务人员的培训，实现网络管理与技术服务人员双达标，逐步建立完善的教育信息化技术保障体系。总之，新时代，我们应该与时俱进，坚持学习，

① 张婉蓉．江苏省高职院校教育信息化发展现状分析与策略研究[D]．无锡：江南大学，2018.

不仅仅是学习现代教学方法、教学技术、教学理念，还要理解信息化教学的深层含义。

3. 鼓励更多的教师参加全国职业院校教学能力大赛

作为唯一由教育行政部门举办的职业教育教师教学赛事活动，其对教师信息化教学能力的提升有巨大的推动作用。参加过大赛的教师的信息化教学能力都有不同程度的提升，如明确了信息化教学的主要目标，掌握了信息化教学的设计方法，提升了信息技术与课程教学融合的能力，增强了教师开展信息化教学的动机，提升了参赛教师的信息化教学水平；促进了参赛教师个人和团队的持续发展。以竞赛机制来激发教师内在需求，推动教师能力发展，其有效性已被理论和实践共同验证，职业院校及教师对通过大赛这一平台来实现发展的需求将更加显著。

（三）提升信息化教学设计能力

信息化教学设计能力是最基础也是最关键的教学能力，它是实现信息化教学不可或缺的重要能力之一。从信息技术与课程教学有机结合的角度出发，信息化教学设计能力是教师根据教学目标的指引，在探索和掌握信息化教学规律的情况下，认真探索和掌控教学过程中各个教学要素的现实状态和动态的联系和关联程度，结合实际教学经验和有效的教学方式，对教学资源和因素进行重新排列组合，以实现最优的设计教学能力。①

教学实施能力是在教学设计的标准上，实现对教学设计方案的认真贯彻和实行，但是该能力与传统教学模式下教师单一的知识传授和答疑能力有根本性的不同。它需要教师和学生共同参与，而且更加注重信息化教学环境下，教师引导学生在面对问题时进行独立思考和合作交流学习等能力的养成。②以智慧职教云平台为例，教学实施方案设计主要包括以下几个方面。

① 韩锐，杜文龙，刘万辉．大数据背景下高职教师信息化教学应对策略研究[J]．电脑知识与技术，2019（30）．

② 王吉奎．大数据时代高职院校教师信息化能力与素养研究[J]．当代教育实践与教学研究（电子刊），2017（1）．

1．学情分析

信息化教学，学生是主体，教师起着关键的引领作用。在实施信息化教学之前，教师要对所授学生的特点和信息化水平有清晰的认识，并对可能遇到的一些问题进行预估及给予充分提示。高职高专院校学生有如下特点：（1）部分学生比较情绪化，对感兴趣的东西积极性比较高；（2）自尊心、进取心强，不甘落后；（3）自主学习能力普遍较差，对课余时间利用率不高。

2．教学过程设计

教学活动的组织和实施充分考虑高职院校学生的特点，依据人才培养方案、课程标准、授课计划及教学内容进行教学过程设计。将教学过程分为课前自学、课中导学、课后拓展三个环节。

（1）课前自学。课前教师根据学生特点，结合课程的内容，设计适合学生的课程任务，并在职教云平台上传课前任务要求、微课视频、课件资源、课前测试题等学习资源。学生通过手机或电脑登录职教云平台，查看课前任务要求，根据任务要求，通过课件资源、微课视频、智慧职教在线课程等方式学习相关课程内容，对于疑难问题，学生可通过 QQ、微信等网络交流方式和教师交流沟通，从而完成课程内容的预习和学习，通过课前测试了解自己对课程内容的掌握情况，根据课前任务要求完成相关课程任务。教师设置课前任务尽量贴近学生生活，激发学生兴趣和积极性，锻炼学生的动手能力。教师根据学生课前学习情况和课前测试结果，明确课程的重点和难点，及时调整教学策略。

（2）课中导学。教师通过职教云平台中学生课前学习记录和课前测试结果，了解学生掌握情况及教学重难点，在课上对课前测验中的疑难问题进行解答，以课堂任务为主线实施每次课程。课前学生已对课堂任务进行了课前预习和知识的学习，并完成了任务中的各项要求。课上教师将课堂交给学生，由学生作为主体讲解课堂知识，从而实现课堂的反转，根据学生讲解的情况，其他同学通过职教云平台对讲解学生进行评价打分，教师对教学重难点和学生讲解疑难问题进行补充讲解和解答，有效突出教学重难点。教师根据课程内容布置提升任务，因材施教进行教学，根据课程任务不同，选择不同的方法和学生进行互动，根据完成课程任务的情况不同，实时记录学生成绩，实现线上线下混合式教学，使所有层次的学生都能尽可能地学习到专业知识。在课中，教师适时引导学生使用手机进行互动，可有效提升学生的注意力。课堂签到、互动、讨论等都设置时间节点，要求学生在规定时间内完成，且提问形式应根据授课内容灵活变换，如随机点名回答，手机摇一摇进行抢答，学生自主抢答等。

（3）课后拓展。课后教师布置必做作业和选做任务，并介绍与本节课相关学习资料在平台中的位置，为学生课后自主学习创造条件、提供便利。职教云平台设置了小组作业、个人作业、登分作业三种作业类型。教师根据作业内容设置不同的提交方式，并设置提交时间段，督促学生尽快完成作业。云平台的在线统计功能可实时统计出学生的提交情况。教师针对每个学生的作业完成情况，给出批阅意见，及时反馈，加强师生之间的沟通交流。

（4）教学评价。课后，学生通过云平台对课堂情况进行总结和评价，可以及时反馈教学效果，帮助教师改进教学方法，提高教学质量。教师在云平台设定线上、线下作业和考试所占的比重，系统根据学生平时表现情况，自动生成平时统计分数和最终分数。对比以往单纯手工记录分数的方法，提高了工作效率，教师也可以实时了解学生的学习过程和学习状态，对学生的学习习惯和学习过程有了更全面的了解。

反思能力是指教师在网络信息技术的辅助下，对自己的教学方式和教学能力水平进行有效学习以及全面掌握并做出及时转变的能力养成过程。教师在教学过程中养成不断反思的习惯，并及时做出相应的改变，可以为其教学能力水平的提高和发展提供有力的依据。通过研究及实践经验发现，教师对信息技术的掌握熟练程度主要体现在学生学习的兴趣、成绩的提升、新情景教学的能力、熟练和自信的教学态度等方面。由上可知，教师在不断地自我反省和改变的过程中，可以有效地实现教师隐性知识显性化，并且可以累积大量高效的、高质的、宝贵的教学实践经验。

教学监控能力是教师为取得教学方式的成功而做出有效努力，它主要指在具体的教学过程中，教师以教学目标为依据，将教学活动作为主要意识表现的目标，不断地对其进行积极主动的计划、检查、评价、分析、控制、调节等能力，教学监控能力是保证教师养成和实现信息化教学的所有能力的最重要的因素。

二、信息化教学实施方案

信息化教学的方式包括网络课程、教学互动平台、手机学习软件、微博、微信等。随着信息技术的不断提升与完善，很多高职院校在探究信息化课堂模式的运用方面已经取得了很好的成效。信息化课堂是以智慧教育、智慧校园以及信息技术为根基所创建的，信息技术和智慧校园为信息化课堂提供了硬性条件，比如技术、场地、环境等。而信息化课堂的核心思想就是智慧教育，信息化课堂的教学目标就是让学生通过信息化学习的方式提升学习效果。①一方面，它激发了学生的学习兴趣，促进学生积极参与学习；另一方面，它加强了师生间以及生生间的交流互动，激发了学生的创造性思维，有利于学生的成长和发展。

信息化课堂的结构体系是由学生学习空间、教育理念以及信息技术组成，而在其中，智慧教育是主要核心内容。信息化课堂就是教师持有智慧教育的新型教学理念，结合信息化教学技术，为学生创设良好的学习环境。在教学过程中，信息化课堂重视对学生学习积极性、团队意识以及课堂体会等方面的培养，构成信息化课堂 。

信息化课堂的实现有多种途径，也可以通过组合拳完成，实施方案如下。

（一）思政课网络直播方案

1．建设网络直播机制

加强机构设置，发挥顶层设计作用，成立了高校网络思想政治教育委员会和网络文化建设与管理工作领导小组，推进学校新媒体联盟建设，统筹协调学校网络思想政治教育工作。推动制度创新，学校先后出台了

① 刘建华．智慧课堂教师信息化教学能力评价体系构建与实施[J]．教育管理，2018（6）：134.

《学校文化建设规划纲要》《学校关于构建全员全过程全方位育人新格局的实施方案》《学校关于加强网络育人的实施办法》等文件，创新推动网络育人，推动将优秀网络文化成果纳入专职辅导员的科研成果统计、职务（职称）评范围。创新载体建设，加强直播间建设，形成网络思想政治教育课特色，培育校园文化品牌。

2．用课表固定直播时间

思政课直播间坚持遵循规律，根据教务安排确定直播时间、时长及频次。直播时间方面，在传统教学中融合信息化教学，打造新时代与时俱进的思政课。

3．建立直播场景

直播需要搭建适宜的直播场景，直播场景包括多媒体设备、空间环境、主播的自身造型、背景音乐等，直播场景从视觉和听觉等方面直接影响着直播效果和用户体验等。专业直播间需要配备30平方米左右的专用场地并进行空间布局、室内装饰和主题设计，配备专用网络、摄像机、电脑、麦克风、音箱、补光灯、多媒体显示屏等软硬件设施，搭建空间合理、设备齐全、功能完备的实体直播间。担任主播的老师直播前精心准备穿着打扮，在直播中展现教师的良好形象和个人素养。在抗击新冠肺炎过程中，由于只能在家开展网络直播课程，直播场景受限，网络好、较安静的房间即可。

4．选择直播平台

目前，思政课程信息化教学直播可以选择的平台有腾讯课堂、QQ直播、钉钉直播、华为云直播等，都可以完成在线直播，网络也相对比较稳定，直播效果较好。

（二）借助移动APP教学软件开展思政信息化教学

移动APP教学软件对思政信息化教学有较大帮助，教师和学生都有着较高热情和积极性，借助APP的移动教学手段，符合现代学生对新事物和现代化学习方法的需求，学生对思政课上这种教学方式的应用持积极态度，期望值高。教师与学生在充分利用现代多媒体技术手段的过程中，由被动学习向主动学习转变，切实增强思政课堂的互动性和实效性。①

传统课堂囿于教室空间和人数的限制，教师无法及时有效地了解每一位同学的真实想法。而移动 APP 在辅助课堂教学中发挥着极大的作用，在教学方面能够提升教学活动的趣味性和效率，增强教学感染力和亲和力。②兼具学习、社交、阅读、技能锻炼等多项功能的移动 APP 实现了传统媒介的转型以及新旧媒介的融合，游戏化的操作体验、任务式的知识挑战，使学生轻松学习，因此深受大学生群体喜爱，也给大学生思想政治教育带来了一种全新的媒介应用方式。

在高校思政课教学过程中可辅助完成问卷调查、在线抢答发布作业、移动教务、海量图书论文库、记录师生教学活动参与情况等，现阶段国内部分高校团队已自主研发或者与企业合作研发多功能型 APP，并应用于课堂教学。如“蓝墨云班课 APP”“中成智慧课堂 APP”“超级校园 APP”“学霸思政 APP”“静思学堂手机 APP”“红色记忆 APP”等，老师在课堂上设置互动环节，比如上“思想道德修养与法律基础”课“爱情与人生”专题时，在 APP 上设置“请晒一张你的全家福”环节，将其投放到大屏幕上与同学分享，随即屏幕上出现各种互动的照片和言语。在教育过程中，APP 的使用增加了师生的互动空间，一定程度上充实了师生的碎片时间。比如“中成智慧课堂”，其在教学理念、教学方式、评价方式等方面与传统课堂有着较大的差别。该款软件能够实现师生在线实时互动交流和全程大数据记录评价分析，其中最强大的是它能够实现学生手机端、教师手机端和课堂大屏幕的“多屏同步互动”，更加强调参与、协作、探究与分享的交互式教学特性；能够实现课前推送预习资料，课上组织全员互动，课下开展互动延续，具有“智能考勤”“随堂测验”“时问时答”等功能。

将中成智慧课堂移动 APP 的教学软件融入思政课教学的过程中，

① 贾晓宇. 信息技术应用于高校思政课改革的主要形态及其实效研究[D]. 杭州：杭州电子科技大学，2019.

② 沈震. 基于移动互联技术的思想政治理论课全员互动教学研究[J]. 思想理论教育导刊，2017（11）：97～100.

两节课（90 分钟）软件互动时间控制在 5～10 分钟，有效地使用软件的实时答题功能，通过提问的方式，摸清同学们的知识获取和认知情况，利于实时调整教学重点和教学进度。经过长期的课堂教学实践探索，可以看出“智能考勤”“随堂测验”“时问时答”等功能最受学生追捧，也不乏出现学生乱发弹幕扰乱课堂秩序的现象。在课堂之外，中成智慧课堂 APP 可以实现大数据实时记录、分析、跟踪学生软件使用记录，分析学生的学习过程，教育者可以用来评估、测量和记录学生学业准备情况、学习进展、习得技能和学生的其他教育需求，提升学生的创造力。

（三）拍摄微电影，开展思政课互动

目前，微电影教学改革成果以多种方式在全国推广，受到师生欢迎。例如，有的高校微电影教学法作为思政课改革探索的成功实践案例，已入选教育部社会主义核心价值观教育典型案例。一些高校（如河北大学）的微电影教学实践具有理性的思考，形成了系统化、有深度的研究成果，成为推广的样板，有很多可以借鉴和学习的地方。总的来说，思政课微电影教学改革在全国范围内形成巨大影响，各大高校关于思政课微电影教学改革的尝试也是各具特色。2017 年，教育部开展的“我心中的思政课”全国高校学生微电影展示活动，收获来自 156 所高校的 191 部作品，学生和教师的参与热情高涨，使微电影教学改革在全国形成星火燎原趋势。很多微电影作品都大力践行了弘扬社会主义核心价值观，凝聚了最美中国梦的青春正能量。微电影选材、编剧和拍摄过程不仅传授了知识，更传播了道理，是微电影应用于学生教育实践的生动体现，可以让学生正确地认识我们的国家和社会，树立正确的世界观、人生观、价值观。

（四）慕课应用于高校思政课的教育教学

目前已有高校的思想政治理论课采用课下慕课学习与课上小组讨论，或者选择外校慕课课程与校内老师答疑的学习模式探索，巩固线上学习效果，延伸线下学习价值。一些大学推出了“学堂在线”“清华在线”等网络开放课程平台，学生可以自由选课、参与社区讨论，完成习题获

得评分。教师可以上传教辅视频、添加教学资料，实时查看学生的学习反馈情况。

一些高校开设的慕课，如“思想道德修养与法律基础”“毛泽东思想和中国特色社会主义理论体系概论”等登陆国际国内知名慕课平台，来自世界多个国家和地区的近千人进行选课，有效地提升了中国思政课的影响力。

慕课的制作需要配备专业的教师团队或者名师工作室和强有力的技术支持。专业的师资团队能够更好地把握课程内容重点，讲课风格甚至服装、背景、音乐等细节都影响着课程的质量。技术支持方面，平台的稳定性和制作团队的协作直接影响视频的呈现效果。因此，课程制作负责人、课程提供教师、摄制团队、后期制作等要对课程内容、脚本设计、宣传片制作、完整的课程导入等方面进行全面考虑，整个制作流程很长，从制作完成到正式投入到平台，中间还需要反复斟酌和优化。因此，慕课模式的思政课教学需要人力、物力、财力方面的强大支持。

（五）以“易班”等虚拟社区服务高校网络思政课

网络思想政治教育日益成为大学生思想政治教育的新阵地，以网络社区综合教育平台为依托，集成了思想政治教育、学生事务管理和校园学生文化建设等主要功能。易班作为大学生思想政治教育的抓手，利于有效开展大学生思想政治教育活动、个性化课程学习设计以及教育管理，对高校教学工作有极大的促进作用，但同时易班的创新发展也面临着瓶颈。①

虚拟教育社区应用于高校网络思想政治教育，既包含思想政治教育的内容，又符合互联网时代成长的“00后”生活和学习的需求，学生可以通过社区平台量身定制学习方式和时间安排，提问互动并配合良好的沟通反馈机制，使学生在适应性学习环境中探索和交互过程中建构自己和知识，达到有效的学习目标。另外，网络社区能够收集到学生的行为信息，通过实时的数据分析，做出更加适应学生学习体验的准确决策，

① 朱建征，薛云云. 网络社区时代易班建设面临的挑战和应对策略[J]. 思想理论教育，2015（9）：84.

根据学生的参与表现，自动改变后续的学习内容和技能排序推荐等。对于高校学生工作者来说，虚拟社区平台的应用加强了师生间的互动交流，填补网络思想政治教育的漏洞，有针对性地为学生提供指导和帮助，不断创新管理工作思路。

（六）虚拟现实等信息技术让教学场景立体沉浸

2022 年 2 月 21 日，教育部部长怀进鹏在教育部党组理论学习中心组集体学习会上强调，要“把教育信息化作为发展制高点，以教育信息化推动教育高质量发展，以教育信息化引领教育现代化”。习近平总书记也多次强调思政课不能只在校内课堂上讲，一定要跟现实结合起来，不能拿着文件宣读，没有生命，干巴巴的。因此，思政课的教学场景不应该局限于课堂内，更应该从实践中汲取营养，获得真理和力量。但由于教育成本和学生人身健康安全等因素制约，组织学生走出校园进入社会学习有很大的难度。“人工智能提供的环境模拟式仿真教学能实现知识技能场景的模拟训练，通过 VR（虚拟现实）、AR（增强现实）等技术，在课堂内构建课外活动场景，模拟现实场景，让受教育者在实践中切身感受，自主探究，加深学生的理论认知，降低实践教育成本。”①所以，通过人工智能技术赋能思政课教学，打造沉浸式智慧教学空间，有效推动传统课堂向智慧课堂、教育场景向场景教育蜕变升级，有助于推动党的创新理论武装学生头脑，指导实践。

虚拟现实是指在计算机内部构造出虚拟环境，用户可以自由地与环境开展互动活动，体验相当于在现实环境中获取的身临其境的感觉。虚拟现实技术应用于教育，适应了教育发展的需要，促使教育形态、教育环境和教育过程走向虚拟化和智能化。由于虚拟现实技术能够提供视觉、听觉、触觉等方面感觉信息，使学习活动具有实践的特质。虚拟现实技术沉浸性、交互性和构想性的三大特点，可以通过创设情景化、虚拟化的学习环境培养学生的形象化思维，促进教学模式的变革。随着技术条件逐步成熟、设备成本进一步降低、沉浸感的提升，迎来了 VR 时代开

① 李华君，王沛佳．人工智能时代高校思政课的智慧化教学创新与建构路径[J]．中国大学教学，2021（11）．

展学科实践教学的技术契机。

虚拟现实系统分为：可穿戴式、桌面式、增强式、分布式虚拟现实系统。可穿戴式虚拟现实系统可以让使用者通过传感设备完全沉浸到虚拟环境中；桌面式虚拟现实系统主要是让参与者通过追踪球、3D 控制器、立体眼镜外部设备在计算机窗口观察、操控虚拟环境中的事物。增强式虚拟现实系统是虚拟现实的分支，将虚拟世界的一些信息与真实世界的信息在三维空间进行叠加，具有实时交互性。分布式虚拟现实系统是基于网络连接的虚拟世界，将不同的用户通过网络连接到一起参与同一个虚拟世界的活动，如电影《头号玩家》中展示的“绿洲”。目前，可穿戴式设备能够做到感知和触觉的极致逼真，成为沉浸感体验中最重要的组成部分。

VR 虚拟现实、AR 增强现实、MR 混合现实技术的出现能够在课程学习的过程高度提升学生的视觉素养、科技素养以及注意力持续度。通过技术手段同步创造内容有趣、游戏化设置、参与度高的沉浸式课程，重新定义学习空间，这些优势极大提升了思政课的吸引力，弥补了传统思政教育在内容、形式和方式上的不足，从而切实增强高校思想政治教育的实效性。

沉浸式 VR 虚拟技术结合红色教育主题，使课程思政的育人实践更加饱满。VR 的视觉感知技术能够渲染出与真实场景相同的环境和情感，将教学内容立体化、现实化，更接近真实世界的体验，更具体和创造性的展示方式能够让学生融入整个情境中，既产生情感上的共鸣，同时加深了对知识的理解和内化。例如，北京理工大学马克思主义学院抓住 VR 教育的发展先机，探索如何更好地将其融入高校思政课教学，发挥 VR 在突破空间限制、资源及能力限制方面的优势。其中，可穿戴式虚拟现实系统就是与思政课相结合的创新应用。

很多学科，尤其是人文学科，除了通过教师课堂讲解传授知识外，还需要人文情怀的体验。实际生活中，很多同学对思政课的教学内容不感兴趣，大部分是因为知识枯燥或者文字所描述的事件年代久远，距离感强，很难单纯地从文字中产生情感上的共鸣。因此，可以充分运用 VR 技术“还原历史事件”，将红军长征时崇山峻岭、逶迤起伏的地貌特征，长征行军路途中遭遇的艰难险阻展现得淋漓尽致。学生戴上 VR 眼镜即可深入长征情境，从画面中真切地感受到革命战士不畏饥寒，不怕牺牲，用坚定的意志和信念越过雪山草地，走向胜利。“过去我们了解长征历史大都是靠书本和老师讲授，印象不深，没想到现在还能戴上 VR 眼镜进入长征的情境来了解，红军长征的艰难与不易从没有感受得这么真切！以前我从来没有见过雪山，也没想过做一名红军战士是什么体验。置身于冰天雪地、悬崖峭壁，长征带给我们的是情感上的震撼，书本文字也变得鲜活起来。”成都职业技术学院 VR 教学体验者高兴地说。2021—2022 学年下学期，在广州番禺职业技术学院 2020 级软件工程和机械自动化协同本科班的“毛泽东思想和中国特色社会主义理论体系概论”教学中，我组织学生到虚拟仿真实训室进行“红军长征”体验教学，学生也欢欣鼓舞，收获良多。赖同学说：“学习相关长征实践课程后，我受益匪浅！对红军长征的认知发生了很大变化，在以往停留在书本字里行间的长征精神活生生地呈现在我们眼前，从瑞金出发，两万五千公里的漫漫路途，最终达到陕甘宁根据地。在整个路途中，没有亲身体会过整个过程就没有发言权，其中四渡赤水河、飞夺泸定桥，没有毛主席英明指挥和人民子弟兵英勇奋战，就难以渡过难关。我们实践中遇到的模拟实践困难如同那个时代面临的困境，更加体会到长征的不易。”

从上述采访中可以看出，VR 技术与思政课教学结合中学生由最开始的感官冲击转向视觉震撼，沉浸式教学体验与网络课堂学习的原理完全不同。无论是移动 APP 还是网上平台学习，需要学生充分利用碎片化的时间，缺乏监督，通常深度学习效果不佳。而 VR 技术的最大特点就在于营造一个沉浸式的环境，将课本转化为情境，学生可以在虚拟环境中深刻体验，全身心地投入，既能让学生深刻感受实践教学的魅力，又能增强学生的感性认识，加深学生对理论的理解。

体验式学习能充分激发学生学习的动力和乐趣。在新媒体、新技术与高校思政课改革实践的长期探索中，很多高校思政课形成了“课内与课外互通、线上与线下互联、现实与虚拟互补”的特色教学模式，将思政课堂教学的传统优势与信息技术高度融合，取得了入脑入心的教学效果。

VR 技术已逐步应用于国内外教育之中，但在实用性上还存在着一些弊端。其一，VR 技术的内容研发成本较为昂贵，对高校来说参与到教学改革的普及性不足。教育注重的是内容和质量，回归到教学本身，硬件的运用可以引入，内容的研发和规模化的产出还需探索，教育内容的更新成本、教师的接纳程度、设备的普及速度都面临着挑战。其二，教育市场巨大且高度分散。尽管虚拟现实技术在教育领域的应用前景很诱人，以激发生活乐趣为特点，吸引着愿意付费享用的稳定青年群体。但聚焦到教学的角度，内容开发短缺以及缺乏统一的制作标准，多以小视频、小片段呈现出的 VR 场景还不能完全地满足教学需要，同时受教育者的自身条件、师生的信息素养等也会影响目标的实现。就外部条件来说，硬件设备较贵，需要一定财力作为支撑，仅凭高校和地方政府部门的资金支持难以实现。

第三节　运用现代信息技术创新思政课信息化教学的组织管理

高职院校教育信息化是一个动态的不断发展变化的过程，其变化发展的过程需要一个有效的评估方式，来衡量其真实的发展水平，所以需要完善信息化组织管理。

一、高职学院要完善信息化管理体制

（一）做好信息化总体规划

教育信息化建设是提升高职院校整体实力的有力武器，而高职院校教育信息化建设规划则是确保高职院校教育信息化建设成效的关键和保障。因此，能否做好高职院校教育信息化发展总体规划工作直接决定高职院校教育信息化的成败，影响高职院校的整体发展。①

① 张婉蓉．江苏省高职院校教育信息化发展现状分析与策略研究[D]．无锡：江南大学，2018.

每一所高职院校的建设都离不开信息化的参与，高职院校教育信息化有一个庞大的高职院校群体，这就需要一个专业的信息化组织机构将这些高职院校紧密联系在一起，避免出现一盘散沙的情况。为更好地推进高职院校教育信息化的建设，应建立专门的职责明确的高职院校信息化组织与促进机构。建立专业的全国高职院校教育信息化组织机构，统一管理各高职院校教育信息化建设，对改善我国高校教育信息化目前存在的自主管理、自主建设、不成体系、各自为政等问题有重要作用。

（二）健全信息化组织机制

1．完善组织机构

建立专业的组织机构，统一管理各高职院校教育信息化建设，搞好高职院校教育信息化发展规划；设立信息化主管领导，明确信息化主分管领导职责，提高信息化主管领导地位，完善高职院校教育信息化管理体制。

由于各高职院校性质、类别不一，教育信息化组织机构设置情况也各不相同。主要有以下四种情况：由现代教育技术中心负责，其他各部门配合工作；由网络中心负责，其他各部门各司其职；由高职院校信息化办公室负责，现代教育技术中心、网络中心和电教中心等部门协同工作；将图书馆和信息化服务机构合并为一个机构，命名为“图文信息中心”；再或者没有一个专门的信息化管理机构，由现代教育技术中心、计算机中心、网络中心、图文中心等部门按职能划分进行工作。由于高职院校负责教育信息化的机构不一样，其组织形式也各不相同。高职院校教育信息化的建设不同于基础教育信息化，高职院校拥有更多的自主权和特殊性，因此，各学校根据自身情况设置信息化组织机构也合乎情理。但是，高效率的教育信息化组织机构的设立可以从这几个方面入手：第一，建立一把手领导制，确定学校信息化主管领导，明确其职责，统管、监督、协调信息化各部门工作；第二，建立专家咨询小组，为主管领导做决策提供咨询和建议；第三，建立信息化办公室，协助高职院校信息化主管领导，规划和组织学校的信息化建设；第四，网络中心、现代教育技术中心、电教中心等机构明确其职能范围，将职能细分，职责到人，并定期开展部门交流；第五，建立院系部处的信息化分管领导；第六，在各个院系部处设立信息化联络人员及日常教学信息化支持服务及维护人员，保证学校的信息化发展及规划能反映用户的需求。

2．明确信息化主分管领导职责

充分发挥高职院校教育信息化主管领导职能，首先必须明确其职责。各高职院校可以设立信管领导组长职位，信息化领导小组组长必须明确其职责，有相应的权限，能将高职院校教育信息化的发展提高到学校战略发展的高度；同时，信息化管理小组必须是一个常设机构，有专人监督落实，信息化教学措施才能尽快落地。

3．建立健全信息化队伍培养体系

（1）高职院校教育信息化专业人才是指从事学校信息化建设的管理人员和专业技术人员，具体来说，包括三类：负责学校信息化建设的主管部门或推进机构的主管领导及工作人员；在信息中心或网络中心从事网络、服务器管理及网站日常维护的技术人员；其他各业务系统中负责日常管理和维护的工作人员。他们的管理水平和专业技术水平直接影响高校教育信息化日常工作的开展。

目前，各高职院校教育信息化专业人才的培训缺乏系统性，大部分高职院校的培训方式以自主学习或校际交流为主。为了提高信息化专业人才的专业化能力，强化信息化专业人才的职业培训体系建设，对培训人员实施有针对性、实用性强的培训内容，各高职院校对信息化专业人才可采用以下一些培训方式：第一，通过网络视频培训的方式，让信息化部门工作人员自主安排时间，自由进行学习，完成学习后通过在线考核的方式，通过考核的人员即通过该阶段的培训；第二，集中时间，尤其是寒暑假的时间，安排专家教师对多个高职院校教育信息化工作者进行大规模的集中培训，虽然该种培训方式成本较高，但效果明显；第三，将传统的培训方式与视频培训方式相结合，将全省高职院校信息化工作者分批次面授培训，将优秀的面授视频录制成视频资源，提供给更多的教师学习，就目前来说，这种培训方式是最好的，既保证了培训者的数量，又保证了培训的质量；第四，实施专业人才交流学习机制，将专业人才安排到软件公司、IT企业进行学习和交流，让高职院校的信息化技术人员及时掌握新技术，并将新技术应用到高职院校的教学、管理和科研中，促进高职院校教育质量的提高。

（2）建设信息化教学团队。首先，做好高职院校信息化教学团队的教育技术能力培训工作，通过建立网络培训平台，为广大教师提供开放的、自由的培训环境，既降低了培训成本，也提高了培训的效果。其次，完善考评和激励制度，促进教师不断地提高自我要求，提升信息技术技能水平。

（三）建立信息化资金投入长效保障机制

1. 建立专项资金支持高校教育信息化建设

高职院校教育信息化的建设资金来源渠道是多方面的，但主要还应该是国家、学校给予的专项建设资金。高职院校的信息化管理部门应该结合各单位的现实需求，做好来年的信息化建设规划，信息化规划得到其他各部门和校长的认可，学校会拨款建设。然而，学校这样的拨款方式无疑给高职院校的信息化建设与管理的负责人带来一定的资金申请压力，一旦资金得不到落实，直接影响信息化部门的工作计划。

高职院校教育信息化建设的管理部门应该做一个一般模式的信息化资金预算，这个预算应该是学校信息化建设拨款的最低限额。学校信息化建设每年的最低拨款不能少于这个最低限额，每一年信息化管理部门可以根据需要对该预算方案进行一定的调整，协调好各方面的建设资金。而学校领导也应该根据学校上一年信息化建设的具体情况对信息化部门提交的下一年的预算方案进行审核并做出批示。这样，既保证了学校信息化建设最基本的经费供应，减轻了各部门的经费压力，也有助于学校领导重视高校信息化每年的建设效果，促进高职院校教育信息化的发展。

2. 建立专门的资金监管机构

高职院校教育信息化的建设资金投入数额巨大，必须设立专门的资金监管机构，制定相应的资金监管制度，确保校园信息化建设的各项资金落到实处。信息化资金监管机构应具有这样几个职责：对学校上一年度信息化建设的各项资金投入进行审核；负责学校的信息化各项资金预算；管理校园信息化日常的资金投入；向学校财务处和信息化领导小组负责，汇报工作。调查显示，目前全省高职院校中设立专门信息化资金监管机构的比例较小，高职院校教育信息化管理部门应该设立专门的信息化资金管理机构，负责高职院校信息化建设的资金审核工作，并及时将信息化建设的各项支出向信息化领导小组汇报。这样既保证了高职院校信息化建设经费的透明化，也有助于充分利用资金，发挥其最大效益。

总之，要提高信息化服务部门的服务质量，提升高职院校教育信息化建设水平，就要考虑设立专项资金并坚持专款专用，建立专门的资金监管机构，增加高职院校教育信息化服务部门人员数量。

二、提升高职思政课信息化教学水平

（一）政策推动下的思政信息化教学改革成效初现

随着教育信息化政策的逐步推动，信息技术在高校思政课教学中的地位日益受到重视，直接推动了高校教学模式的变革与实践。政策的执行，一方面是自上而下的，一方面是根据高校特色生成的“本土化”的校本实践，为了从学生主体需求出发真正有收获，将知识体系转化为价值引领。

（二）强化了信息技术在思政课教学活动中的地位

随着国家教育信息化战略的推进，一系列政策相继出台，逐步强化了信息技术在教学中的地位，把教育资源和信息化学习环境的创设放在突出的位置。通过对信息化教学宏观目标的统筹规划，把信息技术与思政课程教学的融合要求进一步提升，从机制、体制上提出将信息化教学能力培养纳入思政课程体系中，这大大地提升了思政教师探索信息技术与教学实践相融合的教学模式的主动性。

通过梳理和挖掘更多高校典型信息技术与思政课相结合的改革实践示范做法，形成改革整体上的推动力，充分尊重学生的主体地位，提升思想政治教育实践活动的传播效果。汇集宣传，打造具有突出价值的“亮点”案例，并配套资源分配和资助计划，充分调动高校的积极性，显著提升信息技术在教学活动的应用实践和教学模式开发。

（三）提升了思政课教师的信息化教学能力

信息技术推动高校教学模式的变革与实践，新型信息技术逐步与教学、科研相融合，教师在教学过程中面临着如何灵活运用、合理规划技术与课程教学、科研实践的结合点，更好地提升教学效率的现实问题。从我国教育信息化出发，颁布了一系列相关文件，进一步提升教师的信息化教学能力。

在国家政策推动下，教育部紧抓教师队伍攻坚，依托专家组织力量，分课程研讨教学重难点问题，推选出优秀教师参加现场教学展示，依托网络平台鼓励教师进行集体备课，科研交流，为思政课教师的长远发展提供专业帮助。积极组织思政课教师集中式培训，开展专题课程培训。助力高校教学改革资源整合，发动区域高校凝聚力和教育办学特色，创建教学联盟。例如，南京师范大学以自身思政课网络教学平台为基础，组建“全国高校思政课教学信息化建设联盟”。广州番禺职业技术学院牵头组建“大思政课”建设创新联盟，建设“大思政课”教学资源和“大思政课”课程体系，编制“大思政课”资源指引和教学指引，实现资源和课程的共建共享，共同提高教师信息化教学能力。各地各高校也不断通过机制建设，强化政治保障，培育高素质的思政课教师队伍。

教育部等各级教育行政部门，深入实施高校思政课优秀教学科研团队“择优支持计划”、教学方法改革项目“择优推广计划”；实施高校优秀中青年思政课教师“择优资助计划”；启动高校思政课“教学名师工作室”建设，加大对思政课教师的信息化教学能力的培养力度和支持力度，形成一批具有示范作用的高素质思政课骨干教师队伍。

第四节　运用现代信息技术推动思政课信息化教学改革的实践探索

各高校都积极推动人工智能等新一代信息技术赋能思政课建设，并作为思政课教学改革的突破口，成都职业技术学院和广州番禺职业技术学院也和众多高校同行一样，大力促进现代信息技术推动思政课信息化教学改革。

一、推进思政课信息化教学基本情况

（一）成都职业技术学院积极推进思政课信息化教学改革

成都职业技术学院依托创建国家示范性骨干高职院校建设契机，深入落实教育部第一批信息化试点要求，以数字化校园建设为基础，全面推进教育信息化建设，在组织保障、政策制度、资金投入、基础设施、应用系统、信息化应用能力等方面取得了长足的进展。

（1）组织保障机制逐渐健全。设立专门信息化管理机构，统筹学校信息化建设工作，将校园信息化工作列为学校重点工作，成立了由书记和院长任组长，分管院长任副组长，各二级部门负责人为成员的成都职业技术学院网络安全与信息化领导小组及办公室，统筹规划和推进全校网络安全与信息化工作。制订并执行了较为完备的信息安全、网络管理等方面的规章制度。在学校中长期发展规划和年度计划中，教育信息化建设作为重点工作纳入目标管理和考核，学校先后编制了《成都职业技术学院教育信息化“十三五”规划》《成都职业技术学院信息化设备立项采购及使用维护管理办法》《网站安全应急预案》《关于进一步推进使用CRP系统的通知》等一系列规范性制度和文件。

（2）信息网络基础设施不断完善。扩容改造校区网络，实现三校区网络互联互通。学校对主校区网络进行了升级改造，主校区网络主干升级到万兆，实现了“电信+教育网”双出口链路，总带宽达 1.4 GB；三校区间实现了万兆光纤互联；优化了网络架构，提升了校园网络的综合服务能力；构建了核心、汇聚、接入层次清晰的三层网络基础架构，采用虚拟化的双机热活及灵活的流量控制技术，网络管理更灵活精细，保证了单一用户在流量高峰时段有足够的带宽，同时空闲时段的网络带宽也得到充分利用，实现校园网络的精准控制，大大提高了广大师生对网络的使用体验。规范全校师生上网行为，完成三校区上网实名身份认证。三校区网络接入更加规范，实现师生上网身份认证全覆盖，有效地对网络舆情和网络安全进行统一监管，为师生规范使用校园网络资源提供了有力保证。

（3）多种措施保障网络运行安全环境。先后增添了防火墙、入侵防御、杀毒软件等关键性的安全设备和软件，强化了外部网络的防护和检测，实现对校园网络及终端的有效保护与监测。目前，我校校园网络基础建设已初具规模，形成了一个实用、高速、运行稳定以及安全可控的校园网络，为学校的行政管理、教育教学、资源共享、职业训练、网络宣传与服务等校园信息化应用提供有力的网络支撑环境

（4）校园数据中心建成，打造信息化交互式多媒体教室。学校投入专项经费，建设了 150 间公用多媒体教室，为全校师生信息化教学提供了有力的硬件支撑。

2015 年至 2019 年，针对 CRP 管理平台使用，组织校内师生进行培训，并举办了两期教师信息化教学专题培训。学校与宁波职业技术学院培训基地合作，4 次邀请宁波职业技术学院专家组对教师进行信息化教学设计能力提升培训和测评，参加培训的教职工达 395 人次，从信息化课程设计的理念、具体做法到课堂实践方面全方位提升教师的课堂教学能力。学校还利用寒暑假，组织 350 余名教师赴北京、上海、广州、杭州、宁波等地接受微课制作、信息化教学等国家级专项培训。

学校大力整体推进信息化教学改革的同时，也同步推进思政课信息化教学改革，牵头成立四川省蓝墨云思政课教学研究中心，组织思政课教师参加教学能力比赛，开发微课资源库，建设虚拟仿真教学资源。2019 年，学院率先完成“课前三分钟”试点课程 223 门，并逐步实现 3 门思政课程全覆盖。学院“微课中心”累计上线各类数字化思政资源 120 多个，形成集文档、图片、视频、动画为一体的数字化思政资源库。立体、

典型、鲜活、生动的网络资源，有效增强了思政教育的吸引力、说服力、感染力。为顺应学生高度依赖互联网学习生活方式的变化，学院 2019 年建设完成“毛泽东思想和中国特色社会主义理论体系概论”在线开放课程。目前，学院建设完成思政在线开放课程 1 门，与成都工业学院合作建设“形势与政策”等中国大学慕课 1 门，充分挖掘每门课程中蕴含的思政育人资源。

推动思政课同新媒体技术的融合，学院以敬业文化为主线，搭建红色思政科普在线平台，利用虚拟现实技术，全景展示了敬业文化和工匠精神发展史，形成集收藏、展览、教育、研究、宣传等功能为一体，具有历史性、科技性、科普性与知识性的虚拟展馆，成为大中小学工匠精神科普教育的基地。为顺应“95 后”“00 后”高职生高度依赖网络的特点，应用基于移动 APP 的信息化教学技术，提升教学效率。在思政课教学中引入了“蓝墨云班课”APP 平台，利用移动互联网设备开展教学，完成“6S”教学“引发多维思考”环节，开展分享式“头脑风暴”互动教学，激发了教学活力，提升了教学效率。目前，学院超过 90%的专任教师通过“蓝墨云班课”“超星学习通”“职教云”等信息化教学平台实施线上线下混合式教学。

（二）广州番禺职业技术学院加强思政课信息化建设力度

广州番禺职业技术学院自 2017 年开始启动智慧校园建设，2021 年 8 月，“公共虚拟仿真实训基地”项目入选教育部职业教育示范性虚拟仿真实训基地培育项目。同时，学校加大投入，建设了校园基础网络环境、建设信息化教学环境、建立共享数据中心、开展学术交流技术帮扶等项目，为学校推进信息化改革，推进智慧校园建设奠定了坚实基础。

广州番禺职业技术学院马克思主义学院在学校党委领导下，先后建设了 9 间思政课智慧教室和 2 间思政课虚拟仿真实训教室，开发了虚拟仿真数字化资源库和 3 门思政微课教学资源库，建设“PYP 马院”微信公众平台，推进思政课慕课和在线开放课程建设以及思政课明德致用教学模式改革。

二、推进思政课信息化改革的成效

（一）成都职业技术学院思政课信息化改革的成效

提升了思政课数字化改革的硬件建设水平，为信息化改革奠定基础。成都职业技术学院马克思主义学院在打造数字校园的大环境中积极打造数字马院。其中，在花源校区打造“四馆五室”的思政课实训建设基地。“四馆五室”包括习近平新时代中国特色社会主义思想主题教育馆、红色历史文化主题馆、工匠精神培育馆、3D 虚拟漫游实践体验馆四馆和马克思主义中国化、修德守法、形策判析、敬业素养训练、红色文化展播室等五室，打造特色鲜明、富有成都色彩的德育一体化信息化教育实践基地。

构建了思政课教学信息平台，建立思政课教育教学资源库。成都职业技术学院马克思主义学院开发和取得了思政课教学资源“思政教学部微信公众平台 V1.0”软件著作权证书，建立了微信公众号“橙汁思政/明德 e 堂”思政课新消息平台。与此同时，马克思主义学院还建立了“思想道德修养与法律基础”微课资源库，在研读教材的基础上，重新构建了“高职成就出彩人生 ——从高职招生与就业的‘冰火两重天’现象谈高等职业教育”“信念的力量 ——从公益广告‘让未来感谢今天这个不平凡的自己’谈谈信念”“解读中国精神 ——从鲁迅先生所说的‘中国脊梁’谈中国精神”等 60 个微课资源。

（二）广州番禺职业技术学院思政课信息化改革成效

建设了智慧教室和虚拟仿真实训室，打造沉浸式智慧教学空间；先后建设了 9 间思政课智慧教室和 2 间思政课虚拟仿真实训室，为思政课信息化教学改革奠定了物质前提和基础。

创新了“一化三维”致用模式，强化教学资源和教学场景、内容、方法和评价的整体协同。“一化三维”致用模式，就是运用信息技术，推进教学环境、教学内容、教学策略和教学评价的整体改革模式，其具体形态如图 5-1 所示。运用信息化技术建设智慧课室和虚拟仿真教学中心，充分运用新媒体新技术，将思政课教学的传统优势同信息技术高度融合，联通网上网下，课内课外，积极探索思政课新的“打开方式”，构建“教师讲授+虚拟仿真技术+交互体验+任务考核”的教学模式，打造集理论教学、学生思维实践训练一体的教学内容，突破传统的“教师讲授+学生自学+师生互动”的教学模式，采取“教师讲授+虚拟仿真技术+交互体验+任务考核”，在这一教学模式中，学生将所学理论和知识融入实验项目中，充分发挥学生的主体性、学习的主动性和参与性，提高学生探究历史问题的能力，有利于培养学生的学习能力。

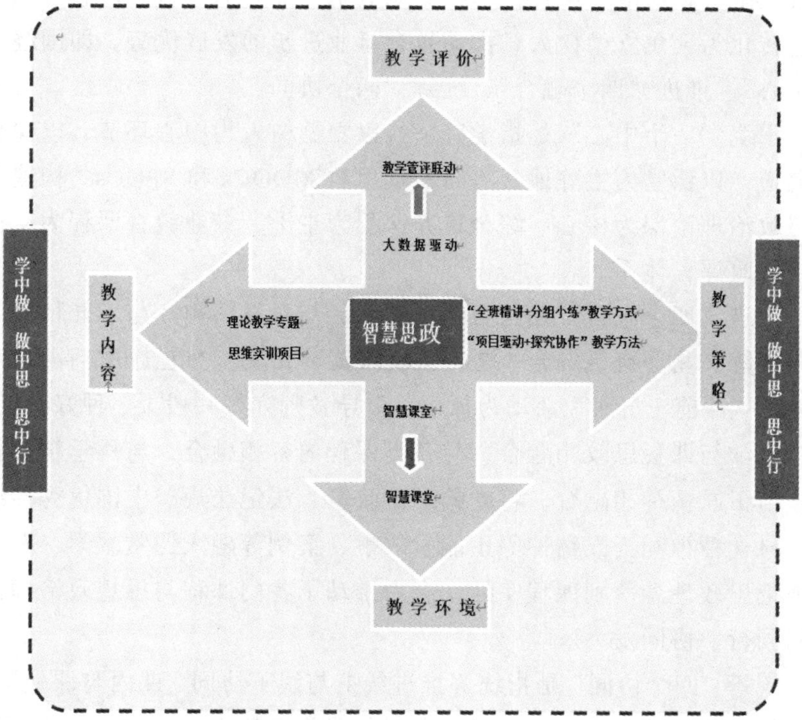

图 5-1 广州番禺职业技术学院思政课“一化三维”致用教学模式

构建了“一化三维”教学评价模式，构建大数据思政课动态多元的综合评价体系。采用“任务驱动”模式，根据学生完成任务情况推进实验进程并给予相应评分，更能充分体现评价的即时性、客观性和科学精准，实时动态反馈教育教学数据，经过技术分析、细化、量化后，使教学评价更全面、更客观、更精确，实现教师评价与学生互评、过程性评价与终结性评价相统一，引导教师持续改进教学，促进“教学管评”联动，达到以评促学、以评促教的目的。

三、推进思政课信息化教学的创新

（一）成都职业技术学院进一步推进思政课信息化教学改革

经过不断的探索和实践，成都职业技术学院构建了全员、全过程、全方位融会贯通的“144 互联网+思政课程”新模式，将思政教育的工作特色转化为聚焦立德树人、推动教育事业进步的发展优势。即围绕“一个中心”，推进“四个融合”、统筹“四个协同”。

围绕“一个中心”是指学院坚持以立德树人为中心环节，以课程为主渠道，以课堂为主阵地，集结一批思政 MOOCs 和 SPOCs，构建了以思想政治理论课为核心、综合素养课程为主干、专业教育课程为支撑的网络思政课程体系。

推进“四个融合”是指与课程思政、与科学精神、与工匠精神、与优秀传统文化等有机融合，提高思政课教学成效。浇花浇根，育人育心。学院以“课前三分钟”活动为抓手，引导教师守好一段渠、种好责任田，坚持教学与课程思政相融合，与各类课程内容相融合，与科学精神相融合，与工匠精神相融合，将党的理论政策、法纪法规、中国优秀传统文化、科学精神和工匠精神等正能量故事、案例等融入课堂教学，有针对性地把思政理念落到课程实处，有力推动了各门课程与思想政治理论课同向同行、协同发力。

统筹“四个协同”是指统筹推进线上与线下协同、课内与课外协同、显性教育与隐性教育协同、思政课程与课程思政协同，构建思政课教学新格局。扬帆筑梦，立心铸魂。学院深入推进基于移动互联网的混合式教学，建立了从线下到线上，从课内到课外，从显性教育到隐性教育、思政课程与课程思政的协同育人机制,有效拓展了思政育人的有效半径。教师利用教学资源库等资源，潜移默化地指导学生思想和言行，将新时代青年担当、奋发、作为的指导思想内化于心，外化于行，推进了全员、全过程、全方位育人取得突破性进展，构建了学院三全育人新格局。

（二）广州番禺职业技术学院进一步推进思政课信息化教学改革

一是突出“问题导向、项目牵引”的内容创新特色。创新“一线穿、巧设计”的教学内容体系（一线穿是指教学资源要和教学内容、智慧教学空间、教学模式创新相适配地一线贯穿），以围绕习近平新时代中国特色社会主义思想“三进”为核心，以爱党、爱国、爱社会主义、爱人民、爱集体为主线，以中国共产党精神谱系、广东红色文化资源、大湾区改革开放时代精神、爱国华侨爱乡报国、职业理想和职业道德五大数字化资源为主要内容，构建“一个核心、一条主线、五大内容供给”的“115”数字化教学资源内容体系，同步探索智慧思政软件资源与硬件资源适配的教学体验空间和智慧思政教学模式，着力解决数字化教学资源“最好开发什么、究竟如何开发、开发后怎么用”等问题。

二是突出“成果导向、行动研究”的方法创新特色。“两面引、妙引线”的线上线下混合式教学模式（两面引是指线上与线下两面引导师生进行智慧教学和智慧学习）。项目研究方法中，坚持成果导向理念，遵循“以生为本、成果导向、持续改进、鼓励成功”的教改价值取向和研究路径，在推进思政教育与现代信息技术融合创新中坚持行动研究法的技术路线，强调将教育理论与教育实践融为一体，将教育者和教育现实问题紧密结合，强调在“行动”“情境”“做”中进行研究，按照计划、行动、考察和反思等环节，破解教改中遇到的关键痛点问题。

三是突出“立足学校、广东样本”的应用推广特色。打造“三课堂、精育人”的理论智慧课堂、实践行走课堂和网络体验课堂。该项目具有集理论探索和实践推进于一体的鲜明特色，在研究中边研究边实践边推广的路径进行，在项目研究中以承担的“双高计划”建设任务为个案，将“立心铸魂、价值引领”的教育导向和“以生为本、因材施教”的学校特色结合起来，着力打造智慧思政的广东样本，并创新资源共建共享机制，以数字马院集成教学资源，并依托全国高职名师论坛、全国虚拟仿真教学中心和全国高职院校思政课建设联盟、广州大中小学思政课协创中心等渠道向粤港澳大湾区同类学校以及全国同行推广应用。

第六章　现代信息技术与思政课教师信息化素养

第一节　思政课教师信息化素养的提升意义

教育信息化正在推动着人类文明迈上新台阶。互联网技术突飞猛进，网络承载着各色的教育资源，信息技术不断影响教育发展。抗击新冠肺炎疫情期间，互联网线上教学迅速普及，我们的学习、工作和生活方式都发生了深刻的变化。知识传播、融合、创新的速度日益加快，信息互动越来越频繁。处在信息社会中的人都应该具有信息素养，教师能利用信息技术收集学生学情数据，开展数据驱动的精准教学，教师的信息化素养也提到一定的高度。教师从利用信息技术进行课堂教学到全面提升信息化教学能力，优化课堂教学；从教育融合到信息化教学创新；从教学方式的转变到带动学习方式的转变。教师不仅具有信息化教学能力，而且还具有创设信息资源的意识和整合信息资源的能力。

思政课教师信息素养具有其职业的独特性，教师借助信息技术可以更广泛地获取教育教学相关知识，打破时间、空间的限制开展教学，分享和交流教学经验和方法，以便更好地适应信息化教学的需要。但一部分思政课教师轻视信息化素养的价值，畏惧信息技术运用，所以，提高教师对信息化素养的认识,提升教师利用信息技术的能力已经十分紧迫。

一、信息化素养的内涵

信息化素养是指个体恰当利用信息技术来获得、管理、表达、整合和评价信息以及建构新知识、分析和解决问题、开展社会交往的态度和能力。

教师信息化素养是指教师恰当利用信息技术来获得、管理、表达、整合和评价信息以及建构新知识、分析和解决问题、开展社会交往的态度和能力。教师信息素养的发展重点是全面提升教师信息化教学能力，帮助教师应用信息技术优化课堂教学，转变教与学的方式。教师基本信息素养包括工作态度、思想意识、教学方法、教学技能这四个方面。教师信息素养是教师在自我发展和完成教育教学工作中，利用信息技术开展社会交往的态度和各方面综合的能力。把教师信息素养进行细化，具体内容如下。

（一）信息化意识

思想意识是行动的先导，所以提升教师信息素养的首要任务就是思想意识的提升。有学者认为信息思想意识是信息主体在与信息有关的活动中产生的感受，并在感受积累的基础上形成对信息活动的觉知能力。以往研究教师信息素养的文章中都有信息意识维度，这也证明了信息思想意识是教师信息素养的重要组成部分。笔者认为教师信息素养中思想意识指教师能认识到信息技术对于教育教学和自我发展的重要作用，具有利用信息技术终身学习和解决问题的意识。

在思想意识的层面，首先，要认识到信息技术在教育教学改革中的重要意义和作用，能够感受到信息技术对于教育教学的便利，教师在其中起到重要的推动作用。其次，一线教师教育教学工作任务烦琐，要改变只是完成学校教学工作的思想。互联网、人工智能等新技术的发展正在不断重塑教育形态，知识获取方式和传授方式、教和学关系正在发生深刻变革，在思想上要转变，既要有利用信息技术优化教学的意识，又要有利用信息技术学会学习的意识，更高层次的，要具有开展教学改革研究的意识。最后，在终身学习和学习型社会中，要有自我反思与终身学习的思想意识。在知识快速更新的时代，信息技术与教育融合起来，未来人工智能更是推进发展，这对教学形态、教学方式影响很大。所以，每个教师都应该具有利用信息技术终身学习的意识与自我反思的意识。

（二）信息化态度

教师在认识到信息技术在教育教学中的重要作用和意义后，在实际工作中要具有积极利用信息技术进行教育教学的态度，所以从这个层面看，信息工作态度是信息思想意识的体现。工作态度是管理心理学中重要的研究内容之一，它与工作绩效相联系。信息化社会，提高教师工作效率关乎教育质量，所以工作态度也是教师信息素养的要素。有学者认为，态度通常是指个人对某一客体所持的评价与心理倾向，它是一种心理结构，它的核心是价值观。态度是一种心理活动准备状态，无法被直接观察，但是它可以通过人们的语言、行动和表情以及一些方面的变化表现出来。[①]有学者认为，信息态度是人们在自身道德观和价值观的基础上，对信息的评价以及表现出来的行为倾向。

在工作态度层面，首先，教师能认可应用信息技术积极的作用，在教育教学中能带动学生积极应用，对学生探究世界、解决问题是有力的保障。然后，在教学过程中，行为倾向于积极应用，如示范并讲授道德规范地使用信息技术，帮助学生树立信息道德与信息安全意识。

（三）信息化教学策略

教师的主要工作就是完成一系列教育教学活动，在教育信息化的背景下，教师学会利用信息技术完成教学活动十分重要。思政课教师对于自己教学的科目，在设计教学活动板块要有系统性的训练。教师要结合学科课程标准，根据学校现有的教学设备，进行学习和比较，设计出多样的信息技术支持的不同教学活动。学生学情不同，教学方法也不是一成不变的，最后选择最优、最适合的活动开展教学。不同时期的教学理论研究者对教学方法的概念界定也不尽相同。国内比较有代表性的是李秉德以语言传递、直接感知、实际训练、欣赏活动、引导探究为主的五类教学方法。黄甫全认为教学方法由原理性、技术性、操作性三个层次构成。在特点的环境下，完成教学任务的策略。所以，本研究教师信息素养中的教学方法指在信息技术教学环境下，教师完成教育教学活动运

① 吴晓义，杜今锋. 管理心理学[M]. 广州：中山大学出版社，2009：77.

用的教学策略。

在教学方法的层面，首先，包括了教师在使用信息技术前掌握获取、加工和管理数字化教学资源的常用工具与方法；然后，可以利用信息技术创设恰当的可促进教学目标达成的技术手段丰富的学习环境和设计多样化的教学活动。最后，利用信息技术获取新的教学理念与方法，提高设计和开发能力。

（四）信息化教学行为方式

教学技能是教师完成教学任务的必要条件。在信息技术教学环境下，教师能利用信息技术采取一系列教学行为，顺利完成教育教学活动。技能在心理学中是指顺利完成某种任务的一种活动方式或心智活动方式，可通过练习获得。教学技能是在教育教学中，教师依据教学理论，运用专业的知识，为顺利完成教学任务并能促进学生学习发展而采取的一系列教学行为方式。它是受思想支配而表现出来的外部行为及内部思想活动，由动作技能和心智技能两部分组成。①所以，笔者认为教师信息素养中的教学技能方面就是教师为顺利完成教学任务并促进学生学习发展，利用信息技术采取的一系列教学行为方式。

在教学技能层面，首先，要了解学生，利用信息技术收集学生学情数据，针对学生不同的情况，制订教学计划；然后，有利用新技术学习与交流的能力，与专家同行沟通交流，促进自身专业成长；最后，能分析和解读数据，在实际教学中调整信息化教学策略。

二、加强思政课教师信息素养的现实价值

（一）加强教师信息化素养是时代发展趋势

当今世界正处在快速发展、深化变革之中，各个领域都在不断改革发展。党的十九大报告指出，我们国家进入了新时达，国家和人民站起来了，也逐渐富起来了，要向强国迈进。国家制定了短期和中长期目标，

① 陈旭远．教学技能[M]．北京：北京师范大学出版社，2015：3～5．

到 2035 年要基本实现社会主义现代化，到 2050 年要建成社会主义现代化强国。教育现代化是推动社会主义现代化的重要动力。所以要加快教育现代化，推动建设教育强国。互联网、人工智能等新技术的发展，正在改变知识获取的方式、教师教学和学生学习的方式。

信息技术与传统教育领域的深度融合是势不可挡的变革。人的现代化是国家现代化的关键，人才资源是第一资源。而思政教育是立德树人的关键性课程，提高思政课教师的信息素养就显得越为重要。[①]而且教师是我国教育系统中教育改革、学科建设、教学实践和科学研究的主要执行者，其综合素养和教学效果直接决定了学生的全面发展和人才培养的质量。教师队伍建设还需要不断完善，教育改革最终要落实到真实的课堂，才能起到作用。

随着信息技术的发展，信息素养已成为教师的基本素质，教育信息化成为教育改革的内容之一。习近平总书记强调“没有信息化就没有现代化”。以教育信息化支撑引领教育现代化，必须坚持信息技术与教学深度融合的核心理念，而推动融合的主体是教师。教育信息化变革成功与否，教师的信息素养是一个关键的影响因素。培养具有合格的信息素养能力人才的关键是提高教师的信息素养能力。

（二）信息化素养是优秀思政课教师的重要砝码

一名优秀的思政课教师应具有现代化的教育思想、教学观念，掌握现代化的教学方法和教学手段，熟练运用信息工具对信息资源进行有效地收集、组织。这些素质的养成就要求教师不断地学习，才能满足现代化教学的需要；信息素养成了终身学习的必备素质之一，如果教师没有良好的信息素养，就不能成为一名满足现代教学需要的高素质的教师。多媒体技术与课堂教学的有机结合是一种积极的，合作的教学模式，其具有视听结合、手眼并用的特点及模拟、反馈、个别指导和游戏的内在感染力，具有极大的吸引力，最终促进学生成为学习的主人。

---

① 李伟涛，我国教育迈向 2035 的战略思考[J]. 中国教育学刊，2018（9）：7～13.

在现行教学中恰当、正确地使用多媒体手段来辅助教学，有助于提高学生学习兴趣，突破教学难点，对优化数学教学起着显著的作用。传统的教学手段似乎很单调，黑板加粉笔，加上一些学科内容不够形象、生动、具体，学生学起来有点枯燥无味，学习积极性不高。计算机辅助教学进入课堂，确实给教学带来了生机和活力，语言、声音、图像、文字、动画、音乐等经过多媒体计算机处理后，变成一种全新的、图文并茂的、丰富多彩的教学信息，弥补了以往课堂教学中的某些不足，对教学中重点的讲解、难点的突破有很大的辅助作用。同时，化抽象为具体，更加直观和具体地将信息传达给学生，把学生的听觉、视觉等一起调动起来，使学生成为主动参与、发现、探究和建构知识的主体，既激发了学生的学习动机，也提高了课堂教学效率。

要想在教育教学工作中游刃有余，首先要用先进的理论和方法武装自己的大脑，只有思想观念更新，才能带来行动上的变革。课堂上，要把信息技术完美地融入教学中，充分发挥计算机工具性能，利用网络资源，搜集信息、处理信息，从而提高教学质量。在整个教学过程中，学生的主体性和个别化得到较大的体现，这样的教学氛围十分有利于学生创新精神和问题解决能力的培养。

良好的信息素养是教师终身学习、不断完善自身的需要。信息技术在教育中的应用，要求教师必须提高职业的专业性，综合应用多媒体技术，利用多媒体和微机网络，开展教学。信息技术与各学科联系密切，信息技术今后将成为教师教学和学生学习的重要工具。比如在微课制作中：（1）在实际教学中，把发现问题、分析问题、解决问题的过程制成微课，简单实用，本身就是一个教学反思的过程，能有效促进教师的业务成长。（2）微课便于互联网和移动设备的传播，既方便教师交流教学经验和方法，又能吸引学生的注意力。（3）微课便于教师进行知识管理，有效促进教师的专业发展。（4）能用简单的概念为学习者提供清晰明确的内容概览，促进学生自主学习。（5）微课制作，形式新颖，通过微课可以进行资源的积累、分享和交流，可以有效增强教师的自信心和成就感，并提高教师学科教学与信息技术的整合能力。

又比如，思维导图也可以帮助实现教学目标。思维导图以直观形象的方式进行表达和思考，非常接近人的自然思维过程，能激发大脑的联想和创造力，使人的思维主次分明、逻辑清晰。思维导图作为一种教学策略和帮助学生认知的工具，参与教学过程，使学生的学习、教师的教学以及师生之间的交流更加高效。对于学生的学习：思维导图能够在理清思路、组织信息、加强记忆、提高学习效率等方面提供强有力的帮助。思维导图是将主题置于最中心，将多个零散的知识点进行整理，从纷繁的信息中找到信息之间的内在联系。不仅把握了知识结构的全局，整理了知识的框架，还通过不断地添加分支，把握了细节。学生在做课堂笔记时，可以采用思维导图的方式。在课堂学习中，学生大量的时间用于记笔记，这样不仅浪费时间，而且不容易记忆，用思维导图的方式记笔记，不仅可以腾出时间参与到教学活动中，而且由于采用图和线的网状结构，更利于记忆和复习，使课堂学习更高效。思维导图作为人的思维的体现方式，参与了学生学习的各个方面，使学习高效、充满创造力。思维导图是学生整体感知本单元内容的最好工具。思维导图的展示重在阐明思路、想法，阐明自己获取知识、信息的渠道和方法，思维导图本身就是以图形的形式达到了思维可视化的目的，已经一目了然了，不必过于仔细地去展示每一个知识点；思维导图还是每节课或每个单元展示完后最好的小结工具。学生在构建的过程中不仅关注到了知识点的完整性，还关注到了知识点与知识点之间的内在联系，从而提高了自身的思维水平。对于教师的教学：通过绘制思维导图，从总体上把握了课程的进度以及每节课的重点和难点,再通过思维导图的方式来展示教学内容，分析复杂知识的结构；在使用思维导图的过程中，可以产生很多有创意的想法，可以更好地制订计划、组织活动。思维导图是一种基于大脑自然的思维方式，因此，它赋予人的思维以最大的开放性和灵活性。在应用思维导图教学过程中，可以充分发挥学生学习的主观能动性和创造天赋。在进行思维导图教学过程中，教师的作用主要是进行积极正面的引导，并指导和回答学生在完成学习任务的过程中所遇到的问题，师生间可以比较自由地交流和沟通，广大学生有更大的自我发挥空间。

总之，教育现代化，必然是向教育强国迈进的过程。信息素养是一个与时俱进的概念，国际上对信息素养问题一直保持高度的关注，不断与时代同行。从国情出发，建设富强民主文明和谐美丽的社会主义现代化强国，实现中华民族伟大复兴的中国梦，满足人民美好生活需要，必须加快教育现代化，把我国建设成为教育强国。信息技术应用能力是信息化社会教师必备专业能力。提升教师信息素养，能促进信息技术与教育教学深度融合，这种深度融合不再是技术工具能力与技术应用整合能力的简单叠加，而是一种以适应信息社会发展为前提的技术融入式的能力重组。①教师信息素养是教师有效参与信息社会的一个先决条件，提高教育质量的重要支撑，是数字化生存的关键性基础。只有经过认真研读有关教师信息素养的教育政策和工作部署，钻研信息技术与教学的结合，了解当前教师信息素养的知识，才能为未来信息技术与教学实践打下基础。当今社会，掌握获取、加工和管理教学资源的常用工具，利用信息技术与专家同行沟通交流是教师必不可少的专业成长要求。

第二节　思政课教师信息化素养的能力解析

一、思政课教师信息化素养概况

（一）思政课教师信息化素养参差不齐

通过调查发现，大约 65.2%的教师具有较高的信息化素养，但有一部分教师对信息化教学的认知还是停留在使用简单的课件上，并不了解信息化教学能给学科教学及学生带来哪些传统教学所不具有的直观性和可操作性的优势。因此，若非比赛要求，很多教师不太愿意使用信息化手段上课。在信息化课堂教学中，大多教师仅使用 PPT 课件。有些老师只是把传统教室黑板书的内容移到电脑屏幕上，他们并未考虑信息化课堂教学的特点，课堂教学采取“满堂灌”的方式，只是一种简单的资源堆积，不考虑学生的认知规律，最终导致教学内容的组织安排不科学，课程设计缺少内在逻辑体系，教师的主导作用不足，教室多媒体大屏幕

① 葛文双，韩锡斌．数字时代教师教学能力的标准框架[J]．现代远程教育研究，2017（1）：59～67.

已经成为信息的海洋，学生不堪重负。另外，大多数信息化教学的课堂都是预设好的，比赛的信息化教学课堂是排练过的，起不到真正能够考查学生知识掌握情况的作用。一堂课的备课时间和备课团队人数是正常课的好几倍，在平日的授课中根本不能实现，导致信息化教学改革形同虚设。

影响教师信息化教学能力提升的因素有以下几个方面。

1. 教师的教学理念有偏差

有相当一部分教师在教学理念上存在偏差，他们认为信息化教学改革是无用的，改革的条件不成熟，还觉得改革的时间有冲突，并且不能积极主动地学习和利用现代教育新技术。这些老师只是在公开课的时候使用信息技术，认为信息化教学是作秀，平时上课又回到传统教学的模式。

2. 信息技术培训不到位

在信息技术培训不到位的情况下，教师只知道计算机基本的操作，对于信息技术和课程整合、信息化教学能力与学科教学能力融合等难以做到，基于信息的教学设计的概念不能灵活有效地应用于特定的专业学科教学。

（二）思政课教师信息化素养偏差分析

由于年龄和接收能力等原因，思政课教师的信息化素养在 50 岁左右出现分水岭。

1. 观念更新能力随年龄增长而减退

（1）年龄 50 岁以上的老师信息化素养偏低。根据研究分析，在教学方法和教学技能两个维度上，年龄 50 岁以上的教师的信息素养显著低于年龄 20～30 岁的教师信息素养；在思想意识、教学方法、教学技能三个维度上，年龄 50 岁以上的教师的信息素养显著低于教龄 5 年以下的教师和教龄 5～25 年的教师。50 岁以上的教师的信息素养偏低的原因如下。

第一，信息化教学环境接触相对较少。过去，信息技术相对落后，50 岁以上的教师群体接触和利用信息技术进行学习和教学的机会相对较少。20 世纪末，教育信息化逐渐被重视，各个学校不断努力完善信息基础设备建设。年龄 50 岁以上的教师，既要紧跟教学改革，又要适应大数据发展带来的变化，大部分教师都具备基本的信息技术操作能力，非常不容易。现在，学校从原来注重信息设备的完善到注重教师自身信息素养的全面提升，教师需要时间来适应和过渡，其学习和内化需要一段时间,而年龄 50 岁以上的教师可能需要更多的时间适应和学习信息技术与教学的融合，还有部分学校对年龄较大的教师群体培训没有引起足够的重视。

第二，利用信息技术学习与交流的能力较弱。年龄较大的教师对于数字化教学资源的常用工具学习和掌握要慢一些，打字速度相对较慢，利用信息技术学习与交流的能力较弱。21 世纪初，信息技术不断发展，在教学领域开始不断完善基础设备以及进行技术操作的基本培训。而现代教育教学不仅要求教师会使用信息技术设备，还需要教师利用信息技术进行学习提升。大数据时代，50 岁以上的教师还不能快速地适应这些能力要求。[①]比如年轻教师经常会利用多种社交平台跟同事、家长等互动，相对来说，50 岁以上的教师不常使用这些软件进行交流。信息技术与教学深度融合，教学模式的转变，给年龄 50 岁以上的教师提出了更大的挑战。

（2）50 岁以上的教师应用的持续性动力不足。教师信息技术应用基本上是在相关政策下推进，教师应用的持续性动力显得不足。由于教师职业环境具有特殊性，基本上就是在教室、办公室，无法回避的小环境里。工作了十几年的教师，可能会产生一些懈怠心理。一些思政课教师觉得工资低，教学十几年了工资涨幅也不明显，其学习动力和自我提升的积极性逐渐降低。社会发展快，对教师整体素质要求不断提高。部分家长忽视家庭教育，推责给学校教师，增加了教师的压力。信息技术应用缺少相关部门、学校、家长等配合，难以让每一个教师发自内心地认识到信息技术跟教育教学融合的积极作用。利用信息技术学习与教学缺少相应的奖励，这样大家就缺乏激情，缺少信息技术应用训练。

① 钟志贤，邱婷. 终身学习的关键能力与培养[M]. 北京：中央广播电视大学出版社，2015：110～125.

2. 不愿接触新事物，思维模式固定

50 岁以上的教师，在教师职业生涯中基本到了一个瓶颈期，部分教师出现安适心理，不太想改变现状、接受新的事物。部分高教龄教师在课堂教学中很少使用信息媒体，对新技术存在抵触心理，存在“技术恐惧症”。另外，50 岁以上的教师基本形成了自己的教学风格，再加上接受持久的、系统的培训较少，自主设计多样的信息技术支持的学习活动和评价活动存在一定的困难。

3. 教师利用信息技术终身学习意识薄弱

很多教师具有终身学习的意识，但是在实际生活中还没有达到思想与行动一致的高度。现代社会发展迅速，对教师的要求不断提高。信息技术在教育教学中的运用越来越多，未来教育模式也有可能发生改变，教师要在原来必备的教学技能的基础上适应时代的发展，探索最适应时代发展的教学技能。50 岁以上的思政课教师已将大部分的时间奉献给三尺讲台，部分 50 岁以上的教师表示，自己精力有限，不愿再花时间去学习。

二、教学管理是提升信息化素养的保障

1. 信息化培训制度有待完善

学校教学信息化水平的整体提升，需要相关部门完善教师信息系统，有针对性地提出培养计划。每一位教师都有一个清晰的档案，相关部门完善教师信息系统，教师借助系统资料，自我要求和相关部门监督双管齐下，有针对性地提升。教师教育技术能力培训应该成为教师工作的重要内容，尝试建立教师教育技术能力培训基地，推动教师信息意识有效增强。

2. 信息化教学的保障不完善

（1）激励机制缺乏，教师缺乏积极性。一方面，很多学校对教师开展信息化课堂教学的奖励很少，缺乏相应的激励措施，一些学校甚至并未认可教师开展信息化课堂教学工作，这就导致信息资源开发困难，信

息技术在课堂教学中应用不广泛；另一方面，许多教师即使使用信息技术，也只是为了应付检查或者比赛。这不仅与信息时代学校教育改革的目标不相适应，也不符合当今社会信息化人才培养的基本要求。在信息化课堂教学中，环境建设是基础，教学应用是目标，资源建设是核心，机制建设是保障。信息化资源是学校信息化建设的重要组成部分，在科学发展观的指导下，学校必须增强信息化的意识，提供信息化教学保障。

（2）数字化智慧校园的建设技术支持不完善。学校的数字化智慧校园硬件设置不到位，且利用率不高。从有的学校数字化智慧校园基础设施建设的调查情况来看，各个系部和职能部门的电脑数量配备齐全，但电脑使用率并不高，在校学生都有笔记本电脑，使用学校电脑的频率不高，并不是所有学生都利用机房上网，一般只有上计算机课时才会到机房。此外，虽然学校有一些多媒体教室，但并不能满足所有人信息化教学的要求。在对学校信息化硬件设施的满意度的调查中，并不是所有学生都满意。教师还认为，网速不够快是阻碍他们利用信息化资源的重要原因。

（3）信息化软件资源库建设不全，途径单一。从调查情况来看，学校信息化软件资源库里的教学资源数量少，质量差。长久以来，由于信息化教学资源短缺，大多数教师都选择通过网络搜索来获取教学资源，耗时费力。此外，一些教师整合信息化教学资源的能力和时间有限，抓到一个资源就用，很多资源与教学没有联系，自然教学效果不理想。与此同时，学生也认为他们没有获取到满意的教学资源。据了解，只有少部分课程建立了教学信息化题库。除知网、万方数据库外，其他资源的购买率很小。此外，教师在教学过程中大多使用多媒体课件，很少利用教学资源和信息资源。网络课程、电子库等开发较少。这个问题的原因之一是资金不到位。没有资金保障，学校很难拿出钱购买软件设备。资金保障不到位，其实也在一定程度上反映了学校管理层对这些事情的关注度不够。有些学校领导思想落后，没有把信息化资源建设纳入学校建设的范畴。信息技术教学资源是无形资源，但是学校管理层为了应付上级检查，往往会更加关注硬件设施，因为硬件建设是容易看见的工作。同时，虽然教师普遍认为利用信息化资源进行教学会比传统的教学方法效果好，但是很多教师忙于完成教学任务，对信息化资源建设的关注较少，另外，很多学校不会把信息化资源建设纳入工作量的考核和年度绩效考核范畴，不涉及经济效益和专业职称评定，再加上教师自身信息技术能力不高，没有时间建设信息化的教学资源，学校也没有设立信息化资源建设团队，这些给信息化资源整合、课堂教学改革等造成很多障碍。

三、信息化素养是科研能力的重要部分

高校教师应该具备较强信息素养和科研能力，但现实状况是，有一部分教师的信息素养状况不容乐观，而且其科研创新能力也令人担忧。集中表现在：部分思政课教师主动获取信息的意识不强，对信息的敏感度不够，分析并有效运用信息解决学术问题的能力较低。相当一部分教师缺乏创新精神和创新意识，创新所需技能不足，参与创新的程度低，成果的创新性尤其原始创新性不高。在信息社会，获取信息、利用信息、开发信息已经成为人的一种必备素养。特别是科研人员，只有具备这种素养，才能在科研工作中少走弯路，提高自己的创新能力。完整的信息素养包含文化素养（知识层面）、信息意识（意识层面）和信息技能（技术层面），它具有一定的体系结构，包括信息伦理道德、信息意识与情感、信息知识和信息能力。

1．科研能力信息素养

信息素养是科研能力的关键要素之一。没有信息素养，科研人员就不可能在信息弥漫的知识海洋中找到对自己适用的。信息检索查新是科研立项前的重要一步，没有这一步，科研人员就难以获得创新性的科研课题。科学技术研究活动是发现问题和解决问题的过程，没有一定的信息素养作为基础，科研人员就不容易发现新问题，也就难找到科学技术研究攻关的突破口。

2．信息化素养的要素分析

众所周知，科学技术研究工作中有三个要素，即科研队伍、实验设备、科技文献，三者缺一不可。而科技文献必须通过检索才能获得。由

此可见，文献检索在整个科学技术发展中起着至关重要的作用。为什么要开展科技文献检索呢?科研工作的开展离不开科技文献,而科技文献的获得又离不开科技文献检索。文献检索的重要意义在于:（1）充分发挥人类知识宝库的作用。由于现代科技文献具有数量大、增长快、离散性大等特点，世界上每年要新增数以百万计的文献，且以5年增加一倍的速度增长，而尖端科技文献增长速度更快，2～3年就翻一番。文献的类型和载体形式也多种多样，加之文献内容在学科上相互交叉渗透，因此，不将文献进行整序、储存，然后按特定需要进行查找，是无法取得所需科技信息的。历代流传下来的文献和现代出版的文献是一个巨大的知识宝库。科技文献检索是打开这个知识宝库的一把金钥匙，它能使科研人员由此获取具有一定借鉴参考作用的文献信息,从而发挥其应有的作用。科技文献检索能使人类的知识得以及时传递和激活。（2）正确决策，提高效率，减少重复浪费。在科研工作中，无论是制定科学研究规划还是做具体的研究和设计工作，都需要做好情报调研工作。情报调研的第一步就是文献调研。文献调研的目的是了解和掌握哪些工作是前人已经做过的，哪些工作目前正在做，什么人在做，进展情况如何等。如果能充分利用科技文献检索手段，收集详细的资料，那么研究就会顺利一些。

3．科研人才与有效利用信息资源

科研人员信息素养的高低，在很大程度上取决于对网络提供的信息资源的利用，而网络能够提供丰富的信息资源是关键。培养高素质的师资力量，可以采取“请进来”或“送出去”的办法，以在职培训为主。为了科研工作后继有人，高等院校应全面开设信息素养培养课程，要注意培养科研人员的信息意识与情感、信息伦理与道德、信息技术知识和信息技术能力等。

四、团结协作是共享信息化资源的重要途径

思政课教师应该具有一定的团队协作精神。随着高新技术推动社会的不断进步，事物发展日趋复杂，社会分工越来越精细，分工协作已经成为社会工作的一大特点。一个教改项目、一个研究课题往往不是某个

人可以承担的，需要一个工作团队共同努力。服从研究任务的统一规划，按时保质保量地完成自身承担的任务，是一个教师必备的素质。一名教师应具备以下能力：（1）能够有效地分解教改和科研任务，进行科学的任务分工；（2）能够与上级主管部门和协作单位建立良好的沟通渠道；（3）能够与同事或者同行保持良好的人际关系；（4）知人善任，充分发挥课题组中每个成员的特长与能力；（5）能够把握课题的进度，有效地推动整体工作的开展。

第三节　思政课教师信息化素养的提升路径

从实践中学习，才能有效提升信息化教学能力。基于实践取向，教师信息化教学能力提升可以通过以下几种路径来实现。

一、增强教师信息化意识

课堂教学的信息化转型改革，教师必须把课堂教学置于情境教学中，在课堂教学实践中，通过观察与讨论，最大限度地提高教师信息技术与课程整合能力的有效外化。首先，教师应根据学生的身心发展特点、认知规律以及学科内容知识因材施教，并根据教学情况不断反思和改进教学过程。其次，教师应主动咨询相同或相似学科的教师，有效转变信息化教学，走访课堂进行观察与研究，认真观察整合信息的途径和方法，逐步丰富教师信息化理念和提升教师信息化的水平。

利用网络资源，不仅能极大地提高课堂教学效果，而且还为教师开展各种网络学习和相互交流提供了平台，如慕课、微课、云课程等。通过这些网络交流平台，师生可以成为课程学习共同体，教师之间还可以讨论、交流信息化教学的内容与实践经验，共享信息资源。为了实现电子课程共同体的顺利建立和成员的相互协作，相关学科的专家不仅要分享自己的知识、技术、方法和经验，还应该亲自开辟交流渠道，并为一线教师进行示范。在这个信息时代，教师个体也应当充分利用网络知识，实现课堂教学的信息化。

二、完善学校信息化教学硬件环境

作为现代化教学手段的信息技术迅速进入课堂，提升了课堂教学效果，保障了教学质量。信息技术环境的大力建设是教育信息化的基础，笔者认为，硬件环境是学校建立校园网络的核心内容。在建设硬件环境的过程中，应该以科学发展的理念，统筹考虑。从实际出发，认真分析、研究制定可行性方案，然后逐步实施，本着可靠、安全、经济、实用、可扩展的原则，进行管理和维护。学校要充分利用信息化手段，以培养优秀的高技能人才为目的，同时，要充分考虑广大师生的需求，以学生为主体，以教师为主导，在提高课堂效率和质量的同时，提升教学效果。比如，校园网络覆盖率广泛，机房配备台式计算机 1000 多台,同时为每位教师配备了笔记本电脑和办公室台式电脑，每间教室都配备了电子白板、计算机和视频展台。校园网络架设了专用服务器，可以进行资源存储、网上阅卷、视频点播、教研平台、自动录播等。

（1）信息化教育网络平台的建设。校园网是连接多个节点，使不同地理位置的各种网络设备节点连接成一个统一的网络，使整个网络的节点相互贯通。但是这是远远不够的，更重要的是在传统校园的基础上构建网络空间，为了拓展真实的校园时空维度，提高传统校园的运行效率，拓展传统校园的业务功能，最终做到实现教育过程的完全信息化，达到提高管理水平和管理效率的目的。

（2）校园网站建设。学校门户网站可以及时发布学校信息，树立学校在社会上的良好形象。网站以模块化、通用性、开放性为指导，网站的模板与后台的逻辑是完全分离的,可以根据需要修改或重新设计模板，有较强的扩展性和可维护性。学校的网站内嵌了网络教研平台、自动录播系统、OA 系统、网上阅卷系统、教务管理系统和教学管理系统建设。

（3）各个网络教研平台可以为教师的日常教学工作、教学交流、教学科研、成果展示提供有力的信息支持手段，为教师提供跨学科、跨学校以及跨区域的交流服务，促进日常的教研活动。该平台将学科资源群平台、课程建设和各个学习平台无缝连接，涵盖了以下内容：教师名师工作室、教师协作组、学科的教研中心、教研微课视频、网络集体备课中心、教学和研究课题。

（4）网络自动化办公系统（OA 系统）。OA 系统是学校各部门连接并构建一体化的电子政务平台，可以满足部门内部办公和上级单位之间的资料和公文的交换需要。该系统可以消除信息孤岛、增强信息交流机制，提高校内资源的利用率，方便获取单位的各种数据，为决策提供参考。从笔者所调查的学校的情况来看，其虽然装了该系统，但是教师们还是用 QQ、微信交流工作，一些老师在上班时间利用其软件的聊天功能办私事。因此，普及 OA 系统，利用其屏蔽聊天功能，对提高工作效率有着重要意义。

（5）网上阅卷系统（AMP 系统）。网上阅卷基于网络技术和扫描技术，目的是控制主观阅卷误差，实现考试公平。它将多年人工阅卷积累的经验与现代高新技术相结合，客观问题由计算机自动评分，主观问题由教师在计算机网络上的电子图像评分。主要功能有：扫描与采集、权限的管理、分数核查和数据分析。从笔者所调查的学校的情况来看，此系统安装和使用都比较正常，但是教师和管理者不会利用数据分析进行学生学习情况的反馈。因此，数据分析应该作为该设备的主要作用之一，而不是被忽略。

（6）自动录播教室。课堂自动录放，将教学电脑的 VGA 信号、师生互动场景和课堂黑板智能跟踪开关、录制、自动生成课程资源等利用起来，形成录像和微课内容。系统主要应用于优质课程的示范教学、优质微课的资源建设、远程教学与科研评价、精品课程远程教学、教学技能培训以及教师教学反思等。

三、打造教师信息化素养培养体系

教师是教育改革的主力军，只有教师掌握了信息通信技术，并应用于教育，才能变革学校教育。

（一）职业院校思政课教师信息化教学能力的培养原则

1．分层递进的原则

职业学校教师的年龄、学科背景以及信息技术基础不同，其信息化教学能力不均衡。所以，应根据参培教师个人信息化基础进行分层教学。分层引导，逐层递进，有针对性地教学，让不同基础的教师都能学到东西。

2．行动学习的原则

教师信息化教学能力需要在教学实践中提高，要全面贯彻“做中学、学中做”的理念。教师可以通过案例分享、参加比赛、课后赛后评价与反思等途径获得更多感性和理性认识，把信息技术灵活运用到自己的教学过程中。

3．合作共享的原则

教师信息化教学能力的培养不是靠一个人就可以完成的，需要教师通力合作。教师信息化教学能力的培养策略包括：（1）学科教学与信息技术的融合。在培训时，要明确教师信息化教学能力是综合能力，不是单纯的教育技术能力，要将培训与教学改革有机结合起来；另外，还要结合教师信息化教学能力所表现的三种水平层次，根据不同层次，设计匹配的培训目标及培训内容，进行分段、分层培训。（2）信息技术与教育深入融合，专项培训，提升专科教师整体信息素养。专科教师信息素养中教学方法和教学技能提升的空间还很大。所以，教师参加一些高质量的活动和培训是十分必要的，能及时关注教育发展动向和先进理念。传统的学习方式大多是从书本上学习和现场学习，培训也是面对面进行。教师要改变这种观念，明白学习方式多样化，可利用碎片化时间进行有针对性的学习，自我提升。

（二）采用“一看、二学、三用、四评”的教学流程

使用参与式和体验式的“一看、二学、三用、四评”。教学的过程可以提高培训的示范性、针对性和实用性，更容易实现信息技术与学科

知识的融会贯通。

（1）“看”就是由培训专家演示各式各样的仪器和设备软件，展示一些优秀的公开课案例，点评、反思，让教师能有所感，教学技能得到相应提升。

（2）“学”就是通过学习各种信息化资源的使用方法和课堂整合理论、途径和方法等，使教师加深知识技能的必要感知认识，培养自身利用信息化手段获取知识技能的能力。

（3）“用”就是引导教师围绕一个主题或者一个问题，设计出信息技术和课程相结合的课堂设计，并应用于教学实践。

（4）“评”就是通过展示优质课件、案例等，让其他教师对其进行点评，反馈相关信息，帮助课件制作老师提升。定期实现可视化考核，提升专科教师整体信息素养。很多培训缺少可以观察到的考核，所以在培训后很难评估培训效果。如果能把教师教学方法和教学技能各方面的要求放到培训中,最后根据这些要求定期制定一些可操作性的技能考核，便可在一定程度上提升专科教师的整体信息素养。

在教育信息化迅速发展的时代，对教师信息化教学能力的培养也要与时俱进，更新观念，及时做出调整。通过将教师的自主学习、集中培训、教学、科研和课堂教学有机结合，可以有效地构建新的教师培训模式，形成对教师信息化教学能力的系统培训和长期支持，最终形成教师信息化的可持续发展。

（三）深化职前教师能力培训

教师能力发展是一个系统的过程，职前培养与在职培训都是不可或缺的重要促进环节，是能力发展不同阶段的脚手架、助推器。职前教师和在职教师信息化教学能力提升的侧重点不同，职前教师主要是以技术知识的习得以及技能训练为主，在职教师则以基于技术知识和技能的应用实践为主。由此，信息化教学能力的提升是一个一体化发展过程，应从职前培养入手，延续贯穿到职后动态实践中。按照《四川省教育厅关于改革高等学校新入职教师职业技能（岗前）培训内容和方式》(〔2018〕368 号),培训方式为集中培训+线上学习+返岗教研相结合的混合型培训

（时间为半年），在培训机制、方式、策略、内容等方面都做了明确建议，为规范培训课程建设和实施、增强培训效果指明了方向。

1．职前培养需要从培养模式、课程、平台建设等方面入手，不断完善培养体系

第一，直面信息时代教师教学能力结构性变化，更新教育理念，变革培养模式，如构建四位一体的信息化教学能力培养模式，从感知、领悟、体验、提升四级培养目标出发，分年级将信息技术知识和技能教学渗透在课程学习、见习调查、微格教学、教育实习中；还可以通过建设高校—中学信息化协同育人平台、构建信息化教学技能训练和竞赛体系、开发与实践面向信息化教学技能提升的微型课程等途径，探讨协同培养、以赛代练、在线学习等培养模式，以期达到更好的培养效果。第二，开发能够有效支持信息化教学能力培养的信息技术和教育技术公共课程，采用问题解决、任务驱动、案例学习、合作交流等教学策略以及混合学习、移动学习等学习方式，从与教学相关的信息技术到教学资源设计开发的工具和方法再到与具体学科融合的信息化教学设计、实施、评价的综合知识逐层开展培养，完成信息化教学知识的普及与渗透。第三，建设与实践领域对接的教育信息化专门人才培养环境，如整合微格课室、网络教室、多媒体教室、中小学远程教育实验室以及学科教学资源网等教师教育信息化实训平台，实现课堂教学自动录播、远程见习、视频互动以及资源共享，破解信息化教学技能的训练难题，完成信息化教学知识的应用与深化。此外，为促进教师能力持续发展，建设教师教育学院和教师教学发展中心成为一种探索路径，其可承担教师培养和培训一体化发展的理论研究、模式实践、绩效评价等工作。

2．规范在职培训，增强培训效果

经过完整的职前培养，教师基本具备“信息技术—教学法—课目内容”知识以及三者融通而成的信息化教学知能体，具体而真实的教学情境为在职教师提供了创生信息化教学能力的土壤和养分。从某些方面来说，教师教育改革落后于基础教育课程改革步伐，加上信息技术和教育理论不断更新、教学困惑不断涌现，在职培训成为职前培养的有益补充。

研究显示，目前在职培训方式单一、缺乏标准、效果不够理想，在职教师信息化教学能力良莠不齐。

在培训主体上，既要对骨干教师群进行全面培训与指导，又要发挥骨干教师的榜样示范作用，由其完成对各自学校教师的全面培训与指导，还要将培训重心下移，以校为本，推动每个教师在日常课堂教学中有效运用信息技术，促进信息技术与教育教学的深度融合。在培训机制上，推行“菜单式、自主性、开放式”的教师培训选学机制，为教师提供多套培训课程组合菜单，确保按需施训。在培训方式上，可采取院校培训、校本培训、短期培训、教研服务等。在培训策略上，可将现场培训与远程培训相结合、自主学习与协作交流相结合、问题解决与案例分析相结合，重点推行网络研修与教学实践相结合的混合式培训，实现教师边学习、边实践、边提升。在培训内容上，实施主题式培训，强化任务驱动，突出实践导向，以应用信息技术优化课堂教学、应用信息技术转变学习方式、应用信息技术支持教师专业发展为主线，把重点放在信息化教学设计、实施和评价能力培训上，帮助教师提升信息技术素养，提升在整体教学流程中合理应用信息技术优化课堂教学、转变学习方式的能力。此外，培训机构要建立“个人空间—教师工作坊—研修社区”一体化网络研修体系，帮助教师开展协同备课、经验分享、课例研究、专题研讨、教学反思等校本及区域研修活动，促进教师专业发展。就具体操作而言，比如针对骨干教师，可结合院校培训和网络自主研修，系统学习信息化教学知识和技能；参与短期集中培训，通过基于项目的学习，获得信息化教学实践应用指导；开展校际协作学习，发展学习共同体，形成长期共享和共同解决信息化教学问题的工作习惯；借助校本培训，检验“培训者培训”成效，逐步发挥骨干教师自身的校本培训力量。

3．重视实践反思环节，促进知能转化

美国心理学家波斯纳（M. I. Posner）提出了教师成长的公式：教师的专业成长=经验+反思。教学实践是信息化教学能力的生长之域，教学反思是信息化教学能力的发展之源，教学实践和教学反思应互为前进之轮，共同促进教师信息化教学能力的不断提升。信息化教学能力具有境遇性特征，是一种运用 ICT 将 TPCK“转化”成学生有效获得的一种知能结构体，这种转化离不开具体的教学实践。2011 年，教育部颁布的教师教育课程标准呈现实践取向的基本理念，提倡增加教师教育课程的实践环节。职前教师的教学实践活动主要集中在教育见习、微格教学、教育实习中，相关技能竞赛也为信息化教学知识应用提供平台。教师教育应引导规范职前教师通过学习模仿、迁移融合将信息技术、教育技术和学科教学法课程知识学以致用,强化信息化教学知识和技能的应用转化。职前培养和在职培训、协作研讨、观摩交流能使在职教师获得基本知识、技能，在一定程度上提高教学能力，但如果要形成独有的信息化教学智慧，仅仅靠职前体验和短期的培训是不够的。学科教学是在职教师实践信息化教学的主要场域，以自我为中心的个体发展模式是技术知识转化的重要渠道。也就是说，信息化教学能力是信息化教学知能体系与信息化教学实践的有机统一，教师要将提升信息化教学能力看成一个贯穿始终、持续不断的终身实践过程，将信息化教学内化成为自身的一种文化自觉。这就需要教师摒弃简单的技术性、理论化教学实践，指向包含学习、反思、成长的智慧型教学实践。教学反思可视为教师对自身信息化教学能力成长历程的一种倾心聆听，通过这种对教学实践体验的再次体验，不仅能加深对信息化教学知识体系的理解、促进信息化教学知能转化的最优化，而且有助于实践化理论的生成。教学反思应紧扣教学实践活动，可采用自发式反思交流与培训式反思指导相结合、现场集中交流与在线实时讨论相结合、传统记载方式与信息技术记载相结合等反思策略，按照“实践—反思—实践”的螺旋上升式能力发展模式，促进教师信息化教学能力的不断提升。只有教师本人乐于信息化教学，并对发展信息化教学能力有信心，其能力才有可能得到提升。教师自我发展力，还包括教师自主学习，在自身信念的驱动下达到身心统一，成为信息化教学共同体不可分割的存在部分。自身信念、自主学习等自我发展内力必须与一定外力组成合力，才能最大限度地提升教师信息化教学能力。组织支持为教师实现自身专业成长提供外部条件，措施包括：创设校园信息化教学环境、技术环境和人文环境，支持教师探索信息化教学；提供多样化培训机会，重视教师信息化教学能力发展；组织开展校本培训，加强信息化教学资源、网络课程平台建设，实现网络环境下教师信息化教学能力的自主提升；构建教研共同体，加强同行间协作交流、观摩研讨，发挥榜样教师的示范作用；建立多元信息化教学管理评价体系，为教师信息化教学提供宽松的实践空间。

4. 培训后定期实现可视化考核，提升专科教师整体信息素养

很多培训缺少可以观察到的考核，所以在培训后很难评估到培训的效果。如果能把教师教学方法和教学技能各方面的要求放到培训中，最后根据这些要求，定期制定一些可操作性的技能考核，将在一定程度上提升专科教师整体信息素养。

（四）提升年龄 50 岁以上思政课教师信息素养的对策

1. 相关政府部门提高信息技术培训服务质量，促进老教师愉悦学习

年龄 50 岁以上的教师，在教育上做出了一定的贡献，相关政府部门应该关注这一部分教师群体，安排信息素养中教学方法和教学技能的培训，并进一步提升培训服务质量，促进老教师愉悦学习。对年龄 50 岁以上的教师进行意向调查，由他们自己选择最喜欢的培训形式。政府相关部门应组织多样的、个性化的培训形式，更多地听取一线教师的心声。根据教师信息素养水平设入门学习阶段、进阶学习阶段、专业学习阶段，帮助年龄 50 岁以上的教师系统地构建信息素养。教学与信息技术融合是一个挑战，一些教师对于信息技术在教育教学改革中的作用认识还不够，外出参培学习，可以拓宽老教师视野，促进他们愉悦学习。

2. 加强利用信息技术学习与交流的能力

新老教师共同合作，相互学习，促进信息技术与教育教学深度融合，提升年龄 50 岁以上教师的信息素养。年龄 50 岁以上的教师的信息素养欠缺主要体现在教学方法和教学技能上。数字教学资源丰富多样，学会如何检索与运用十分重要。教无定法，很多老教师在三尺讲台上奋战多年，形成了自身固定的教学思路和方法，接受新技术的意识不够强，能

力不够高，因此，要循序渐进。现代信息技术的运用，不仅体现在教学任务上，而且体现在利用信息技术学习上。学校在人力安排上，应该考虑到新老教师搭配、相互学习，这样，新旧思想相碰撞，教师利用信息技术学习与交流的能力将有所提升。

3．激发信息技术应用内驱力

新的课程理念特别强调激发教师的内驱力。社会发展变化快，对教师提出了更多的挑战和要求，教师要突破瓶颈，积极主动地提升自我素质。很多教师刚踏上工作岗位时，有着远大的理想，但是在经过十几年的教学之后，就容易懈怠。年龄 50 岁以上的教师要学会调整，树立远大的理想，始终坚持潜心育人。信息技术在教育中的融合越来越紧密，教师要尽快适应，改变观念，付诸行动。从“要我用”变为“我要用”，形成一种稳定的内部动力。学校要激励每一位教师，强化信息技术在教育教学中的应用。学校可要求教师个人根据学校教育教学与信息技术融合工作目标任务，制定科学合理的发展目标，让教师不断产生成就感，激发信息技术应用内驱力。

4．重视利用信息技术更新教学理念

年龄 50 岁以上的教师要学会利用信息技术获取新的教学理念。年龄 50 岁以上的教师在传统教学模式中教学方法和教学技能上有很多体验和心得，应把这些宝贵的经验与信息技术结合起来，促进自身专业成长。信息技术不仅在课堂教学中有很重要的作用，而且在自身专业发展上影响重大。利用信息技术可以高效地学习新的教学理念。未来学习与学习者的内涵都在发生变化，“人人皆学、处处能学、时时可学”的学习型社会到来，学会学习、富有创造性地学习显得尤为重要。各大教育网站和学习平台的建立，给教师带来学习上的便利，这就需要教师首先在思想上足够重视，再利用信息技术学习、内化，才能迸发出更多的激情。除此之外，年龄 50 岁以上的教师利用信息技术进行终身学习的意识需要加强，不管任何时候，都要有追求，做到终身学习。任何时候学习都不晚，教师要有这样的思想意识，督促自己前进。教师要转变传统观念，认识到信息技术对于教育教学改革的重要意义和作用，有效开展远程学习和在线学习。实践证明，信息技术在教育教学改革中起着很多积极的作用，能及时传达和反馈教育理念。新的教育理念与教学方法通过信息技术传递，教师应该有利用信息技术进行学习的意识。未来人工智能和教师结合，需要及时分析和解读数据，调整信息化教学策略，使教学效益最大化。年龄 50 岁以上的思政课教师，应积极参加相关讲座或者网络学习，转变观念，学会终身学习。

四、参加信息化应用教学竞赛

开展信息化教学大赛是推动学校信息化建设、培养提升教师信息化应用能力的重要途径。

为了贯彻落实《中共中央 国务院关于全面深化新时代教师队伍建设改革的意见》精神，进一步促进教育信息化与教育教学实践创新融合，切实提升教师信息技术素养和应用水平，促进教育公平，推动信息化教学常态化、普及化。组织教师参加教学信息化大赛是不断学习和掌握信息化技术的一种实战捷径。在教学比赛中不断探索、勇于创新、大胆应用信息技术，开动脑筋，创新教学和教改的技巧和策略。

各参赛老师在学中做、做中学，体现了“教学做一体化”的教学精神。根据课程思政和思政课程要求，通过教学设计或课堂教学的形式，为大家展现了各专业课程信息化教学应用、教学过程设计、教学方法和教学手段的应用等。通过内容丰富、手段多样、设计合理的比赛，充分展现了信息化教学水平。参赛选手们应用超星学习通、蓝墨云班课、微信、公众号、QQ 群等教学手段，学生自主课前学习，课后师生互动交流，提高了教学效果，把教学目标实现和教学信息化手段有机地结合了起来。

五、加强集体备课，共享信息化资源

集体备课是协作整合信息化资源的重要途径。如何将网络教育资源更好地应用于教学，如何整合网络资源，发挥网络资源的最大作用，是我们亟待研究的重要课题。在备课时，教师可以在网络中查找、获取大量丰富有效的信息资源，弥补自己原有知识的不足，并将其应用于课堂教学。

1．开阔教师眼界，拓展教学思路

教师查阅、选择网络资料的过程其实就是一个深入分析教材的过程。在这之前，教师对教材有自己的理解，在阅读到同一节课不同的教学方案时，他人的教学设计与自己的预设方案（包括设计过程、教材内容的把握等）在头脑中相互碰撞，在对碰中容易产生新见解。

2．营造研究氛围，提高业务能力

网络备课过程就是与更多教师交流互动的过程。以往备课是教师个人的工作，教师对着一本或多本教参，没有合作也无法合作；如今借鉴网络资源就不同了，它将校内、校外的教师相互连接起来，间接地、直接地实现了相互对话与合作。通过相互交流与切磋，参与网络备课的教师既可以学习到他人的长处，又可以找到自己的不足，扬长避短，实现共同提高。同时，网络备课既能促进青年教师快速成长，又能促使老教师不断提升自己的能力和素养。

3．制定教学方案，服务于教学

通过网络备课最终形成的教学方案是集体智慧的结晶，它与个人备课相比，对教材的把握更加准确，对学情的分析更加细致。因此，网络备课预设的教学方案会更切合学生的实际要求，更有利于提高课堂教学效果。

4．减轻教师负担，增加工作热情

网络备课减轻了教师写教案的负担，让教师有更多的精力学习理论、收累资料、总结经验、提升业务水平，提高课堂教学实效。

5．了解教改动态，加速素质提升

以前，教师参考资料有限，无法全面了解外面的世界，更新学习方法和理念。现代社会网络发达，信息技术应用普及，教师可以通过网络及时捕捉新的教育理念、方法以及优秀的教学方案。

广大教师在集体研讨中思维碰撞、智慧交锋，发现问题、解决问题，相互学习、取长补短，为上好每一节课不断努力。一位有着 20 多年教龄的老教师在参加集体备课后说：“虽然我有着多年的教学经验，但是知识结构老化，教学理念陈旧。在集体备课中，我知道了年轻教师的先进教学理念，感受到了青年教师的活力。在这里，我们完成了教育教学理念和知识结构的吐故纳新。可以说，集体备课给教师提供了一个经验传播和经验生成的重要渠道。”

综上所述，思政课教师信息化素养的提升有十分重要的意义，思政课教师信息素养具有其职业的独特性，教师借助信息技术可以更广泛获取教育教学相关知识，打破时间、空间的限制进行教学，分享和交流教学经验和方法，以更好地适应信息化教学的需要，提升教学实效。

第七章　现代信息技术与思政课信息化教学保障

第一节　运用现代信息技术强化思政课信息化教学的组织保障

在中国教育改革与创新发展的道路上，推进教育信息化建设是最大的可能选择，也是实现国家信息化跨越式发展的必然要求。我国高等学校信息化发展已经证明了这一观点。近年来，各级各类学校开展的线上与线下混合式教学、移动图书馆、教务管理系统、数字资源建设等应用项目有效地推动了各级各类学校的改革和发展，促进了教育思想、教育体制、教育内容和方法的创新以及人才培养体制的改变。但是，与发达国家相比较，我国高等学校教育信息化建设还仅仅停留在概念、技术层面，管理、教学、科研等项目与信息化要求还有很大差距。因此，信息化建设中的热点和重点将是高等院校教育教学信息化建设。

2020 年，教育信息化进入信息技术与教育深度融合的阶段（互联网+教育），在这个阶段重点是推动信息技术与教学内容、方法和手段的高度融合，需要更新教育教学理念、人才培养模式和教育教学方法及评价方式。

一、组织保障促进信息化教学的稳定性和惯性

新型信息技术与高校思政课的融合，是由技术应用、技术与课程整合逐步到深入融合的过程。融合体现在促进教学理念、教学方法、教学过程的高度变革，甚至催生出更加符合“互联网+”背景下的教与学模式。但这种新型的教与学模式不是凭空产生的，或者是完全颠覆

传统的教学模式，而是教育信息化背景下对原有教学结构与范式改革和延续，使之更加适应学生的个性特点和心理需求。在传统教育教学模式下，无论是教师还是学生都已经生成了沿袭以往个人习惯和模式的行为方式，教育教学模式相对固定。由此可见，想要打破传统教学模式的稳定性以及学生学习行为惯性是很难的。在传统课堂教学中，教师可以自行把握进度、容量、难易度等，学生作为知识的接受者参与学习过程。转化为基于信息技术的教学系统时，教育教学资源是师生可以共享的，学生成为信息的主动获取者，这对教师角色和功能的转化、学生的信息素养和学习的主动性均形成了考验，需要长时间的适应。

二、组织保障确保信息化教学分阶段有序推进

深化高校教育教学改革不能单纯依靠自上而下的政策推进。换言之，积极的政策推动和顶层设计的统筹，只是前期适当地引导改革的方向，高校思政课改革质量如何，需要长期的实践以及保障改革的持续力量。任何改革都不是一帆风顺的，教学改革也是如此。新型信息技术的融合在高校的成功实践案例不代表全员、全方位、全过程的育人转变，教育现实的成功转化需要阶段性的规划和落实，需要参与教育教学改革的各方合力，需要长期坚持。例如，信息技术与课程融合过程中必将呈现出新的教学规律，教师的角色发生了变化，学生的角色也发生了变化。教学技术的更新换代，教师新技术学习周期等都是过程性的问题，忽视教学改革的阶段性、过程性，教学改革政策“空转”和失效是无疑的。

三、组织保障克服信息化教学复杂性和特殊性

高校教学改革根本任务是提升教学质量，培养合格的社会主义建设者和接班人。教育教学改革要围绕“培养什么人、怎样培养人、为谁培养人”的核心问题，涉及办学目标转换、专业结构调整、课程体系与教学内容重组、教学模式与方法手段革新、教学管理和质量控制等方方面

面的调整。因此，寻求最适合高校自身特点的改革路径无疑是复杂的。信息技术和课堂教学融合的关键在于教师，而教师的教学技能、学术水平、学习与接受能力是因人而异的，要采取专题交流、培训、竞赛等形式激励教师在课堂上有效地融入，提升教师的整体技术应用能力。另外，信息技术融入高校思政课教学改革的过程存在一定的特殊性，教师失去了对信息的掌握权，教师要结合学科特点通过信息技术与课程的整合去创建新型的教学结构，并且能够充分应对课堂教学中的突发状况。如若教师能力稍显不足，整个课堂的场面就会失控，这样一来，信息技术充分融入思政课教学就具有一定的局限性。随着技术的不断更新和升级，各种潜在激发传统教学的功能还有待挖掘，融入的过程还需要长期的探索、研究和追踪。

成都职业技术学院在优质校建设和“双高”建设中设立了专门信息化管理机构，统筹学校信息化建设工作，将校园信息化工作列为学校重点工作，成立了由书记和院长任组长，分管院长任副组长，各二级部门负责人为成员的成都职业技术学院网络安全与信息化领导小组及办公室，统筹规划和推进全校网络安全与信息化工作。制定并执行了较为完备的信息安全、网络管理等方面的规章制度。教育信息化建设在学校中长期发展规划和年度计划中作为重点工作纳入目标管理和考核，学校先后编制了《成都职业技术学院教育信息化“十三五”规划》《成都职业技术学院信息化设备立项采购及使用维护管理办法》《网站安全应急预案》《关于进一步推进使用 CRP 系统的通知》等一系列规范性制度和文件。

第二节　运用现代信息技术强化思政课信息化教学的管理流程

教师的信息化教学能力由四个方面组成：信息化教学情境和教学知识；信息化教学智慧；教学情景设计能力指标；信息化教学实施能力和教学反思。

一、信息技术对高校思想政治理论课管理提出新挑战

信息技术融入高校思政课建设是课改的必然趋势，同时也对高校思政课管理提出了新的挑战。信息技术融入高校思想政治理论课的改革不应是简单使用某一种技术，而是把信息技术以各种工具的形式呈现并融入课程体系，既能满足教师教学需求，又能满足学生认知需求，作用于新型的教学环境，即有机地融入教学活动的各个环节，实现有意义的学习。将信息技术的优势与思政课教学的传统优势高度融合，既要充分尝试信息技术融入思政课教育教学改革的有益实践，以时尚现代的呈现手段贴近大学生实际需求，又要构建与之相适应的信息技术与思政课深度融合的课程体系，优化信息技术环境下的思政课“三观教育”策略，提升专业化师资队伍和师生信息素养，实施信息化管理与教学评价可持续化机制，为信息技术的发展提供新的思路和方向。

二、思政课中信息化教学评价指标

信息化教学与思政课的融合是必然趋势。为了促进这种趋势的积极转化，在确立信息技术与思政教学深度融合的评价指标时，应遵循以下三个原则。

其一，应强调评价的过程性和评价结果相结合。信息技术与思政教学深度融合可以改变传统教学模式，但这种改变是在教学过程中不断总结教学经验并与人交流之后才能得以改善的。因此，在评价的过程中，不能只是对教学效果进行评价，而要对信息技术与思政教学深度融合的每一个流程予以把控，总结各个流程的经验，方能对其进行整体把握。[①] 当然，也不可忽视对教学结果的评价，虽然评价要关注教学的全过程，但这并不意味着教学结果不重要，对结果的评价仍是判断教学效果的重要指标，因此在评价的过程中不能忽视它。

其二，关注人的发展，促进师生素质提升。信息技术与教学深度融合是教育信息化的重要流程，从根本上来讲，它的终极目标仍是教育目标，教育

---

① 曹丕显. 信息技术与教学深度融合评价指标研究[D]. 天津：天津大学，2017.

是一种塑造人的实践活动，因此在深度融合的评价过程中，要时刻注意以人为本。这主要包括：重视教师教学能力的提升、重视学生学习能力的提升、重视师生之间良好互动关系的确立以及重视师生信息化素养的提升。

其三，应重视信息化硬件和软件建设。在重视硬件建设的同时，也要重视软件建设（特别是教学资源的建设）的评价，信息化教学资源是信息技术与教学深度融合重要的硬件保障措施，也是深度融合过程中得以完善并不断发展的产物。换言之，硬件建设和软件建设，两手都要抓，信息化教学资源也是贯穿信息技术与教学深度融合始终的重要组成部分，两手都不可偏废。

根据调查研究，我们把信息技术与教学深度融合的评价指标分为信息化教学资源、信息化教学设计与实施、信息化教学效果三维度，总分100 分。其中，信息化教学资源又分教学资源的类别、教学资源的数量和教学资源的利用三个测评指标，信息化教学设计与实施由师资队伍、多媒体教学实践应用、教师网络教学平台、学生移动学习平台、在线测试平台、师生教学资源互动等测评指标组成，信息化教学效果由信息化知识获取、学生信息化知识应用和课堂互动氛围三个测评指标测定。其具体内容如表 7-1 所示。

表 7-1　思政课信息技术与教学深度融合测评

测评维度	测评指标	测评分数	实际分数
信息化教学资源	教学资源的类别	5	
	教学资源的数量	5	
	教学资源的利用	10	
信息化教学过程	师资队伍	10	
	多媒体教学实践应用	10	
	教师网络教学平台	5	
	学生移动学习平台	5	
	在线测试平台	5	
	师生教学资源互动	10	
信息化教学效果	信息化知识获取	10	
	学生信息化知识应用	10	
	课堂互动氛围	15	

信息技术是一种实用性较强的技术，它可以有效地改变人们的生活方式，人们在信息化社会中更倾向于享受信息技术带来的便利，将其作为实用工具来改变自我生活方式，这属于人性的正常体现。也就是说，对实用性的重视其实还是现阶段信息技术与教学深度融合的关注点。但本研究既关注信息技术与教学深度融合,也关注人的发展这一潜力指标。未来的信息技术与教学深度融合的价值取向必然是工具理性与价值理性结合统一的，但在人的发展过程中，师生的教与学的过程中，信息化教学资源也得以完善，学校的办学质量也可以随之提高，也就是说，信息化教学资源、学校的办学质量归根到底均可落脚于人的发展。这就呼唤了信息技术与教学深度融合向教育本质的回归。由于信息技术与教学深度融合是教育信息化的重要部件,而教育信息化又聚焦于教育本身的“育人”，因此，信息技术与教学的深度融合必将走向改变教学模式、育人模式这一条路。

三、信息技术融入思政教学课程内涵构建

自全国高校思想政治工作会议召开以来，各地各高校加快深化大学生思想政治教育教学改革，“互联网+思政”概念的提出，丰富了高校思政课教学内容。不容忽视的是，信息技术与课程融合的现代化教学手段应以优质的课程内涵为核心。循规蹈矩的课程内容要联系实际才能不断被赋予新的生机，而不是简单的知识堆砌，更不是“悬在空中”，提升课程的知识延展性，优选课程内容，探索知识传授与价值引领相结合的有效路径。信息技术融入思政教学课程内涵构建应注重：第一，课程内容的教育价值。呼吁向对学生终身受益，真正喜欢的思政课转化，真正做到以文化人、以德育人，弱化功利性的学习“有用论”。第二，课程内容的整合和深化。互联网时代信息呈现爆炸式的增长，简单的知识点或者知识单元已经不能满足学生的学习兴趣和知识诉求。需要进行由浅入深的开放性视角递阶讨论，从而过渡到更深层次的课程学习感受。第三，课程教学方法的准确使用。适当的信息技术教学方式对课程内容的理解帮助极大，如对概念的理解做一些案例式的教学引导是有效的知识导入

过程，但教学案例的不恰当会导致学生理解出现模糊点；过分地使用信息技术方法，如 APP 弹幕，会导致课堂秩序混乱。因此，准确的教学方法与课程内容的选择是息息相关的。

随着信息化技术在各个高校中的广泛普及与应用，运用信息化课堂提升思政课教学实效性提上日程。将信息技术运用于课堂教学，能够极大提升教师的信息化教学水平。新技术的运用促进传统教学课堂发生质的改变。这就要求教师要不断优化教学方式，实现信息化课堂教学的目标。信息化课堂是由四个方面组成：信息化教学能力、教学智慧、教学知识以及教学情境（见图 7-1）。

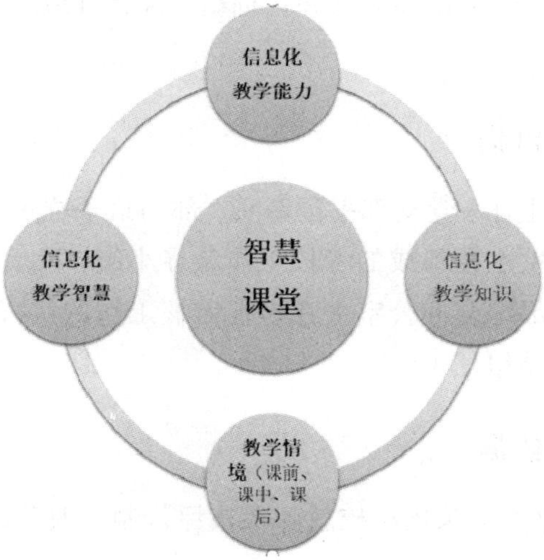

图 7-1　信息化教学能力细化结构

四、把信息技术融入思政教学课程绩效考核

在互联网高速发展的今天，信息技术运用于我们生活的各个方面。思政课教学单位应紧跟形势，利用好信息技术，提升信息技术与思政课程深度融合的管理水平。通过专家督导听课、录屏等方式建立一个准确、全面、动态、细化的效果评估体系。同时，应建立信息化教学与思政课深度融合的人员绩效考核机制，对他们的教学成果、能力业绩、专业性做出评判，鼓励他们提高工作的积极性与思想觉悟。信息化教育归根结

底是通过营造更加便捷的教学条件塑造高素质正能量人才。它通过完善多样化的教学方法，以形成阶段式的学习结果为导向，在思政课教学改革过程中形成“学教并重”的理念，促使教学向潜移默化的价值引领“转型”。深入推进基于新思维、新技术、新媒体、新资源等的思想政治教育实践创新研究，加强理论与技术交互融合的集成研究对完善思政教学课程体系具有显著的现实意义。它可以使学生成为知识的主动建构者，促进学生学习的自主性以及道德、心智、情感方面的发展。

为了遵循“师德为先、教学为要、科研为基、发展为本”的原则，建立健全具有激励和约束功能的考核评价机制，激励部门教师在教育教学和服务工作、科研工作等方面开拓创新，锐意进取，特制定绩效考核，要素如下。

（一）组织机构

设立由部门主任、党支部书记牵头，部门班子成员、部办公室主任、工会主席、教研室主任组成的考核工作领导小组，负责组织教师的考核工作。思政教学部综合办公室主任担任考核工作的执行干事（主任空缺时由办公室综合员担任）。

（二）考核依据

（1）《教育部关于深化高校教师考核评价制度改革的指导意见》（教师〔2016〕4号）。

（2）《××学院绩效工资分配方案》。

（3）《××学院教师业绩量化考核实施办法（试行）》。

（三）考核时间

教师业绩按年度和聘期进行考核。年度考核在每年的11~12月份进行，考核内容为教师年度内教学工作量、教学质量和公共服务工作量完成情况的综合评价。聘期考核每3年进行一次。在教师三个年度考核基础上，增加科研情况及重要业绩（成果）。

（四）考核等级

采用百分制与等级制相结合的方式，最终考核结果采用等级制。等级分为优秀、称职、基本称职、不称职四个。

（五）考核内容及分值比例

考核内容包括教学质量、科研工作量和公共服务工作量，三者按 4：4：2 的比例计算。教学质量 40 分、其他工作量 60 分。

（六）教学质量考核测评

1．考核主体及分值比例

教师教学质量由学院教学督导处、马克思主义学院和学生三个测评主体测评，按百分制计算，所占比例分别为 3：3：4，具体计算公式如下：

$$教师教学质量得分=P_1\times30\%+P_2\times30\%+P_3\times40\%$$

注：P_1 为学院教学督导测评得分；P_2 为马克思主义学院测评得分；P_3 为学生评教测评得分（由教务处考核）。

2．部门（教学单位）教学质量测评（40 分）

此项指标由教研室、教务员负责初评，最后由思政教学部考评小组最终认定。初评的主要内容为教学资料提交、教学纪律执行、调（停）课、作业批改、授课进度及其他等情况。各项指标的考核办法如下。

（1）教学质量及资料提交情况（15 分）。主要检查各项教学资料提交的及时性和提交资料的质量，具体包括授课计划、教案、听课记录表、成绩册及教学工作卡、考核表等各项教学资料是否提交，按下式赋分（实际完成数/应完成数）×6，最高分为 6 分。不按时提交资料的，每次另扣 0.5 分；提交的资料不符合质量要求，老师必须整改后再提交，并根据情况每次另扣 0.5 分。

（2）教学纪律执行情况（15 分）。按时上下课，无迟到或早退现象；上课时能做到为人师表，关心爱护和严格要求学生，没有发生教学事故。

如果上课违背“研究无禁区，教学有纪律”的规定或者发生教学二级以上教学事故，本项不得分。

（3）信息化教学和思政课程深度融合执行情况（10 分）

信息化教学与思政课深度融合教改项目，按照级别差异、贡献大小认定不同分值（国家级团队建设项目负责人 8 分、省厅级 6 分、校级 4 分，参与人根据团队立项级别、本人贡献大小和完成质量得 1~5 分），具体分值由团队负责人提出初步分值，由部门测评小组最终认定。

信息化教学比赛（教学能力大赛）、“精彩一课”讲课比赛、说课比赛、教案比赛、课件比赛等系列项目获奖，根据获奖级别认定不同的分值：国家级一、二、三等、优秀奖分别认定为 8、7、6、5 分；省级一、二、三等、优秀奖分别认定为 6、5、4、3 分；院级一、二、三等、优秀奖分别给予 4、3、2、1 分；部级一、二、三等奖分别认定为 3、2、1 分。

（4）学期末根据考核办法计算教师思政教学部教学质量测评分，本年度两学期的平均分即为该教师部门教学质量测评年度最终得分。

第三节　运用现代信息技术强化思政课信息化教学的硬件建设

一、高校信息化硬件建设为思政课提供了基础支撑

目前，很多高校信息网络基础设施不断完善，实现校区网络互联互通，打造智慧校园。成都职业技术学院对主校区网络进行了升级改造，主校区网络主干升级到万兆，实现了“电信+教育网”双出口链路，总带宽达 1.4GB；三校区间实现了万兆光纤互联；优化了网络架构，提升了校园网络的综合服务能力；构建了核心、汇聚、接入层次清晰的三层网络基础架构，采用虚拟化的双机热活及灵活的流量控制技术，网络管理更灵活精细，保证了单一用户在流量高峰时段有足够的带宽，同时空闲时段的网络带宽也得到充分利用，实现校园网络的精准控制，大大提高了广大师生对网络的使用体验。规范全校师生上网行为，完成三校区

上网实名身份认证。三校区网络接入更加规范，实现师生上网身份认证全覆盖，有效地对网络舆情和网络安全进行统一监管，为师生规范使用校园网络资源提供了有力保证。

二、思政课信息化硬件建设的实践探索

思政课信息化建设离不开信息化校园的硬件建设，现以成都职业技术学院为例，探索高校思政课信息化硬件建设的实践推动。

1. 数字校园建设成绩斐然

2015 年，成都职业技术学院成为全国首批“职业院校数字校园建设实验校”建设单位。以构建数字化校园可持续发展环境为基础，以健全数字化校园管理与运行机制为保障，完善网络基础建设，大力推动信息技术在教学、管理、科研与服务中的应用，提高教育质量，提升核心竞争力，为学校信息化建设提出了新要求和新目标。尽管我校信息化建设取得了长足的发展，特别是信息化在促进学校教育教学改革与管理方面取得了初步成效。但在促进教育管理的科学化、精细化、教育教学模式转变，以及信息化与教育教学的深度融合等方面，呈现出应用深度相对不足、融合创新不够深广等问题，还亟待进一步深入推进和完善。

按照“基础安全夯实、应用深度融合、教育模式创新、技能素养提升”策略，建成高速安全、稳定可靠的智慧校园，构建师生在校全生命周期的“一站式”教育教学服务平台，实现云班教学平台师生全覆盖，逐步建成一流的信息化基础设施和一流的应用服务水平。全面优化公共数据中心及校园万兆网络环境，构建立体网络安全体系，提升校园生活服务能力；形成以移动应用为特色的师生网上服务办事平台，建成立体多方联动的学生顶岗实习跟踪应用平台，深入推进 CRP 教育管理的精细化水平；拓展专业教学资源，有效提升专业教学资源的共享能力，推进混合式教学模式的应用，引领教育教学管理模式改革与创新；培养和提升师生信息化素养和应用能力，促进师生发展。

为了校园信息化安全，高校往往采用多种措施保障网络运行安全环境。先后增添了防火墙、入侵防御、杀毒软件等关键性的安全设备和软件，强化了外部网络的防护和检测，实现对校园网络及终端的有效保护与监测。目前，我校校园网络基础建设已初具规模，形成了一个实用、高速、运行稳定以及安全可控的校园网络，为学校的行政管理、教育教学、资源共享、职业训练、网络宣传与服务等校园信息化全覆盖奠定了基础。学校投入专项经费建设了150间公用多媒体教室，为全校师生信息化提供了有力的硬件支撑。建设智能化录播系统。学校在省级博士后创新实践基地、医护分院等部门建设完成5套录播教室，通过现场的教学改革实现了教学实践第一手资源的收集，为信息化促进教育教学的改革提供了真实的案例。

2．建设打造特色鲜明的服务型数字资源库群

从学校专业建设、人才培养目标等多方面入手，紧紧围绕学校教学、科研工作的中心任务，构建与教学、科研相适应的，能体现学校特色的数字文献资源库群，覆盖图书、期刊、多媒体、报告、会议等多种类型，形成对教育教学、学生服务和科研创新的有力支撑。形成专题型与综合文献型，专业型与通用型，独立性元数据（连接纸本资源）与关联性元数据（连接数字资源），数字影像资源与数字文本资源，文字、图片、活动图像、音频、视频多种资源相互结合的特色鲜明的数字资源库。分阶段有步骤地引入万方、CNKI、超星等第三方优质数字资源，建立校本师生论文资源库，扩大图书数字资源库开放共享的范围，努力扩充优质图书数字资源库，到2020年，数字文献资源总量超过25TB。

3．加强网络安全防范和校园信息化建设的规划

完善多面立体的网络安全保障体系。深入宣传和贯彻《中华人民共和国网络安全法》及信息系统安全等级保护制度。制定规范的安全策略和工作流程，进一步完善《网络信息安全管理制度》《CRP 系统操作维护管理规范》《门户网站安全管理制度》等规范性的制度和文件，健全和优化校园网络出口、数据中心、用户接入、日常运维的安全管理。按照信息系统等级保护管理办法进行校园信息系统等级保护备案。有步骤分

阶段地对校园出口和数据中心的基础设施进行安全改造，提升出口防火墙的性能，增加诸如运维审计系统、Web 应用防火墙、数据库防火墙、网页防篡改系统、日志审计系统、入侵检测系统等网络安全设备，购买专业的信息安全培训和服务。充分利用现有的三个校区异地网络裸纤直连的优势，将现有的数据中心备份逐步按需升级为跨校区异地容灾备份机制。建设信息安全专业团队，引进或培养技术过硬、责任意识强的信息安全方面的专业人才，积极组织成员参加校内外安全专项培训，提升团队的信息安全技术能力和管理水平。全面形成集组织管理、规章制度、人员素质、技术设施于一体的安全防护体系，保障整个校园网络的安全。

提炼和形成《成都职业技术学院公共数据中心接入和指导规范》，为今后 5 到 10 年校园信息系统建设和升级提供基础数据、接口、规则和指南。大幅提升原有数字校园数据计算与存储能力，增加 10 台高性能服务器，存储容量提升至 100T，为智慧校园建设提供高速、可靠、稳定的硬件服务支持。通过平台互通、衔接与开放，在历史数据沉淀的基础上，依托大数据技术发展，利用计算、网络、存储硬件虚拟化技术，构建校园资源大数据平台，通过大数据的深入分析与创新发展，逐步为学校教学实践、管理决策、师生发展提供丰富的大数据应用体验和实践。提升“三位一体”的泛在云教学网络环境性能优化核心设备，升级出口路由交换设备，扩容出口带宽至 1.6G 以上，大幅度提高有线网络性能。扩建花源校区网络中心，优化花源校区网络，更新现有交换设备，全面构建 10G 骨干链路，实现重点教学办公区千兆到桌面。

实现校园网有线、无线和 4G 移动网络融合与优势互补，优化重点区域校园无线网络，提高无线 Wi-Fi 覆盖质量，按需提升重点云教学区域的高密覆盖，支持用户并发接入容量到 15000 个，为教育教学提供高速、稳定、安全的泛在、移动、智能的网络环境。

参考文献

一、著作

[1] 马克思恩格斯选集（第 25 卷）[M]. 北京：人民出版社，2012.

[2] 乔瑞金. 马克思主义技术哲学纲要[M]. 北京：人民出版社，2002.

[3] 郑永廷，等. 思想政治教育学原理[M]. 北京：高等教育出版社，2016.

[4] 沈壮海. 思想政治教育有效性研究[M]. 武汉：武汉大学出版社，2008.

[5] 宇文利. 现代思想政治教育课程论[M]. 北京：北京大学出版社，2012.

[6] 何克抗，李文光. 教育技术学[M]. 北京：北京师范大学出版社，2015.

[7] 张豪锋，孔凡士，等. 教育信息化评价[M]. 北京：电子工业出版社，2005.

[8] 郭晓科. 大数据[M]. 北京：清华大学出版社，2013.

[9] 顾海良. 高校思想政治理论课程建设研究[M]. 北京：经济科学出版社，2009.

[10] 张华. 课程与教学论[M]. 上海：教育出版社，2000.

[11] 王忠政. 信息技术与地方高校本科教学深度融合的研究[M]. 暨南大学出版社，2016.

[12] 本书编写组. 马克思主义基本原理概论[M]. 北京：高等教育出版社，2018.

[13] 本书编写组. 思想道德修养与法律基础[M]. 北京：高等教育

出版社，2018.

二、硕博士论文

[1] 李梁. 信息技术与思政课教育教学的深度融合研究[D]. 上海：上海大学，2017.

[2] 邓梅. 慕课在高校思想理论课中的应用研究[D]. 长沙：湖南师范大学，2016.

[3] 范坤. 推进我国教育信息化建设进程的对策研究[D]. 武汉：华中师范大学，2004.

[4] 罗智慧. 普通高校教师网络教学现状及对策研究[D]. 南京：南京大学，2012.

[5] 郭文菊. 高校思政课信息化对校园文化建设的促进研究[D]. 合肥：合肥工业大学，2014.

[6] 吴硕. 大数据时代下高校思想政治理论课改革研究[D]. 武汉：武汉科技大学，2018.

[7] 张世珍. 信息技术支持下的课程思政教学设计与实践研究[D]. 兰州：西北师范大学，2020.

[8] 王丹. 信息技术与高校思政课教学深度融合问题研究[D]. 上海：上海师范大学，2019.

[9] 贾晓宇. 信息技术应用于高校思政课改革的主要形态及其实效研究[D]. 杭州：杭州电子科技大学，2019.

[10] 朱建. 信息技术环境下高职思政课合作教学模式研究[D]. 南京：南京师范大学，2013.

三、期刊论文

[1] 杨淑芬. 浅谈多媒体信息技术在高中思政课教学中的应用[J]. 中国多媒体与网络教学学报（下旬刊），2020（7）：85 ~ 86.

[2] 陈吉胜. 信息化背景下高校思政课教学模式的新探索[J]. 学习

月刊，2020（7）：48～50.

[3] 马一．线上线下混合式教学行动研究——信息技术与思政课教学融合创新[J]．教育学术月刊，2020（7）：97～105.

[4] 马园园．新时代高职院校思政课信息化教学的应用与思考[J]．现代职业教育，2020（28）：192～193.

[5] 高盼．困境与出路：论信息技术与高校思政课深度融合[J]．教育现代化，2020，7（56）：56～58.

[6] 赵庆云．新时代高校思政课信息化教学手段和模式的创新与实践[J]．教育教学论坛，2020（28）：7～10.

[7] 王伟．让知识不再缄默——论信息技术与高中思政课情景教学的“嵌合”与“弥散”[J]．内蒙古教育，2020（17）：22～23.

[8] 王振晓．信息技术时代高等职业教育发展新思路[J]．现代职业教育，2020（23）：166～167.

[9] 曹佳珏．信息技术与职业教育课程教学深度融合对策研究[J]．现代信息科技，2020，4（9）：172～175.

[10] 覃世东，覃云飞，刘义飞．基于信息技术的高校思政课实践教学创新路径[J]．广西教育，2020（15）：135～137.

[11] 王娜．信息技术环境下高校思政课教学情境创设研究[J]．当代教育实践与教学研究，2020（5）：19～20.

[12] 吕志．思政课学生成绩考核评定中信息技术的应用[J]．广西教育，2020（3）：151～152.

[13] 刘大虎．信息化智慧课堂教学模式在高职院校思政课教学中的应用研究[J]．深圳信息职业技术学院学报，2019，17（6）：34～37.

[14] 李巍．高职院校思政课信息化改革实践与探索——以九州职业技术学院为例[J]．泰州职业技术学院学报，2019，19（5）：16～18.

[15] 周秀娥，张永波，黄英．正确处理信息技术与思政课教学深度融合的关系[J]．沙洲职业工学院学报，2019，22（3）：39～42.

[16] 贾玉超．高职思政课信息化教学思考[J]．中国教育技术装备，2019（17）：95～96.

[17] 张攀攀．高职院校思想政治理论课信息化教学供给侧改革探

析[J]. 鄂州职业大学学报，2019，26（3）：24～26.

[18] 马倩. 教育信息化背景下高职思政课信息化教学探究[J]. 吉林教育，2019（22）：59～61.

[19] 马广水，张云芳. “互联网+”背景下高校思政课信息化教学手段的转变与提升[J]. 山东商业职业技术学院学报，2019，19（2）：39～42.

[20] 李静安. 思政课教育教学与信息技术的深度融合研究[J]. 课程教育研究，2019（14）：94～95.

[21] 周秀娥. 试论“互联网+”信息技术与思政课课堂重塑[J]. 吉林工程技术师范学院学报，2019，35（3）：23～25.

[22] 韩春艳. 现代信息技术背景下职业教育教学改革探微[J]. 新课程研究，2019（5）：10～11.

[23] 戚洪娜，张德宜. 信息技术与高职院校思政课教学深度融合研究[J]. 黑龙江教育学院学报，2019，38（1）：51～53.

[24] 赵庆寺. 现代信息技术与高校思政课深度融合的异化及其超越[J]. 学术论坛，2018，41（5）：162～167.

[25] 杨艳妮，周园. 信息化手段在高职思政课中的运用[J]. 芜湖职业技术学院学报，2018，20（4）：66～69.

[26] 白鹤举. 高职院校思政课中信息化教学方法的应用与思考[J]. 河北能源职业技术学院学报，2018，18（4）：73～75.

[27] 邱静文. 大数据时代思政课教学与信息技术融合发展之思[J]. 锦州医科大学学报（社会科学版），2018，16（4）：114～116.

[28] 王秀群，于长辉. 探析信息技术在职业教育教学中的引入措施[J]. 教育现代化，2018，5（47）：365～366.

[29] 张倩. 浅析信息化教学手段在高职思政课上的应用[J]. 现代职业教育，2018（29）：191.

[30] 李敏. 新时期高校思政课教学创新与现代信息技术整合探析[J]. 教育现代化，2018，5（41）：209～210.

[31] 水宏. 思政课教学中应用信息化教学手段探究[J]. 现代职业教育，2018（27）：202～203.

[32] 赵浚，张澍军．高校思政课与移动信息技术深度融合的耦合与进路[J]．学术探索，2018（5）：146～151.

[33] 王引兰．信息化背景下高校思政课教学改革探究[J]．吕梁学院学报，2018，8（1）：50～53.

[34] 李梁．思政课教育教学与信息技术高度融合的思路和构想[J]．中国高等教育，2017（24）：20～22.

[35] 冯婉莹．融入地方教育资源提升高职思政课的教学有效性——以湖南信息职业技术学院为例[J]．课程教育研究，2017（27）：76～77.

[36] 张一鸣．“《学习手册》制”与思政课课堂教学模式改革——基于深圳信息职业技术学院“思想道德修养与法律基础”课教改的研究[J]．深圳信息职业技术学院学报，2017，15（2）：45～49.

[37] 严莉．基于现代信息技术的职业教育教学模式改革研究[J]．柳州职业技术学院学报，2017，17（3）：49～52.

[38] 李丛，刘福强．关于网络安全和信息技术发展态势的思考[J]．信息通信，2017（5）：134～135.

[39] 李瑶，刘刚，郭玉娟．信息化背景下思政课专题化教学改革研究[J]．吉林省教育学院学报，2017，33（4）：74～77.

[40] 张莉．信息化背景下高校思政课授课形式的创新研究[J]．扬州教育学院学报，2016，34（4）：68～71.

[41] 孙静．信息化网络化条件下高职思政课混合式教学模式的构建[J]．天津职业院校联合学报，2017，19（1）：72～76.

[42] 李梁．探索信息技术与思政课教育教学高度融合模式[J]．上海教育，2017（3）：27.

[43] 兰士红．现代信息技术与职业教育教学的融合应用[J]．教育与职业，2016（23）：111～113.

[44] 陈蕾．基于网络信息技术的思政课教学模式改革初探——以形势与政策课为例[J]．教育现代化，2016，3（36）：163～164.

[45] 吴晓芳，陆芳．教育信息化背景下高职思政课混合教学模式改革探索[J]．漯河职业技术学院学报，2016，15（6）：8～11.

[46] 黄亚飞. 信息技术时代的职业教育教学创新[J]. 现代职业教育，2016（26）：18～20.

[47] 李凌，郑瑞涛. 利用信息技术提升思政课实效性[J]. 中国高等教育，2016（7）：60～62.

[48] 刘颖. 基于信息技术与课程深度融合的职业教育教学改革探析[J]. 南京工业职业技术学院学报，2015，15（3）：46～49.

[49] 黄爱华. 信息化时代的高校思政课教学模式变革[J]. 中国大学教学，2014（9）：45～49.

[50] 李华君，王沛佳. 人工智能时代高校思政课的智慧化教学创新与建构路径[J]. 中国大学教学，2021（11）：35～38.

[51] 刘佳. 人工智能技术条件下高校思政课情景教学模式创新研究[J]. 思想理论教育导刊，2021（11）：100～103.

[52] 曹群. 信息化智慧课堂研究[J]. 深圳信息职业技术学院学报，2019（12）：26～27.

· 四川省高校思想政治理论课“蒋家胜名师工作室”项目成果
· 广东省 2021 年度教育科学规划课题（德育专项）“人工智能时代高职思政课数字化教学资源开发与运用研究”（项目编号：2021JKDY058）成果
· 广东省 2021 年高职教育教学改革研究与实践项目“基于 OBE 的高职思政课智慧课堂创新与实践”（项目编号：GDJG2021279）成果
· 广州番禺职业技术学院校级重点教育教学课题“基于 OBE 的高职思政课智慧课堂建设研究与实践”（项目编号：2021JG02）成果
· 成都职业技术学院“全国优质专科高等职业院校”和“双高院校”建设项目成果
· 高职院校思想政治理论课建设（总主编/蒋家胜　欧美强）

高职院校思想政治理论课建设

课 程 建 设

主　编 ◎ 蒋家胜　黄泽敏
副主编 ◎ 张　冀　邓礼娟　张瑾瑜

西南交通大学出版社
· 成　都 ·

图书在版编目（CIP）数据

高职院校思想政治理论课建设. 1，课程建设 / 蒋家胜，欧美强总主编；蒋家胜，黄泽敏主编. —成都：西南交通大学出版社，2022.6
ISBN 978-7-5643-8425-8

Ⅰ. ①高… Ⅱ. ①蒋… ②欧… ③黄… Ⅲ. ①高等职业教育－思想政治教育－教学研究－中国 Ⅳ. ①G711

中国版本图书馆 CIP 数据核字（2021）第 243330 号

Gaozhi Yuanxiao Sixiang Zhengzhi Lilun Ke Jianshe（Kecheng Jianshe，Xinxihua Jianshe）

高职院校思想政治理论课建设

蒋家胜　欧美强　**总主编**
课程建设　蒋家胜　黄泽敏　**主　编**
信息化建设　蒋家胜　范华亮　欧美强　**著**

责任编辑	梁　红
封面设计	墨创文化
出版发行	西南交通大学出版社（四川省成都市金牛区二环路北一段 111 号 西南交通大学创新大厦 21 楼）
发行部电话	028-87600564　028-87600533
邮政编码	610031
网址	http://www.xnjdcbs.com
印刷	成都蜀通印务有限责任公司
成品尺寸	170 mm × 230 mm
总印张	27.25
总字数	454 千
版次	2022 年 6 月第 1 版
印次	2022 年 6 月第 1 次
书号	ISBN 978-7-5643-8425-8
套价（全 2 册）	98.00 元

铸魂育人，永远在路上

师者，传道授业解惑也。传人生之道，答时代之问，解青春之惑，是为师者的本分和责任。青少年阶段是人生的“拔节孕穗期”，最需要精心引导和悉心栽培。守正创新，铸魂育人，在学生心里种下真善美的种子，帮助学生系好人生的第一粒扣子，走好走稳人生路，是我们不忘的初心，是我们肩负的使命，是我们不悔的誓言。

教育是民族振兴、社会进步的重要基石，是功在当代、利在千秋的德政工程，是国之大计、党之大计。思想政治工作是学校各项工作的生命线，从根本上说是做人的工作，必须围绕学生、关照学生、服务学生，不断提高学生思想水平、政治觉悟、道德品质、文化修养，让学生成为德才兼备、全面发展的人才。不断提高新时代育人质量和办学水平，必须高度重视思想政治理论课建设。思想政治理论课是落实立德树人根本任务的关键课程、灵魂课程，思想政治理论课教学是高校思想政治工作的主渠道。习近平总书记在学校思想政治理论课教师座谈会上强调，办好思想政治理论课，最根本的是要全面贯彻党的教育方针，解决好培养什么人、怎样培养人、为谁培养人这个根本问题。新时代全面贯彻党的教育方针，就必须坚持社会主义办学方向，落实立德树人根本任务，办人民满意的教育，努力培养担当民族复兴大任的时代新人，培养德智体美劳全面发展的社会主义建设者和接班人。

思想政治理论课能否在立德树人中发挥应有作用，关键是重视不重视、适应不适应、做得好不好。思想政治理论课的本质是讲道理，要守正创新，要理论联系实际，要注重方式方法，把道理讲准、讲深、讲透、讲活，不断提高思想政治理论课的思想性、理论性和亲和力、针对性。高等职业教育是高等教育的重要组成部分，是培养高素质技术技能性人才的特殊类型，具有独特的教育规律。做好新时代高校思想政治工作，既要改革创新，又要遵循规律，做到“因事而化、因时而进、因势而新”，才能不断提高思想政治教育质量和水平。作为思想政治理论课教学科研创新团队，不忘育人初心，肩负铸魂使命，按照“六要”标准和“八个相统一”的要求，在思想政治教育领域深耕厚植，守正创新，针对高职院校思想政治理论课教学特点，构建具有高职类型特色、地方本土特征、鲜明时代特点的教学体系，创新“价值引领、能力本位、理实一体”的信息化教学设计，探索“两微一云”（即微课资源库、明德 e 堂微信公众教育平台和云教学）信息化线上线下互动翻转的教学模式，不断建设和充实丰富生动的教学资源和载体，深入推动习近平新时代中国特色社会主义思想进教材、进课堂、进头脑，不断增强思想政治理论课的吸引力和教学效果，充分满足高职院校大学生对思想政治理论课的现实需求和热切期盼，增强教育教学的获得感和满足感。

探索过程虽然艰辛，但累并快乐着，我们的内心是充实的，甜蜜的。希望大家在阅读该书时，和我们一样有一种愉悦的心情，有一种守正创新的激情，有一种铸魂育人的初心。铸魂育人，教改探索，只有起点，没有终点，永远在路上。愿我们一起携手并肩，初心不改，激情永在，为培养永远跟党走的时代新人而忙碌着、奔跑着！

蒋家胜

2021 年 8 月

目 录

第一部分　马克思主义理论研究

第二部分　高校思政课教学改革

第三部分 网络思想政治工作研究

第四部分 学生综合素质培养路径

第五部分　高校思政课教师培养研究

第一部分

马克思主义理论研究

新时代社会主义敬业文化的新内涵、新价值与新路径①

蒋家胜②

随着综合国力的显著增长，我国日益走进世界舞台中央，已经步入决胜全面建成小康社会、开启全面建设社会主义现代化强国新征程的新时代。“敬业”是社会主义核心价值观的重要内容，也是社会主义先进文化的重要组成部分，在新的时代背景下显现出新的内涵，具有新的价值意蕴。在中国实现民族复兴、参与全球治理、贡献中国力量的伟大征程中，积极培育社会主义敬业文化具有重要意义。

一、新时代社会主义敬业文化的新内涵

敬业文化根植于博大精深的传统文化，生长在鲜活生动的改革实践中，社会主义敬业文化在新的时代具有新的内涵。

1．“为人民服务”的宗旨意识是新时代社会主义敬业文化的价值取向

“人民，只有人民，才是创造世界历史的动力。”[1]人民群众不仅是物质资料的生产者，也是精神生活的创造者，还是社会变革的推动者。人民群众是中国特色社会主义伟大事业的参与者和创造者，也应该是中

---

① 本文系教育部 2015 年“全国高校优秀中青年思想政治理论课教师择优资助计划”资助项目“高职院校思政课‘价值引领，能力本位’的教学设计创新研究——以《思想道德修养与法律基础》为例”（项目批准号：15JDSZK042）和四川高等职业教育研究中心 2017 年度课题“社会主义敬业文化时代价值与嬗变规律的探索与实践研究”（项目批准号：GZY17B23）的阶段性成果。

② 蒋家胜，广州番禺职业技术学院马克思主义学院教授；研究方向：思想政治教育。

国特色社会主义建设成果的享有者。为人民服务是党的根本宗旨，为人民服务是社会主义道德的核心价值，把人民利益作为价值创造的衡量标准，是每一位敬业主体的责任担当。社会主义制度建立后，集体主义是社会主义道德的基本原则，人与人之间相互帮助、相互关心，成为生活的现实需要。党的十八大报告指出，为人民服务是党的根本宗旨，以人为本、执政为民是检验党一切执政活动的最高标准。党的十八届五中全会首次提出了以人民为中心的发展思想，反映了坚持人民主体地位的内在要求，彰显了人民至上的价值取向，确立了新发展理念必须始终坚持的基本原则。[2]习近平总书记在党的十九大报告中再次重申以人民为中心的理念，强调“人民是历史的创造者，是决定党和国家前途命运的根本力量。必须坚持人民主体地位，坚持立党为公、执政为民，践行全心全意为人民服务的根本宗旨，把党的群众路线贯彻到治国理政全部活动之中，把人民对美好生活的向往作为奋斗目标，依靠人民创造历史伟业”[3]“为人民服务”的宗旨意识不仅要成为人们恪守的社会主义道德规范，更要成为人民自觉追求国家富强、民族复兴、人民幸福的价值理想。人们领悟“为人民服务”的社会主义敬业文化精髓，用为人民服务的宗旨意识加强自律、遏制私欲的过度膨胀，在服务他人与社会中实现对自我价值的确认，在建设中国特色社会主义伟大事业中实现自我价值的升华。在中国特色社会主义新时代，只有将“为人民服务”的宗旨意识从职业道德层面提升到社会主义核心价值层面，才能更好地激发各族人民的理想信念，补足“为人民谋幸福”的精神之钙，凝聚中国力量，为实现中华民族伟大复兴的中国梦而努力工作。

2.“爱岗奉献”的忠诚意识是新时代社会主义敬业文化的坚实基础

立足岗位、无私奉献，热爱本职、忠于职守，是敬业文化的应有之义。敬业文化在我国源远流长，具有深厚的文化传统。例如孔子就提倡“执事敬”,《礼记·学记》也指出“一年视离经辨志，三年视敬业乐群”。现代职业教育创始人黄炎培继承敬业乐群的思想精髓，认为“职业”一词包含着对己谋生和对群服务这两个不可分割的方面，而“敬业”就是

“对所习之职业具有嗜好心，所任之事业具有责任心”。凡此种种，无不给我们留下了倡导敬业文化的宝贵财富。当然，敬业文化是与特定时代的经济生活和精神生活联系在一起的，随着时代的变迁而具有不同的内涵和侧重点。我们目前实行的是社会主义市场经济体制，市场经济强调市场在资源配置中起决定作用，劳动者从事职业活动，获取报酬，满足谋生和发展的需要。同时，强调“职业生活的根本目的是繁荣经济、发展生产力，最终达到共同富裕，因而职业活动不仅在客观功能上具有满足社会需要的意义，而且对从业者的主观动机而言，也强调社会服务和奉献”。[4]习近平总书记在2018年新年贺词中提出，“天道酬勤，日新月异”，“广大人民群众坚持爱国奉献，无怨无悔，让我感到千千万万普通人最伟大，同时让我感到幸福都是奋斗出来的”。[5]立足岗位、爱国奉献、拼搏奋斗是每位劳动者安身立命、建功立业的重要途径。可见，爱岗奉献的忠诚意识为新时代社会主义敬业文化奠定了坚实基础。

3．“改革创新”的进取精神是新时代社会主义敬业文化的持续动能

一种敬业精神是否充满活力，一种敬业文化是否值得传承，关键在于它能否激发劳动者的创造性。在计划经济时代，受自给自足的自然经济影响和户籍制度的限制，人口流动性不足，传统的敬业文化价值理念不可避免缺乏开拓创新和锐意进取的意识，从而带有明显的故步自封、保守狭隘、排斥竞争、缺乏合作的特点。但历史证明，创新是推动人类进步、社会发展的重要动力。正如习近平总书记所说，“创新是引领发展的第一动力，是建设现代化经济体系的战略支撑”。[3]建设创新型国家，最关键的是要最大限度地解放和激发蕴藏在劳动者身上的巨大潜能。如果人类不能持续创新，也许至今还处于刀耕火种的蒙昧状态，还在农业社会里徘徊不前。在国际竞争日益激烈的当下，不管是一个国家，一个民族，还是一个企业，如果没有开拓创新的精神，是难以生存和发展的。改革创新是时代精神的核心，是国家发展和民族进步的灵魂。如果没有改革创新的进取精神，就不会有“歼20”、C919大飞机的横空出世，也不会有中国高铁、量子计算机的领跑世界。社会主义市场经济体制的确立和深入推进，竞争机制不断展现前所未有的生机和活力，要求每一位

敬业主体必须顺应时代趋势，具备强烈的竞争意识。唯有树立改革创新的进取精神，勇于开拓，不断提高适应能力，不断冲破旧有观念的束缚，将改革创新真正落实到具体的工作中，才能在竞争中赢得先机和优势，才会有个人事业的成功和社会的发展。同时，全社会要营造鼓励创新、支持创新、容错创新的制度环境和舆论氛围，让创新成为驱动发展的持续动能。

4．“精益求精”的工匠精神是新时代社会主义敬业文化的本质要求

“精益求精”的工匠精神是一个人赢得竞争优势的重要内核，也是一个企业赢得市场竞争优势的关键因素，是社会主义敬业文化的本质要求。在中国特色社会主义新时代，我国社会主要矛盾转化为“人民日益增长的美好生活需要和不平衡不充分的发展之间的矛盾”。[3]目前，我们在很多领域还难以提供人民最满意的物质生活和精神生活产品。培育新时代社会主义敬业文化，就是要在从业者的内心植入“精益求精”的工匠基因，要在企业文化里培育“精益求精”的工匠文化，不断创造一流产品，从而取得赢得市场竞争的内在优势。在推进“中国制造2025”战略计划和“一带一路”倡议的关键时期，尤其需要培养对待工作执着专一、持之以恒、精益求精、追求极致的工匠精神。“精益求精”的工匠精神，要求从业者干一行爱一行钻一行，注重细节，恪尽职守，不断提升自己的工艺水平；要求企业开展个性化定制、柔性化生产，不断追求卓越，不断雕琢自己的产品，不断铸造匠心匠魂，实现“中国精造”“中国智造”，创造出打动人心的一流产品。

二、新时代社会主义敬业文化的新价值

新时代社会主义敬业文化是我国先进文化的重要组成部分，是国家文化软实力的重要表现，对人民素质的提升、对国家和民族的未来具有重要的意义。

1．沿着促进人自由全面发展的方向不断积累坚实的物质基础

马克思指出，人的本质“在其现实性上，它是一切社会关系的

总和”。[6]人要生存和发展，就得处理人与自然、人与人、人与社会的各种关系，就得通过劳动来实现。通过劳动，人不仅从动物中分化出来，获得了主体性价值存在感，而且还改变着自己的思维和思维的产物。尊敬人，即尊敬一个人，很重要的一个方面就是尊敬这个人通过劳动而达到的事业高度，其实质是尊敬劳动。“在意识层面逐渐发展起来的这种对对象化的活动的尊重和崇敬，就是敬业精神”。[7]人通过敬业性的劳动，获得自身生存所需要的物质资料。在此基础上，通过物化劳动的积累，人类才可能从事政治、艺术、科学、宗教等活动，人的自由发展的空间才得以拓展。人通过劳动过程中创造的价值来确证自己的优点与特长。一个人越敬业，通过劳动创造的物化成果就越多，就越能证实自己存在和发展的空间和价值。人类越敬业，就越能在创造的辉煌中确认自身的伟大。如果不劳动、不敬业，个体就无法确认自身的价值和存在的意义，作为整体的人类，生存和发展的空间就越小。所以说，敬业能够为个人自由而全面的发展奠定坚实的物质基础。

2. 为民族复兴梦想提供道德支撑和精神动力

习近平总书记多次指出，实现中国梦，必须弘扬中国精神。用以爱国主义为核心的民族精神和以改革创新为核心的时代精神振奋起全民族的“精气神”。这种精神是凝心聚力的精神之钙、强国之魂。在现代社会中，世界各国的竞争是以经济和科技为核心的综合国力的竞争，综合国力是一个国家、一个民族实力的重要依据。一个强国的综合实力背后，都少不了一种精神力量、一种独特文化力量的支撑。这种力量不只存在于少数社会精英的身上，而是广泛地融于整个民族的血液之中，成为大众的文化精神。这种民族文化精神在职业上突出表现为敬业精神以及背后的敬业文化。一个国家的富强、一个民族的复兴都离不开敬业精神和背后的文化力量的支撑。敬业文化作为一种文化力量，虽受到生产力发展水平的制约，但绝不是被动消极的，而是通过发挥敬业主体的主观能动性，激发蕴藏在敬业主体内的智慧和潜能，强化其社会责任意识和奉献意识，促进社会生产力的发展。有了敬业文化的驱动，劳动者有了创新创造的动力，不断克服社会生产过程中遇到的各种难题，不断改进生产工具，开发劳动对象，提升自我素质，促进劳动资料、劳动对象和劳动者的有效组合，从而推动经济发展和社会进步，为国家富强、民族复兴、人民幸福提供道德支撑和精神动力。

3．为践行社会主义核心价值观提供文化滋养

习近平总书记指出："如果一个民族、一个国家没有共同的核心价值观，莫衷一是，行无依归，那这个民族、这个国家就无法前进。"[8]在经济全球化、社会信息化、价值多元化、文化多样化的时代背景下，培育社会主义核心价值观至关重要。在社会主义社会，劳动是实现人生价值的重要途径，更是积累社会财富的重要源泉。马克思认为，劳动是人类生存和发展的重要依托，是人的本质所在。从这个角度看，敬业既是敬业主体对待职业的态度，又是对以劳动作为人的本质的人格肯定。作为社会主义核心价值观重要内容的"敬业"，不仅体现在工作层面，也与社会主义核心价值观的其他内容相互贯通。从社会主义核心价值观国家层面的价值目标看，敬业内化为敬业主体的价值追求后，可以促进社会生产力的发展，带来社会财富的增加和国家的富强。要让敬业发挥更大功能，则要求工作过程中的沟通协作与群策群力，就需要发挥民主的机制，调动每一位劳动者的积极性；强调敬业，也必然要求民主随行。马克思认为物质文明制约精神文明和政治文明的发展，"敬业"就是社会"文明"的自然逻辑和必然要求。社会快速发展中积累了不少矛盾和冲突，但发展中产生的问题还需要用发展来解决，因敬业而富强，而富强又是社会主义初级阶段主要矛盾不断化解、走向和谐的必然路径。从社会主义核心价值观的社会层面看，敬业要求主体格物致知，研究事物内在的规律，实现自由全面发展；现代社会中的劳动都是人与人协作完成的，敬业就意味着劳动成员间彼此的信任和公平，要想成员都敬业，就要求公正地对待每一位成员，公正地分配劳动果实，平等地适用法律，实现法治的要求。从社会主义核心价值观的个人层面看，就"爱国"而言，在和平时代，主要要求人们在工作岗位上建功立业，为国家和民族贡献更多财富；就"诚信"而言，主要要求人们在工作中踏实可靠、不马虎，努力提高工作质量；而"友善"则是人际关系的润滑剂，要做到敬业，

就必须在工作中保持良好的人际关系，相互协作，因此“敬业”与“友善”密切相关。敬业是社会主义核心价值观的重要内涵，是公民个人必须恪守的道德规范和价值准则。文化对道德规范和核心价值的培育具有重要的滋养作用，弘扬社会主义敬业文化有助于发挥文化对社会主义核心价值观的滋养作用，有助于提高公民个人的敬业精神和职业道德规范。

4. 为促进中国向制造强国迈进凝聚中国力量

由制造大国向制造强国转变，需要发挥工匠精神，锐意革新，刻苦钻研，敬业奉献，精益求精。敬业文化作为特殊的社会意识现象，兼具智力与人文双重内涵，一方面表现为知识、技能与效率，另一方面表现为高尚的道德追求。敬业文化要求劳动者以执着的信念、精益求精的态度、高度的使命感对待自己的岗位，尽心尽职地对待自己的事业，从而彰显职业对社会、对国家、对民族的责任。当下，中国正推动从制造业大国向制造业强国迈进，亟须发挥敬业文化的功能，营造忠于职守、敏于创新、精益求精的文化氛围，弥补市场经济固有的短视化的缺陷，引导人们树立起科学的道德观念，为从业者确立职业活动的正确方向和目标，推动中国制造由大国向强国迈进。

三、新时代社会主义敬业文化的新路径

1. 加强激励约束机制建设，为培育新时代社会主义敬业文化提供保障

敬业文化的培育，核心是社会主义核心价值观的培育和践行，关键是要让其融于日常生活中，重点是要逐步建立起相关的激励约束机制，让符合社会主义核心价值观的敬业文化得到鼓励和倡导，违背社会主义核心价值观的不敬业的文化和行为受到制约和压制。所谓激励机制，就是通过建章立制，挖掘激励敬业主体努力工作、创新工作的因素，找到有效的激励手段和方法，寻找激励员工更好地完成工作目标、产生生生不息的敬业动力的规律。一般从物质激励和精神激励两方面来探索激励机制。从物质激励层面看，物质利益是激发敬业主体敬业动机和工作积极性的重要手段。应该建立一套科学的、有竞争性的工资激励制度，按

贡献大小给予劳动者相应的报酬，大贡献大奖，小贡献小奖，尽量做到公平，不让老实人吃亏。当然也要把握物质激励的“度”，不要陷入“拜金主义”的窠臼。同时，要营造一种敬业、创新、务实的社会环境和尊重劳动者的荣誉制度，定期评选、表彰先进，树立标杆，鞭策后进，从而进行有效的精神激励。所谓约束机制，就是通过法律与道德规范的建构，促进社会主义敬业观的形成，使敬业主体做事有原则、行为有底线，不放任、不放纵。一是运用法治的力量，使敬业行为得到有效保护和正向激励，惩治不敬业行为，遏制劳动者的放任放纵行为。二是强化行业规范，建立行业内的黑名单制，引导敬业主体将个人利益与集体利益辩证统一起来，让不讲诚信、损害雇主和他人利益的不敬业行为无处遁形。

2. 加强传统文化传承创新，为培育新时代社会主义敬业文化提供土壤

社会主义敬业文化是中华民族先进文化的重要组成部分，它的产生和发展都离不开中华传统敬业文化的孕育。“不忘本来才能开辟未来，善于继承才能更好创新。对历史文化特别是先人传承下来的价值理念和道德规范，要坚持古为今用、推陈出新，有鉴别地加以对待，有扬弃地予以继承，努力用中华民族创造的一切精神财富来以文化人、以文育人。”[9]挖掘传统文化中的敬业因素，促进其现代化转换，为培育新时代社会主义敬业文化提供肥沃土壤，以优秀传统文化中的敬业价值滋润人们的心灵。传统文化历来倡导厚德载物、进德修业、恪尽职守，推崇刚健进取、自强不息、有所作为的精神。首先，忠诚勤勉是我国传统敬业文化的最高境界。《论语》记载的“子张问政，子曰：‘居之无倦，行之以忠’”，强调要忠诚于自己所从事的事业，要忠诚无私、崇敬热爱。与忠诚相连的是勤，韩愈说“业精于勤，荒于嬉”，强调要勤勉奋发，才能做到精益求精。“忠”与“勤”的高度统一，构成古代敬业精神的最高境界，激励人们为国家和民族的未来奋发有为。其次，自强创新是我国传统敬业文化的核心要义。荀子提出“锲而舍之，朽木不折；锲而不舍，金石可镂”的思想，告诫世人要成就一番事业，必须坚持到底、永不停息、厚积薄发。这种自强创新的思想，极大地鼓舞了敬业主体的主观能动性，造就了中华民族自力更

生、拼搏不已、创新不息的敬业传统，激励中华民族为了国家富强、民族振兴而奋发图强、革故鼎新。最后，奉献合作是我国传统敬业文化的重要内涵。荀子曾经说过，“分则和，和则一，一则多力，多力则强，强则胜物”，强调每个人在自己的职责范围内尽心奉献、彼此合作，才能实现共赢。《礼记·大学》提出“格物、致知、诚意、正心、修身、齐家、治国、平天下”的观点，认为人的生命要与事业相连，强调要“立德、立言、立功”，生命才有价值。而“立德、立言、立功”都离不开奉献。正因为中国优秀传统文化的滋润，中华民族优秀儿女具有浓郁的家国情怀，为民族复兴而鞠躬尽瘁，为国家富强而舍生忘死。我国传统敬业文化博大精深，虽然受时代的局限，具有忠君效主的色彩，但依然难掩其璀璨。深度挖掘其内涵，促进现代性转换，将为培育新时代社会主义敬业文化提供深厚土壤和丰富养分。

3．加强个人职业认同教育，为培育社会主义敬业文化提供载体

个人是敬业精神的主体和实现中国梦的基本依靠力量，敬业精神的实现要靠个人付诸自身辛勤的劳动。个人认真看待自己所从事的职业和所处的工作岗位，从内心认同自己所从事职业和所处的岗位的社会价值是培育个人敬业精神的前提和基础。如果一个人对自己所从事的职业不认同，对自己所处的工作岗位不认同，就不会产生尊重和忠诚的敬业精神。因此，敬业精神的培育要以加强个人职业认同感教育为出发点，着力培养个人的职业信念，培养其干一行爱一行钻一行的职业情感和执着信念。我国社会主义敬业文化的培育强调“为人民服务”，强调人们既是服务者，又是被服务者，强调在相互的彼此服务中，通过职业和工作岗位来实现个人的人生价值和社会价值，要求从业者要爱岗敬业，从“爱”到“敬”。因此，加强个人职业的认同教育，是培育社会主义敬业文化的重要路径。首先，树立职业平等的观念。要加强职业无高低贵贱之分、只有分工不同的教育。任何岗位都可以成就自己的事业和未来，都可以为社会主义大厦添砖加瓦，从事任何工作都有自己的职业尊严。其次，树立平凡不平庸的观念。行行出状元，岗位可以平凡，但自己不能平庸。再平凡的工作岗位，只要自己肯钻研，把平凡工作做到极致，同样可以

成就一番伟业。最后，加强职业人格的塑造。在社会主义市场经济条件下，引导从业者统筹自己的职业兴趣、职业能力和国家、社会的需要来选择职业，加强从业者的理想信念教育，使从业者树立高尚的职业人格。

参考文献

[1] 毛泽东选集：第3卷[M]. 北京：人民出版社，1991.

[2] 中共中央宣传部. 习近平总书记系列重要讲话读本[M]. 北京：学习出版社，人民出版社，2016.

[3] 习近平. 决胜全面建成小康社会夺取新时代中国特色社会主义伟大胜利——在中国共产党第十九次全国代表大会上的报告[M]. 北京：人民出版社，2017.

[4] 蒋冰梅，等. 市场经济与敬业精神[J]. 社会科学，1994（11）.

[5] 国家主席习近平发表二〇一八年新年贺词[EB/OL].http：//www.xinhuanet.com/2017-12/31/c_1122192418.htm，2017-12-31/2018-04-15.

[6] 马克思恩格斯选集：第1卷[M]. 北京：人民出版社，2012.

[7] 李健. 敬业精神的一般本质与历史形式[J]. 中国高校社会科学，2015（2）.

[8] 习近平. 青年要自觉践行社会主义核心价值观——在北京大学师生座谈会上的讲话[N]. 光明日报，2014-05-05（2）.

[9] 习近平谈治国理政[M]. 北京：外文出版社，2014.

（该文发表于《思想理论教育导刊》2018年第12期，略有改动）

基于心灵哲学的马克思主义意识论解

罗　莉[①]等

无论是从马克思主义哲学自身看，还是从发展马克思主义意识论看，或从建立与完善马克思主义心灵哲学理论看，抑或从比较哲学的视角看，现当代西方心灵哲学对马克思主义意识论的建设与发展有着重要的价值与意义，而马克思主义哲学以其巨大的开放性与包容性，以海纳百川的胸襟，吸收与容纳一切有价值的养分与元素。

一、马克思主义意识论面临的挑战

最近一二十年来，随着现代科学技术的迅猛发展，西方哲学各个领域特别是心灵哲学也有了快速发展与长足进步，所提出与探讨的问题、涉及的范围、认识的水平及思想的丰富与深刻程度是20世纪以前的理论无法相比的。马克思主义哲学意识论在本质上是心灵哲学理论，其生命力在于与时俱进地运动与发展。在这一过程中，现代西方心灵哲学提出了种种尖锐而严峻的挑战，对整个马克思主义的存在与发展构成极大威胁。

下面就马克思主义哲学意识论面临的难题与挑战进行具体说明，以期引起广泛的关注与重视。

1．如何弥合或消除马克思主义意识论研究滞后性与科学快速发展所造成的巨大反差

马克思主义意识论诞生的时代背景和科学基础与现时代相比，已经发生了巨大变化。尤其是近三十年来，心理学、脑科学、生理学等与心理意识现象有关的具体学科获得了飞速发展，并且产生了一系列综合性

① 罗莉，成都职业技术学院马克思主义学院副教授；研究方向：思想政治教育。

研究心智的新兴学科，如认知学、神经学、人工智能等。然而，马克思主义的科学基础源自19—20世纪初期的自然科学,这一时期的心理学与生理学是马克思主义意识论产生的直接依据，尤其是受到巴甫洛夫反射学的影响。从当今科学发展的角度看，巴甫洛夫的学说仍有不完善的地方，必然要求我们在发展了的自然科学成就基础上，用更为开阔的学科视野，重新思考与解答一系列心灵哲学问题，做到理论与实践结合、实事求是、与时俱进。

2．马克思主义意识论体系的完善与发展问题

在科学快速发展与人们认识深化的背景下，心灵哲学尤其是西方心灵哲学研究与探讨的众多问题是马克思主义意识论创立时未曾接触、未曾探讨的，而这些问题都是心灵哲学的研究点，如自我意识、“他心知”问题、语义学等。对于“他心知”问题，马克思主义哲学未曾触及，这不应该是一个较为完善的意识理论留有的理论空白。至于语义学方面，在马克思主义意识论文本中，对“意识”概念所赋予的内涵有所涉及，但并未通过语言学的立场阐释思维与心理语言，也并未系统地对“意识”概念本身作语言学考察。

3．怎样应对当今心灵哲学和西方心灵哲学提出的一系列问题与难题

这是最为重要的问题。在当今心灵哲学和西方心灵哲学发展的时代背景下,他们提出的一系列问题与难题给马克思主义意识论带来了挑战,马克思主义意识论对此该如何应对并做出回答显得尤为必要，如意识本质难题、意识反作用问题、命题态度与意识内容问题、思维语言或心灵语言问题、认识论问题、语义学问题与心理语言本质问题等。客观地讲,现代科学技术的发展及现当代西方心灵哲学在发展中所提及的问题与挑战并不止这些，还需要更深入地了解。无论是从马克思主义意识论自身发展完善来看，抑或从辩证角度看，对立、责难与挑战并非坏事。若将其看作马克思主义意识论发展的驱动力与切入视角，是可以反思并且能够借鉴的思想资源，那么它就成为马克思主义意识论发展的重要理论基础。这不仅是发展与完善马克思主义理论的学术使命，还是现实的客观

要求，当今马克思主义理论研究者责无旁贷。

二、心灵哲学的马克思主义意识论研究意义

心灵哲学在人类脑新图像、动态核心假说、方法论假说、主观特性假设、神经达尔文主义等建构下，形成了较为完整的研究与理论范式。心灵哲学对意识研究的方法论平台、意识本质与特点、意识机制等方面进行了深入阐释，对人脑与意识的研究更加深入、视域更加开阔，对马克思主义意识论的完善与发展具有非常重要的借鉴意义。

1. 意识研究方法论平台的搭建奠定研究的本体论地位

心灵哲学以一元论为描述前提，回归物理现象本身。对意识问题进行阐释时，语言描述的改变并不能使存在本身发生改变，即语言描述方式的不同仅是对认识工具的不同选择。所以，从本体论层面上看，现代学科语言体系与现有心理语言体系是具有共同所指的，两者并非有着不可跨越的鸿沟。事实上，只有明确意识研究的本体论地位，构建恰当的方法论平台，才能厘清心理语言与物理语言的关联。心灵哲学提出的方法论平台与其对三个基本关系的界定，不仅开启了意识研究方法论的前提，还体现为特定的世界观，是对意识与心灵宇宙研究的本体论承诺。

2. 具有对意识进行跨学科研究的意义

长期以来，意识与心灵宇宙一直是一个谜，人类对此久久徘徊，意识研究难以前行。这主要在于人类不能够直接对自身心灵进行把握，只能以有形的事物搭建类比平台以进行描述，如历史上出现过“大理石”“白板”“计算机”等类比指代，虽然它们作为人类用来认识心灵的“活化石”或标识，但这属于以间接的方式对心灵进行认识，由此产生的多为“畸形”认识。而心灵哲学以其特定的本体论与方法论平台，将意识问题指明为科学范畴，并将意识的实证分析研究与哲学论证相结合，丰富了意识研究的跨学科合作，使得意识研究得以推进。

3. 意识“庐山真面目”的进一步揭示

一直以来，与“意识”“心灵”“心理”“知觉”等相关的语言蒙着

一层神秘的面纱。通过心灵哲学的解释或者“翻译”，意识、心灵宇宙得以不断展示，逐渐露出其“庐山真面目”。马克思主义意识论中的“意识”“心理”“感觉”等心理语言，在心灵哲学动态核心建构的意识宇宙中，仅仅是广泛分布于大脑的神经元群“动态核心”再一次“进入”的发生过程。因此，物理语言描绘的主观世界仅仅是物理世界对物质运动的特定表述形式。这从根本上将传统哲学赋予心灵、意识的各种神秘感驱除出去，脱离物理性运动的心理活动是不存在的，纯粹的、不能够还原成物理运动的心理活动是不存在的。由此，纯精神性或者脱离物质的心理过程、心理事件与心理状态也是不存在的。

三、马克思主义意识论的心灵哲学解读与思考

马克思主义意识论诞生于近两个世纪以前，它以其崭新的唯物主义理论架构，形成了具有自身独立性的心灵哲学范式。然而，在高新民、殷筱两位研究者看来，长期以来，由于解释上的欠缺，它的独特性并没有获得充分揭示，其前瞻性思想成果也未能获得应有的开发或阐释，它所拥有的能够使认识更深入推进的能量还未释放；而且，对现有阐释进行深入透彻的分析，会发现大量解读的苍白与逻辑悖论。为此，我们必须用新的视角，以发展着的现实世界理解这一前结构，重新对马克思主义意识论及其理论价值进行研究。本文通过心灵哲学的视角，尝试对马克思主义理论的三个重要方面进行阐释与思考。

1. 意识与心理概念的内容与所指

马克思主义意识论对意识、心理语言的确没有作过专门的语言学分析，但从概念上大体说明了“意识”的所指、含义及其基本范围，指出意识是一种精神现象，是与物质相对立又相统一的哲学范畴，是人脑的机能与属性。这表明，“意识”概念本身具有名词的属性意义，“意识”“思维”“精神”具有相同的意义。与此同时，意识又是一种活动，具有动词的意义。正是因为如此，马克思主义哲学研究所阐释的“意识”是动词，也是名词，意识就被视为一种精神现象予以考察。

但是，无论是动词还是名词，也不管它看起来是多么的神秘，意识终究是物质的产物、人脑的产物、社会的产物，其真实内容是人脑的高级机能。

2．本体论意义上物质与意识的身心关系

总的来说，心灵哲学的本体论问题即心身问题，可分解为这样几个子问题：（1）世界是否有心理语言所阐释的总现象？人是否有心？（2）若有，其结构、形式与本质表现如何？是表现为独立存在的实体、现象，还是可还原于物理的实在？抑或是不能还原于物理实在但又无因果关系的副现象？（3）心与身之间是何关系？是否相互作用？如若是，是如何作用的？（4）心灵于肉体死亡后是否能够存续？

在回答这些问题时，马克思主义哲学首先承认意识现象的客观性，肯定了心理学现象在自然界中享有不可剥夺的本体论地位。马克思主义哲学指出，意识或心灵是大脑对现实社会反映与把握的所有心理与精神活动，是物质世界（包括社会）长期发展的最高产物，是一种客观存在的现象。思想观念与精神互动均是人类社会物质关系的产物，具体到每个民族的政治、道德、法律与宗教中。另外，马克思主义哲学阐述了意识与物质世界的基本关系。意识与物理世界的关系，集中体现为意识与大脑的关系，表现为心与身的关系，蕴含着各方面、各层次的子问题，因果关系就是其中的问题之一。马克思主义所着重强调的，是大脑是意识产生的基础与原因，意识是大脑的产物。

3．认识论意义上物质与意识的因果关系及其地位

马克思主义意识论文本在阐述物质与意识之间产生与被产生、依赖与被依赖关系时，非常强调物质的第一性地位，大脑这一物质器官是意识得以产生的基础，阐明了物质对意识的本原性关系。以此为前提，在论及物质与意识的作用与反作用时，突出了意识对物质的反作用性。当然，这是在相对有限范围内说的，而并非具有绝对的、无条件的意义。

（该文发表于《中学政治教学参考》2017 年 8 月下旬刊，略有改动）

灾后重建中社会主义核心价值体系建设的四川责任与路径

——基于四川抗震救灾和恢复重建伟大实践的启示[①]

蒋家胜[②]

一、灾后重建中社会主义核心价值体系建设的四川责任

“5.12“汶川特大地震发生后，在党和政府的坚强领导下，四川人民与特大自然灾害展开了英勇顽强的斗争，全党、全军、全国各族人民，众志成城、迎难而上，开展了气壮山河的抗震救灾和科学重建的工作，谱写了一曲感天动地、顽强进取的动人凯歌，取得了抗震救灾和灾后重建的双重胜利。在两年多时间里，四川从悲壮走向豪迈，为中国提供了一个欠发达内陆省份逆境崛起、跨越发展的样本，向世界展示了一个遭受特大自然灾害后高起点、快速度、高质量复兴的范例。

汶川特大地震的救灾重建是“人类历史上的一个奇迹，是中国共产党领导全国各族人民自强不息、顽强拼搏、不怕牺牲、敢于胜利的奋斗史上的又一座历史丰碑”,社会主义核心价值体系也在抗震救灾和灾后重建伟大实践中得到充分体现和大力弘扬。“万众一心、众志成城，不畏艰险、百折不挠，以人为本、尊重科学”的抗震救灾精神和“坚韧自强、公正和谐、感恩奋进、人人奉献”的灾后重建精神是社会主义核心价值体系最凝练的时代表达和生动诠释，是灾后重建中社会主义核心价值体系建设的宝贵资源，是进行社会主义核心价值体系认同教育最生动、最

① 该文是 2011 年成都市哲学社会科学规划研究项目“后灾后重建时代社会主义核心价值体系建设研究”的研究成果之一。

② 蒋家胜，广州番禺职业技术学院马克思主义学院教授；研究方向：思想政治教育。

有力的活教材。

“当今世界正处在大发展大变革大调整时期，世界多极化、经济全球化深入发展，科学技术日新月异，各种思想文化交流交融交锋更加频繁，文化在综合国力竞争中的地位和作用更加凸显，维护国家文化安全任务更加艰巨，增强国家文化软实力和国际影响力要求更加紧迫。”党的十七届六中全会提出了努力建设社会主义文化强国的目标，其中“增强文化软实力”被提升到了国家文化战略的高度。党的十七届六中全会还指出“社会主义核心价值体系是兴国之魂，是社会主义先进文化的精髓，决定着中国特色社会主义发展方向”。表明了社会主义核心价值体系建设对于增强文化软实力有着重大的意义。四川有责任、有义务将救灾重建伟大创举中所蕴含的社会主义核心价值体系建设资源进行充分发掘培育，把重建后的灾区建设成为开展爱国主义教育的基地、开展社会主义核心价值体系教育的基地、开展民族团结进步宣传教育的基地，作为展示中国发展模式、发展道路勃勃生机的窗口，引导干部群众坚持高举中国特色社会主义伟大旗帜、走中国特色社会主义道路的信心和信念不动摇，不断提升国家文化软实力。

二、灾后重建中社会主义核心价值体系建设的四川资源

“物质贫乏不是社会主义，精神空虚也不是社会主义。”没有文化的积极引领，没有全民族精神力量的充分发挥，一个国家、一个民族不可能屹立于世界民族之林。但文化的引领、精神力量的充分发挥，离不开文化资源的丰富和精神载体的建设。一切文化、精神、价值、信仰都来源于并服务于实际、生活和人民群众，社会主义核心价值体系建设必须“贴近实际、贴近生活、贴近群众”。汶川特大地震发生后，四川人民在党和政府的坚强领导下顽强拼搏，四川在大灾难中奋进，浴火重生，实现了经济社会的“原地起立和发展起跳”，形成了抗震救灾和灾后重建精神，还形成了独特的感恩奋进文化。四川抗震救灾和灾后重建的生动实践，大大丰富了社会主义核心价值体系的实践形式，也为深入推进社会主义核心价值体系建设提供了大量鲜活独特、为人们喜闻乐见的资源。

1．以人为本，展现了体制机制的中国优势

马克思主义是中国共产党的指导思想，是社会主义核心价值体系的灵魂。而以人为本，则是作为马克思主义重要组成部分的科学发展观的核心，是新时期的执政理念，是抗震救灾和灾后重建始终高扬的旗帜。2008 年 5 月 12 日 14 时 36 分，成都军区进入战时状态抗震救灾；15 时，胡锦涛同志作出了“尽快抢救伤员，保证灾区人民安全”的重要指示，中央指示“第一位的是救人”“不惜采取任何手段，不惜一切代价”……5 月 12 日晚，中共中央政治局常务委员会召开会议，全面部署抗震救灾工作，动员一切力量开展抗震救灾工作。灾情就是命令，时间就是生命，即时反应快，救援效率高，充分反映了生命优先、以人为本的执政理念，体现了社会主义制度的优越性。“为人民服务是党的根本宗旨，党的一切奋斗和工作都是为了造福人民”。2008 年 5 月 21 日，国务院常务会决定，迅即建立灾后重建基金；23 日，成立灾后重建规划组；27 日，国务院提出实行一省帮一重灾县，几省帮一重灾市（州），举全国之力加快恢复重建。对口支援政策得到各省（市）的积极响应。在党中央、国务院的部署下，18 个省市对口援建四川 18 个重灾县市，援建项目包括城乡住房建设、城镇体系建设、农村建设、公共服务设施建设、城镇基础设施建设等，调动了全国人民积极参与灾区重建，各地区强有力动员，各部门强有力聚集，各群体强有力整合，形成了统一有序、协同作战的良好格局。《汶川地震灾后恢复重建总体规划》作为开展恢复重建的重要依据，符合灾区实际，符合灾区群众需要，切实体现以人为本、尊重自然、统筹兼顾、科学重建的指导思想。明确提出了“以人为本，民生优先”基本原则，即把保障民生作为恢复重建的基本出发点，加快公共服务设施和基础设施建设，优先开展住房重建，切实扩大就业，增加居民收入，让灾区人民安居安心，幸福生活。在安排重建项目时，坚持把住房、学校、医疗卫生等民生项目作为重中之重优先建设，均按抗 8 级破坏烈度的标准设计施工，开展灾区群众创业培训。正是坚持了以人为本的理念，四川灾后重建“三年任务两年基本完成”，展示了体制机制的中国优势。

2．科学发展，展现了共同理想的聚合力量

中国特色社会主义共同理想是社会主义核心价值体系的主题。在中国共产党的领导下，走中国特色社会主义道路，实现强国富民，就成了现阶段我国广大人民的根本利益和普遍追求。《汶川地震灾后恢复重建总体规划》中明确提出了“经济有发展，特色优势产业发展壮大，产业结构和空间布局优化，科学发展能力增强”的重建目标，按照中国特色社会主义事业的总体布局，全面推进灾区经济、政治、文化和社会建设，尊重自然，因地制宜，传承文化，保护生态，实现灾区全面协调可持续发展。比如山东帮助援建北川时，统筹考虑了住房、产业、文化、生态等建设，实现新北川苦干三年跨越二十年的庄严承诺。比如成都坚持把灾后重建与加快推进全域成都城镇化进程和推进新农村建设有机结合，用统筹城乡的思路和方法推进灾区经济社会发展，以统筹城乡发展的理念筹集资金、促进产业重建，充分考虑产业布局和产业形态，把产业发展和经济要素结合起来，并开展了物质家园与精神家园重建的“新家园、新生活、新风尚”活动，帮助灾区人民适应集中居住区的生活方式，创造了灾后重建奇迹，展示了建设中国特色社会主义共同理想的强大聚合力量。

3．和谐共荣，展现了爱国主义的民族情怀

民族精神是社会主义核心价值体系的精髓，是民族文化的集中体现，是国家软实力的重要组成部分，体现一个民族发展壮大过程中的精神风貌和价值追求。爱国主义从来就是动员和鼓舞全国各族人民团结奋斗的一面旗帜,在抗震救灾和灾后重建的伟大实践中得到了充分的展示,发挥了巨大的凝聚力。一方有难，八方支援。“我们都是汶川人”是汶川大地震后各族人民发出的来自心底的呼喊,是对国家和民族的高度认同。唐山的志愿者带着感恩的心来了，港澳台同胞带着他们的爱心捐款来了……从汶川到四川再到中国，放大的不仅是地域范围，更是 56 个民族 14 亿中华儿女对灾区和国家交相关切的浓烈情怀。对口援建，和谐共荣，实现灾区“原地起立，发展起跳”，创造了从恢复到跨越发展的人间奇迹，这是以爱国主义为核心的中华民族精神在当代中国的凝聚升华，是社会主义核心价值体系的生动诠释。

4．改革创新，展现了时代精神的动力引擎

“创新是一个民族进步的灵魂，是一个国家兴旺发达的不竭动力，也是一个政党永葆生机的源泉。”在汶川大地震中，面对突如其来的灾难，很多新情况、新问题出现，如果不从实际出发，不依靠制度创新，深化改革，走科学发展的道路，救灾重建是不可能取得胜利的。比如为解决住房重建中的庞大资金缺口，都江堰开创了城乡建设用地指标增减挂钩的资金筹集新方式，也就是通过灾后农民集中安置，节约的用地流转到城市，推动土地资源向土地资本转变。都江堰天马镇通过该方式节约农村集体建设用地 1 781 亩，按每亩 15 万元计算，可以获得 2.67 亿元灾后重建资金；9 330 户农户实现农村产权确权颁证，通过农村住房重建抵押担保平台筹集资金 5 041 万元。在灾区村组，还创造性建立议事会、监事会等基层自治组织，依靠村民自治有效解决灾后重建中的重建方式、重建选址、户型设计、土地流转、工程监理等关乎群众利益的疑难问题，有序推进了灾后重建。灾后住房重建不仅是恢复家园的行为，也必然是一次体现时代精神的改革创新。改革创新是中华民族进步的灵魂，是落实科学发展观、构建和谐社会的客观需要，而灾后重建的改革创新生动展现了时代精神的动力引擎，没有改革创新就没有灾后重建的巨大胜利。

5．感恩奋进，展现了荣辱判断的价值重建

人作为一种理性存在，都有自己的主观感知，即人作为社会主体都建立了引导自己行为规范的“荣”与“辱”的价值判断系统。社会主义荣辱观是社会主义核心价值体系的重要构成，集中体现了爱国主义、集体主义、社会主义的道德原则。在抗震救灾和灾后重建的实践中，涌现出了一批批英雄人物和道德楷模，精彩演绎了一个个感人故事，体现了“不畏艰险、舍己为人、大爱无疆、无私奉献”的担当，彰显了社会主义道德的崇高境界。四川在感受救灾重建中来自四面八方的无私援助的人间真情的同时，也常怀感恩，逐渐形成了感恩奋进的社会心理。成都市政府于 2009 年 3 月向省外游客发放 1500 万张熊猫金卡和 500 万张熊猫银卡，以此回报海内外人士在救灾重建中对灾区的无私援助。在青海玉树地震和甘肃舟曲特大泥石流灾后重建中的感恩回报，都展现了民众团结互助、共克时艰的价值追求，并成为激励灾区人民攻坚破难、奋进前行的不竭动力。

三、灾后重建中社会主义核心价值体系建设的路径选择

1．科学发展，夯实社会主义核心价值体系建设的物质载体

救灾重建的巨大成功，灾区从悲壮走向辉煌，是社会主义核心价值体系的生动实践，展示了体制机制的中国优势，“共产党好，社会主义好，改革开放好，对口援建好”成为人们的共识。但一种精神、一种思想有无生命力，要看它对物质世界有无巩固和推动作用。社会主义核心价值体系能否成为人们的内心信念和价值追求，关键要看它的实施究竟能够对经济发展和社会进步有多大实质推动，要看人们以它来指导自己的行为时能否改善自己的生活。汶川大地震后，灾区遭受巨大的生命财产损失，而救灾重建使灾区经济社会发展和灾民生活的改善成为活生生的现实，人民群众在践行社会主义核心价值体系中得到实实在在的实惠和幸福，形成了人民群众认同社会主义核心价值体系的良好氛围和契机。经济社会的发展和民生的改善是推行社会主义核心价值体系建设的基础，离开了经济社会的发展和民生的改善，建设社会主义核心价值体系就无以附着。因此，要聚精会神抓好灾区的经济社会的发展和民生的改善，充分展示中国发展模式、中国发展道路的科学性，用发展的丰硕成果教育人民，最大限度地扩大抗震救灾和恢复重建这一人间壮举的政治、文化和社会效应，使人民充分认识社会主义核心价值体系的科学性、合理性和实效性。

2．感恩奋进，构筑社会主义核心价值体系建设的精神家园

感恩是一种普遍存在于人类社会中的基本道德规范。“投我以木桃，报之以琼瑶”的经典诗句、“滴水之恩，当涌泉相报”的行为示范和“谁言寸草心，报得三春晖”的感人诗篇无不浸染着上下五千年的悠久文化，无不诠释着中华民族的传统美德。中国传统文化是社会主义核心价值体

系的重要源泉，社会主义核心价值体系是中国传统文化的升华和创新。救灾重建中来自四面八方的人间真情和无私大爱，帮助四川从悲壮走向豪迈，逐渐形成了感恩奋进的社会心理。“把感恩党、感恩祖国、感恩人民、感恩解放军、感恩社会和自力更生、艰苦奋斗的‘感恩奋进’文化扎根灾区和全省人民的思想中，深入到我们的血脉里。”一种价值理念成为千百万人的内心向往和生命担当，这种价值理念就会成为一种无可阻挡的现实力量。不断挖掘、充分利用救灾重建所形成的伟大精神财富，大力弘扬抗震救灾精神和灾后重建精神，开展感恩奋进、公民道德实践等主题活动，构筑社会主义核心价值体系的精神家园，增强社会主义核心价值体系的凝聚力和感召力，激发干部群众战胜风险的昂扬斗志和精神动力。

3．制度创新，推进社会主义核心价值体系建设的长效机制

社会主义核心价值体系要在实践中发挥作用，必须以制度建设为前提。社会主义核心价值体系的认同教育在相当大的程度上依赖于社会主义伦理道德的建设，但如果仅有道德约束，缺乏硬性的制度制裁，社会风气就难以净化，道德失范行为就会时有发生。灾后重建要把救灾重建中形成的精神财富和探索成果固化，从建立文化强国的高度，把社会主义核心价值体系建设渗透到政治、经济、社会建设等层面，体现在真实运作的制度安排和组织机构中，成为社会善恶判断标准和权威价值尺度。首先，要通过完备的法律和制度安排，建立违约失信、权力寻租、道德失范的惩戒机制和监督机制，切实维护践行社会主义核心价值体系主体的利益激励和回报机制，比如开展道德模范、“身边好人”等评选活动，对救灾重建中表现突出、做出重大贡献的人给予精神和物质奖励。其次，要建立善德教育制度。把社会主义核心价值体系的要求融入行业规范，进一步完善市民公约、乡规民约、学生守则等行为规范，深入推进“新家园、新生活、新风尚”系列主题教育活动，在社会主义核心价值体系认同教育的落实上狠下功夫。最后，建立善德传播制度。采取灵活多样的形式，生产出思想性、艺术性完美结合，体现救灾重建精神的精神文化产品，并通过书籍、报刊、

电视、电影、网络等媒体传播，彰显以爱国主义为核心的民族精神和以改革创新为核心的时代精神，让人民群众更加容易认同和接受社会主义核心价值体系。

（该文发表于《中共成都市委党校学报》2012 年第 2 期，略有改动）

高职院校学习型学生党组织建设的路径探析

蒋家胜[①] 何小婉[②]

党的十七届四中全会作出的《中共中央关于加强和改进新形势下党的建设若干重大问题的决定》，从巩同党的执政地位、实现党的执政使命出发，在对新时期的党情、国情和世情研判的基础上，号召全党“必须按照科学理论武装、具有世界眼光、善于把握规律、富有创新精神的要求，把建设马克思主义学习型政党作为重大而紧迫的战略任务抓紧抓好”。为全面落实党的十七大和十七届四中全会提出的基层党建工作的各项任务，着力解决基层党组织建设中存在的突出问题，将创先争优和学习型党组织建设结合起来，创新基层党组织建设的体制机制，增强基层党组织的凝聚力、创造力和战斗力。所谓学习型党组织是指“党组织全体成员在共同目标的指引下注重学习、传播、创新知识，具有持久创新能力去创造未来的党组织”。高职院校是党和国家培养高端技能型人才的培养基地和思想舆论的阵地，而学生党组织是高职院校的基层组织，也是建设学习型政党的重要载体。

一、高职院校创建学习型学生党组织的重要意义

所谓学习型组织，就是“通过建立一定的结构和机制，培养弥漫于整个组织的学习气氛和学习机制，充分发挥组织成员的创造性思维能力而建立起来的一种组织各要素能持续协调发展的组织”。一个组织面对着不断变动的外在环境，应当弹性应变，终身学习，不断实现自我组织再造，以维持组织的先进性。将学习型组织的理论运用于高职院校的学生

① 蒋家胜，广州番禺职业技术学院马克思主义学院教授；研究方向：思想政治教育。

② 何小婉，成都职业技术学院教授；研究方向：思想政治教育。

党组织建设中，积极创建学习型学生党组织，更好地培养德才兼备的中国特色社会主义事业的建设者和接班人，具有重要意义。

（一）创建学习型学生党组织是加强高校学生党建的需要

大学生是民族的希望、国家的未来。学生党员是大学生群体的先进代表，充分发挥他们的先锋模范作用和骨干带头作用，对于学生群体的教育管理、促进学生的成长成才具有重要作用。我们党历来重视高校学生党建工作，大学生党员的发展、管理是推进党的建设的重要组成部分。学习型党组织就是把学习型组织理念和党建理论结合起来，把学习与工作系统、持续地结合起来，并通过学习来改造组织本身的构造，以适应不断变化的外部环境，使整个组织获得快速应变能力和持续创造能力的政党组织。面对新情况、新任务，改革和创新高职院校学生党建工作的价值理念、内容形式和方法机制，加强党建工作的针对性和时效性，是目前学生党建工作面临的主要任务。“党的基层组织是党在社会基层组织中的战斗堡垒，是党的全部工作和战斗力的基础。”目前，部分学生党员主动学习的积极性不强，在大是大非的问题上还存在一些模糊认识，团队合作、进取意识和奉献精神缺乏，导致党员的先锋模范作用不突出；学生党支部建设缺乏科学规划，组织生活的质量差，对党员学习的引导渠道和活动载体缺乏创新，导致基层党组织凝聚力差，严重削弱学生基层党组织的创造力和战斗力，无法体现战斗堡垒作用。这就有必要通过学习型学生党组织的创建，树立学生党组织的目标愿景，改善党组织的心智模式，增强系统思考的能力，以适应外部环境，充分发挥学生党组织的战斗堡垒作用，释放学生党员的先锋模范的引领作用。

（二）创建学习型学生党组织是促进学生成长成才的需要

学习是一个民族、一个国家复兴繁荣、传承文明的重要途径，也是一个人获取知识、增长本领、提高素养的基本方式。高职院校党组织本身具有学习型组织的特点，应当成为建设学习型党组织的典范，因为学校本身就是一个学习的场所，科技创新、文化传承是高校的重要职责，学校的一切教育活动都是以学习为前提的。高职院校的学生党员首先是普通的学生，因此必须扮演好学生的角色，通过专业学习、技能训练和文化熏陶，培育良好的职业素养，打下扎实的理论基础，掌握精湛的专业技能。同时，学生党员又是学生中的先进分子，是信仰马克思主义的优秀学生代表。多一重身份，多一重约束。因此，学生党员在学习上是双重的、高标准的，既要学习文化基础知识，训练专业技能，提高自己的就业竞争能力，为民族复兴和国家繁荣昌盛而努力，又要刻苦学习党建理论，为保持共产党员的先进性、纯洁性而奋斗。创建学习型学生党组织，就是要在学生党员中营造浓郁的学习氛围，激发学生党员浓厚的学习欲望，使之形成更加强烈的自我发展、自我超越、自我实现的内在动力，促使学生党员善于学习、乐于学习，促进自我更好地成长成才。

（三）创建学习型学生党组织是顺应时代发展要求的需要

当今世界正处在大发展大变革大调整时期。西方社会的意识形态、价值标准等不同程度地影响着学生党员的理想信念和人生价值观。部分学生党员的价值取向偏重功利、过分注重实用。高校是传播和发展马克思主义的主阵地，是培养和造就社会主义事业建设者和接班人的基地，也是西方敌对势力企图进行“西化”“分化”的对象。因此，必须将学习型学生党组织建设与创先争优结合起来，加强学生党组织建设，改善其心智模式，顺应时代发展要求，形成党组织建设的目标愿景，创新活动载体，强化学生党员对社会主义核心价值体系的认同，形成民族复兴的普遍共识。

二、高职院校创建学习型学生党组织面临的挑战

美国学者彼得·圣吉（Peter M. Senge）在《第五项修炼》一书中提出了学习型组织的管理理念，认为一个组织面对着不断变动的外在环境，应当弹性应变、终身学习，不断实现自我组织再造，以维持组织的竞争力。在外部环境不断变化的情况下，高职院校创建学习型学生党组织还面临着诸多挑战。

（一）机制不健全，教育管理缺位

由于高职院校升格大专时间不长，尚未形成较为成熟的大学管理制度，学生党组织良性的管理体制和工作机制尚未形成，学习型学生党组织建设不得力，缺乏有效的工作抓手。部分高职院校重视发展党员，但疏于对党员的教育管理，缺乏帮助教育的渠道和有效的考核监督机制。一些学生党员尽管组织上入了党，但思想上并未真正入党，离真正共产党员的标准还有相当距离。对表现不佳的党员的教育处理不敢动真格，管理缺位，使学生党员先进性体现不充分，学生党员的理想信念、道德情操、党性原则尚未建立起有效的目标考核体系，缺乏有效监督，在一定程度上处于“失管”状态。

（二）态度不端正，理想信念动摇

学习是党员、干部保持先进性的重要途径，也是一个组织不断前进的源泉所在。是否重视学习、是否善于学习是有无党性、党性强弱的重要表现。尽管组织学习的主体应该是学生党支部，但学生党员个体是学习型学生党组织的基础，学生党员个体的集合表现就能大体代表该党组织的整体学习状态。如果党员个体的学习态度端正、动机纯正，学习动力就足，就会学识渊博、视野开阔，学生党组织内部学习氛围就会非常浓郁，组织的应变能力、创新能力就会增强。但由于高职院校的学制比较短，学习任务比较重，加之就业压力大，一些高职院校的学生党员的学习态度不够端正，还不能完全适应自身发展的需要，也不能达到党章对党员的基本要求。很多高职院校重党课学习，轻党性锻炼；重政治要求，轻人格培养；重学习内容，轻学习效果；重入党培养，轻发展后教育；重专业学习和技能训练，轻党的基本理论学习。一些学生党员正是因为理论学习和党性修养不够，对形形色色的非马克思主义思潮和西方价值观念难以辨别，立场上就可能难以做到坚定不移。加之受市场经济负面效应和党内一些消极腐败现象的负面影响，部分党员对党的前途和命运产生悲观情绪，思想上产生困惑，不能形成正确的价值观，使命感不强，失去了强劲的生命力和实现梦想的理想信念。

（三）方法不先进，学习效果欠佳

由于党建专门人才缺乏，管理体制条块分割，部分高职院校学生党组织建设不得力，学习载体少于创新，方法落后，形式单调，缺乏凝聚力和吸引力。学生党组织对学生党员往往以管理代替教育，重使用轻教育，重任务布置轻人文关怀。部分学生党组织甚至出现了以娱乐活动代替教育活动的娱乐化倾向，出现了以技能训练代替教育活动的学习训练化倾向。很多组织活动都用来发展党员，而缺乏对入党后党员的教育以及专题理论学习，有关思想交流、批评与自我批评等增强党性修养的活动则少之又少，不能很好地结合本支部学生党建实际情况进行研讨，从而使学生党组织的工作游离在学校党建工作之外，一些学生党员只知道埋头拉车不知道抬头看路，不知天下大事，不知党的执政理念，学生党员对组织活动失去兴趣，组织生活效果差。

（四）队伍不稳定，教育力量薄弱

建设学习型学生党组织，关键在于有一支善学习、长管理、理论修养高、熟悉学生工作、经得起风浪考验的人员相对充足的党务工作者队伍。但随着高等教育的大众化，高校基层党务工作者明显不足，而且部分党务工作者甚至认为“搞党务”不如“搞业务”，没有前途；再加之经济体制改革的深入推进，网络时代来临，党务工作和学生的教育引导也越来越难，面临的挑战也越来越多，而高职院校基层党务工作者缺乏培训机会，专业素养不高，把握不住学生党员的思想脉络和教育规律，抓不住时政热点和社会焦点，对学生党员成长过程中的思想“盲区”和“误区”，无法有效地释疑解惑，加以正确地引导。党务工作者数量不足、队伍不稳、理论水平不高、力量薄弱，造成学生党员教育“既无外在压力，也无内在动力，处于放任状态”，成为高职院校建设学习型党组织中的“瓶颈”。

三、高职院校创建学习型学生党组织的路径

高职院校学习型学生党组织建设是借鉴学习型组织的理念，优化学

生党组织的组织构造，通过学习以修炼组织，强化党组织学习力，提高党组织柔性适应不断变革的外部环境，增强党组织的凝聚力、创新力、战斗力，激励党员个体自我超越，有效实现学生党组织共同愿景的过程。通过学习型学生党组织的创建，保证党组织的先进性，使学生党组织在学生中充分发挥其先锋模范作用和战斗堡垒作用。

（一）确立目标愿景，增强组织凝聚力

学习型学生党组织的目标愿景是该组织成员的共同愿望，体现着该党组织成员共同的精神追求和价值观，“既是组织的奋斗目标，又是组织不断发展的动力。因为共同愿景的形成使组织产生强大的核心力和凝聚力，在组织内部产生一种核心精神”。该如何确立高职院校学习型学生党组织的目标愿景呢？一般而言，它应该包括该学习型学生党组织的奋斗目标、指导思想、学习原则、建立理念、学习内容、文化氛围等关键要素，逐步改善其心智模式，使该组织在系统思维的引导下，逐步提高组织的学习力、创新力和凝聚力。高职院校学习型学生党组织的共同愿景，首先，要建立在组织原则和党性观念的基础上，加强对中国特色社会主义理论体系和社会主义核心价值体系等理论知识的学习，要为积极投身建设中国特色社会主义现代化强国的共同目标而努力学习工作，体现建设学习型党组织愿景的共性；其次，要从高职院校学生的实际出发，着眼于以提高高职学生的良好的思想政治素质、职业素养和就业竞争力来确立学习原则、学习内容和学习方式，体现建设高职院校学习型学生党组织共同愿景的个性。在目标愿景的激励下，将学习型学生党组织建设和创先争优结合起来，将学生党员个体的目标和组织团队目标有机融合在一起，引导团队成员客观地剖析自我，将目标愿景与自身能力素质结合起来，寻找差距，激发创造性张力，在消除差距的过程中超越自我，实现学习型学生党组织建设的终极目标。

（二）创新学习平台，提高组织学习力

学习平台是学习型学生党组织赖以生存和发展的基础，是党组织学习载体在空间上的延伸，因此，要深入推进学习型学生党组织建设，就

要不断加强与高职院校学习型学生党组织结构相适应的平台建设。与传统组织结构相比较，学习型学生党组织的组织结构应该具有“集散型、扁平化、动态化、无固定边界的特点”。因此，要建立时时处处可学的学生党组织学习平台，以提高组织的学习力和创造力。一是建立基于书本的学习平台。充分发挥高职院校时间相对集中、学生领悟能力相对较强、社科专家相对丰裕的优势，引导学生党员研读马列经典著作和党的重要文献，积极撰写心得体会以及专题活动征文，提高理论修养。二是建立基于实践的学习平台。利用高职院校校企合作、工学结合人才培养模式的优势，组织学生党员走访行业优秀党员、探寻革命足迹、利用寒暑假开展社会调查，引导党员在“行万里路”的过程中，加深对经典著作、国家大政方针、国情民意的理解，增强对革命前辈的敬佩之情和对人民群众的真情实感。三是建立基于网络的学习平台。由于高职院校工学结合的人才培养模式，很多党员尤其是高年级党员大都在校外的企业实习实训，党组织学习受到时间、空间的制约，很难面对面地坐在一起学习，但借助网络可以有效解决这一问题。例如成都职业技术学院在学习和践行科学发展观、创先争优的活动中，建立了“网上流动学生支部”，要求党员在网上阅读相关文献书籍、提交相应的学习心得，并借助 QQ、微博等媒介实现在线讨论与交流，有效解决了流动学生党员组织难、学习难的突出问题，实现了对流动党员信息化、网络化的服务与管理。

（三）变革管理模式，提高组织适应力

没有管理与监督的组织建设容易流于形式，很难取得成功。高职院校学习型学生党组织建设是需要全员参与、时间跨度长的系统工程，需要建立相应的学习激励制度、投入保障制度和考核评价制度。一是完善学习激励制度。“激励是内在需求和外在褒贬合力作用过程和结果，因而学习激励制度需要从内外两方面去加以建立和完善。”一方面，要引导党员认识到学习的重要性，逐步树立主动学习、终身学习的理念，内化学习动力；另一方面，要建立奖优励勤的机制，通过榜样引领，激励成员不断超越、不断创新，促进自我成长。二是构建投入保障制度。学习型党组织建设离不开相应的人力、物力、财力的投入。首先，要加大硬件

建设，给学生党组织建设提供必要的学习场地、设施设备和相应的学习资料，为学习提供便利。其次，要加强软件建设，建立学生党建工作人员定期培训充电机制，并协调相应部门齐抓共管、相互支持，使学习型学生党组织的学习活动能够持续开展。最后，建立考核评价制度。没有考核评价，任何活动都难以持久开展。尽可能建立详细的、可量化的考核评价指标，构建成员思想政治素质、学习技能成绩、遵纪守法、活动开展、学习效果等多角度考核评价体系，努力使学习型学生党组织考核评价工作客观化。

（该文发表于《中共成都市委党校学报》2013 年第 1 期，略有改动）

习近平总书记关于教育的重要论述探析

王　进[①]

教育是国之大计、党之大计。当前，我国教育事业面临改革发展的艰巨任务，需要我们加强理论学习和研究，用以指导新时代中国特色社会主义教育事业，为实现强国目标提供有力的智力支持和人才保障。习近平总书记关于教育的重要论述，是推进我国新时代教育事业向前发展的行动指南。深入学习研究习近平总书记关于教育的重要论述，明确其丰富内涵和精神实质，对于坚持理论武装，增强思想自觉，推动教育实践，具有重要的理论价值和现实意义。

一、习近平总书记关于教育重要论述的丰富内涵

时代是思想之母，实践是理论之源。习近平新时代中国特色社会主义思想是马克思主义中国化的最新成果，是系统完备的科学体系，习近平总书记是这一思想的主要创立者。习近平总书记关于教育的重要论述是习近平新时代中国特色社会主义思想的有机组成部分，这些论述坚持马克思主义教育思想，紧扣当今时代主题和我国教育实践，进行了新的理论概括，达到了新的境界。

1．教育的历史定位：为人类进步和实现中国梦服务

习近平总书记坚持辩证唯物主义和历史唯物主义，站在人类历史发展的高度看待教育。2013 年 4 月，在《致清华大学苏世民学者项目启动的贺信》中指出："教育决定着人类的今天，也决定着人类的未来。人类社会需要通过教育不断培养社会需要的人才，需要通过教育来传授已知、

① 王进，成都职业技术学院马克思主义学院教师；研究方向：思想政治教育。

更新旧知、开掘新知、探索未知，从而使人们能够更好认识世界和改造世界、更好创造人类的美好未来。”[1]2014 年 3 月，习近平主席在联合国教科文组织总部演讲时指出：“我们要积极发展教育事业，通过普及教育，启迪心智，传承知识，陶冶情操，使人们在持续的格物致知中更好认识各种文明的价值，让教育为文明传承和创造服务。”[2]习近平总书记强调，人类文明的传承、科学技术的进步、年轻一代的培养，靠教育的进步和繁荣。百年大计，教育为本，教育兴则国家兴，教育强则国家强，发展教育是实现国家富强、民族振兴、人民幸福的中国梦的基本保证和重要目标。2012 年 11 月，习近平总书记在十八届中央政治局常委与中外记者见面会讲话时指出：“我们的人民热爱生活，期盼有更好的教育……人民对美好生活的向往，就是我们的奋斗目标。”[3]2014 年 9 月，在北京师范大学与师生座谈时，习近平总书记强调：“当今世界的综合国力竞争，说到底是人才竞争，人才越来越成为推动经济社会发展的战略性资源，教育的基础性、先导性、全局性地位和作用更加突显。‘两个一百年’奋斗目标的实现、中华民族伟大复兴中国梦的实现，归根到底靠人才、靠教育。”[4]2017 年 10 月，习近平总书记在党的十九大报告中指出：“建设教育强国是中华民族伟大复兴的基础工程，必须把教育事业放在优先位置，深化教育改革，加快教育现代化，办好人民满意的教育。”[5]2018 年 9 月，习近平总书记在全国教育大会讲话指出：“教育是民族振兴、社会进步的重要基石，是功在当代、利在千秋的德政工程，对提高人民综合素质、促进人的全面发展、增强中华民族创新创造活力、实现中华民族伟大复兴具有决定性意义。”[6]习近平总书记以战略家的视野，确立了教育为人类进步和我国现代化建设服务的历史定位。

2. 教育的根本任务：立德树人，培养合格人才

“培养什么样的人、如何培养人、为谁培养人”是习近平总书记对我国教育发展方向的深刻把握。2013 年 10 月，习近平总书记给中央民族大学附属中学全校学生回信，要求学校“承担好立德树人、教书育人的神圣职责，着力培养造就中国特色社会主义事业合格建设者和接班人。”[7]2013 年 11 月，习近平总书记在山东考察时指出：“国无德不

兴，人无德不立。”[8]2014 年五四青年节，习近平总书记在北京大学与师生座谈时指出：社会主义核心价值观的养成十分重要，“这就像穿衣服扣扣子一样，如果第一个扣子扣错了，剩余的扣子都会扣错。人生的扣子从一开始就要扣好。”“青年要从现在做起、从自己做起，使社会主义核心价值观成为思想和行动的基本遵循，并身体力行将其推广到全社会去。”[9]2014 年六一儿童节前夕，习近平总书记在北京海淀区民族小学座谈时说：社会主义核心价值观教育“要从少年儿童抓起。”[10]党的十九大报告指出：“要全面贯彻党的教育方针，落实立德树人根本任务，发展素质教育，推进教育公平，培养德智体美全面发展的社会主义建设者和接班人。”[11]习近平总书记在 2018 年全国教育大会讲话指出：“我国是中国共产党领导的社会主义国家，这就决定了我们的教育必须把培养社会主义建设者和接班人作为根本任务，培养一代又一代拥护中国共产党领导和我国社会主义制度、立志为中国特色社会主义奋斗终身的有用人才。”[12]习近平总书记强调：人才培养方向，事关办什么样的教育、怎样办教育的首要问题，教育的根本任务是立德树人，培育合格人才，保证党和国家的事业后继有人。

3．教育的基本原则：一切为了人民，促进教育公平

全心全意为人民服务，是习近平总书记关于教育的重要论述的出发点和归宿。2013 年 9 月，在联合国“教育第一”全球倡议行动一周年纪念活动视频贺词中，习近平总书记指出：“中国将坚定实施科教兴国战略，始终把教育摆在优先发展的战略位置，不断扩大投入，努力发展全民教育、终身教育，建设学习型社会，努力让每个孩子享有受教育的机会，努力让 13 亿人民享有更好更公平的教育，获得发展自身、奉献社会、造福人民的能力。”[13]习近平总书记关注贫困地区的教育发展，强调：我们再穷也不能穷孩子，再穷也不能穷教育，要依靠教育阻断贫困的代际传递。要让每一个适龄儿童都有人生出彩的机会，有实现抱负和梦想的机会。习近平总书记在党的十九大报告中指出：“高度重视农村义务教育，办好学前教育、特殊教育和网络教育，普及高中阶段教育，努力让每个孩子都能享有公平而有质量的教育。”[14]习近平总书记强调：社会主义

学校必须坚持以人民为中心，努力实现教育公平，“为人民服务”是社会主义教育的本质要求。

4. 教育的工作重点：推进教育改革，提高人才培养质量

习近平总书记指出：教育改革是教育发展的动力，要把大力推进教育综合改革，努力提高教育质量和水平作为工作重点。2013 年 9 月，习近平总书记在主持十八届中央政治局第九次集体学习时讲话指出：“要深化教育改革，推进素质教育，创新教育方法，提高人才培养质量，努力形成有利于创新人才成长的育人环境。”[15]2013 年 10 月，在会见清华大学经管学院顾问委员会海外委员时，习近平总书记指出，要“吸取国际先进经验，推进教育改革，提高教育质量，培养更多、更高素质的人才，同时为各类人才发挥作用、施展才华提供更加广阔的天地。”[16]2014 年 6 月，习近平总书记在全国职业教育工作会议上强调：“深化体制机制改革，创新各层次各类型职业教育模式……努力建设中国特色职业教育体系。”[17]2014 年 9 月，习近平总书记在北京师范大学与师生座谈时指出：要“继续大力推动教育改革发展，使我国教育越办越好、越办越强。”[18]党的十八届三中全会通过的《中共中央关于全面深化改革若干重大问题的决定》，提出了深化教育领域综合改革的总体要求、改革方向和具体措施。党的十九大报告提出，要“深化教育改革，加快教育现代化。”[19]习近平总书记在 2018 年全国教育大会讲话指出：“要深化办学体制和教育管理改革，充分激发教育事业发展生机活力。”[20]习近平总书记要求全党全社会都要关心支持教育改革，促进教育质量和人才培养水平的提高。

5. 教育的重要保证：重视教师队伍，加强党的领导

习近平总书记强调：教育大计，教师为本。2014 年 9 月，在北京师范大学与师生座谈时，习近平总书记指出：“国家繁荣、民族振兴、教育发展，需要我们大力培养造就一支师德高尚、业务精湛、结构合理、充满活力的高素质专业化教师队伍，需要涌现一大批好老师。”[21]习近平总书记勉励广大教师做“四有”好老师，即有理想信念、有道德情操、有扎实知识、有仁爱之心，为发展具有中国特色、世界水平的现代教育，为培养社会主义事业建设者和接班人做出新贡献。2018 年 9 月，习近平

总书记在全国教育大会讲话指出："人民教师无上光荣，每个教师都要珍惜这份光荣，爱惜这份职业，严格要求自己，不断完善自己。做老师就要执着于教书育人，有热爱教育的定力、淡泊名利的坚守。"[22]习近平总书记指出："中国共产党是中国特色社会主义事业的坚强领导核心，党政军民学、东西南北中，党是领导一切的，党的领导是发展教育的根本保证。"2016 年 12 月，习近平总书记在全国高校思想政治工作会议讲话指出："办好我国高等教育，必须坚持党的领导，牢牢掌握党对高校工作的领导权……保证高校始终成为培养社会主义事业建设者和接班人的坚强阵地。"[23]习近平总书记在 2018 年全国教育大会上强调："各级党委要把教育改革发展纳入议事日程，党政主要负责同志要熟悉教育、关心教育、研究教育。各级各类学校党组织要把抓好学校党建工作作为办学治校的基本功，把党的教育方针全面贯彻到学校工作各方面。"[24]

二、习近平总书记关于教育重要论述的鲜明特征

习近平总书记关于教育的重要论述，遵循马克思主义基本原理，立足我国改革开放新的时代要求，系统总结我国教育改革发展实践经验，提出建设教育强国的战略思考和理论原则，具有鲜明的传承性、人民性、方向性、现代性、全局性和创新性。

1. 理论传承：坚持马克思主义的教育观

马克思和恩格斯作为马克思主义的创始人，奠定了马克思主义教育理论的基础，他们对教育的本质和作用、人的全面发展、教育与生产劳动相结合等方面的深刻论述，形成了科学的马克思主义教育观。关于教育的本质和作用，马克思恩格斯认为：人是生产力中最重要的因素，教育通过提高劳动者的知识和技能，唤醒劳动者的觉悟，推动社会革命的兴起；劳动者具备了新的知识和技能，就会促进劳动生产的进步，提升生产力的水平，推动社会生产的发展。教育对于劳动者的未来，具有重要的地位和作用："最先进的工人完全了解，他们阶级的未来，从而也是人类的未来，完全取决于正在成长的工人一代的教育。"[25]教育是人的发展中的决定性因素，社会通过教育影响人的发展。关于人的全面发展，

马克思恩格斯认为：人的全面发展是个人的体力和智力得到充分、自由地发展。人的全面发展与生产力的高度发展紧密相关，生产力发达，物质财富丰富，人的全面发展才有可能，“在那里，每个人的自由发展是一切人自由发展的条件”[26]。人的全面发展离不开全面发展的教育，马克思和恩格斯提出了包括智育、体育、综合技术教育在内的全方位的教育内容。关于教育与生产劳动相结合，马克思恩格斯认为：社会主义社会的生产资料的公有制，使教育与生产劳动的结合得以实现，生产劳动为每个人提供了全面发展的机会，“劳动将和教育相结合，从而保证多方面的技术训练和科学教育的实践基础。”[27]马克思和恩格斯重视综合技术学校及职业学校的作用，能让学生学到一些科学技术知识，得到全面的发展。习近平总书记遵循马克思恩格斯教育理论基本原理，立足中国特色社会主义建设实际，提出了一系列关于教育的重要论述。这些论述，是马克思主义中国化的产物，是对马克思主义教育理论的继承和发展。

2．服务人民：坚持以人民为中心的出发点

为什么人的问题是教育的首要问题？习近平总书记关于教育的重要论述的要义，是教育为了人民，满足人民对教育的期盼，让广大人民享受更好的教育，过上更好的生活。习近平总书记认为：期盼有更好的教育，是人民的愿望，人民对美好生活的向往，就是我们党的奋斗方向。习近平总书记关注教育扶贫，重视教育公平，充满人民情怀。2018 年 9 月，习近平总书记在全国教育大会的讲话中强调：中国特色社会主义教育要“以凝聚人心、完善人格、开发人力、培育人才、造福人民为工作目标，培养德智体美劳全面发展的社会主义建设者和接班人，加快推进教育现代化、建设教育强国、办好人民满意的教育。”[28]习近平总书记关于教育的重要论述，充分体现了我们党植根于民、谋福于民、立党为公、执政为民的本质特征。

3．方针明确：坚持全面发展的育人观

习近平总书记关于教育的重要论述，继承和发展了马克思恩格斯关于“全面发展的教育促进人的全面发展”的教育原理。党的十八大以来，习近平总书记多次强调，各级各类学校都要全面加强德育、智育、体育和美育的工作，坚持文化知识学习与思想品德修养的统一、理论学习与社会实践的统一、全面发展与个性发展的统一。在2018年全国教育大会上，习近平总书记强调："坚持中国特色社会主义教育发展道路，培养德智体美劳全面发展的社会主义建设者和接班人。""努力构建德智体美劳全面培养的教育体系，形成更高水平的人才培养体系。"[29]习近平总书记的全面育人观，为发展新时代中国教育事业指明了前进方向。

4. 时代脉搏：坚持与时俱进的思想品质

进入21世纪，信息革命的发展给世界带来深刻变革，科学技术日新月异，给和平与发展的时代主题注入新的活力，国与国之间综合国力的竞争集中表现为科技和人才的竞争，处于竞争态势的各国，为争取主动，纷纷将发展教育提升到新的高度。就我国而言，改革开放和社会主义现代化建设对教育提出了新的更高的要求。新的时代呼唤新的理论。习近平总书记把握时代脉搏，以世界眼光看中国教育，提出了一系列符合我国教育实际的重要理论和观点。习近平总书记关于教育的重要论述，是迈入21世纪我国教育事业新鲜经验的科学概括和总结，是面向世界，面向时代，着眼未来，指导我国教育事业发展的重要理论成果，表现出很强的现代性，具有浓郁新时代的气息。

5. 战略把握：坚持着眼全局的战略考量

登高望远，着眼全局，是习近平总书记关于教育的重要论述的鲜明特点。在指导我国改革开放和社会主义现代化建设的过程中，习近平总书记善于从战略的高度和全局的角度考虑教育问题，谋划教育举措，指导教育实践。他多次强调：教育功在当代、利在千秋，是国之大计，党之大计。实现"两个一百年"奋斗目标，实现中华民族伟大复兴，科技是关键，教育是基石。习近平总书记高瞻远瞩，总揽全局，坚持教育事业优先发展，超前布局，以战略视野和全局思维顶层设计教育工作，以加快教育现代化，建设教育强国助推国家现代化进程，习近平总书记关于教育的重要论述表现出鲜明的全局性。

6. 创新品格：坚持开拓奋进的创新思维

创新关乎国家兴旺，创新决定民族未来。习近平总书记善于创新思维，基于时代要求和教育实践，创造性地提出发展我国教育事业的新的理论和观点。习近平总书记提出：培养什么人、怎样培养人、为谁培养人是教育的根本问题。要培养德智体美劳全面发展的社会主义建设者和接班人。学生应该坚定理想信念，大爱大德大情怀；心无旁骛求知问学，刚健有为自强不息；重视体育锻炼，增强体质锤炼意志；加强美育陶冶，提高审美水平和人文素养；崇尚尊重劳动，树立劳动最光荣、最崇高、最伟大、最美丽的意识。必须坚持党对教育事业的全面领导，扎根中国大地办教育，深化教育改革创新，扭转不科学的教育评价导向，克服唯分数、唯升学、唯文凭、唯论文、唯帽子的顽疾。这些新理念新观点，对于我国教育事业的发展具有重要的指导意义，凸显了习近平总书记关于教育重要论述的创新性。

三、坚持科学理论，发展教育事业

当前，我国教育已进入加快推进教育现代化，建设教育强国的新阶段，我们要认真学习领会习近平总书记关于教育的重要论述，用以指导新时代教育事业的发展。要努力做到以下几点：

1. 思想引领：用科学理论武装头脑指导教育实践

时间是最好的老师。党的十八大以来，我国教育改革发展的实践证明，习近平总书记关于教育的重要论述闪耀着真理的光芒。这些论述科学阐明了新时期教育改革发展的重大理论问题和实践问题，为实现教育现代化、建设教育强国规划了宏伟蓝图，提出了目标任务，是指导我们思想和行动的根本指针。我们要深入学习领会习近平总书记关于教育事业优先发展、立德树人是教育的根本任务、服务中华民族伟大复兴是教育的重要使命、坚持社会主义办学方向、以人民为中心发展教育、深化教育改革创新、加强党对教育事业的全面领导、把教师队伍建设作为基础工作等一系列重要论述。各级领导机关和领导干部要带头学深悟透，提高思想认识水平，广泛宣传教育，营造舆论环境，达成思想共识，提高运用理论的自觉性，增强实践理论的有效性。

2．协调推进：统筹谋划教育改革发展各项任务

凡事预则立。新时期我国教育的改革发展是复杂的系统工程，各级党政、教育战线各级领导机关和领导干部要学习运用习近平总书记善于总揽全局、协调各方的领导艺术和工作方法，从实际出发，对各自范围教育改革发展的目标任务统筹谋划，科学施策，作出符合上级要求、自身实际和社会需要的“顶层设计”，并不断总结提高。要科学谋划立德树人发展素质教育的工作举措，把德育摆在更加重要的位置，构建长效机制，切实加强体育、美育和劳动教育，实现德智体美劳全面育人。要科学谋划深化改革提高办学水平的推进措施，围绕提高教育质量，加大办学体制机制、教育教学环节、考评选拔制度等方面的改革力度。要科学谋划促进教育公平的服务体系，加大对困难地区特别是深度贫困地区的扶持力度，实现教育脱贫，攻克贫困堡垒。要科学谋划加强党的领导和教师队伍建设的保障机制，提高党的领导水平和党建工作质量，为教育改革发展提供坚强保障，从师德师风、专业化发展和尊师重教三方面入手，着力建设高素质教师队伍。

3．务实创新：实干兴业创新思路开拓前行

事业是干出来的。新时期，我国教育的改革发展面临繁重的任务，要把蓝图变为现实，各级领导机关和领导干部的工作作风和创新意识是关键。教育战线各级干部要率先垂范，认真学习践行习近平总书记全心全意为人民服务的崇高思想和工作作风，大兴学习之风、调查研究之风和勤政廉政之风，发扬钉钉子精神，求真求实求效。教育改革发展面临诸多困难，思路决定出路，墨守成规、按部就班往往贻误战机，无所作为；敢于创新、善于创新才能获得先机，开拓局面。教育伟业，期待教育战线和社会各界协力同心。

参考文献

[1] 习近平．致清华大学苏世民学者项目启动的贺信[N]．文汇报，2013-4-22.

[2] 习近平．在联合国教科文组织总部演讲[N]．人民日报，2014-3-28.

[3][9][10] 习近平谈治国理政：第一卷[M]．北京：外文出版社，2014.

[4][18][21] 习近平. 同北京师范大学师生代表座谈时的讲话[N]. 人民日报，2014-9-10.
[5][11][14][19] 习近平. 决胜全面建成小康社会夺取新时代中国特色社会主义伟大胜利：党的十九大报告[N]. 人民日报，2017-10-28.
[6][12][20][22][24][28][29] 习近平. 在全国教育大会上的讲话[N]. 人民日报，2018-9-11.
[7] 习近平. 给中央民族大学附属中学全校学生的回信[N]. 人民日报，2013-10-7.
[8] 习近平. 山东考察讲话[N]. 人民日报，2013-11-27.
[13] 习近平. 在联合国“教育第一”全球倡议行动一周年纪念活动视频贺词[N]. 人民日报，2013-9-27.
[15] 习近平. 中央政治局第九次集体学习讲话[N].人民日报，2013-10-2.
[16] 习近平. 会见清华大学经管学院顾问委员会海外委员讲话[N]. 人民日报，2013-10-24.
[17] 习近平. 就加快发展职业教育作出指示[N]. 人民日报，2014-6-24.
[23] 习近平. 在全国高校思政工作会议的讲话[N]. 人民日报，2016-12-9.
[25] 马克思恩格斯全集：第 16 卷[M]. 北京：人民出版社，1964，217.
[26] 马克思恩格斯. 共产党宣言[M]. 北京：人民出版社，1972.
[27] 马克思恩格斯选集：第 3 卷[M]. 北京：人民出版社，1972：360.

（该文发表于《毛泽东思想研究》2019 年第 4 期，略有改动）

第二部分

高校思政课教学改革

简论高职院校思想政治理论课的价值存在与教学能力目标①

蒋家胜② 贺继明③ 李 丹④

确立教学目标是推进高职院校思想政治理论课教学实施的起点和归宿，也是诊断教学质量的核心。教学目标一般包括知识、能力和素质目标，在以就业为导向、以能力为本位的职业院校，能力目标是其中的关键目标。而要探析高校思政课的教学目标应该从探讨思政课的价值存在的意义，即对国家富强、民族振兴和学生的成长成才的价值意义。价值主要是指主体需要同客体属性之间满足与被满足的关系。

正如马克思所指出的那样："'价值'这个普遍的概念是从人们对待满足他们需要的外界物的关系中产生的。"[1]只有某种事物的客观属性具备满足特定对象的某种需要的时候，才具备价值。"高校思想政治理论课的价值是指思想政治理论课的属性及功能与大学生及社会需要之间的满足、引导和提升的效应关系。"[2]这种满足、引导和提升的效应越大，其价值就越大，也就是我们通常所说的思想政治理论课的教学实效性越强。要提高思想政治理论课的教学实效，必须从课程的价值属性入手，科学确立并有效实现课程的教学目标，最大化彰显思想政治理论课的功能。

① 本文系教育部2015年"全国高校优秀中青年思想政治理论课教师择优资助计划"资助项目"高职院校思政课'价值引领，能力本位'的教学设计创新研究——以〈思想道德修养与法律基础〉为例"（项目编号：15JDSZK042）成果之一；也是2015年四川省高校思想政治理论课教师择优资助计划项目"高职院校思政课'价值引领，能力本位'信息化教学设计"的研究成果之一。

② 蒋家胜，广州番禺职业技术学院马克思主义学院教授；研究方向：思想政治教育。

③ 贺继明，成都职业技术学院教授；研究方向：思想政治教育。

④ 李丹，成都职业技术学院马克思主义学院副教授；研究方向：思想政治教育。

一、思想政治理论课的基本属性

价值的实现过程就是主体与客体相互作用的过程，即高校思政课这个客体与大学生这个主体之间不断发生客体主体化和主体客体化动态发展的过程，也是高校思政课的教学实施不断满足大学生成长成才和社会发展内在需要的过程。根据中宣部、教育部印发的《普通高校思想政治理论课建设体系创新计划》,认为思想政治理论课是巩固马克思主义在高校意识形态领域的指导地位，主要为培养中国特色社会主义事业的合格建设者和可靠接班人服务。由此观之，思想政治理论课除具有深厚的理论学科属性之外，还具有鲜明的意识形态属性，在教学实施中，必须发挥意识形态的灌输功能和引导高职学生健康成长的育人功能，并且促进高职学生知、情、意、行的统一，否则就无法完整地实现其价值目标。

1．思想政治理论课具有鲜明的意识形态属性

意识形态总是与统治阶级的政治主张和利益诉求相关。马克思指出:“统治阶级的思想在每一时代都是占统治地位的思想。这就是说，一个阶级是社会上占统治地位的物质力量，同时也是社会上占统治地位的精神力量”[3]。作为统治阶级的意识形态，就是在推动经济社会发展过程中，促进社会成员培育和自觉践行共同的认知体系与价值体系，凝聚力量，使社会沿着统治阶级希望的轨道前进。在我国高校开设思想政治理论课，是党和国家意识形态在人才培养中的融入，是社会主义国家性质和中国共产党的价值追求在高等教育中的鲜明体现，要求人才培养按照意识形态的目标，有意识、系统地培养符合中国特色社会主义事业需要的现代公民。思想政治理论课是强化大学生国家意识形态和社会主义核心价值观的主渠道，在面对各种社会思潮和复杂社会现象中，深化大学生对中国特色社会主义道路、理论与制度的政治认同，凝聚社会共识，重铸信仰家园。

2．思想政治理论课具有深厚的理论学科属性

科学的信仰必须建立在知识殿堂之上。思想政治理论课的主要目的是对大学生进行政治引导和价值引领，但绝不是空洞的说教，而是要以

理服人。思想政治理论课的理论基础是马克思主义理论。马克思主义理论由马克思主义哲学、马克思主义政治经济学和科学社会主义三个部分构成，科学地阐释了人类社会的发展规律，揭示了未来社会的发展方向，其严整的逻辑体系和深厚的学理渊源奠定了思想政治理论课的学理基础。理论只要说服人，就能掌握群众；理论只要透彻，就能说服人。通过思想政治理论课的教学，让大学生掌握马克思主义的基本立场、观点和方法，去分析和解决理论与现实的重大困惑与疑难，解决成长成才中的困惑问题，在多元中确立主导，在多样中求得共识。

3. 思想政治理论课具有显著的知行合一属性

思想政治理论课虽然是逻辑严密的理论学科体系，但依然掩盖不了蕴含其中显著的实践性价值取向。思想政治理论课是以马克思主义理论为其学科理论基础的，而马克思主义的根本理论特征就是以实践为基础的科学性和革命性的统一。实践性是马克思主义的基本特征，是马克思主义的出发点和归属。思想政治理论课绝不是空洞的理论说教，而是从实践中来，又回到实践中去的鲜活理论。“马克思主义基本原理”从“思与行”融合的角度，反映了马克思主义世界观与方法论的基本理论和观点，反映了对资本主义社会的基本判断与结论，反映了对社会主义和未来共产主义的基本设想和主张，是指导无产阶级和人民群众翻身求解放的强大思想武器，也是大学生认识世界、改造世界的方法论。“毛泽东思想和中国特色社会主义理论体系概论”和“中国近现代史纲要”从“史与论”融合的角度，反映了中国人民选择以马克思主义为指导、选择中国共产党的领导、选择社会主义道路的历史过程和历史规律，反映了中国人民在马克思主义指导下探索中国革命与建设发展道路和规律的理论知识体系，促进大学生对党的路线、方针与政策的政治认同，引导大学生在明得失、知兴替的基础上找准人生定位和努力方向；“思想道德修养与法律基础”则从“知与行”融合的角度，反映了培养社会主义现代化建设专门人才必须具备的思想、政治、道德、法律素养为目标的理论知识体系，在大学生的理想信念、价值追求、道德养成、法律素质的养成教育方面发挥着重要作用。这四门思想政治理论课都具有鲜明的实践性，在教学中不仅要让学生掌握基本的理论知识，还要引导学生在灵魂深处认同、在实践中遵循、在生活中践行，促进知行统一。高职院校主要遵循以就业为导向、以能力为本位的教学理念，特别强调学生知行合一，注重能力的培养。高职院校开设“思想道德修养与法律基础”“毛泽东思想和中国特色社会主义理论体系概论”等课程，在教学中，要坚持“价值引领、能力本位”的思路，既要注重意识形态的灌输，加强学生对社会主义核心价值观的认同教育，对学生进行价值引领，又要以能力为本位，在学生把握基本理论的基础上，加强能力的培养，增强教学的针对性和实效性。

二、思想政治理论课的价值存在

思想政治理论课的基本属性是思想政治理论课的价值存在的前提和基础，而思想政治理论课的价值存在是其基本属性的外在表现，是其在教学实施中对社会发展和大学生成长成才需求的满足程度。

1. 思想政治理论课具有价值追求的引领功能

思想政治理论课的教学活动将课程知识内化为内心信念，转化为强大的精神力量，来提高学生的思想政治素质，来调控社会秩序，推动社会经济发展，培养社会主义事业的合格建设者和可靠接班人，这一功能主要体现思想政治理论课对国家和社会需要的满足，侧重于为国家和社会服务。亚里士多德指出：“人类自然是倾向城邦生活的动物（人类在本性上是一个政治动物）。”[4]可见，人天生是政治性动物，生来就有参与政治、融入社会生活的内在需求。个人能否顺利融入社会，能否科学参与政治生活，与一个人的政治素养息息相关。社会成员如果缺少政治素养，政治意识淡漠，政治敏感度不高，政治鉴别能力低下，其价值判断与抉择系统就会出问题，人生的理想信念和宏大抱负就无法产生，社会求真向善的动力就会缺乏，社会正能量就无法聚合，社会公正良序就无法形成，国家富强、中华民族伟大复兴的中国梦就难以实现。当然，人的价值判断与抉择能力不是与生俱来的，而是后天习得的。思想政治理论课从思行融合、史论结合、知行统一的视角，阐释了社会发展的规律，指明了民族复兴的方向，规划了国家富强的路径，对社会成员具有价值引领的功能，是逐步提高大学生价值判断与抉择能力，为人生导航的重要途径，能够引导广大青年学子将自己的命运与祖国的未来紧密相连，将自己的前途同人民的需要紧密相连，用青春铺路，让理想延伸。

2．思想政治理论课具有人文素养的提升功能

思想政治理论课具有显著的知行合一的属性，既要教给学生认识世界的能力，更要教给学生改造世界的本领。促进人的自由而全面的发展既是马克思主义的追求目标，也是思想政治理论课教学实施的价值追求。思想政治理论课是“落实立德树人根本任务的主干渠道，是进行社会主义核心价值观教育、帮助大学生树立正确世界观、人生观、价值观的核心课程”，具有显著的人文素养培育的功能，这主要体现思想政治理论课对学生个人发展需求的满足，侧重于为学生成长成才服务。人文素养是大学生综合素质的灵魂和根基，对大学生人生高度和事业发展的平台至关重要。通过思想政治理论课的教学实施，让学生掌握基本的哲学、经济、政治、法律、历史、伦理等理论知识，逐渐培养起学生对社会发展规律的准确把握与遵循，对美好事物的不懈追求与创造，对事物价值的正确评判，对社会责任的敢于担当，对生态环境的爱护保护，对多元文化的理解包容，对国家法律的内心敬畏，对生命的终极关怀，对他人的尊重关爱等，逐步提高学生的科学素质与人文素养，为学生的成长护航，为学生的发展助力。

3．思想政治理论课具有思维品质的训练功能

思想政治理论课的教学既要授人以鱼，又要授人以渔，既教知识又教方法，对学生思维品质进行训练。马克思主义理论既是世界观的学说，又是方法论的学说。思想政治理论课程闪耀着马克思主义唯物辩证法的光芒。通过思想政治理论课的教学实施，传授学生认识世界、改造世界的根本方法，提高大学生的理论思维能力，拓展学生的理论视野和思维空间，提高大学生透过现象把握本质、通过偶然现象揭示事物内在规律的能力，帮助学生辩证、历史、客观地看待事物，树立正确的世界观、人生观、价值观，更好地认识世界、参与实践、规划人生，科学看待经

济社会发展的新常态，在错综复杂的社会中把握人生航向，身处逆境而百折不挠，身在顺境而不沾沾自喜。

三、思想政治理论课教学的能力目标

教学目标是教学实施的出发点和落脚点。要提高思想政治理论课的教学质量，必须从思想政治理论课的课程属性和价值存在入手来探析和制定科学的教学目标，同时，评估教学质量也必须回到教学目标。结合思想政治理论课意识形态、理论学科和知行合一的课程属性和价值引领、素质提升和思维训练的价值存在，从能力本位的教学理念入手，来分析高职院校思想政治理论课的教学目标。高职院校坚持以就业为导向的教育类型，能力本位的教育理念是其课程建设的基本遵循。以能力本位理念对思想政治理论课的教学内容进行转化，其难点和关键就是确定科学的能力目标。基于此，笔者以高职院校“思想道德修养与法律基础”课为例，认为该课程的总体能力目标就是从国家、社会对高职学生的需求出发，着眼学生的成长成才的育人需求，提高学生发现问题、分析问题、解决问题的能力，培养学生的理论思维品质，引导学生把握历史规律，准确认识社会与自我，培养积极乐观的人生态度，运用道德和法律规范调控自己的行为，逐渐成长为社会主义事业的合格建设者和可靠接班人。该总体目标具体包括政治鉴别与价值抉择能力、道德认知与道德践行能力、责任担当与社会参与能力、理论思维与职业核心能力四个方面。

1. 政治鉴别与价值抉择能力

人民有信仰，民族才有希望，国家才有力量。对一个民族、一个国家来说，最持久、最深沉的力量就是全社会共同认可的核心价值观，培养和提高高职学生政治鉴别与价值抉择能力是高职院校思想政治理论课教学首要的能力目标。引导学生坚持正确的政治方向，把自己的前途命运与党和国家的事业紧密联系，与社会和人民的需要紧密联系，这是高校立德树人的基本要求。否则就会削弱思想政治理论课的价值，影响其功能。改革开放以来，中国特色社会主义建设事业取得了举世瞩目的成就，经济保持着高速增长，国家综合实力不断提升。但国际上总有一些别有用心的人唱着“中国威胁论”“中国模式终结论”和“中国经济崩溃论”，妄图“捧杀”中国和“唱衰”中国，让社会公众找不到前进的方向。“普世价值”、相对主义、历史虚无主义、新自由主义、民主社会主义、复古主义、折衷主义等各种社会思潮暗流涌动，无疑严重影响社会公众的价值判断和价值抉择能力，使社会缺乏共识，人民缺乏共同的理想信念和价值追求。

当代高职学生政治思想意识主流是积极健康的，对主流思想价值文化具有高度思想认同，对中国特色社会主义发展道路、共同理想和有关基本政治制度也基本认同，对中国特色社会主义形成广泛的政治共识。但随着改革开放步伐的加快，网络信息技术的加快发展，政治经济社会步入新常态，许多高职学生还不完全适应，面对诸多社会思潮和国际舆论出现迷茫和困惑，对于西方基本政治制度存在一定程度的模糊认识，其政治素养和价值共识还存在阶段性特征，还不是很稳定，对持续做好政治鉴别、价值引领、思想疏导提出了新的要求。

政治鉴别与价值抉择能力是指在重大政治方向、重大政治原则问题上能够明辨是非、科学抉择，自觉与党中央保持一致的能力和水平。在“思想道德修养与法律基础”的教学中，要积极面对改革开放和发展社会主义市场经济条件下思想意识多元多样多变的新特点，要积极面对世界范围内思想文化交流交融交锋下价值观较量的新态势，引导高职学生正确理解爱国主义与爱社会主义的一致性，科学辨析社会主义核心价值观与西方“普世价值”的差异，增强对“四个全面”战略布局和“五大发展理念”的领悟能力。如果对上述问题认知不清楚、理解不深刻，就会导致学生政治立场上的不坚定，政治方向上的摇摆，社会共识也难以形成，培育和践行社会主义核心价值观就会遇到阻力，马克思主义在意识形态领域的指导地位就难以巩固，实现中华民族伟大复兴的强大正能量就难以凝聚。

2. 道德认知与道德践行能力

道德是处理个人与他人、个人与社会之间关系的行为规范及实现自律完善的一种重要的精神力量，对社会意识形态的发展、社会秩序的维护、促进人的全面发展具有重要的意义，培养和提高高职学生的道德认知与道德践行能力是高职院校思想政治理论课教学基本的能力目标。“思想道德修养与法律基础”课具有深厚的理论学科属性和显著的知行合一属性等重要特征，具有人文素养的提升功能，让学生学习道德理论，继承和弘扬中华传统美德和中国革命道德，培养道德判断能力，增强道德责任感，提高道德践行能力，锤炼良好的道德品质，成为个人成长成才的重要推进力量。

当前，高职学生群体道德素质的主流是积极向上的，道德认知基本正确，道德践行意愿较强，对爱国、敬业、诚信、友善、助人为乐等高度认同，对雷锋精神热切推崇，并且乐于践行。大部分学生言行举止得体，道德行为表现良好。但面对西方腐朽文化和不良道德观念的侵袭，少数学生缺乏正确判断，茫然无措，对奉献与索取、拼搏与享受的认知不太清晰，缺乏艰苦奋斗精神，对“长明灯、长流水”现象视而不见。校园中，部分学生情侣举止过于亲密，学生语言不文明等现象也时有发生。通过将思想政治理论课的教学和日常的思想政治教育相结合，加强对学生的社会公德、职业道德和家庭美德的教育，引导其确立为人处世、做人做事的正确立场，掌握修身养性、陶冶情操的基本方法，培养道德认知与道德践行的能力，不断提高思想道德素质。

道德认知与道德践行能力是运用马克思主义的立场、观点和方法，分析纷繁复杂的道德现象，并把学习与践履结合起来，把学习规范与遵守规范结合起来，在道德践行中不断提高思想道德素质。在“思想道德修养与法律基础”课的教学中，引导学生通过个人主观努力和亲身实践，在学中做，在做中学，学以致用，掌握基本的道德理论，确立爱国、敬业、诚信、友善的价值取向，在社会公德、职业道德、家庭美德和个人品德等方面树立基本的道德规范和价值追求，加强自我教育和自我约束，防微杜渐，不断提高道德认知与道德践行的能力。

3．责任担当与社会参与能力

天下兴亡，匹夫有责。大学生是青年中的优秀代表，是民族未来的希望，关乎国家和民族的未来。2014 年，习近平总书记在北京大学师生座谈会上的讲话中指出："建设富强民主文明和谐的社会主义现代化国家，是我们的目标，也是我们的责任，是我们对中华民族的责任，对前人的责任，对后人的责任。"[5]以理想信念教育为核心，培养和提高大学生的责任担当与社会参与能力是高职院校思想政治理论课教学实施的关键能力目标。

综观当前大学生的责任担当与社会参与能力，主流是积极向上的大学生，政治主体意识日益增强，展现出强烈的社会责任担当意识，符合社会主流价值期待，他们高度关注时政发展和国家社会的发展，关注国家大政方针的走向，政治参与与政治表达意愿强烈，积极参加诸如抗震救灾、山区支教、社区治理、生态保护、文明劝导等相关志愿活动。但不可忽略的是，仍有少数大学生社会责任感意识模糊，公民意识缺乏，社会参与意愿不强；也有一部分学生对社会责任感比较盲目，想付诸行动，却无从入手，知道应该履行社会责任，但对自己的权利、义务认识模糊。

责任担当与社会参与能力主要指的是大学生对社会责任的深刻认知和特殊情感认同，自觉参与凝聚社会正能量、促进社会发展活动的坚决态度及履职能力。"思想道德修养与法律基础"课是强化大学生社会责任认知认同和提高社会参与能力的主渠道。"思想道德修养与法律基础"课以责任意识和法治教育为起点，强化责任担当意识为目标，重视核心价值引领和温情感化，引导大学生联系国家和社会日新月异的深刻变化，以加强大学生的理想和信仰教育，引导大学生深入体会个人在社会发展中的责任和使命，明确自己享有的权利和承担的义务；遵循大学生身心发展规律，释疑解惑，引导大学生准确定位和规划人生，积极参与社会活动，自觉履行社会责任。

4. 理论思维与职业核心能力

"思想政治理论课是高等教育领域中的一类课程，它对高等教育的从属性决定了思想政治理论课要承担帮助个体成长、促进价值实现、引领生命和谐的教育性任务"[6]。可见，高校思想政治理论课在人才培养过程中，不仅要实现与意识形态属性、价值追求的引领功能密切相关的思想政治教育方面的目标，而且要承担起必要的人文素养的提升、思维品质和职业核心能力训练等功能。高等职业教育以服务为宗旨，以就业为导向，以能力为本位，面向生产、服务、建设、管理一线培养高素质高技术的应用型人才。其中的“高素质”不仅体现在专业知识和专业技能上，还应该体现在理论思维和职业核心能力上，以服务于学生未来长远发展。提高理论思维与职业核心能力是思想政治理论课教学能力的拓展目标。理论思维能力就是引导学生掌握一定理论知识和正确的思维方法，提供分析问题、解决问题的思维工具，提升自我发展的能力。职业核心能力则是人们职业生涯中除岗位专业能力之外的基本能力，针对形势变化的转岗、跨岗的可持续发展能力，包括职业方法能力和职业社会能力两大类。职业方法能力是劳动者的基本发展能力，是在职业生涯中不断获取新的知识、信息、技能和掌握新方法的重要手段，包括自我学习、数字应用、信息处理等能力。职业社会能力是指与他人交往、合作、共同生活和工作的能力，职业社会能力既是基本生存能力，又是基本发展能力，它是劳动者在职业活动中，特别是在一个开放的社会生活中必须具备的基本素质”[7]，包括与人交流、与人合作、外语应用、解决问题、革新创新等能力。

在产业转型升级、职业不断变换的背景下，高职学生不仅要具有当前就业上岗的基本理论知识、基本技能，还要“具有适应日后劳动力结构重新调整而引发的岗位变更的迁移能力、职业岗位内涵升级的自我更新能力、适应未来社会发展的创业能力”[8]，以及基本的逻辑思维能力。在“思想道德修养与法律基础”课教学中，借鉴能力本位的先进职业教育理念，创新“做中学”“学中做”“做中教”的教学体系，采用行动导向、任务驱动、翻转课堂、项目教学、问题互动探究等教学模式和教学方法，让学生不再是教学的观众，而是演员，成为学习的主体，让学生开动脑子，组成团队，合作完成相应的学习任务，在行动中训练思维，提高职业方法能力和职业社会能力。

参考文献

[1] 马克思恩格斯全集：第 19 卷[M]. 北京：人民出版社，1963：406.

[2] 高永强. 思想政治理论课基本属性与功能刍议——兼论体育院校思想政治理论课的价值特性[J]. 思想理论教育导刊，2014（11）.
[3] 马克思恩格斯文集:（第1卷）[M]. 北京：人民出版社，2009.
[4] 亚里士多德. 政治学[M]. 吴寿彭，译. 北京：商务印书馆，1965.
[5] 习近平. 青年要自觉践行社会主义核心价值观——在北京大学师生座谈会上的讲话[N]. 人民日报，2014-05-05（2）.
[6] 鲍金. 论思想政治理论课意识形态目标和育人目标的内在融合[J]. 思想理论教育，2015（12）.
[7] 郭冬梅. 打造特色精品主题班会 培养学生职业核心能力[J].职教通讯，2013（10）.
[8] 魏启晋. 论能力本位视野下的高职思想政治理论课教学目标[J]. 北京教育，2013（11）.

（该文发表于《思想理论教育导刊》2016年第9期，略有改动）

高职高专院校思想政治理论课实践教学模式的探索与创新[①]

蒋家胜[②]等

实践教学是思想政治理论课教学体系的重要组成部分，是教学实施中不可或缺的主要环节，是引导学生感悟马克思主义中国化理论成果，运用马克思主义的基本方法分析和解决生活、工作中的现实问题，提高思想政治素质的一种教学方式。为了有效开展高职院校思想政治理论课实践教学并取得良好的教学效果，必须着力解决好“如何开展思想政治理论课实践教学”的问题。

一、高职高专院校思想政治理论课实践教学的模式探索

根据高职高专院校的人才培养规格和思想政治理论课教学目标，为充分挖掘四川本土“三基地一窗口”的思想政治教育资源，我们将高职高专院校思想政治理论课“思想道德修养与法律基础”“毛泽东思想和中国特色社会主义理论体系概论”两门课程进行有机整合，初步形成了具有可操作性的、有鲜明地域特征和高职特色的实践教学体系和教学模式。在教学探索实践中，高职院校大致形成了以下三种思政理论课实践教学的典型模式。

“基于问题”的探究型实践教学模式。该模式是指直接从实际问题入手组织教学，将学科知识隐含在解决问题的过程中，服务于解决实际问题能力的培养。教师可以组织学生针对“大学生职业道德现状、大学

---

① 本文系教育部人文社会科学研究专项任务项目（11JDSZK015）的阶段性成果。

② 蒋家胜，广州番禺职业技术学院马克思主义学院教授；研究方向：思想政治教育。

生网络道德、大学生孝道、我国传统道德与当代公民道德、雷锋精神的内涵与时代价值”等道德修养与敬业问题开展调研，也可以组织学生针对“当代大学生偶像现象、当代青年婚恋观、大学生消费观、大学生勤工俭学现状与对策、大学生业余活动情况、市场经济对大学生素质的要求”等关于世界观、人生观、价值观的问题开展调研，还可以组织学生针对“当地住房调控政策的实效与房价走势、留守儿童与空巢老人”等社会热点问题开展调研。要求学生调研后撰写调研报告或者小论文，以书面、沙龙、座谈、演讲、辩论等形式进行交流和分享。在这种实践教学模式下，思想政治理论课教师结合社会热点、学生困惑与学生职业素养问题为指向，以专题研究和探讨为载体，培养学生人际沟通与交流、分析问题、解决问题的能力，提高学生的理论素养和思想政治素质。

“基于网络”的虚拟型实践教学模式。在信息技术突飞猛进的时代，网络成为信息传播的重要媒介，极大地改变了人们生活、学习、交往、娱乐的方式，甚至语言习惯。很多人的思想在微博中，情感在QQ空间里，感悟在 QQ 签名上，适应并有效运用网络平台对大学生进行思想政治教育，就成了教育者的一大任务。“基于网络”的虚拟实践教学模式是指在思想政治理论课教师的指导下，依托网络平台，运用多种信息传播媒介和渠道，创设实践教学情境，使学生在网络平台消化、吸收、内化理论教学内容，推动学生在网络虚拟世界和现实世界践行所学知识，分析、解决社会现实问题或者自身困惑的问题，提高自身理论素养、思想政治素质和专业职业素养的一种新的实践教学模式。“基于网络”的虚拟实践教学模式具有丰富性、开放性、互动性、时效性、共享性的特点，“突破了时空、场所、人员的限制，提供了一个更广阔、灵活、充满吸引力的学习和实践的时空，”[1]因而受到广大学生和教师欢迎。比如成都职业技术学院建立了“思政视窗”红色专题网站，结合课程教学内容，开设红色影院、思想宝库、时事学习、文件汇编等栏目，并链接了相关红色网站，还将灾后重建和成都天府新区建设、北改惠民工程等本土教育资源放在专题教育网上，引导学生学习。成都工业学院建立了“弘毅思政网”，开设了陈毅专题、人物春秋、网上课堂、素质拓展等栏目，开展网上实践教学。教师还可以开辟论坛、聊天室、博客、微博等渠道，与学生交流，并即时引导。

“基于情感”的体验型实践教学模式。道德认知总是伴随着道德情感的体验，积极的道德情感体验是人们进行良好道德行为的持久动力。体验式实践教学是指“把解决学生实践教学过程中存在的问题及期望达到的效果进行分析。在实践过程中通过学生的实践记录、实践日记及心得总结、沟通交流等形式督促学生在实践过程中反复体验”[2]。体验式实践教学模式就是学生在教师的引导下，对参加的德育实践活动的认知、情感、意志等方面进行归纳和总结，注重学习者对所参加活动的反思、回味、深化，侧重活动体验过程的隐性目标的实现，注重学习者人格的完善和素养的培育。思想政治理论课“基于情感”的实践教学模式是“以学生的情感体验为切入点，让大学生在现实生活提供或人为提供的情境中强化对国情、民情以及道德的认知。”[3]这种模式让学生直接走向企业、农村、工厂、社区或者其他单位进行参观考察、调研分析等，了解社情、国情、党情，体验生活或工作。比如成都纺织高等专科学校以“公司+支部+农户”的方式，组织学生到企业、农村感悟生活。又如成都职业技术学院组织学生参观考察金沙博物馆、武侯祠、建川博物馆，感悟源远流长的祖国文化；组织学生到联办企业考察，感悟产业文化，认同企业的工作价值观，提升职业素养；组织学生到北川、汶川等地震灾区参观，感悟从悲壮走向豪迈的救灾重建的伟大成就，深刻体验“共产党好、社会主义好、人民解放军好”的内涵，从而养爱国之心、立报国之志、探强国之路。

二、高职院校思想政治理论课实践教学模式的实施策略

1. 建立实践教学的保障运行机制

思想政治理论课实践教学的实施涉及校外的政府、社区、企业、爱国主义教育基地等部门，同时涉及学院党委、马克思主义学院、教务处以及各系部的教学管理部门和团学单位等众多部门和人员的配合。因此，只有建立起在学校党委统一领导下，各部门齐抓共管、密切配合的教学管理体制和工作机制，才能确保思想政治理论课实践教学的有效推动和顺利实施。“组织保障是实践教学体系的最高层建筑，为实践教学的开展和发展提供最坚实的基础保障”[4]。学校首先应成立由学院党委书记或

者分管思想政治工作的副书记任组长，教学副院长为副组长，党委宣传部、教务处、计财处等部门参与的“进一步加强和改进思想政治理论课实施工作”领导小组，解决实践教学活动实施过程中所面临的诸如经费、人员、后勤、制度等保障。同时还应该成立以思想政治理论课教学单位牵头，学校分管领导为组长，思想政治理论课教学单位负责人为副组长，党委宣传部、教务处、学工处、团委等职能部门以及相关教学单位的主要领导共同参加的实践教学指导委员会，负责实践教学的组织实施。思政部主任全面负责实践教学计划、统筹、协调和指导；学工部部长和教务处处长负责实践教学的教学安排、教学检查，管理实践教学的专兼职教师和辅导员；各系党总支书记、副书记负责督促本系辅导员、学生认真开展思想政治理论课实践教学，审核各班辅导员实践教学方案是否符合本系部学生情况，并检查本系学生实践教学的参与情况与效果。

2. 建立实践教学的资源整合机制

“思想政治理论课的实践教学资源，是指思想政治理论课实践教学实施过程中，一切可以利用的，有利于实现实践教学目标的人力、物力、财力和信息系统资源。”[5]如何整合资源，做到实践教学的全覆盖，是高职院校思想政治理论课实践教学面临的一大难题。实践教学的资源实际上有限的，但有限的资源稀缺的同时，也存在着浪费的现象。一方面，要对潜在或者隐性的教育资源加大开发利用的力度，与学校附近的社区、联合办学单位、爱国主义教育基地、灾后重建的示范区等建立起一些固定的思想政治理论课实践教学基地；另一方面，积极构建思想政治理论课教学部门与团学等部门深度合作的机制，搭建思想政治理论课教学部门与专业教学部门互通的平台，对学校其他部门现有的德育资源和教育渠道加以整合，比如与团学等部门的“三下乡”活动、志愿者服务活动、学生的专业技能服务活动、主题辩论、主题演讲等合作，创新性地开展思想政治理论课的实践教学。

3. 建立实践教学的应急处理机制

思想政治理论课实践教学中的安全问题一直是困扰组织者的一块心病。安全问题是否有效解决是影响着思想政治理论课是否真正有效落实的重要因素。因此，在实践教学过程中，特别是到校外的爱国主义教育基地或者校企合作单位等实践教学基地开展教学活动，必须制定相关安全管理制度和一套行之有效的应急处理机制。学生在外参观考察或者进行调研，总是会有发生诸如交通事故、食物中毒等意外的可能性，一旦出现意外，学校应该根据问题的严重程度做出不同的反应，在最短的时间内启动相关程序，妥善解决问题，努力把伤害程度降到最低，努力把事件的负面影响降到最低。

参考文献

[1] 陈连生，等. 高职院校“毛泽东思想和中国特色社会主义理论体系概论”教学研究[M]. 北京：中国人民大学出版社，2011.

[2] 卢曼萍，等. 体验：实践教学的重要内涵——体验式实践教学模式解析[J]. 教育学术月刊，2011（3）.

[3] 杨玉凤. 论思想政治理论课社会实践模式创新——以龙岩学院在校大学生“驻村任职”为例[J]. 思想理论教育导刊，2010（2）.

[4] 向泽雄. 高校思政课实践教学模式的反思与重构[J]. 宿州学院学报，2010（12）.

[5] 陈丽明. 对高校思想政治理论课实践教学的思考[J]. 思想理论教育导刊，2010（2）.

（该文发表于《思想理论教育导刊》2012 年第 7 期，略有改动）

高职院校“毛泽东思想和中国特色社会主义理论体系概论”课程专题教学模式的构建

罗　莉[①]

一、“毛泽东思想和中国特色社会主义理论体系概论”课程专题教学的现状

目前来看，“毛泽东思想和中国特色社会主义理论体系概论”课程（以下简称“概论”课）专题教学受到学者的普遍赞同和重视，学者们普遍认为“概论”课专题教学优势明显，能解决内容多与课时少的矛盾，能落实现代教育理念，有助于发挥教学与科研优势，增强学生兴趣、提高素养等。关于专题教学的内涵，狭义论者指向教学内容的专题化，广义论者则认为还包括实践教学和教学团队建设的专题化。在专题内容设置方面，大部分研究基本遵循教材的框架体系，但在向教学体系转换中专题数量有所不同。有的依据目的性、独立性和整体性相协调等设置成16个专题；有的结合内容重难点和时政焦点问题设置成8个专题；有的围绕马克思主义中国化的主线划分成6个专题等。在专题教学实施中，研究者普遍重视团队合作，不仅强调集体备课，有的还将学生助教、特聘专家和兼职教师等纳入师资队伍中。部分高校还改革了考试考核体系，出版了具有地方特色的配套教材来辅助教学。

总体来看，“概论”课专题教学模式探索取得了一定成果，但还需要进一步做以下拓展：如何更好地设置教学内容以实现教材体系向教学体系转换；如何将课堂教学、实践教学和考核体系有机结合起来；如何创新教学方法来实现教育教学的实效性等。

① 罗莉，成都职业技术学院马克思主义学院副教授；研究方向：思想政治教育。

二、“毛泽东思想和中国特色社会主义理论体系概论”课程专题教学的意义

（一）提升课程的教学效果

“概论”课程内容非常宽泛，学生普遍存在学习动力不足的问题。高职院校教学时间紧迫，如果教师面面俱到，难以做到重难点突出，因此必须结合高职特点，凝练精华、突出重难点，避免内容重复。专题教学重新梳理了内容脉络，并结合时政特点和实践活动，形成主题鲜明的专题，贴近社会现实和学生实际，更好地体现课程时代性和实践性，在一定程度上能更好地调动学生的学习热情。

（二）适应学生的学习特点

“概论”课教材“史论结合、以论为主”，政策性和逻辑性强，结论和概括性语言较多，高职学生在有限的课程时间接受全部内容有很大难度。高职学生具有注重形象思维和实践能力的特点，因此，我们在进行课程改革和专题教学时，应更好地结合高职学生特点，选择有针对性和实效性的重点内容进行专题讲解，让学生不仅能获得简单的信息，还能学会分析问题的方法。

（三）促进教师的专业化发展

“概论”课程涉及内容宽泛，包括政治、经济、文化、科技、教育、历史、外交、军事等知识。专题教学需要教师在全面吃透教材的基础上，将重要的理论知识用专题的形式串起来，并根据学科专业背景，在某个专题深入研究，加强理论学习，夯实专业基础，科学设计教学环节，凝练科研方向。将教学与科研结合起来，提高教学专题实效性的同时，推动教师朝着更加专业化的方向发展。

（四）强化教学的问题意识

“概论”课程的理论本身植根于中国革命和建设的实践经验，强化问题意识是课程实质要求和应有之义。当前，我国改革进入深水区，国

际国内情况复杂。专题教学以问题为导向，能更好地把国家的大政方针与学生关心的实际问题结合起来，加强对生活热点、焦点和难点问题的研究，引导学生理解、认同和追求社会主义核心价值理念。

三、“毛泽东思想和中国特色社会主义理论体系概论”课程专题教学的实施

所谓专题教学，是指依据教学大纲规定的基本要求，按照课程内容的内在思想和逻辑关系，对教学内容进行整合和提炼，形成既相互独立又彼此关联的教学专题，并相对集中地进行教学的一种课堂教学模式。

（一）紧扣专题教学目的

在专题教学的设计和实施中，坚持局部与整体的统一，既保持了专题的相对独立性，又注意各专题之间的逻辑联系，突出教学大纲和教学目的的指导性。专题教学在紧扣教材的前提下，根据教学内容和学生实际制定实施实践教学方案，进行情景剧、相声、歌唱、朗诵等活动，并在活动后及时填写实践教学手册。教学实践中既注意思想政治理论课教学的普遍规律，又与高职人才培养目标、高职学生的思想实际和各专业学科特点联系起来，坚持课堂内和课堂外教学的统一，注重课外实践教学的创新。

（二）科学设计教学内容

教材以马克思主义中国化为主线，以坚持和发展中国特色社会主义为主题，以习近平新时代中国特色社会主义思想为重点，突出了中国站起来、富起来、强起来的历史逻辑。课程内容完整而又丰富，逻辑体系严密，但课堂教学时间有限，必须坚持少而精的原则，选取重点内容。习近平新时代中国特色社会主义思想作为马克思主义中国化的最新成果，在教材中被重点展示，充分反映了中国特色社会主义丰富实践和本学科最新发展。在专题设计中，我们始终坚持“精、准、透、活”四原则，对这部分的理论体系进行了重点内容剖析，并与其他理论进行纵向

比较，既没有破坏教材原有的完整性，又对相关问题进行重点阐释。

（三）合理选择教学方法

教学实施中，始终坚持问题导向，进行课前问卷调研、课中教学调查和课后反馈，力争贴近学生所思所想。大力运用案例教学法，集中精力研究专题，结合学生所学专业，精选教学专题案例，注意突出教学的时代性、现代性和针对性。教学中坚持讲授法与多种教学方法的统一，采用视频、辩论、讨论和演讲等多种教学方法，使课堂教学形式多元化，发挥学生的课堂主体作用。同时，我们还坚持利用学习通等信息手段，给学生提供自主学习平台，作为课堂教学的延伸，将课堂与课前课后有机联系起来。

（四）发挥团队集体智慧

专题教学不仅是对教师教学科研能力的考验，也是对其职业精神和职业态度的检验。为了达到良好的教学效果，首先，我们动员“概论”课教师，充分研究讨论和调研，确定专题教学组织和管理方法，并根据教师专业背景、研究特长等，确定专题具体负责人员。其次，坚持集体备课，定期进行研讨，解答专题疑惑，钻研专题教案，实现资源共享和优势互补，保证教学效率和教学质量。最后，在教学过程中，教师相互听课，相互督促，保障教学质量。

（五）完善专题教学考核

教学考核的标准和实施直接影响到教学质量的整体把控。我们坚持严谨与灵活原则，采用平时成绩、实践成绩和考试成绩结合的综合考评体系，既关注学生的理论水平，也关注学生的学习过程、学习态度和综合素养。在学期结束时，将学习软件记录的学习情况、期末考试的卷面成绩和实践活动的完成情况等全部核算后再折算到总评中，整个过程由老师主控，学生适当参与，力争做到公正公平公开。

（该文发表于《科教文汇·下旬刊》2019 年第 3 期下旬刊，略有改动）

以职业素养为导向的思政课教学设计探略①

蒋家胜②等

教学设计是遵循课程教学规律，针对学生的实际需求，运用系统论的观点，有机整合课程教学资源，序化组合相关教学要素，剖析教学过程中存在的问题，寻求最佳解决方案的系统化过程。教学设计是提高教学效果、完成教学目标、达成教学任务的重要前提。不同类型的高校思想政治理论课的教学设计具有不同的特征。应用型高校思想政治理论课的教学设计应当坚持以职业素养为导向，着力提高学生的职业素养，培养社会主义事业的建设者和接班人。

一、准确把握课程定位是教学设计的逻辑起点

“思想政治理论课是大学生的必修课，是帮助大学生树立正确的世界观、人生观和价值观的重要途径”，担负着培养社会主义事业的建设者和接班人的重任，具有共同属性和要求。但“实践证明，不把握同一课程在不同类型、不同层次院校的具体定位和具体要求，简单地追求统一要求和千篇一律，课程建设与改革将毫无特色，也收效甚微”。

社会主义事业的建设者和接班人的内涵，在不同层次和类型的学校是不同的。在应用型高校中就具体化为“下得去、留得住、上得去”的

---

① 本文系四川省高校思想政治教育研究会 2012—2013 年度资助项目“应用型高校思想政治理论课教学效果评价标准与机制研究”（课题编号：SZ2012156）和四川省高等学校青年德育工作者协会 2012—2013 年度科研课题“高职院校‘思想道德修养与法律基础’课教学设计与质量评价研究”（课题编号：qyhl3-y03）的阶段性成果之一。

② 蒋家胜，广州番禺职业技术学院马克思主义学院教授；研究方向：思想政治教育。

具有良好公民道德和职业素养的高素质高技能型人才。用人单位不仅要求学生的专业理论基础要扎实，技能要娴熟，而且还要求学生具有良好的思想政治素质以及良好的职业意识、职业道德、敬业精神和职业行为习惯等职业素养。因此，思想政治理论课作为对大学生实行思想政治教育的主渠道，既要培养学生运用马克思主义基本立场、观点、方法分析和解决实际问题的能力，又要从高职高专院校的教育对象实际出发，以职业素养为导向来进行教学设计，提升学生的职场核心竞争力，弥补其职业素养的短板，使其能够在激烈竞争的职场中“留得住、上得去”，能够在某个具体的岗位上为中华民族伟大复兴建功立业。

二、精心组织教学环节是教学设计的主要抓手

1．教学目标设计

教学目标是教学设计系列活动的起点，也是教学设计活动的目的和归宿。教学中“要联系改革开放和社会主义现代化建设的实际，联系大学生的思想实际，把传授知识和思想教育结合起来，把系统教育和专题教育结合起来，把理论武装与实践育人结合起来”，把受教育者的公民道德和职业素养从“现有的”的水平提升到“应有的”水平，通过受教育者“合乎社会要求的自觉行动来促进社会的发展，并在社会的发展中不断丰富、完善和实现人自身的发展”。既要对大学生进行系统的马克思主义理论教育，积极践行社会主义核心价值观，倡导富强、民主、文明、和谐，倡导自由、平等、公正、法治，倡导爱国、敬业、诚信、友善，为学生提供正确的价值导向，弘扬以爱国主义为核心的民族精神和以改革创新为核心的时代精神为内核的中国精神，增强民族凝聚力，又要着力培养以爱岗敬业、诚实守信为主要内容的职业道德，着力培养以乐于奉献、团结协作为主要特征的职业意识，着力培养以善于沟通、敢于担当为主要内涵的职业行为习惯，从职业理想、职业规范和工作价值观等方面对学生进行职前培育，让“他们明白自己未来在社会上和企业中应承担的角色、应负的责任和应尽的义务，教育培养他们具备诚实守信的品质、爱岗敬业的精神、良好的责任意识和遵纪守法意识，以满足经济

社会发展的需要”。

2．内容体系设计

合理安排教学内容是教学设计的中心环节，是教学实施的载体。应用型高校本着掌握基本理论、突出职业性特点、教学做合一的原则，将教材重点教学内容与贴近学生实际、充满时代气息、贴近本土文化的鲜活的教学素材有机整合起来，力求体现科学性与创新性、理性思辨与感性体悟相结合，实现理论教学与实践教学的一体化。

3．教学策略设计

完成教学任务、实现教学目标可以看成“过河”，而完成任务的方法路径则可以看成“造船”或者“搭桥”的过程。思想政治理论课教材内容大多是通过文件化语言来表述的，尽管准确，但与学生习惯的接受方式有所不同，难以引起学生的共鸣。因此，在教学实施中要做到：一要有问题意识，准确把握学生思想的困惑点，提高学生运用马克思主义基本立场、观点、方法分析问题、解决问题的能力。在教学中，设计问题以贯穿授课过程的始终，以问题的解决来推动教学过程，实现教学目标。采用发问式、对话式、启发式等教学方法，在师生互动中展开教学，精心选择各种事例来阐释理论，运用理论来解决现实问题。二要充分满足学生就业的优势需求，提升学生的职业素养，弥补其就业竞争、职场发展的短板。可以采用任务驱动式、情景模拟等教学方法，营造生动的教学情境，培养学生自我学习、团队协作、与人沟通、信息处理、发现问题、分析问题和处理问题的能力。

4．质量评价设计

教学质量评价是教学设计的重要组成部分，是利用科学的评价方法和技术对教学过程和效果给予的实态把握和价值判断。教学质量评价的结果与教学目标对照，可以找到成功和不足之处，反馈给内容体系和教学策略设计环节，并加以改进，形成教学设计的闭环系统，有助于保障教学的方向性，提高教学质量。评价以职业素养为导向的思想政治理论课教学设计的效果如何，应该从学生的“学”、教师的“教”和学校的“管”

三个维度进行考量。学生的“学”主要从知识掌握、能力提高（诸如思想政治素质、环境适应能力、学习创新能力、职业道德、敬业精神、人际沟通能力等）和学生品德的养成和行为的表现进行综合评判；从课堂教学、课外辅导和为人师表三个方面对教师的“教”进行评价，重点考核教师的教学态度是否端正、教学基本功是否扎实、教学内容的取舍是否可行、教学方法是否科学、课后辅导是否负责，考核教师的教学设计是否有利于学生的职业核心能力的训练等内容；从对教师的教学设计理念、集体备课的组织等方面考核学校的“管”是否科学有效。这三者构成了思想政治理论课教学设计的三维客体评价指标体系，力争全息、多维地反映应用型高校思想政治理论课的教学设计是否科学，运转是否顺畅，是否有助于“提高学生的职业素养，培养社会主义事业的建设者和接班人”的课程宗旨的实现。

三、抓住教改的着力点是教学设计的关键所在

1. 以选准理论教学案例为着力点，突出教学设计的层次性特征

授课切入点是确定教学策略的首要任务，而选取学生感兴趣的教学案例则是教学设计的重中之重。应用型高校的学生大多不喜欢从理论到理论的逻辑演绎的方式来接受知识，而更喜欢从感性切入到理性的深化来感悟知识。因此，教学设计的关键就是找准学生思想的困惑点和思维的兴奋点，以蕴含这些问题的教学案例为载体，推动问题的解决和教学程式的展开，具有鲜明的层次性特征。“历史上产生的理论，用历史的进程、历史的实践和历史的逻辑来说明；当代理论的发展，则用现实的任务、现实的实践和现实的问题来分析。”这就要求教师在备课时，要认真研读教材、研究学生，把握教学中的“重点”、学生思想上的“困惑点”、理解上的“难点”、社会上的“热点”，选取贴切、生动、真实的事例切入，给学生释疑解惑。

2. 以创新实践教学模式为着力点，突出教学设计的职业性特征

课程模式决定于人才培养模式。应用型高校的思想政治理论课不仅

要注重课程的知识认知和道德养成，更要注重课程教学从见习、实习向实践的拓展，具有突出的职业性特征。因此，应大力加强实践教学环节，推动传统的理论教学向理论教学和实践教学相结合发展。整合校内外德育资源，与专业教育教学互通、与校外社会德育机构合作，加强实践教学，面向全体学生，努力实现全覆盖，促进知行统一，提升学生的职业素养。

3. 以打造网络教学平台为着力点，突出教学设计的信息化特征

思想政治理论课具有意识形态的灌输性强、教学内容的变化快的特点以及“90后”学生“思想在微博、情感在空间、沟通靠QQ”的特征。因此，要大力推动传统的现实课堂向现实课堂和虚拟课堂相结合发展，努力提升思想政治理论课的信息化水平。建立思想政治理论课专题学习网站，把课程教学内容、经典文献、学生实践教学的调研报告、演讲稿、行业企业文化、用人单位对人才素质的要求、社会热点与焦点问题探析等内容放在网上，打造网络教学平台。突破时空限制，促进师生课内课外交流，拓展和延伸思想政治教育的空间，突出教学的针对性，培养学生自主探索与发现、信息收集与处理、问题分析与解决的能力，提升学生的职业素养。

参考文献

[1] 陈春莲. 关于高职院校“基础课”改革与建设若干问题的思考[J]. 思想理论教育导刊，2010（4）.

[2] 韩璐. 以高职思政课为依托进行职业素养教育的可行性和具体途径[J]. 宿州教育学院学报，2012（2）.

[3] 叶松华. 提高高校思想政治理论课教学实效性的理性思考[J]. 思想理论教育导刊，2010（5）.

（该文发表于《学校党建与思想教育》2013年第8期，略有改动）

成都特色文化有机融入思想政治理论课教学的策略探析①

黄泽敏② 蒋家胜③

中国传统文化源远流长，蕴含着丰富的人文精神、科学精神和哲学思想等宝贵资源，而地方特色文化是中华民族传统文化的重要组成部分。党的十八大提出："建设优秀传统文化的传承体系，弘扬中华优秀传统文化，扎实推进社会主义文化强国建设。"在高校思想政治理论课教学中融入地方特色文化资源，一方面，可以传承地方传统文化，借鉴地方特色文化资源的特征，挖掘地方特色文化在广大青年学生中的"三贴近"（贴近实际、贴近生活、贴近学生）优势，从而弘扬中华优秀传统文化，增强爱国主义情感，推进社会主义文化强国建设的需要；另一方面，可以丰富高校思想政治理论课的教学内容，拓展高校思想政治理论课教学空间，让高校思想政治理论课更"接地气"，对于增强高校思想政治理论课教学的实效性具有重要的作用。

一、成都特色文化的内涵

文化是人类在社会历史发展过程中所创造的物质财富和精神财富

① 本文系2015年教育部人文社会科学研究专项任务项目（高校思想政治理论课）"高职院校思政课'价值引领、能力本位'的教学设计创新研究——以《思想道德修养与法律基础为例》"（项目编号：15JDSZK042）的研究成果之一；是四川省2013西部区域文化研究中心项目"巴蜀文化在高校思想政治理论课教学中的运用研究"（项目编号：XBYJC1322）以及成都职业技术学院院级课题"成都特色文化在高校思想政治理论课教学中的运用研究"（项目编号：SKL13y06）的研究成果。

② 黄泽敏，成都职业技术学院教师；研究方向：思想政治教育与教学。

③ 蒋家胜，广州番禺职业技术学院马克思主义学院教授；研究方向：思想政治教育。

的总和。城市文化是一座城市的灵魂，是一座城市的核心资源。地方特色文化是指在特定地区长期形成的具有地方特色，具有地方厚重历史沉淀和巨大社会影响的，为广大人民群众所接受和参与的具有文化传统和民族特征的文化。它具有历史继承性、地方特色性、不可复制性和不可移动性等特征，具有凝聚力、感召力和震撼力，是中国特色社会主义文化的重要组成部分，成为提升中华民族的品格、弘扬以爱国主义为核心的民族精神的助推器。

成都特色文化是指在成都长期形成的，具有本地特色，具有成都厚重历史沉淀和巨大社会影响的，为成都人所接受、认可的文化传统和民族特征的文化。成都是一座拥有深厚历史文化底蕴和丰富文化资源的历史文化名城。它作为古蜀文明的重要发源地，拥有独具特色、底蕴深厚的历史文脉和多元性、包容性的文化特质。古蜀文化源远流长，李冰父子开拓创新，留下世界水利奇观——都江堰水利文化，泽被后世，造就天府之国悠久的农耕文化。2001 年 2 月 8 日出土的金沙遗址，将成都建城历史提前到了公元前 611 年，向后人展示了神秘而久远的金沙遗址文化。秦汉时期，成都经济文化发达，设有“锦官”，故有“锦官城”，即“锦城”之称；成都作为三国时期蜀汉国都，三国文化积淀丰厚，现今中国所有的城市中，成都留下了最丰富的三国遗迹，故三国文化、蜀汉英雄在成都人心目中的分量和深远的影响长期以来已经浸润到成都人生活的各个层面，极大地丰富了城乡文化内涵，在成都的文化历史上做出了不可磨灭的贡献。天府之国人杰地灵，人才辈出，唐朝时期成都文化繁荣，李白、杜甫、王勃、薛涛、李商隐等文学家云集成都，为后人留下了宝贵的文化遗产。成都还是一座具有光荣革命传统的城市，1911 年 6 月在成都发起的保路运动，直接导致了辛亥革命的总爆发，为中国旧民主主义革命做出了杰出贡献。抗战时期的川军浴血杀敌共赴国难，十四年抗战，川军功不可没，形成了不胜不休的红色抗战文化。2008 年，汶川灾后重建中，我们能够很快从悲壮走向豪迈，成都特色文化中的开朗、豁达、乐观、坚毅的文化特质，给灾后重建注入了强大的精神力量，形成了感恩奋进的抗震救灾文化。天府新区建设和“北改”工程的启动，国家创新城市建设的规划，铸就了创新驱动的新的文化特质，该文化特质与成都传统文化一脉相承。2009 年 1 月，中央文明办授予成都市“全国文明城市”称号。后来的成都“北改”工程、生态田园城市建设和天府新区建设，展现了成都人创新奋进、奋力拼搏的精神，见证了成都人建设家乡的足迹。2013 年 6 月，成都成功举办第 12 届世界财富论坛，为这座古老的历史名城注入了新的活力。成都人民的创新实践的活动进一步丰富了成都特色文化的内涵宝库，为思想政治理论课教学实施提供了最生动、最鲜活、最有说服力的教学素材。

纵观成都的过往，无论是神秘而久远的传统历史文化、敢为人先共赴国难的红色革命文化、抗震救灾的感恩奋进文化还是和谐包容务实的城市休闲文化以及创新驱动的现代创业文化（府南河整治、天府新区建设、成都“北改”工程、生态田园城市建设等），它们延续着成都这座历史文化名城的历史文脉，传承着成都人民自古以来的创新精神，体现富强、民主、文明、和谐的国家层面的价值目标，自由、平等、公正、法治的社会层面的价值取向以及爱国、敬业、诚信、友善的公民个人层面的价值准则，它凝聚了成都人具有的勤劳、朴实、勇敢、善良的品格，彰显了成都鲜明的特色文化，高度契合了大学生价值引领的内在需求，也提供了对大学生进行思想政治教育的鲜活素材。

二、成都特色文化在思想政治理论课教学中运用的重要作用

文化是一定社会的政治和经济的反映，又反过来对一定社会的政治和经济产生巨大的影响和作用，从而成为推动社会向前发展的动力。通过课堂主渠道，将一个城市的文化传承下去，可以发挥文化在人才培养中的涵养作用，同时也提升了该课程的文化品位，增加了该课程对学生的吸引力和感染力。

1. 融入成都特色文化可以提升思想政治理论课的文化品位

成都特色文化资源进入教学，可以增加思想政治理论课的文化品位，充分发挥对学生进行培育和践行社会主义核心价值观教育的文化滋养作用。当前关于大学生思想政治学习的各种调查可以看出，虽然绝大

多数大学生具有爱国热情，对于我国优秀的历史文化和传统美德有着强烈的认同感，具有民族自尊心、自信心和自豪感，但是同时也还存在一些不容忽视的问题。例如，大学生有爱国热情以及民族自尊心、自信心和自豪感，但部分大学生缺乏理性有效的为国家分忧和敢于担当的实际行动；尽管对我国优秀的历史文化和传统美德具有强烈的认同感，但部分大学生缺乏对历史文化知识，尤其是本地区传统历史文化知识的深刻理解和传承意识；尽管有实现中华民族伟大复兴的强烈愿望和促进本地区经济发展的美好愿望，但部分大学生缺乏将个人努力置于民族复兴和本地区经济发展的坚持。面对这样的现象，在大学生思想政治理论课教学中融入成都地方特色文化资源,开发和利用成都特色文化资源进课堂，必定可以丰富思想政治理论课教学内容。深入挖掘成都本土文化的内涵，并让其有效地进入教学体系，促进教材体系向教学体系转化，让空洞的理论变得鲜活起来，生动可感可触，进一步彰显高职院校思想政治理论课的特色；同时，通过思想政治理论课的主渠道，传承和弘扬优秀的本土特色文化，并将其内化于心灵深处，充分发挥文化促进经济社会发展的独特功能。

2. 融入成都特色文化资源可以丰富思想政治理论课的教学内容

成都特色文化资源丰富且随处可见，大学生看得见、摸得着、感受得到，具有地缘和情感的先天优势，大学生在了解、学习成都特色文化资源的过程中，透过成都特色文化逐步领悟我国悠久历史文化的璀璨，领悟几千年来凝聚形成的中华民族的民族精神、民族品格，领悟成都人敢为人先的大无畏牺牲精神、感恩奋进的抗震救灾精神以及包容创新务实的时代精神等，在学中做，在做中学，发自内心地去相信它、接受它、认可它；有针对性地对大学生进行乡土文化教育和影响，有利于成都本土文化在大学生身上得到传承和发扬，引起大学生的共鸣，在情感上更易于接受，内化于心，丰富了思想政治理论课教学内容。通过教师有组织地指导大学生亲身参与、直接体验，“走出去、走进去”获取最直接的感受，弥补了传统思想政治理论课教学注重灌输、注重说教、注重理论所达不到的入脑入心的效果，让思想政治理论课教学方式更加多样化，发挥它独特的德育影响效果，对于培养大学生勤劳、勇敢、善良、朴实的思想品格和积极向上的生活态度有极大的作用，达到了高校的人才培养目标,对于提高大学生的思想道德素质具有很强的针对性和可操作性。

3．融入成都特色文化资源可以拓宽思想政治理论课的教学空间

高校思想政治理论课教学包括理论和实践教学两部分，前者解决“是否懂”的问题，后者解决“是否信”的问题。成都特色文化资源丰富，例如金沙遗址文化、都江堰水利文化、三国文化、城市休闲文化等，学生与文化资源身处一地，倍感亲切。在讲述建设中国特色社会主义先进文化时，恰当选择上述成都特色文化资源，如安排学生实地参观金沙遗址、武侯祠、保路运动纪念碑以及川军抗战纪念碑等，拓宽教学空间，在特色文化资源所在地授课，让思政课教学与本地文化资源有效接轨，增强了教学的可信度和说服力。在讲述建设中国特色社会主义经济部分时，特意安排学生参观成都未来规划展，邀请成都高新产业园区有成就的杰出代表向学生讲授艰苦创业成功的奋斗历程，激励大学生坚定立志成才、报效祖国、服务社会和本地经济的信念，激发大学生的社会责任感和服务奉献精神，拉近了外地学生与成都本地文化的距离。思想政治理论课教学空间的拓宽，让学生认识到民族精神是求真务实、努力创新的时代精神的源头，体现了思政课教学独特的资源优势，提升了思政课的吸引力、感染力和说服力。

三、成都特色文化资源融入思想政治理论课教学的路径

贴近课堂、贴近学生、贴近生活，深入挖掘和充分利用成都特色文化内涵，创新成都特色文化资源融入思想政治理论课教学的途径，将成都丰富独特的文化资源有机融入思想政治理论课教学，丰富教学内容，不断增强思想政治理论课教学的实效性和感染力。

1．贴近课堂主阵地，发挥主渠道作用

课堂是高校教育教学、塑造学生出彩人生的主要阵地。组织教学运行过程是否和谐直接关系到教育教学的质量和效果。教师可以有针对性地将成都特色文化资源融入思想政治理论课教学中，例如引导学生寻找

"三国蜀文化"和"金沙遗址文化"，思考"三国蜀文化"和"金沙遗址文化"反映了成都什么样的文化特点；围绕"三国蜀文化""金沙遗址文化"对今天成都经济文化发展有哪些影响等问题进行调查，让学生有的放矢地对成都独具特色的历史传统文化知识进行深入了解，主动找到本地优秀传统文化与当代经济文化发展的结合点。经过教师的指导，书本理论知识变得灵动、有生气，学生在完成作业的同时，提升了对中国文化、中国精神的认知，进一步激发了学生的民族自信心和自豪感，陶冶了情操，充实了大学生的精神世界，从而确立科学的世界观、人生观和价值观，增强了思想政治理论课教学的实效性和感染力。

2. 贴近学生主体，发挥主体性教育优势

主体性是思想政治理论课教学的必要条件之一，要发挥主体性教育的优势，增强学生主动参与的意识。提升学生主体的体验能力，也就是提升思想政治理论课教学实效性。例如将成都特色文化中的抗震救灾感恩文化纳入思想政治理论课教学，让学生对经历"5·12"地震的身边人和身边事进行地震前后的对比调查，主动发现灾区的变化，寻找变化的原因，让学生在调查中感受到中华民族的伟大民族精神和民族力量。学生融入其中，触目可见、切身可感，激发了自身的民族自豪感和民族认同感，更加珍惜今天，努力学习，将来积极参与祖国建设，置身中国梦实现的行列。这样，思想政治理论课教育提升到一个新的境界，这是任何传统说教式教育无法达到的教学和教育效果。

3. 贴近现场体验，发挥教学体验优势

思想政治课教学坚持以人为本，贴近学生、贴近生活、贴近实际，从而提高思想政治理论课的实效性。由于高职高专学生存在个体性差异，过去单纯地以讲授上课的方式已经远远不能满足学生的需要，引导学生跳出书本、深入实践，尽可能多地接触社会、了解社会，寻找更为优化的教育路径是当务之急。成都拥有丰富的红色革命文化资源，例如拥有川人抗战史料最为丰富的建川博物馆，记录和还原历史，为了纪念，也为了让每个人的心灵都直面民族创伤，让战争的记忆成为民族思想资源；地处市中心人民公园内的保路运动纪念碑，纪念声势浩大的保路运动；地处琴台路的十二桥烈士墓，是为纪念在成都解放前夕 30 余位被国民党特务秘密杀害的烈士，教师带领学生到现场进行主题情景教育教学活动，让学生自己去感知、思考、评判，通过主题场景实践教育教学活动，追寻革命先烈的足迹，净化心灵、提升境界、坚定信念，确立科学的世界观、人生观和价值观，启迪学生爱国主义精神，树立为中华民族伟大复兴而努力学习的信心和决心，最大限度地调动和激发学生了解四川人民勤劳朴实、乐于奉献和敢为人先的斗争精神，激发了学生学习思想政治理论课的积极性，真正体现思想政治理论课感染人、鼓励人和影响人的作用，使学生真心喜欢、终身受益。

总之，挖掘成都特色文化的内涵，坚持正确的价值取向，传播正能量，在贴近实际、贴近生活、贴近学生的指导下，以解放思想、实事求是的精神去探索思想政治理论课教学的改革，将成都特色文化有机融入思想政治理论课的教学，提升思想政治理论课的文化品位，丰富思想政治理论课的教学内容,调动学生学习思想政治理论课的积极性和主动性，增强高职院校思想政治理论课的教学实效性和感染力。

参考文献

[1] 陈艳，徐海斌. 把地方特色文化融入艺术类大学生德育之中[J]. 教育探索，2011（11）.

[2] 李洁. 成都文化资源与特色文化产业融合发展研究[J]. 大众文艺，2012（19）.

[3] 刘茂才，谭继和. 巴蜀文化的历史特征与四川特色文化的构建[J]. 西南民族学院学报（哲学社会科学版），2003（01）.

[4] 路阳. 用地域特色文化培育大学生民族精神[J]. 安阳工学院学报，2012（9）.

[5] 桑雷. 利用地方文化资源增强高校思想政治理论课教学实效探析[J]. 绵阳师范学院学报，2014（4）.

（该文发表于《成都纺织高等专科学校学报》2017 年第 1 期，略有改动）

高职院校校内思想政治教育实训中心建设的挑战与路径

——以成都职业技术学院为例

赖晓凡[①]　蒋家胜[②]　范华亮[③]　张　冀[④]

习近平总书记在2018年全国教育大会上指出，“要把立德树人融入思想道德教育、文化知识教育、社会实践教育各环节”。成都职业技术学院思想政治教育工作在全力抓好课程主导的同时，积极探索德育环境的打造，创新思想政治理论课实践教学体系，构建校内思想政治教育实训中心，探寻课程理论教育主导形成双向互动机制，把增强课堂教学吸引力和典型化实体教育的感染力有效结合，以期达到根植蓉城文脉、传承工匠精神、哺育技能英才的培养目标，不断提高学生的获得感和满意度。

一、因时而进，加快建设高校校内思想政治教育实训中心的迫切性

思想政治教育实训中心建设构想缘于成都职业技术学院思想政治教育教学工作面对当前生源思想素质、知识能力特征和长期以来高校思想政治教育实际效用发挥不充分等问题而提出。在2015年中央宣传

① 赖晓凡，成都职业技术学院马克思主义学院教授；研究方向：思想政治教育。
② 蒋家胜，广州番禺职业技术学院马克思主义学院教授；研究方向：思想政治教育。
③ 范华亮，成都职业技术学院马克思主义学院副研究员；研究方向：思想政治教育。
④ 张冀，成都市社会科学院副研究员，西南交通大学马克思主义学院博士；研究方向：网络思想政治教育。

部、教育部关于印发《普通高校思想政治理论课建设体系创新计划》的通知（教社科〔2015〕2号）、2019年国务院关于印发《国家职业教育改革实施方案》的通知（国发〔2019〕4号）等文件，都强调高校校园思想政治教育实践育人具有不可替代的重要作用。我们在调研中发现，当前先行试点的高校校内实训中心类型主要分为院校内实践教学基地和校外实践教学基地、红色文化教育实践教学基地和现代人文素质教育的实践教学基地、社会文化类实践教学基地和地方特色文化教育基地等几种形式。据调查显示，在强化高职大学生社会主义核心价值观的理论教育引导作用的同时，营造和跟进典型化实体校内教育环境，才能更好地激活学生情感、态度和价值观的德育元素，使"思想政治理论课与学生思想产生同频共振"促进高职大学生对习近平新时代中国特色社会主义思想的认识不断由理论认知向情感归属再到信念认同的升华，实实在在增强获得感、认可度。

二、因势而新，加快高校校内思想政治教育实训中心建设的必要性

近年来，在优质院校项目建设推动下，学院大学生思想政治教育教学工作取得了丰硕成果。但面向新时代、新要求，思想政治教育实践育人环节仍有短板，教育形式需要推陈出新。

（一）系统设计和构建思想政治教育长效育人机制的需要

新时期高校在握牢意识形态领导权的同时，必须设计如何构建思想政治教育思政课堂主渠道、思政课程新载体、校内外思政实践基地典型化实体教育功能以及校园文化营造等多方整合的德育培育系统，研究如何充分发挥院校内外不同思想政治教育载体的综合作用。通过完整的思想政治教育培育系统，兼顾不同层次学生在思想政治理论认知、民族与国家情怀、爱国情感和信念意志、道德与责任行为等多方面成长需求的差异性，让每个学生都能通过不同的途径，在课堂和实体场馆，在学习区和生活区，都能感受到社会主义核心价值观对他们学习和生活的正向

引导作用。在这个完整的培养体系中，以图片、雕塑、历史资料、影视作品、新媒体资料等实体资源为主的思想政治教育实训基地发挥着不可替代的作用。在省内外高校调研考察中，我们发现各高校的成功经验之一就是搭建了一个校园思想政治教育实践实训的基地平台。在此基础上，通过优化和整合思想政治教育，实现全方位、多层次和全过程育人。

（二）适应职业院校课程思政“德技并修、工学结合”育人机制的需要

2019 年,《国家职业教育改革实施方案》再次明确了职业院校要完善制度体系、建立职业教育质量评价体系，大学生的核心价值观、“职业道德、技术技能水平、就业质量”成为评价的核心指标。这些素质和能力生成的过程离不开“课程思政”载体的创新探索，离不开思政教育实践基地潜移默化的熏陶。当前，成都职业技术学院各专业人才培养模式改革成果丰富，然而如何进一步强化“立德树人”宗旨，把握专业各类课程和思政理论课协同推进，探寻意识形态教育与“不同专业课程教学相融合的内在契合点”是改革的难点。构建大学生思想政治教育实训中心能积极拓展思政课实践教学渠道，积极探索和建立思政实践与专业素养教育相结合、与服务社会相结合、与择业就业相结合、与创新创业相结合的方式，体现“同向同行、协同建设”原则，使思想政治教育在各专业课教学中春风化雨、润物细无声地进行，更好地为培养高素质的技能型应用人才服务。

（三）充分利用网络新媒体平台是弘扬社会主义核心价值观教育发展的需要

思想政治理论课实践教育教学应充分合理地运用现代教育技术和网络新媒体技术创设主题鲜明的网络实践育人平台，以大数据和网络技术为载体因材施教，通过实践中心线上线下交互作用，开展渗透性强的网络思想政治教育，只有这样才能使思想政治教育更生动形象、更有针对性。因此，因时而新，加快思想政治教育实训中心综合平台的构建，融合新旧媒体技术建设丰富多样的大学生社会主义核心价值观专题网站和网页已经成为新时代思想政治教育教学路径创新的必然要求。

三、因事而化，切实推进高校校内思想政治教育实训中心建设的挑战

成都职业技术学院组织建设团队，对电子科技大学、四川职业技术学院、广东轻工职业技术学院三所本专科高校校内思想政治教育实践基地建设进行了深入调研，在此基础上把握规律、突出特点，高起点建设校内大学生思想政治教育实训中心。如电子科技大学探索“博物馆+课堂”模式，在电子科技博物馆搭建课程育人平台，越来越多的老师把专业课的教学和实践环节搬进电子科技博物馆，这些“博物馆奇妙课”结合博物馆藏品和电子科学技术发展史，让同学们“眼见为实”，直观感受；四川职业技术学院的人文与科技训育中心“思德训育基地”建设，依托思想道德训育基地的德育文化长廊，将现场熏陶和学生自我宣讲结合，把课堂理论内容具体化，道德法律实践化，“三育人”活动制度化、具体化、日常化；广东轻工职业技术学院的大学生思想政治心理品德素质教育研练中心创立了“高职院校思政课研练式教学法”，通过研练活动，培养学生搜集分析、整合运用资料和处理有效信息以及积极独立思考、善于归纳总结问题的思维能力，增强学生的团队精神，强化学生语言表达、交流沟通的能力，并提高综合的政治素养。目前包括成都职业技术学院在内的很多高职院校在思想政治理论课实践教学推进方面做了很多探索，取得了不少成绩，但对照新时代党和国家对思想政治理论课建设的新期待，还存在不少短板。

（一）体制机制设计有待完善，思想政治理论教学实践经费投入难以保证

对学生的思想政治教育仍是多头化管理，难以形成教育合力。思想政治理论教育由马克思主义学院来实施，校园文化建设、社团活动和学生素质拓展活动则主要依靠学校学工部门和各分院学生管理部门来组织。分散、多头化管理导致思想政治理论课实践教学与各类校园文化活动的相融度低，课堂理论教学与现实活动教育不紧密，针对性、亲和力和实效性不高。很多学校思想政治教育实践平台建设与专业课程实践教

学相比，无论在制度建设、教学设计还是机构体系上，都未能实现真正的有机衔接，校园内外都没有建立起系统性的德育实践育人场所。如果没有充足的经费保障，思政课教学质量难以提高。

（二）学院统筹协调力度不强，思想政治理论教育实训中心建设还需合力推进

目前，成都职业技术学院马克思主义学院作为提升高职大学生综合素质的重要部门，在课程建设、教学改革方面做了大量探索，取得了一定成绩，具有一定的示范引领力。马克思主义学院牵头建立了敬业文化研究中心、社会发展研究中心以及四川省思政课大数据云教学中心、名师工作室等平台，在带动学校教师成长、服务城乡社区建设、促进区域产学研合作等方面发挥了重要作用。马克思主义学院同时还编著和出版了实践训练教程指导学生实践教学活动。但限于专门化实训场所的缺乏，实践教学基地建设的相对滞后，思想政治理论课不能摆脱传统的授课模式，实践教学的亲和力和针对性不够强，制约了思想政治理论课实践教学的效果。

（三）转型升级动力不足，思想政治理论课实践教学特色化、品牌化有待提升

目前，大多数高职院校思想政治理论课实践教学特色化、体系化平台建设需要进一步提升打造，“以文化人、以文育人”的学生实训场所还不能适应培养时代新人的要求。应探索如何搭建使学生从“平面式”书本学习转变为“立体式”的“理论 + 实践”的贴近青年、润物无声的教学平台，系统挖掘和开发出反映地域特色的天府历史人文、地域产业变迁、敬业创业精神等富有直观性、立体式内容和形式的思想政治教育实训资源，塑造形象化、体验式、浸润化的学习氛围，激活学生内在学习需求。

（四）“同向同行”机制不畅，思想政治理论课教学与各专业教育间协同性不强

由于思想政治教育多头化管理，不能有效贯通课堂理论教育与校园

实践活动，立足学科优势深入挖掘专业课程蕴涵的文化基因和人生哲理等思政资源动力不强，思想政治教育合力不够。有效贯彻“德智并重”“德业融合”教育原则，融通思想政治理论课与专业课之间、人文课之间的协同育人渠道，“引导大学生真学、真信、真懂、真用”，“提高对中国特色社会主义事业的理论认同、政治认同、情感认同”，是全体高职教育工作者的责任和义务。

（五）教师队伍信息水平不高，对互联网、新媒体和微课程的运用还不够娴熟

成都职业技术学院马克思主义学院建设了“明德 e 堂”思想政治理论教育的主题微信公众号，教师采用“蓝墨云班课”教学平台组织教学。随着大数据技术的快速发展，当前高校网络环境变化迅速，大学生学习生活中自发的线上活动频繁，信息活动量大，这些现实督促高校思想政治教育工作者必须加快学习掌握最新网络平台管理手段，牢牢掌握高校网络空间主阵地，要通过思想政治教育实训中心建设，突出现代教育技术和新媒体技术的应用，发挥平台在育人入眼、入耳、入脑、入心中的特殊作用。

四、融合创新，高品质推动高校思想政治教育实训中心建设的路径

（一）统筹设计，建立科学有效的人才培养机制和保障机制

在调研中发现，高校思想政治教育实训基地育人功能和辐射作用的发挥要有学校党委的统一领导，要在运行机制上实现教务管理、学生管理、专业管理的融合创新，要运用网络大数据技术建立立体循环可即时验证和反馈的工作信息平台，真正把立德树人融入思想教育、文化知识教育和社会实践教育各个环节，形成体系化育人机制。各专业要在专业人才培养方案课程设置和教育计划的安排上，做到“课程思政”建设和专业课程体系建设的统筹设计，挖掘不同专业课程所蕴含的思想道德、价值取向等德育元素，充实各类课程的思政教育资源。修订完善人才培

养方案，在高校各类人才培养体系中逐步形成一个依托思想政治教育实训中心平台的实践中心育人的目标、内容、保障和考核评价体系。

（二）整合资源，丰富高校校内思想政治教育实训基地内涵品位

基地建设要充分利用好成都红色资源，体现成都职业技术学院的办学特色，根植蓉城文脉，传承工匠精神，哺育技能英才，有效统筹校内校外实践育人资源，创建一所集校史发展、思想熏陶、道德升华、专业育人、网络空间教育为一体的校园思想政治教育实践中心基地。

（三）面向未来，创新高校校内思想政治教育实训基地展现形式

紧紧围绕践行社会主义核心价值观主线，构建具有认知性、情感性、体验性和拓展性功能的实践教育中心平台，通过项目活动培养学生的人文情怀，启发引导学生继承、积淀爱国主义情感和道德情操，弘扬和培育民族精神，将优秀高职大学生创业故事、劳模事迹、大国工匠形象引入校园，培养和传承优良传统文化精神。同时，要高度重视基地的网络化建设，充分应用现代教育技术实践教学软件，建立集视频、声音、文字、场景于一体的体验平台，宣扬社会主义意识形态，通过多种形式生动重现教育主题的历史场景，及时呈现教育内容和学生观后体验，用丰富新颖的方式吸引更多学生。

（四）精心设计，建设高校校内思想政治教育实训基地主要载体

首先，组建“五室”训练室，即马克思主义中国化训练室、修德守法训练室、形势政策判析训练室、敬业素养指导训练室，网络教育训练室。分别从理想信仰航标、民族复兴历程、爱国主义情怀、民族精英荟萃、中华美德传承、公民道德良序、敬业文化积淀、就业创业生涯以及交互式网络体验实现育人目标。其次，打造“三馆”训育室，即建立红色历史文化展馆，弘扬天府文化，传承红色基因，挖掘其价值内涵，赋予其时代气息，促使红色文化成为祖国年轻一代传承中华文明、奋发进取的强大动力；建立工匠文化涵育馆，秉承“德行天下，技走人生”“崇

德至美，匠心育人”理念，融合成都职院特色专业相关教育内容，以思想人文教育铸匠魂、育匠心、造匠韵，营造劳动光荣的社会风尚和精益求精的敬业风气，努力将思想人文教育的土壤培得更厚、内涵挖得更深，培养一流“时代工匠”；建立3D虚拟漫游实践体验馆，实现思政教学与新媒体新技术的有效结合，建立网络信息完善、功能强大、具有区位特色的网络实践教学基地，推出一系列蕴含着丰富的思想道德、历史文化、理想信念、爱国情怀、民俗传承、敬业工匠、创业生涯等教育内容的特色栏目，促进社会主义核心价值观的广泛传播，充分提升课上课下、线上线下主流价值观教育的合力作用。

参考文献

[1] 沿用好办法 改进老办法 探索新办法——三论学习贯彻习近平总书记高校思想政治工作会议讲话[N]. 人民日报，2016-12-11.

[2] 习近平出席全国教育大会并发表重要讲话[EB/OL]. 新华社，2018-09-10.

[3] 汪康. 大学生思想政治教育获得感探析[J]. 河北工业大学学报：社会科学版，2018（10）.

[4] 刘新跃. 协同推进各类课程与思政理论课同向同行[N]. 安徽日报，2017-04-24.

（该文发表于《四川职业技术学院学报》2019年第3期，略有改动）

关于高校实施情感教育的重要性与途径

邓礼娟[1]

大学是国家高等教育的学府，综合性地提供教学和研究条件以及授权颁发学位的高等教育机关。人们对大学的神往由衷而发、由来已久。世人不惜用最美丽的词汇来描述它，称它是知识的海洋、人才的摇篮。而作为天之骄子的大学生更是祖国的未来、民族的希望。但是，随着经济的持续深入发展，国际交往的不断扩大，大学生的思想观念、价值取向也呈现出多元化、复杂化的趋势。

今天，一些大学生的不良情绪日益滋长，在理想追求、道德修养、法律意识、个体行为上偏离了真、善、美的轨道，酿造了不思学习、不思进取、不思良善、不思尊严的苦果，甚至出现了如马××杀害同学事件、黎×抢银行事件、药××开车撞人后用刀连砍受害者致死事件等一系列极端违法行为，引起了社会各界的强烈谴责。针对这些事件，大众、专家、学者从社会层面、个性心理层面、学校教育层面、家庭生长环境和教育等层面进行了不同程度的分析研究，对大学生的培养具有重要借鉴意义。不过，却忽视了这些事件中大学生情感偏差这一重要因素。例如在现实中，当一些大学生因散漫懒惰而存在挂科的可能时，竟然用短信威胁老师。类似这样的事件接连发生，我们不禁要问：我们的大学生怎么了？他们的情感怎么了？

大学生正处于思想意识成熟期，明事理，有自控能力，不同于其他年龄阶段的学生。可是，为什么在大学生中频繁发生这些匪夷所思的违法事件呢？这与一些学校对大学生的情感教育缺失有关。当大学生被情绪感染到连是非、荣辱、美丑、善恶都不分时，又怎能控制情绪、规范

---

① 邓礼娟，成都职业技术学院马克思主义学院副教授；研究方向：思想政治理论教学与研究。

自己的行为呢？所以，大学不仅要帮助学生“读书明理”，更要帮助学生提升修养，培养其稳定的心理素质。因而，引导大学生建立积极、稳定的情感机制是当前高校情感教育的重要内容，也是遏制大学生极端行为发生的有效途径。

本文将从以下三个方面来认识高校实施情感教育的重要性和有效途径。

一、情感教育的含义

谈到情感，我们常会以为它就是感情，其实，情感和情绪的总和才是感情。而本文中的情感教育则是从感情的作用来谈的，也就是发挥情感和情绪在教育中的积极作用。既是感情，但又必须是稳定的、积极的感情。

康德说过：“我们所有的知识都开始于感性。”郁达夫讲过：“没有情感的理智，是无光彩的金块。”可见感情的重要性。我们认为，人的生存与感情密切相关，没有感情的人生是毫无意义的。在日常生活中，人们因悲哀而涕泣，因成功而微笑，因被阻而愤怒，因被威胁而受惊，因热爱而有柔情——这些都是理智替代不了的内心感受的直接抒发。所以，我们赞颂自然的伟大，同情别人的不幸，鄙视卑劣的行径，积极勤奋地工作，这不仅是健康心理的反映，也是道德正义的表现。然而，就是这些最基本的情感，在一些大学生的眼中却成了笑话，成为被瞧不起的特征。作为高校教育工作者，我们要教会学生正确表达自己的感受，了解情感的需求，建立科学的情感评价机制，从而完善学生的自我。

那么，究竟什么是情感教育呢？这先要从情感和情绪说起。简单地说，一个人在活动的过程中，一方面认识了周围的事物，另一方面也体会了自己的行为，即对于事物的直接的态度和体验，就叫作情感或者情绪。只不过情感较稳定持久，情绪较短暂易变。但这种情感和情绪都有积极和消极的一面。积极的情感和情绪会带给学生积极向上的意志品质，而消极的情感和情绪则会使学生意志消沉、态度偏激。所以，我们所要对大学生进行的情感教育，应该是稳定的、持久的、积极的态度和体验，让他们学会正确表达自己的情感和情绪，学会调节自己的不良情绪，让他们具有与大学生相符合的情感表现，特别是道德正义的表现。因此，我认为情感教育就是在高校的教育教学活动中，主导者以自己良好的情绪和稳定持久而积极向上的情感体验，教会大学生调节情绪、表达正义和展示道德力量的一种教育模式。

为什么要对大学生实施情感教育呢？这一方面是由教师在高校教育教学中的主导地位决定的，也必然成为教育发展的前景与趋势；另一方面则是大学生情感良性发展的必然需要。

二、大学生情感教育缺乏的表现

情感教育是一种积极情绪潜移默化的过程，需要充分认识大学生的情感现状，方可“对症下药”。经过长时间的调查研究，我们发现，目前大学生的情感教育缺失主要表现在以下方面。

1．理想追求功利化

在校园里，一些大学生对理想信念的认知逐渐模糊。一般无远大的理想目标追求，对毕业后的想法现实而又功利。一些大一新生刚入校，便积极申请加入社团，积极申请入党，但他们的“目的性”很强，认老乡、交朋友、找工作；在各级评优活动中，一些学生妄图通过找关系获得同学支持。难道他们没有公平竞争意识？有，但他们更害怕吃亏。发生这些现象，少数教师也是“推动者”，他们没有及时纠正不良风气，有的甚至还认为这是学生适应社会的表现，这就使不良情感认识滋生蔓延，学生逐渐变得功利。

2．道德修养意识冷漠化

经过几十年的道德建设，国民的道德意识、道德行为有了显著提高。被誉为社会良心的大学校园应是引领社会道德风尚的前沿阵地，而大学生更应是社会青年的榜样。但是，一些大学校园出现了吃饭插队、乱涂乱画、不文明恋爱、抄袭作业、图书馆撕扯资料、简历造假、借钱不还等一系列不文明行为。我们以前总是从思想道德素质上去引导，殊不知大学生对这些不良行为是能够明辨的。明知不可为，却为何偏为之呢？这何尝不是人云我亦云、人为我亦为的跟风情感在作怪呢？说到底，是因为一些大学生内心缺乏正确的情感评价机制和自制力。

3. 法治意识淡薄化

回想发生过的一系列大学生违法犯罪案件，我们不能自欺欺人地认为他们不知道自己的行为是违法的，而是明知违法却任由当时的不良情绪来主导，以致悲剧的发生。俗话说：冲动是魔鬼。为什么就不能控制住自己的躁动、羞恼、偏执、放纵、报复及毁灭情绪呢？追其原因，就是法治意识淡薄、法的精神缺失，他们在平时生活中，看到社会上一些有法不依、执法不严、违法不究的现象和报道，滋生了侥幸心理和放纵心理，并且任其蔓延，在关键时刻就自然会不计后果了。

4. 个体行为私利化

在高校里，我们常常发现个别大学生显而易见的私利化：会看人说话、不会一视同仁；会破坏规则、蔑视公平；会假公济私、拉帮结派；会将情感利益化、认同“金钱至上”……一些高校的教育工作者看到这些现象时，没有深入了解真实情况，反而因他们为学校或班级带来荣誉而称赞他们有能力，夸奖他们灵醒懂事。许多教育工作者总是想给每一位大学生多一些鼓励，也认为大学就是一个“小社会”，大学生应该头脑灵活一点。但他们忽视了对那些灵活过头的大学生的不良行为的纠正，当不符合社会主流价值取向的情感表现和情感评价成为恶性循环时，那些深受社会不良风气影响的大学生便会迷失方向，这也必然影响高校良好校风、学风的树立和大学生综合素质的提高。

巴尔扎克说：“心灵反映生活，面貌反映心灵。”大学生应该有与他们的身份相匹配的道德情操和道德行为，也应该有与他们的生活氛围相符合的多彩与快乐。他们应该是诚实而勤奋的、真诚而友爱的、善良而纯真的、健康而富有爱心的、理解而富有正义的、青春而富有活力的。他们应该是朝阳，红红火火地向世界散发光和热。

三、高校实施情感教育的途径

20 世纪伟大的科学家爱因斯坦在谈到高校的作用时说："学校的目标始终应当是：青年人在离开学校时，是作为一个和谐的人，而不是作为一个专家。"的确，高校发挥着培养人才、传承文明、创新知识和服务社会的功能，又时刻体现着学术精神、求真精神、道德精神和时代精神，那么从高校走出来的大学生应是德才兼备、情理皆具的和谐的人。和谐就意味着要有积极、健康的情绪反应，要有道德与正义的体现。这就需要情感教育的引导和熏陶。那么，高校如何实施情感教育呢？

1．充分利用课堂教学平台，发挥高校教师的主导作用

在教师的日常教学活动中，开展与学科相联系的情感教育，以教师的人格魅力和个人良好的情绪情感，营造出优良的学习氛围，让大学生在轻松愉快中获取知识。

美国心理学家吉诺德博士在谈到教师的作用和影响时，说了一段非常精辟的话：在经历了若干年的教师工作之后，我得出了一个令人惶恐的结论：教育的成功与失败，"我"是决定性的因素，我个人采用的方法和每天的情绪，是造成学习气氛和情景的主要因素。身为老师，我具有极大的力量，能够让学生们活得愉快或悲惨；我可以是制造痛苦的工具，也可以是启发灵感的媒介；我能让人丢脸，也能叫人开心；能伤人，也能救人。无论在任何情况下，一场危机恶化或解除，学生是否受到感化，全部决定在我。

这一段话让我久久思考：教师的人格魅力对学生的影响如此明显，教师的情绪情感对学生影响更是在教育中起到了决定性的作用。那么，作为高校教师，加强自身师德修养，学会控制不良情绪，在教育教学中运用积极情绪去感化学生显得尤为重要。

俗话说：人非草木，孰能无情。教师也有许多油、盐、酱、醋、茶的生活烦恼，不会只有愉快的情绪，在教学活动中，难免会迁怒、冲动，甚至怒骂，但正是这种"难免"会给学生带来不小的影响。如果教师在教学过程中表现出不良情绪，学生会感受到这种负面的影响，一些学生

甚至会引发自身低沉的情绪，导致注意力涣散，唤起内心深处对消极事件的回忆，产生不愉快情绪。这样，一堂课下来，学生不仅学不到知识，一整天的情绪都会受到影响。这样的教师越多，心理郁闷并外显的次数越多，大学生就会保持较长时间的低气压，从而引发心理问题。这就是教师在教育教学活动中的影响力。因此，作为高校教师，应在工作中严格要求自身情绪情感的稳定性，即使有负面情绪，也要用师德修养加以控制，并利用学科知识转换消极心境，使自身情绪阳光化。这样，教学双边活动才会轻松愉快，师生双方的心理状态积极健康，具有满足感和成就感。

2. 采取激励机制，发挥辅导员教育工作的积极作用

将情感教育纳入辅导员的日常教育，采取激励机制，教会大学生公平竞争，引导大学生树立正确的集体荣誉感。

由于班级外部经常要进行各项评比，班级内部也会开展大学生的量化评比，大学生的荣誉感很自然地被激发出来。但问题在于获取荣誉的方法。一些辅导员在教育活动中，常常只注意结果，未了解事情经过就开始表扬，殊不知一些学生虽然取得了成绩，但不一定是努力的结果。如果未经调查就公开激励，可能会导致其他学生效仿，形成大学生不公平竞争心理，引发不良情绪反应，并表现在其他方面。所以，辅导员在高校的各类活动或竞赛评比中，应立场鲜明地批评投机取巧的做法，积极倡导公平、公开、公正的竞争模式，让大学生形成积极进取、诚信竞争的情感品质。

3. 搭建实践活动平台，发挥高校教育的主流引导作用

在高校的各项竞赛与活动中，有意识地对大学生进行情感教育，不应停留在形式上，而是正视大学生各方面的积极与消极情绪反应，引导大学生对真善美的情感追求，将情感教育由浅入深、由表及里地贯彻下去，让大学生对周围事物、对社会百态、对民族复兴、对国际交往的态度得到情感的升华，这既是情感教育个性化的要求，也是情感教育社会道德规范化的要求。

高校是培养和提高大学生思想道德素质的主阵地，因而在高校教育

中，要有针对性地进行一些主题教育，开展一系列社会实践活动，如爱国主义教育、集体主义教育、革命传统教育、道德风尚教育以及法制教育等。在这些主题教育活动中，我们采取了征文、唱红歌、志愿者服务、参观红色教育基地以及改革开放成就展、献血、评选校园文明先锋、旁听法院审理案件等一系列形式，可以说是内容丰富、形式多样。表面看来，这些活动都进行了，也取得了一定成效，但在这些活动过程中出现的许多尴尬问题却被我们忽视了。如征文中千篇一律的虚假故事情节；为获得实践学分去参观红色教育基地，到点就撤。这些活动能让大学生受到什么教育呢？这十分值得我们思考。因此，我们一定要采取严谨的态度、周密的计划、积极的情感、科学的考核评价机制来正确引导学生，实现预期目标。在活动开始前宣传、摸底、教育和动员；在活动过程中评价公正，赞扬正义，批评弄虚作假、打击报复及酸葡萄心理；在活动结束后总结经验、展开讨论、以正压邪、达成共识，发扬正义、道德和公理。从而将活动开展得有声有色、有始有终，真正达到教育目的，避免社会不良风气对大学生的侵蚀，帮助大学生形成科学的人生观和价值观。

当然，高校实施情感教育的领域还有很多，方法也多种多样，在社会实践中可以，在工学交替中也可以，在住校生活中同样可以。而且，不仅仅在高校实施，在家庭和社会生活中也需要进行情感熏陶，这是人类社会发展的基本要求，也是人类自身发展的基本需要。

综上所述，情感是每一个人都具备的一种基本能力。人们的一切皆离不开情感，因而情感教育是终生的，甚至可以说，情感教育本身就是人格教育的一部分，也是思想道德教育的一部分，更是心理教育不可分割的一个重要组成部分。因高校的教育对象是处于情感发育黄金时期的青年大学生，教会他们懂得情感并善于调节情感的不良反应是大学生的健康成长成才的内在需求。所以，让我们在人生的各个阶段去挖掘情感教育的立足点，更新情感追求，实现情感升华，并将积极丰富的情感运用于教育教学活动中，以教育工作者自身的情感魅力去感染学生、去教育学生，为提高全民族的心理素质和思想道德素质而努力奋斗。

参考文献

[1] 刘晓伟. 情感教育：塑造更完整的人生[M]. 上海：华东师范大学出版社，2007.

[2] 田玲. 大学生情感教育读本[M]. 北京：北京大学出版社，2008.

[3] 韩震. 社会主义荣辱观：大学生读本[M]. 北京：人民出版社，2006.

[4] 戚业国. 今天，我们为什么要读大学[N]. 文汇报，2009-06-12.

[5] 文夫. 中外名人名言录[M]. 上海：文汇出版社，2010.

[6] 王正莉. 高职大学生良好情绪的培养[J]. 西南民族大学学报，2007（10）.

（该文发表于《职教论坛》2012 年第 20 期，略有改动）

探析高校思政教学中培育学生敬业精神的有效路径

程　佳①

高校在传统教育理念下对人才的培养主要考虑提升学生对理论知识的掌握，结合恰当的实践课程锻炼，促使学生能够具备适应工作岗位的能力。一些高校忽视对学生敬业精神的培养，或者是从岗位穿着礼仪的角度来体现敬业精神；部分高校开展就业礼仪课程，认为学生在工作岗位中的仪态是对岗位的尊重。然而，这些高校的这种思维具备片面性，其忽视对学生本身的精神层面培养，导致学生很难在毕业以后快速进入工作状态。

一、敬业精神融入思政课程的重要性

敬业精神主要是指人在进入到工作状态以后需要承担其工作岗位当中的责任，其除了要在工作岗位中充分发挥出自身的价值以外，也要凭借自身的努力来为社会做贡献。而敬业精神的培养需要符合时代需求，具备一定的创新能力。将高校当中的思政教学与敬业精神培养融合在一起，能够促使学生的敬业能力提升，帮助学生快速适应工作环境，并且更顺利地融入工作岗位。对于高校来讲，敬业精神在思政教学中的凸显能够使高校教育的目标更好地实现，从而真正意义地为社会培养更多优秀人才。[1]习近平总书记提出要实现中国梦，而中国梦是建立在高新技术的基础之上的，因此社会发展对于人才的需求更大，对于人才的要求也更高。需要高效人才尽自己最大的努力来进行探索，通过不断地努力实践创造出更加符合中国社会发展需求的产品。高校对学生敬业能力的培养能够促使学生意识到自身所承担的工作责任，进一步意识到自身所

① 程佳，成都职业技术学院马克思主义学院教师；研究方向：思想政治教育。

需要承担的社会责任。高校应抓住大学生心理塑造和价值观形成的关键期，抓住重点，精准发力，方能达到事半功倍的效果。思想政治理论课是大学开设的公共课程，也是将敬业精神传达给学生的有效途径，通过思政课程的开设，促使学生形成正确的社会主义价值观，也让学生明确自身所学习的专业以及未来所从事工作的重要性。[2]在潜移默化中感受到敬业精神的魅力，帮助学生提升综合素养。

当今时代对于专业技术人才，尤其是科技型专业人才的综合素质和能力要求很高。高校作为专业技术人才培养的主要平台和阵地，肩负着大力培养复合型高素质专业技术人才的使命和重任。将敬业精神融入高校思想政治理论课实践教育中，有利于大学生顺应时代发展的潮流。高校将敬业精神培养的重点放在如何提高学生对于未来的工作和对现存岗位的认知和职业忠诚度上，将唤醒高校大学生的刻苦钻研的敬业精神和品格，有利于帮助高校大学生在扎实掌握专业知识基础的同时，进行对于专业基础知识的深入解构和对观念的重塑，使其能够进行具有创造性的专业知识结构创新。[3]此外，将敬业精神融入高校思想政治理论课，有利于让更多的大学生在高校进行专业技术实习等其他的社会实践中更加注意做到理论与实践的融合，养成知行合一的良好工作、学习以及生活习惯。

二、高校思政课程培养学生敬业精神背景分析

如今，我国改革开放工作已经到了关键时期，国家不断对经济发展结构做出调整，鼓励企业开始转型。企业创新发展以及变革突破成为其未来获取竞争优势的重要因素，也成为促进产业升级的关键因素。对于企业来讲，不管是经营者还是生产者都是其中非常重要的因素，离开了人的因素，企业很难进一步发展。年轻的大学生人群是企业参与市场竞争的核心资源，也是企业创新发展的关键资源。为此，新一代大学生的培养成为影响企业未来走向的关键点。敬业精神是当代社会职业价值观最为重要的因素之一。从生命价值的角度来讲，培养敬业精神是人们从事工作、参与生活的重要表达方式。[4]高校开展敬业精神培养不仅是单纯地

要培养学生作为劳动者的态度，还要帮助学生建立更加完善的劳动者价值系统，促使学生真正了解该怎样解决岗位中的问题，该以怎样的态度来对待岗位，怎样才能够在工作岗位中创造自己的价值。习近平总书记指出，在前进道路上，我们要始终高度重视提高劳动者素质，培养宏大的高素质劳动者大军。劳动者素质对一个国家、一个民族发展至关重要。劳动者的知识和才能积累越多，创造能力就越大。提高包括广大劳动者在内的全民族文明素质，是民族发展的长远大计。

三、高校思政课程培养学生敬业精神的具体路径

（一）剖析敬业精神内涵

在新时代敬业精神的呼唤下，传统的思想和敬业精神必定会经历适于这个时代的思想政治理论改革创新，这也是各高校在开展思想政治理论改革工作中必须面对且极其紧迫的改革创新任务。所以，面对如此紧迫的改革创新任务，高校教师应及时地进行自身思想政治教学模式的改革和反思，真正地做到以广大学生和家长为主体，深入地剖析新时代敬业精神的基本内涵，做好思想政治理论教育工作的结构性改革和工作计划的改革创新。

（二）丰富精神世界

要想将良好的敬业精神培养融入高校大学生的思想政治教育和文化教育，高校就要努力营造良好的校园环境，主要包括物质环境和精神文化环境。首先，学校要提供专项资金，设立专门的敬业精神研究课题，配备专业的研究资料和文献库，并为其思想政治和文化教育的工作开展提供重要的科研资金和技术支持；其次，要在学校张贴大量的与敬业精神相关的文化宣传资料，在文化走廊设立专门的书籍和画册展柜，生动形象地对大学生进行敬业精神文化的宣传教育，丰富学生的精神世界。

（三）注重校企合作

高校为促进企业发展培养人才，为服务社会培养人才，为国家发展培

养人才。学校可以与企业展开良好的合作，安排学生到校外企业进行实地考察和实习，让在校学生充分了解和认清未来所需要从事的行业和工作的类型，及时地摸清自己未来职业的发展方向。这样，有利于帮助学生实现知行合一，扩展学生的视野和空间。校外合作企业也可以及时地建立对实习学生的监督和评估制度，记录和评估学生的思想和行为。此外，学校应特别注意对校外实习学生和合作企业的情况进行调查，并适时地记录和解读合作企业的文化建设情况，丰富学生的思想政治和文化教育的内容。

四、结束语

将大学生敬业精神培养融入大学生思想政治教育，有利于大学生尽快形成良好的敬业精神以及学习、生活习惯，更好地提高大学生的思想道德素质，更好地进行大学生的理想信念教育。所以，高校首先应该深刻地立足自身实际，及时地反思现在的敬业精神教育方法和模式，根据时代发展的要求做出相应调整；其次，适时地推出一些精神榜样，丰富学生的精神世界；最后，通过学校与校外企业的充分交流合作，进行有针对性的敬业精神的教育。

参考文献

[1] 蔡梦佳，舒成. 工匠精神培养与高职思政教育的有效融合路径分析[J]. 创新创业理论研究与实践，2019（17）.
[2] 任红营. 高校思政课与学生职业精神培养的融入路径分析[J]. 职工法律天地：下，2018,（10）.
[3] 卢进伟. 高校思想政治课程教学中学生法治思维培养路径探析[J]. 学校党建与思想教育，2018,（7）.
[4] 乔沐. 浅谈高职思政教育中学生工匠精神培养[J]. 才智，2019（27）.

（该文发表于《锦绣》2020 年第 12 期，略有改动）

高等教育职业化改革中职业理念的传播与引导

黄泽敏①

中国解决就业结构型矛盾的核心是教育改革，而教育改革的突破口在于现代职业教育体系的构建。我国正以现代职业教育体系构建为突破口，强力推进高等教育的职业化改革。高校学生就业难一直困扰各界，一些企业感叹“无合适的人才”“现在一些人太急功近利”，这在很大程度反映出高校学生职业理念与现代企业发展的实际有出入。鉴于当前大学毕业生的职业道德状况不尽如人意这一现实，高校应承担起立德树人的使命，加强对在校大学生的职业道德教育。[1]高等教育职业化改革需要在高等教育人才培养过程中加强职业理念的传播与引导。职业理念是由职业人员所形成的共有观念和价值体系，是规范职业内部运行的职业道德规范，能够反映出高校学生是否有清晰的职业生涯规划，个体的职业理想、择业观、职业观等内容是否科学正确等，是个体生涯发展的核心竞争力之一。在复杂激烈的企业人才竞争环境中，拥有爱岗敬业、积极向上、勇于吃苦的良好职业理念是职业生涯成功的基础保障。传播职业理念的首要工作是辨析时下高等教育职业化的现实困境，探讨高校学生群体和个体的道德标准及成长环境的特征，依据学生专业打造相适应的职业理念，从而帮助高校学生树立科学正确的职业生涯观念。

一、树立学生职业生涯全新“方向标”

1. 明确现实改革需求，强化理念传播紧迫性

职场的发展总是遵循一定的规律、习惯，职业与职业、职业与社

---

① 黄泽敏，成都职业技术学院教师；研究方向：思想政治教育与教学。

会之间都有着特定联系，随着高等教育的大众化发展，每年几百万高校学生进入社会职场，但其展现的职业素养却不尽如人意。高等教育职业化偏离企业运行轨道，存在知其然而不知其所以然的普遍现象。一是部分高校学生择业目标不明确，缺乏明确的职业理念，或是出现伪造证书、虚构简历等极端不诚信行为，这加剧了人才与企业的矛盾；二是部分学生职业价值取向不正确，不考虑自身的专业特长，频繁跳槽，盲目追求物质待遇，责任心匮乏，做事拈轻怕重。高校学生展现的职场形象较差，这也再次给高校教育职业化改革敲响了警钟。造成高校学生职业理念匮乏的内在原因是多方面的，学校传统教育习惯、社会不良风气、家庭环境等因素都影响着学生职业理念的形成。只具备专业能力会成为有用的“机器”，而不是和谐发展的职业人。因此，高校教育职业化改革要响应社会时代发展需求，从加强学生职业理念着手，逐步影响学生未来择业、就业、升职理念，让高校学生成为未来社会的典范。

2．深化理念内涵，强调个体道德成长性特征

梳理高等教育职业化发展现状能够发现，职业理念培养是改革的首要任务。高校教育必须着眼于学生个体的成长和发展，同时充分考虑社会、企业等方面的具体需求，遵循学生心理规律传播职业理念，而不是束缚他们的成长。职业理念不只是简单关注学生的专业知识水平，而是要更多地关注学生人格的健全成长，使学生具备更加成熟稳重的心智及行为，注重社会秩序和公平。因此，高校教育首先要明确学生个体的差异性，每个学生职业理念的高度不同，未来职位也可能存在很大差距，但每个学生都值得我们尊重；其次，个体职场经验的增加会带动自身职业理念的变化，因此，高校教育职业理念培养可以从职业规则着手，慢慢深入职业原则和职业理想，构建台阶式发展教育大纲，帮助学生从职业人基本要求和职业底线开始学习，逐步形成对职场规范约束的正确认知，进而构建指导性的行为准则，使学生能够从内心深处建立自我肯定的职场理念，形成自身的职业理想。高校教育职业化要从教学内容、教学方法上着手，利用平易近人的方式引导学生从心理上认知职业，从而

推动学生更沉稳地迈向理想职业。

3．职业理念培养切实围绕未来职业特征

高等教育发展迅速，承担着为国家培养高技术人才的历史使命，职业化改革应针对不同专业，构建特点鲜明的职业理念，解决社会企业的用人需求问题。高等教育职业化要围绕学生未来职业发展趋势，建立与之相适应的课程体系、培养方案，通过实践教学帮助高校学生树立正确的职业理念。要解决职业道德教育目前普遍存在的课程缺失、系统性不强、途径与方法陈旧等问题，建构一个基于学生未来职业发展的职业道德教育课程模式是较好的解决之道。[2]完善的职业理念教育不仅是学生走向职场，实现成功择业、就业、创业的基础支持，也是高等教育职业化改革的根本目的。树立正确职业理念需要高校学生对其进行深层次的认识和分析，才能获得“知之深、知之切，才能做到自觉”的实际教学效果。高等教育职业化要从学生未来职业生涯长远角度出发，遵循职业发展的科学化和人本化趋势，以科学认知的态度指导学生塑造职业理念，同时，尊重学生身心发展规律，满足学生需求的同时，强化职业要求。

二、基于高度认知传播正确的职业理念

1．注重目标导航，强化由内而外的目标选择

职业理念与职场行为是紧密结合的，正确的职业理念对学生未来职场的影响作用甚大，因此，从课堂教学到实践学习，乃至心理辅导、专家讲座等，都要从学生心理特征的多个角度出发，对其进行关于职业理念的理论分析和认知指导。高校职业教育老师以及相关管理服务人员要遵循以身立教、以身作则的教学准则，发挥职业行为示范作用，让学生在耳濡目染中体会职业理念、增加职业经验。内化于心、外化于行是职业理念传播的最终目标，这是一种由内及外的发展过程，因此，传播职业理念要贯穿于学生学习的生活细节，要通过反复的职业实践学习，促使学生强化自身责任意识，锤炼吃苦耐劳的精神，同时帮助其培养服务意识、团队合作意识以及社会意识。将职业理念转换为职业行为，引导学生培养良好的道德行为并加以持久化，高校需要

建立完善的行为固化机制，帮助学生维持、巩固个人职场行为，借助真实情景模拟，加深学生对职业理念的感悟，固化个人职业理念和行为。

2．准确定位内涵，强化以人为本的引导方式

急功近利、流水线式培养是高等教育职业化必须摆脱的操作思维，高校教育要清晰认识到市场经济发展中人才正转向多样性、全方位发展模式这一现状。职业理念传播要坚持以人为本的原则，充分尊重学生个体的基本权利。学生身体、情感、精神的内在需求决定了其对职业理念的接受和吸收程度，所以高校教育要全方位关注学生个体的自然生命、社会生命和精神生命，努力培养学生积极的生活态度和价值取向，全面提升学生个人的质量和品位，为学生的需求生成和全面发展营造良好的成长氛围。[3]以人为本体现在以学生个体发展为依据，精准定位和关注学生的独立性、个别性和差异性，促使学生个体拥有不同的职业发展追求。

3．融合企业文化，实现潜移默化地熏陶感染

企业文化是员工在企业日常经营活动中必须遵守的文化理念、行为规范和道德准则，是企业核心竞争力的综合反映，决定了企业的未来发展命运。高等教育职业化变革的重中之重就是要与企业建立共同发展的合作模式，尤其是与本土企业建立合作发展模式，实现理论教学与企业运营的“零距离”。采取将企业文化或本土企业文化引入高校办学理念，营造企业文化氛围，建立在课程中渗透企业文化教育的新模式，加强教师队伍建设以及加强校企合作等切实有效的措施，将企业文化或本土企业文化融于学生职业道德教育中，不断增强职业道德教育的实效性[4]和针对性，让空洞的理论变得鲜活起来，生动可感可触，使学生在潜移默化中形成良好的职业道德意识、团队意识、责任意识以及吃苦耐劳精神，具备接受和融入企业文化的能力和素质。这为高校学生顺利步入和融入企业做好了铺垫，能够促使学生更迅速地完成个体角色转换，更好地立足于企业生存和发展。

三、多元方式协同有效引导学生职业理念

1. 优化教育资源，构建职业化教育体系新格局

高校教育职业化在校园内部是无法取得很好效果的，要积极优化高校教育资源，就必须杜绝闭门造车的情况，创造相适应的教学环境和条件，实现走出去和迎进来的教学局面，帮助学生在无声中体会和感悟职业理念。一是要把职业理念贯穿于高校教育的各个阶段，使其伴随学生职业成长的全过程，引导高校学生树立正确的职业观，诸如在教学体系中坚持理论与实践、基础与专业的结合，在教学环节中促使企业岗位与专业相匹配、教学内容与工作流程相一致等，同时充分与国家建设、社会企业发展进行有机结合，正确定位时下社会责任，引导学生勇于承担历史责任。二是要牢牢抓住建设社会主义核心价值观这一宏观目标，明确高校教育职业化是为谁服务、怎么服务，积极推动学生职业理想与中国梦相一致，使学生能够正确处理社会责任、民族使命与自身理想的关系。三是要全面发挥文化育人功能，构建丰富、优秀的高校校园职业文化阵地，借助文化活动强化主流社会思潮，发展和传播企业文化，引导学生理解企业文化内涵以及企业选人、用人标准，特别在执行力、质量意识、职业操守等方面塑造学生职业理念，为学生走向企业追寻提供内在动力。四是要明确高校教育肩负的促进科技进步、服务社会的责任，积极拓展创业能力实践渠道，营造浓郁的科研创新环境，全面培养高校学生的科研创新意识和能力。

2. 强化社会企业岗位需求导向，拓宽教育平台

作为学生就业岗位的主要提供者，社会企业的岗位标准是高等教育职业化改革的重要参考和目标依据,同业也是传播职业理念的现实引导。高校教育职业化改革应遵循企业人才需求这一培养基础，强调学生职业理念与企业发展的紧密联系。一要紧密围绕校企合作实践项目，准确把握企业用人理念以及标准，规范人才培养方向，正确定位职业理念重要性，提升高校教育职业化的科学性，将职业素养教育贯穿于工学结合的人才培养模式中；[5]二要全面组织高校学生参与企业实践，亲身体验企

业营运程序，切实感受企业文化，从而形成全方位的职业观，明确自身职业发展目标；三要校企携手构建和定制人才培养规划、目标和模式，优化传统学科专业体系，注重“双向”协作互动，高校实践教学要延伸至企业，以工学交替、课程置换、专业学习、岗位体验等构建人才培养创新模式[6]，切实促进高校教育职业化与社会人才需求并轨；四要将高校作为国家科技创新的中坚力量，构建与企业、科研院所及有关部门的联合人才培养模式，构建更大范围的教育合作平台，并以此为契机，增添高校人才培养途径，吸收学生加入到服务企业、参与科研项目，引导学生拓宽视野及思维；五要分析预测企业对人才的需求状况，制定相关职业标准和评估方式，通过广泛合作模式，引入各行各业协会组织的各种资源，针对高校学生开展职业资格认证等内容的培训，帮助高校学生塑造职业理念，实现学生与未来职业的零距离接触。

3．重视全方位职业理念评价及内容创新变革

时代发展带动了岗位要求的快速变化，使职业理念的评价成为难点，因而，全方位评价职业理念的模式成为客观需求。一是掌握评估职业理念知识，以笔试为主；二是理解评估职业理念，以实践表现、面试等方式为主；三是评价职业理念思考能力，表现为学生是否能够准确判断职场行为、道德价值。除了常规高校教育内部评价体系以外，国家职业资格认证制度同样是评估学生职业理念的重要方式，虽然不同专业的职业资格证书认证规范和要求有所差异，但职业教育本质是一致的，都旨在培养学生的职业自律能力、自主学习能力，特别是面对困难挑战时分析、解决问题的能力和清晰的职场思维。现代职场中，人们一般会从事多个岗位的工作，这就更需要培养良好的职场适应能力和职业能力。作为未来职场人，学生要在未来的职业环境和工作中面对错综复杂的情况，因此，高校教育要帮助学生构建正确的职业理念，学习思考自身的工作状态是否有利于自己、有利于企业、有利于社会发展，以及自身特长、兴趣爱好能否得到支持和满足，进而正确处理个人需求与社会变革的关系，维持个人的职场尊严。

综上所述，职业理念的传播和引导工作任重道远，是高等教育职业

化改革所面临的艰巨任务和重大课题，高校坚持以人为本的育人理念，积极关注学生个体成长与生涯发展，从人才培养模式、课程教学改革、校园文化创新、师资队伍建设等方面，大胆改革创新，强化高等教育职业化的针对性和实效性，为国家发展源源不断地输送合格人才。

参考文献

[1] 武晓华. 加强大学生职业道德教育的若干思考[J]. 思想理论教育导刊，2014（2）.

[2] 詹丽峰. 基于职业发展的职业道德教育课程模式构建[J]. 教育评论，2016（3）.

[3] 崔昌玺. 论以人为本的职业道德教育观[J]. 中国成人教育，2012（16）.

[4] 孙涛. 企业文化融于学生职业道德教育的探索[J]. 中国成人教育，2012（11）.

[5] 王红岩. 高职生职业素养培养策略研究[J]. 黑龙江高教研究，2012，30（2）.

[6] 曲长海，王越芬. 高校多元协同培育大学生职业素养的研究[J]. 教育理论与实践，2015（12）.

（该文发表于《中国成人教育》2017 年第 8 期，略有改动）

第三部分

网络思想政治工作研究

基于微信公众平台的大学生思想政治教育价值与方法研究

张　冀[①]　蒋家胜[②]

在全国高校思想政治工作会议上，习近平总书记强调高校思想政治工作关系到高校培养什么样的人、如何培养人、为谁培养人这个根本问题。随着移动互联网技术的迅速发展，大学生的微信化生存已经成为普遍状态，充分认识微信公众平台的媒体属性和意识形态属性，充分发掘微信公众平台的思想政治教育的功能，对于高校大学生的思想政治教育具有重要的意义。将微信的信息科学技术与思想政治教育有机结合，凭借微信公众平台创新大学生思想政治教育的方式与方法，培养能担当中华民族伟大复兴伟业的时代新人，是当下增强大学生思想政治教育实效性与针对性的必然趋势。

一、高校运用微信公众平台进行思想政治教育的时代价值

1. 创新教育手段，顺应思想政治教育变革的择优之选

习近平总书记在党的十九大报告中强调，要高度重视传播手段建设和创新。在全国高校思想政治工作会议上，习近平总书记强调要运用新媒体新技术使工作活起来，推动思想政治工作传统优势同信息技术高度融合，增强时代感和吸引力。随着以计算机信息技术、多媒体技术和网络技术为核心的教育信息技术蓬勃发展，微信应用的普及性、操作的便捷性、内容推送的丰富性等特点为高校思想政治教育打开了一个崭新领

---

① 张冀，成都市社会科学院副研究员，西南交通大学马克思主义学院博士；研究方向：网络思想政治教育。
② 蒋家胜，广州番禺职业技术学院马克思主义学院教授；研究方向：思想政治教育。

域，如何结合微信公众平台的技术特点，充分发挥微信公众平台的传播与技术优势，更好地为大学生的思想政治教育服务，是当前高校思想政治教育研究领域亟待解决的问题。与其他自媒体平台相比，微信公众平台所发送的信息将直接影响到关注者，这种点对点式的深耕传播和干净简洁的用户体验很容易获得用户的青睐，进而形成和沉淀许多忠诚的、私密的、有价值的用户，凭借这种认可、关系、价值可以把思想政治教育工作做得事半功倍。因此，丰富与创新运用微信公众平台进行高校大学生思想政治教育的方法与途径，使高校大学生的思想政治教育更具主动性与实效性，是高校思想政治教育方法改革的又一举措，为培养和造就中国特色社会主义事业的合格建设者和可靠接班人提供了有效途径，更是新时代促进现代信息科技与思想政治教育融合创新，提高教育实效、引领思想前沿的择优之选。

2．整合教育资源，增强思想政治教育获得感的时代之需

当下，大学生的获得感已成为评价思政教育教学效果的主要衡量目标之一。大学生的获得感是在教育者积极探索、努力钻研中产生的，它不会从天而降，更不是学生赐予的。在新媒体的大语境下，将高校内思想政治教育系统的高校、课程、课堂、课后、学生等构成要素有机结合，在微信公众平台上进行资源的优化整合，有利于提升思想政治教育的亲和力与创新力，增强思想政治教育的获得感。首先，微信公众平台走入课堂，开展手机教学全新模式，通过课上教学方法创新，实现师生之间互动、学生之间交流，从而实现思想政治教育过程中互动与融通的目标；其次，微信公众平台展示、分享课程资源，凸显大学生的主体地位，将大学生的被动接受转化为主动参与，实现学生与课程间共建与共享的目标；再次，微信公众平台课后引导大学生分辨良莠，提升明辨是非的能力，实现大学生思想健康发展的目标；最后，运用微信公众平台将课堂的理论知识与课后的实践活动衔接与配合，形成线上与线下的有机互动，让大学生在理论和实践相结合的过程中感知马克思主义的理论魅力，掌握马克思主义中国化的最新成果，并以此规范自己的思想和行为，逐步达到让大学生真心喜欢、终身受益的教育目标。

3．构建全域格局，实现全程全方位育人的必要举措

习近平总书记在全国高校思想政治工作会议上提出，高校要把思想政治工作贯穿教育教学全过程，实现全程育人、全方位育人。针对当代大学生群体网络使用的情况，通过把思想政治教育传统优势同微信公众平台深度融合，创新教学方式方法。一方面，遵循教书育人规律，实现全程育人。微信公众平台根据大学生在校各个阶段的特征，有针对性地配置栏目，及时推送系列专题，为在校大学生合理安排学习生活进度提供有效的建议，让微信公众平台上的育人资源排列组合能够适应大学生各阶段需要，增强大学生思想政治教育的延伸性与拓展性，避免断档现象的出现，形成微信公众平台的全时段、零遗漏的全程育人循环闭合模式。另一方面，遵循思想政治工作规律，实现全方位育人。以高校微信公众平台为依托，推动微信信息技术与思想政治教育有机融合，发挥微信公众平台的思想政治教育功能，增强思想政治教育的亲和力和时代感，积极探索党政协同、师生共生、显性教育与隐性教育结合、课堂主渠道与网络主阵地互补的大学生思想政治教育模式，实现由平面一维向立体多维的教育方式转型，实现协同育人的大思政工作格局。

二、高校运用微信公众平台进行思想政治教育取得的成效研判

移动互联网时代信息技术飞速发展，微信作为获取信息和沟通交流的便利手段，已被高校师生广泛使用。在高等教育的思想政治教育领域的改革过程中，高校微信公众平台扮演着越来越重要的角色。主动掌握高校运用微信公众平台进行思想政治教育的发展动向，有利于对高校今后运用微信公众平台进行思想政治教育提出卓有成效的对策与建议。

（一）高校运用微信公众平台进行思想政治教育的成效

1．彰显“校本文化”的传播优势

习近平总书记指出，文化是一个国家、一个民族的灵魂。文化兴国运兴，文化强民族强。高校校本文化是中国特色社会主义文化建设的重要组成部分。每个高校都有自己的校本文化。校本文化是指各个高校在

历史的发展、自身的努力和外部环境的影响的基础上，逐步积淀起来的一种独特的历史底蕴、教育理念、精神风貌。校本文化是高校凝聚力、创造力、生命力的源泉，是教育人、陶冶人、感染人的活水，更是大学赖以生存、发展、办学和承担重大社会责任的根本。以文化人，以文育人，高校通过微信公众平台上好校本文化“育人课”，在潜移默化中感染人、于心灵深处塑造人，是落实“立德树人”根本任务的关键所在。纵观高校的微信公众平台，大多数立足本校，并且以微信公众平台的简要介绍作为平台的功能定位，即以服务校内外师生为宗旨，及时发布校园重大事件、新闻热点、信息公告等资讯内容，结合本校大学生的学科特色、关注热点、个性需求，“因地制宜”地规划栏目，“因时制宜”地推送内容，具有典型的“校本文化”特色。2017 年，某高校共推文 298 次，发布文章 421 篇，取得 4 461 173 的阅读总数及 104 629 的点赞数，篇均阅读数与篇均点赞数分别为 10 597 次、249 次，其中，多篇校本文化荣誉输出的文章取得 10 万+的阅读流量，依托全国学科评估的大背景，借助主流媒体影响力加速信息传播，促使大学生阅读热情高涨，关注人数增多，传播效果甚好。高校微信公众平台在传承创新校本文化的过程中激发育人活力，实现从文化自觉到文化自信再到文化自强的跨越，让文化强音成为激流奋楫的鼓点。

2. 呈现“故事运营”的育人实效

在全国宣传思想工作会议上，习近平总书记指出，要讲好中国故事，传播好中国声音。新媒体语境中的高校思想政治教育与传统的思想政治工作有差异，需要改变以往理论灌输的宣传说教方式，更加注重语言生动、配图形象、风格多样的教育方式。对此，四川省部分高校微信公众平台尝试故事化运营，不说冗长而枯燥的大道理，而是将正确的价值导向蕴含于一个个接地气的小故事，并运用图文并茂、音视频相结合的形式展现于大学生眼前，让学生主动点击阅读，在故事里感悟真理。2018 年 5 月，某高校推文 28 次，累计发布文章 31 篇，收获阅读数 562 685 次、点赞数 8 265 次、平均阅读数 18 151 次，居于某高校类微信榜单首位，WCI 值达到 925，是高校微信公众号传播力榜中的最佳账号。该高校微信公众平台在关键性时间点上能凸显自身的思政特色，例如母亲节前夕，推文以菜肴背后的故事来展现每一位母亲的爱；又如汶川大地震10周年，推文将沉重的话题化作10个小故事，讲述亲历汶川地震的师生的感受和现状，因情感真挚，故最能打动人，也因此获得较高的阅读量。此类文章对故事拿捏精准、不落俗套，能够激发大学生的情感共鸣，产生心理交集。当下，意识形态工作是党的一项极其重要的工作，高校微信公众平台作为校园重要的主流意识形态新媒体阵地，其思想教育工作一定要以服务大局为出发点，看准工作的切入点，创新思想政治教育的方式方法。“讲好中国故事”愈来愈成为高校思想政治教育工作顺应时势的重要手段，把理论融入故事，用故事讲清道理，以道理赢得认同，切实做到大学生思想政治教育因势而谋、应势而动、顺势而为。

3. 增强“舆情联动”的引领力量

部分高校微信公众平台重视和加强社会热点问题的舆论引导，将其作为新时期思想政治工作的一项重要任务，坚持做到对于新媒体不能停留在管控上，而是必须参与进去、深入进去、运用起来，占领网络阵地的制高点。大学生群体正处于世界观、人生观、价值观的形成期，在微信公众平台上对大学生普遍关注的社会热点问题进行深刻的分析并进行正确的引导，培养大学生对思想政治教育相关话题的关注度，是当前形势下进行有效的思想政治教育的必由之路。例如，为了纪念五四运动99周年，高校纷纷掀起弘扬“五四”精神、致敬青春的热潮。大多数高校微信公众平台推送系列文章传播习近平总书记的“青年寄语”、表彰先进树立榜样、举行文化活动等，激扬青春风采，传递青年节不变的精神内核。同时，在汶川大地震10周年之际，高校微信公众平台纷纷发文缅怀伤痛，弘扬伟大的抗震救灾精神，积极发挥思想政治教育功能，宣传生命教育意义，其间，各个高校微信公众平台推出的“征文演讲比赛”“摄影展”等纪念活动，让大学生深切感受到中华儿女在灾难来临时的大爱无疆，增强了社会主流意识形态凝聚力和引领力。

（二）高校运用微信公众平台进行思想政治教育的不足

1. 运用高校微信公众平台进行思想政治教育的重视不够

微信公众平台自 2014 年进入高校校园以来发展迅速，已然成为最重要的校园新媒体。它是高校新闻宣传新的媒体窗口，是高校舆论引导、学习生活新的媒介载体，更是重要的思想政治教育阵地。观念是行动的先导，我们应该充分认识高校微信公众平台的媒体属性、意识形态属性，推动高校微信公众平台的建设，充分发掘思想政治教育功能，占领网络阵地的制高点，这是当前高校进行大学生思想政治教育所应该考虑的首要问题。各个高校，包括本科院校、高职高专以及独立学院应该与时俱进，创建自己的微信公众平台，并结合时事政治、社会热点、传统节日在微信公众平台上发出主流声音，瞄准时机，把握节奏，占领网络意识形态的主阵地。然而调查显示，在思想政治教育典型事件发生期间，某些高校利用微信公众平台对大学生进行思想政治教育的重视程度仍然不够。全国高校思想政治工作会议作为在新形势下中央召开的全国高校思想政治工作的首次会议，是一次具有开创性意义的重要会议，习近平总书记在会上的重要讲话对新时代高校思想政治教育工作的使命、目标、原则和任务进行了深入阐述，是高校在新时代全面做好思想政治工作的纲领性文件，在中国高等教育事业发展史上具有里程碑的意义。可是，高校微信公众平台对此次典型事件的宣传情况总体不理想，表现在：部分高校微信公众平台对全国高校思想政治会议的报道处于“失声”状态，有些高校微信公众平台有实际发文，但是发文的总数、质量不高。又如在朱日和阅兵中，某些高校微信公众平台关于阅兵的思想政治教育推文总数只占到当时发文量的 2%左右，总体思想政治教育类推文数量与总体发文数量对比来看，相差太远。

2. 运用高校微信公众平台进行思想政治教育的内容欠佳

纵观高校微信公众平台的传播效果可知，大量微信公众平台思想政治教育类文章内容欠佳，无法引起大学生转载分享的欲望。其中阅读量获“10 万+”的文章多数为本科院校利用在线投票取得的传播成果。此外，高校微信公众平台思想政治教育类原创内容的比重较低，推文转发以及“伪原创”（网络热文改编）的部分较多，思想政治教育类原创内容的产能仍存在极大上升空间。从部分高校微信公众平台的运营状况来看，有关校园励志新闻、道德传承等议题都是关注热点，但只有少数思想政治教育类原创软性文章热度较高，因此，高校微信公众平台应在权威优势的基础上，提升打造内容与服务的核心竞争力，降低“心灵鸡汤”等转发推文的比例，尽力做到多推原创，增强所发布内容的可读性、贴近性、引领性，提升大学生的获得感。综合而言，高校微信公众平台对于思想政治教育热点的把控仍欠缺，未能针对大学生所关注的问题与方向撰写出内涵丰富、热度较高的文章，思想政治教育传播影响力亟待提升。

3．本、专科高校微信公众平台思想政治教育的影响力分化明显

当前，本科与专科院校微信公众平台建设水平和传播状况存在较大差异，部分运营得当、机制健全的本科微信公众平台迅速成长，WCI 指数遥遥领先，而缺乏机制保障和持续运营能力的高职高专微信公众平台则较为落后，阅读量、点赞数、转发数偏低。因此，发展水平较低、建设情况较差的高校微信公众平台需“补齐短板”“完善机制”，加强对微信公众平台传播技能和素养的训练，与此同时，还需完善内部协同机制、评论互动机制、突发事件应对机制等，定期关注后台留言与大学生意见，以达到提升传播影响力的目标。在全国高校思想政治工作会议期间，笔者对某省本科院校和高职高专、独立学院的微信公众号进行相关整理之后发现，总体来看，本科院校的微信公众平台中，总共有 38 个活跃的微信公众平台，4 所活跃度为 0 的微信公众平台；高职高专、独立学院的微信公众平台中，总共有 50 个活跃的微信公众平台，12 所活跃度为 0 的微信公众平台。其中，这些活跃的公众平台发文涉及此次思想政治教育内容的账号总数分别是：本科院校 38 所，高职高专、独立学院 27 所。本科院校的文章阅读总数为 45 907 万人次，转发数为 884 次；高职高专、独立学院的文章阅读总数为 6 400 人次，转发数为 287 次。由此可见，相比高职高专、独立学院的微信公众平台，本科院校的微信公众平台具有较高的活跃度，其思想政治教育引领力具有明显的优势。

三、高校运用微信公众平台进行思想政治教育的方法探究

1．创新打造“育人型”微平台

“育人为本”这一理念在我国有着强大的政策张力。习近平总书记在全国高校思想政治工作会议上的讲话中强调，要把思想政治工作贯穿教育教学全过程，实现全程育人、全员育人、全方位育人的“三全”育人格局。思想政治教育是“人”的工作，是对人的思想与行为规律的研究与探索，在教育实践的开展过程中，必须以育人为根本出发点与归宿点。高校应秉承以育人为根本的理念，强调“人”是核心，“育”为关键，坚持以“人”为本的人学立场。因而，在打造创新“育人型”微平台的过程中，运营者对于选题的议程设置导向要把握准确，不能一味迎合“泛00后”大学生的喜好，为赢得平台点击量与关注度而忽视了微信公众平台的意识形态属性；同时，在推送选题时，也不能为博得眼球而忽略平台的育人功能，应平衡好新奇热点与引领导向两个方面的关系，并努力做好以大学生喜闻乐见的形式将社会主流意识形态通过平台深入人心；此外，高校面对网络舆情，尤其是突发网络事件，同样应该以能够交流、可以表明态度的“人”而存在，第一时间在微信公众平台上发声，注重对大学生进行及时与正确的教育引导。总之，高校在打造微平台时，无论是在运营管理、服务定位上，还是在选题策划、推送互动上，都应该在尊重学生成长规律的前提下，重点关注学生的健康发展与成长成才，全面提升学生的综合素质，最大限度地创新发挥新时代高校微信公众平台的育人功能，着力培养担负民族复兴大业的时代新人。

2．从优选拔“专业化”微团队

实现高校微信公众平台有序高效地良好发展，保证思想政治教育功能的充分发挥，专业化的运营团队是必不可少的硬性条件之一。高校积极探索微团队的构成方式与运营机制，形成一套可持续发展的科学模式。首先，各个高校党委在重视微信公众平台应用于高校大学生思想政治教育的前提下，积极打造一支高校微信公众平台的专业化团队。组长由高校分管思想政治教育工作的领导来担任，组员由马克思主义学院、宣传

部、学生处、校团委等部门的有关负责人组成。其次，领导小组下设微信公众平台工作的专业化运营团队，团队成员由高校思想政治教育理论课教师、骨干辅导员、团委干部干事等组成，并具体负责微信公众平台在高校思想政治教育中的应用和管理。再次，运营团队创新重构整个运行流程，形成选题策划、文案写作、微视频制作、编辑推送、运营维护、舆情监测等日常运营的六大项目组，并实现模块式管理。最后，领导小组成员负责对图文、音视频、H5、VR 等微信公众平台内容进行最终的审核、校对。衔接有序、行之有效的运行与发布模式，让平台的宣传分工更加细致，过程更加紧密，管理流程更加完善，当然，高校还应注重发挥学生干部、学生党员的优势，鼓励他们积极加入到这支队伍，激发学生的参与热情，调动学生的主观能动性。总之，组建一支政治觉悟高、理论水平高、群众基础好的"微团队"，将给高校思想政治教育工作注入新的活力。

3．优化传播"内涵性"微空间

微信公众平台是思想政治教育与新时代信息科技融合创新的产品，是意识形态和思想政治教育工作的新载体、新手段。随着微信公众平台的不断成熟与发展，它已成为高校思想政治理论课教育教学的新媒介和重要的思想政治宣传教育的新空间。优化传播"内涵式"微空间主要表现在两个方面：其一，内容为王，坚持原创推送。原创性是对内容最好的保护形式。通过数学建模和技术分析，平台上的原创内容被识别出来，打上原创的标识，免于受到盗版抄袭的伤害。在进行思想政治教育内容生产时，根据高校特色与学生特点，结合时事政治与社会热点，从大学生的政治教育、道德培养、心理建设等多个维度切入，原创发布拥有内在涵养的推文类型，将思想政治教育的传统理念与现代价值有机融合，通过推文的内在涵养启迪大学生提升个人修养与道德素质，传递出正确的价值取向与道德要求，赋予高校"微空间"更多的生命力。其二，提升内涵，坚持多元推送。多元化的推送形式是微空间优化内涵性推文传播效果很好的助力器。移动互联网技术在改变大众阅读习惯的同时，也为大众带来了更多更新的阅读体验，动图、音频、微视频有机结合的呈现模式，既能减少大学生对纯文字的抵触与反感，更能为大学生阅读内涵性文字时增添乐趣，进而促进大学生人格的养成与道德的提升。同时，在内容生产过程中注重价值内涵的融入，超越微信公众平台工具理性的尺度，打造有内涵、有灵魂的内容，如宣传道德模范、身边的青春榜样，传递社会的温暖，讲好中国故事等，丰富与提升推文的内涵，从而以润物细无声的方式彰显微空间的内涵价值。

4. 完善构建“矩阵式”微势力

在“互联网+”的理念指引下，运用微信公众平台进行大学生思想政治教育要有效整合校、院、团等职能部门，新媒体运营团队，以及课堂主渠道教学平台等资源，构建新型大学生的发声机构，打造信息传播“矩阵”，带来思想政治教育新的“微势力”。首先，以官方微信为主体，团学微信与院级微信为两翼，打造校园媒体联盟。由于微信选题的丰富性、内容的可读性与高校学生工作的资源共享有着千丝万缕的联系，为保证微信公众平台能够在大学生群体中引起情感共鸣和话题交集，只依靠一支微信公众平台的运营团队的力量显然不够，必须校园各级新媒体运营机构联动，打破信息传播的壁垒，建立充分的信息沟通与发布机制，共同形成校园舆论合力，提升校园微信公众平台进行思想政治教育工作的辐射力。其次，微信公众平台走进课堂，开展手机全新教育教学模式，将平台的内涵育人价值落实到课堂教学主渠道上，并通过平台互动、平台反馈等教学实践的改革，让所有课程通过微信公众平台体现出思政的特色，呈现出价值引领性，真正地将思想政治教育贯穿于高校教育全过程，实现思政课程走向课程思政的变革。最后，以规章制度为抓手，加强内容管理，提升高校微信公众平台宣传思想政治教育工作的话语权，打造微式校园，形成高校思想政治教育网络生态的共同体。

参考文献

[1] 习近平：把思想政治工作贯穿教育教学全过程 开创我国高等教育事业发展新局面[N].人民日报，2016-12-09.

[2] 李林英. 运用虚拟现实技术增强时代感和吸引力 让思想政治理论课

活起来[N].人民日报，2017-01-10.
[3] 坚持中国特色社会主义文化发展道路 建设社会主义文化强国 铸就中华文化新辉煌[N]. 人民日报，2016-10-24.
[4] 中共中央宣传部. 习近平新时代中国特色社会主义思想三十讲[M]. 北京：学习出版社，2018.
[5] 人民日报评论员：不断提高新闻舆论工作的能力和水平——三论学习贯彻习近平总书记新闻舆论工作座谈会重要讲话精神[N]. 人民日报，2016-02-23.

（该文发表于《毛泽东思想研究》2019 年第 1 期，略有改动）

高校思政“微阵地”面临的困境研究

张　冀[1]

习近平总书记指出，做好高校思想政治工作，应该因事而化、因时而进、因势而新。思政“微阵地”模式是创新思想政治教育工作的有益探究。“微阵地”模式是顺应“互联网+”时代的必然选择。“互联网+”作为中国经济转型发展新引擎，深入影响着人们的价值取向和思维形式，影响着思想文化模块的发展趋势，高校思想政治教育也由此展现出新特点。

一、高校思政“微阵地”面临的困境分析

（一）教育内容的吸引力、影响力被削弱

现在，以微博、微信等为平台的“微阵地”的信息传播的即时性一定程度上影响着传统的思想政治教育内容。有时对于学生热议的话题，“微阵地”没有在第一时间发声，有针对性地表明态度和立场。同时，信息的多样化和交互性削弱了传统思想政治教育内容的吸引力。微平台上丰富的信息满足了学生多样化的学习需要，较强的交互性激发了学生加入的欲望。此外，信息传递的“无屏障性”，造成部分低俗的内容、非主流的观念形态通过网络传播，引起了很多学生的注意，这也给传统的思想政治教育内容带来了一定的冲击。所以，在信息传播便捷性、即时性、多样性、交互性、开放性的背景形势下，在“微阵地”上的传统的思想政治教育内容的吸引力和影响力被一定程度削弱了。

（二）教育话语权的主体地位被削弱

随着网络信息的发达，很多与高校思想政治教育无关的网络信息，

---

① 张冀，成都市社会科学院副研究员；研究方向：网络思想政治教育。

特别是娱乐信息充斥着微平台。平台上各类网络信息纷繁复杂，不仅导致学生的专注力从高校“微阵地”的思政教育信息中迁移，也对高校“微阵地”思想政治教育功能的发挥产生一定的阻碍作用，使得高校所传播的主流意识形态受到冲击，从而使“微阵地”的主体地位下滑。另外，在“微阵地”的建立当中，高校通过设立官方微博、官方微信等来传输思想政治教育相关信息，然而，部分高校大学生对这些官方公众号推送的信息并没有第一时间关注，某些大学生只是因为学校和党团组织的硬性要求，完成任务式地关注点击与查看阅读，部分学生对于本校官方公众号上所推送的时政信息和热点新闻并不关注，加大了“微阵地”有效进行思想政治教育的难度。

（三）网络环境难以有效监控

目前，只需要一台电脑、一根网线就可以实现和世界的连接和沟通。网络的产生和普及很大程度上改变了人们生活，改变了人和人之间交往的形式。当然，这是一个虚拟的空间，并不是真实的世界，学生在网络中会产生不同于现实的性格、态度及行为模式，部分学生甚至“为所欲为”，迷失自我，一蹶不振，产生极端的心理问题等。

（四）对网络知识的认知较浅促使思维“冰冻化”

目前大学生的阅读大多来源于网络，如微信、QQ、微博，大学生很难清晰地辨别这种碎片化、浅显性的阅读信息是否准确。大学生社会阅历少，对社会实践没有较深的感悟，容易受互联网上不良信息的影响，同时，未能很好地将思政理论课上学到的东西应用于实际，缺乏对思想政治教育理论知识的深入认知，这影响着大学生正确的价值观念与价值取向的优化生成。目前，部分思政教学课堂纪律不好，一些学生出于出勤率考核的考虑才迈进课堂，往往忽视课堂内容。针对这种情况，有些思政老师把课堂与现代化因素相结合，和目前的热门话题结合在一起，甚至加入音乐、动漫等娱乐方式增强课堂吸引力，这些方法纵然能让有些学生重新重视课堂，但是其中大部分学生本末倒置，关注课堂中网络的流行元素大于关注课堂理论知识内容。当然，我们无法否定网络对思政课堂的积极作用，可是其所带来的教育教学权威的削弱，对学生造成干扰，以及对大学生的判断力和思维水平的抑制是不容忽视的。

二、高校思政“微阵地”的创新模式

（一）“微阵地”是大学生创新思想观念的新引擎

1. 完善互联网，做“微阵地”的清理工

各个高校在运用网络思政“微阵地”时，应该确立相应的职能监管部门，校领导班子和职能部门齐心协作、分工监管，构建好高校网络思想政治教育工作的合力机制。同时，健全系统体系，学校应该明确并且优化网络思想政治教育体系系统，对互联网上的危害信息进行定时清理，大力营造和谐的网络教育、学习、娱乐氛围；此外，应该增强自身管理，努力培育优秀的大学生干部骨干承担例如官方微博和微信等网络思想政治教育“微阵地”的“勘察员”或“主页君”。构建“微阵地”大学生志愿者服务团队，做好网络“微阵地”的清理工，营造健康向上的高校网络氛围。

2. 由互联网萌生“微思政”的新形式

“微思政”是展现互联网阵地作用的成果。从“笔尖”时期到“点击”时期，再到人和网络一体时期，互联网改变了大学生的空间轴、思想维度以及时间轴，会影响到思想政治教育领域未来发展的新态势。例如，互联网在对学生学习生活见解上，会从不同的视角与角度切入，进行不同层次的解读，而正是这种新的不同的解读一直让互联网对大学生学习生活具有不容小觑的良好影响力，同时也给思政教育工作增添了契机性和挑战性；另外，持续创新的网络信息技术让大学生的个性获得优化和加强，给大学生多元化、全方位化的学习提供了新的条件，大学生可以更加主动地、有选择性地拓展知识学问，这使“微思政”应运而生，让互联网信息技术与思政教育有机结合起来。

（二）打造思政教育的“微阵地”

要建立好思政教育的“微阵地”，应做到：第一，应该积极推动学校思政教育的独立网站建设，在维持思政教育内容严谨性的同时，凸显出学校的办学特色，将教学、科研、学生工作和思政教育结合在一起；第二，持续加强学校各类新媒体平台的建设，着重打造学校独立的思政教育官方微博和微信公众号，促使微信、微博这些微平台成为思政教育的旗杆；第三，积极推动学校教学、科研、院校网站和学校思政网站、思政微信和微博的有机结合，形成纵横结合的思政网络媒介，落实各个平台资源共享，提高思政教育的真正成效。

（三）构建思政教育的“微对话”体系

“微对话”体系是一种思政教育的互动体系，可以保证思政教育人员和学生之间的深度互动和交流。第一，应该精心挑选对话议题，包含党和国家的重要节日、重要会议，根据党史、党建等详细内容，积极进行老师和学生之间道德、人生、理想等层面的对话，指引学生在微平台上发表自己的见解，推动老师和学生的充分沟通和公平对话。第二，应该明确对话的形式，搭建一个长期有效的互动体系，保证师生可以随时随地进行互动和沟通，保证学生可以充分表述自己的意见和建议。第三，应该积极培养网络意见领袖，学生应该搭建一个以辅导员、思政老师、网络技术人员为主体的专职和兼职思政团队，保证这些主体在应对网络舆情的时候可以第一时间发声并表明立场和态度。

三、结束语

移动互联网的迅猛发展促使互联网这一虚拟战场逐渐重要起来。首先，“微思政”能够把传统思想政治教育的内容用最高的效率形式发表到网络上，让所有的学生都有接收到信息的机会；其次，“微思政”充分展现了“微阵地”独有的“微言大义”的优势，可以加强大学生思想政治教育的感染力；最后，“微阵地”可以填补传统教育形式缺乏实践性以及人文关怀不足的缺陷，实现教育主客体之间的公平沟通，让大学生体会到思想政治教育的真实可靠性。

参考文献

[1] 姬立玲. 新媒体环境下高校思政课教学方法创新探究[J]. 思想教育研究，2016（10）：82～85.

[2] 王倩. 关于“互联网+”背景下高校思政课改革的多元思考[J]. 学校党建与思想教育，2016,（8）：45～47.

[3] 孙伟. 浅析高校网络舆情视域下网络思想政治教育创新[J]. 思想理论教育导刊，2015（01）：107～109.

（该文发表于《当代旅游》2019 年第 5 期，略有改动）

媒介融合环境下高校网络思想政治教育创新研究

程　佳①

随着国家对于教育事业重视程度的逐年提升,教育事业开始呈现出蓬勃发展的趋势,无论小学、初中、高中还是大学都开始致力于全新教育方式的探索,希望全面创新教学方式,让自身的教育模式更为契合学生的理解能力,从而帮助学生更加优质地完成学习任务。在高校教学工作中,思想政治便是其中一项重要的课程,其可以帮助学生提高思想认知,让学生以积极的心态面对自身的学习,树立正确的世界观、人生观、价值观。而在当前媒介融合环境下,需要在思政教学中投入更多的精力,创新教学方式,以此来强化高效的教育服务质量,帮助学生高质量完成思政课程的学习,并且能够在思政学习中获得精神动力,提升自身在高校中各方面课程学习的积极性,确保其成长为我国社会发展的全新类型人才。

一、媒介融合环境下高校网络思想政治教育创新的意义

(一)激发学生学习动力

在当前媒介融合环境下,高校为了全方位保证自身的教学工作效果,取得良好的教学质量,需要在开展思政教学的过程中注重创新,通过创新思政教育来使自身的教学工作更加贴合学生的认知情况,让学生更容易接受学校的教育工作,进而提升教学工作的成效,使学生端正在高校思政学习中的态度,并且表现出良好的积极性与主动性。[1]与此同时,通过创新教学模式的方法,还能一改传统的老旧教学模式,让学生能够全身心投入到高校思政的学习中,提高学生的学习质量。

① 程佳:成都职业技术学院马克思主义学院教师;研究方向:思想政治教育。

（二）强化学生思想认知

通过高校网络思想政治教学工作，可以有效强化学生的思想认知，在教学工作中需要注意教学创新，并且能够综合当前媒介融合环境的特点开展具有针对性的教学工作，确保自身所采取的教学方式能够被学生接受，并且以社会主义核心价值观对学生的思想进行正确引导，让学生严格要求自己，高效、优质地完成各个环节的学习任务，这对于学生的成长具有非常重要的意义。

（三）形成正确观念

高校网络思想政治教育工作能帮助学生形成正确的观念，使学生的学习态度更加端正。在当前媒介融合环境下，其对于学生的综合能力提出了更高的要求，学生只有具备积极的思想观念以及探索求知的心态才能确保自身的发展，所以高校教师需要进行教育创新，保证自身的教育模式更加符合媒介融合环境下对于大学生综合素质的要求，并且让学生在不断地学习与探究中逐渐形成良好的人生观与价值观。通过这样的方式，可以全面强化高校大学生的综合素质，令其以积极的状态面对自身的学习与挑战。

二、媒介融合环境下高校网络思想政治教育中存在的问题

在当前媒介融合环境下，为了全面保证教学工作符合当前时代的要求，并且提高教学工作的质量，培养出高素质的全新类型人才，便需要教师注意到自身所采取的教学方式，并且依照媒介融合环境对于高校思政教育的要求来创新教育，这样才能确保思政教育达到既定的教学成效，从而提高教学工作的质量与效果。不过，在该项工作中还存在一些问题，这些问题在一定程度上影响到教育工作的开展，同时也会导致教学工作成效较低，影响到高校网络思政教育工作的实效性。主要问题如下：

第一，思政课程课时占比较低。在部分高校排课的过程中，会存在对于网络思政教学重视程度较低的情况，这样便会导致在排课中，思政课程的优先级不足，学生的大部分学习时间都被专业课占据，出现思政

课时占比较低的情况。

第二，教学模式老旧。思政教学模式老旧是其中一个重要问题，主要表现在部分教师在教学中仍然采用“填鸭式”教学，并且并未利用信息化教学设备等，这种情况的存在不但会影响思政教学的质量，还会导致高校在其中所投入的诸多教育资源出现浪费的情况。

第三，师生沟通不足。在思政教学中，一些教师对学生的关注度较低，这便会导致教师不能及时掌握学生的思想认知变化，一旦学生的思想出现问题，教师也不能在第一时间对其进行正确的引导，导致出现高校网络思政教学工作实效性不足的问题。

三、媒介融合环境下高校网络思想政治教育创新的原则

在高校网络思想政治教育中，需要进行创新，以此保证教学工作更加贴合学生的理解能力，让教学工作达到既定效果，从而强化教学工作成效，并且令学生在高校网络思想政治教学中的积极性和主动性得到全面提升，且取得良好的学习成效。基于此，教师在对教学进行创新的过程中，便需要付出更多的精力，以提高学生思想认知为导向来进行高校网络思政教育的创新。不过，在此过程中，需要充分遵循以下原则。

第一，求知原则。所谓求知原则，主要就是在教学中激发学生的求知欲，这对于学生的学习极为重要，不但可以使学生积极加入到各项学习任务中，还能让学生以良好的积极性与主动性来保证学习的效果。在高校网络思政的学习中，学生需要保证自身的求知欲，并且在产生疑问的时候可以通过自主探究与探索的方式来达到解惑的目的，而不是直接请教老师，虽然直接请教教师的方式也可以解惑，但却少了求知的过程，不利于学生综合能力的提升。基于此，教师在创新教育的过程中，需要以提高学生求知欲为导向，积极采取多元化教学手段进行教学，以此全面提高自身教学工作的成效。

第二，探索原则。在高校网络思政教学工作中，教师还要注意到激发学生的探索欲望，这样才能保证教学工作达到既定的教学目标，提高学生的思想认知，让学生在教学中表现出良好的状态，对于教师所讲授

的知识内容进行深度探索与研究，找寻知识之间的联系，提高知识之间的连贯性，全方位保证高校网络思政教学工作的积极性与主动性。[2]所以，教师为了保证教育创新的有效性，便需要充分注意到在教学中增强学生的探索欲，从而确保学生更加优质地完成在大学阶段的各项学习任务。

四、媒介融合环境下高校网络思想政治教育创新的有效策略

（一）提高思政课时占比

为了全方位保证高校思政教学工作的质量，且使教学工作质量更佳，为高校思政教学创新奠定基础条件，首先要做的一项工作就是提高网络思政课时占比，这样才能保证学生拥有更多的时间进行思政课程的学习，也能让教师拥有充足的机会对于思政课程教育创新进行探索与研究，从而在不断地探索与总结中制定出一条符合当前高校学生特点的网络思政教育路径，全方位提升高校思政教学工作的成效。[3]基于此，在高校排课的过程中，便要提高对于网络思政教学工作的重视程度，合理制订课程开展计划，不过在此过程中，高校要注意不能以牺牲学生的专业课学习时间来提升思政课时占比，而是要保证课程安排的合理性，确保各个课程之间交替安排，令高校教学工作能够更加优质地开展。

（二）创新高校思政教学模式

在高校网络思政教学的过程中，为了确保教学工作更加符合媒介融合环境对于教学工作的要求，还需要做到创新高校思政教学模式，确保网络思政教学工作的质量得到提升。例如，教师可以将信息化教学设备应用到教学过程中，并且能够通过网络通信技术与学生进行沟通与交流，强化师生之间的沟通效率，以保证教学工作的质量。[4]此外，教师还要做到科学选取教学方式，对于当前较为流行的教学措施进行探究与分析，例如“翻转课堂”教学模式、全方位立体教学模式、分层教学模式等，之后教师便可以依照本班级中学生的特点，将全新的教学方式应用到高

校网络思政教学中，全方位强化教学工作成效。

（三）教师充分关注学生情况

高校思政教师还要做到充分关注学生的情况，这样才能依照学生的情况具有针对性地开展教学工作，从而保证教学工作的质量得到全面提升。在此过程中，教师可以加强与学生的交流沟通频率，利用当前较为流行的微信群、QQ 群等方式与学生交流，掌握学生的思想认知情况。[5]同时，教师也可以通过约谈的方式与学生交流，即每间隔一段时间，找学生进行谈话，了解学生的学习情况及在学习中遇到的困难，这样不但可以增进师生之间的感情，还能让教师充分掌握学生的思想情况，进而在教学中对其进行正确的引导，全面保证教学工作的质量。

结束语

高校网络思想政治教育要创新教育工作的开展形式，依照媒介融合环境的要求对学生进行具有针对性的培养，这样才能实现优化高校人才培养工作质量。

参考文献

[1] 李厚锐，朱健．媒介融合环境下高校网络思想政治教育创新[J]．思想理论教育（上半月综合版），2018，（2）：71～75.

[2] 李桂林．媒介融合环境下的高校网络思想政治教育[J]．西部素质教育，2018，4（17）：43.

[3] 朱彤．融媒体背景下高校网络思想政治教育探索与创新——以天津财经大学吾彤树微信公众平台为例[J]．小作家选刊，2017（27）.

[4] 杨皑琳．媒介融合前景下大学生思想政治教育创新[J]．教育研究，2018，（4）：3～4.

[5] 周海晏．融合三重维度的沟通——重新理解当下学生思想政治教育工作中的“媒介融合”[J]．思想政治课研究，2017，（5）：49～53.

（该文发表于《看世界》2020 年 1 月下旬刊，略有改动）

新媒体时代下青少年思想道德建设浅析[①]

毕馨爻[②]

“新媒体”是一切与传统的、旧的媒体不同的媒体，或者以一种全新的物质形态和时空观念重新组合起来的媒体。新媒体已经成为人类有史以来发展最快、影响深广的强势媒体。当今就是新媒体时代，其以互联网为中介，具有信息传播速度加快、信息量大、信息多样化以及人们接受迅速等特点，在现实社会，尤其是青少年群体中已经呈现普遍、广泛运用的趋势。青少年已成为使用新媒体最频繁且受新媒体制约最大的一族。

一、新媒体对青少年思想道德建设的影响

新媒体是时代发展的产物，给青少年学习、生活带来了更多可能的选择，但同时也有较多的不足。它是把“双刃剑”，其具体的利弊分析如下。

（一）新媒体对青少年思想道德建设的积极影响

（1）新媒体具有更新快、信息量大的特点，其为青少年思想道德建设提供了丰富的内容。新媒体已经渗透到青少年生活、学习的各个层面，其涉及范围广、内容存载量大、容易查询掌握，因此，青少年愿意在这样的交互平台上进行操作。这无形中为青少年思想道德素质形成提供了丰富的途径。

（2）新媒体具有内容丰富、形象化的特点，其为青少年思想道德建设开创了新方式。新媒体可以展现鲜明清晰的视觉印象，穿插图片、声音、文字等载体，将主流思想传递给青少年。这种方式容易吸引青少年的关注，使其在轻松的环境中主动汲取传播的主流思想，从而达到潜移

① 本文系四川省教育厅课题“新媒体时代下思想道德理论教育教学研究”（SZQ2016068）阶段性成果。

② 毕馨爻，成都职业技术学院马克思主义学院教师；研究方向：思想政治教育。

默化的作用。

（3）新媒体具有平等互动的特点，其为青少年思想道德建设提供了观看空间。新媒体是开放的，它没有设定参与者的社会角色，无论什么年龄、什么性别、什么职业、什么信仰，均可平等地通过平台参与讨论、交流，这种交流容易产生共鸣。青少年能通过新媒体了解社会生活中的各类现象，并在交互平台上发表个人的观点，让他们具有话语权的获得感。

（二）新媒体对青少年思想道德建设的消极影响

（1）新媒体虽具有更新快、信息量大的特点，但信息质量良莠不齐，有些信息并没有展现事件本身，缺乏客观性、公正性，甚至个别信息带有强烈的个人情绪和反社会倾向。青少年在思想还没有定型之前，在不具备较高的辨别能力和识别水平时，容易被不良信息影响，甚至误入歧途。

（2）新媒体虽具有内容丰富、形象化的特点，但由于其是碎片化的信息和文字的传播，虽然这种方式容易让青少年在短时间内掌握一定量的信息，可信息的系统性、连贯性无法保障。而且过度依靠图片、视频这些听觉和视觉对青少年的刺激，忽略大脑识记文字的能力，容易让青少年对长篇文章叙述的内容产生排斥，产生畏难的情绪，从而产生文字恐惧症。这与青少年在学习过程中需要静心阅读的学习要求相悖。

（3）新媒体虽具有平等互动的特点，但由于进入门槛低，参与者的身份在平台中是以虚拟化的形式存在，很多平台活动是在隐秘性的外衣下进行，大多数情况下不受现实环境的约束，使得自觉性相对不高的青少年容易沉溺其中。若长时间游离在虚拟世界，会降低青少年对现实社会的认同度，导致其现实社会中需要的各种能力降低。

新媒体这把双刃剑该如何使用，使用到什么程度，直接影响到青少年身心发展状况以及在新时期新媒体环境中青少年思想道德建设的方向。

二、新媒体环境下对不同年龄阶段学生使用新媒体情况的调查分析

本次调查在成都市选取了义务教育阶段的小学、初中共 200 名学生

以及非义务教育阶段的大学 200 名不同年级的学生进行问卷调查。问卷调查总共两套，针对义务教育阶段和非义务教育阶段不同年龄的学生设计了不同的问卷内容（其中叶青、彭智慧、黄晓玲是义务教育阶段问卷调查的设计者，毕馨爻是非义务教育阶段问卷调查的设计者），问卷的返还率 100%。

由于新媒体的发展和网络的普及，当代青少年可以通过各种形式、采取各种方法接触到各类新媒体信息。通过问卷调查研究发现，新媒体普遍渗透于青少年的学习、生活中，而且呈现接触者低龄化的趋势。

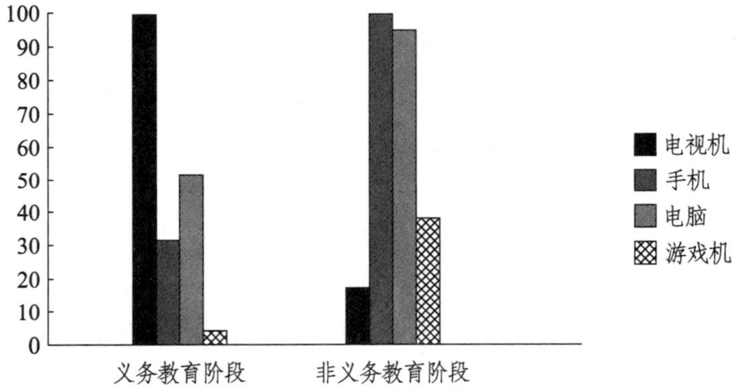

图 1　义务教育阶段和非义务教育阶段学生在家庭中可使用的新媒体工具

从图 1 中可以直观地看到无论是义务教育阶段的学生，还是非义务教育阶段的学生，其在学习和生活中接触的新媒体工具种类多样，以手机、电脑为主。

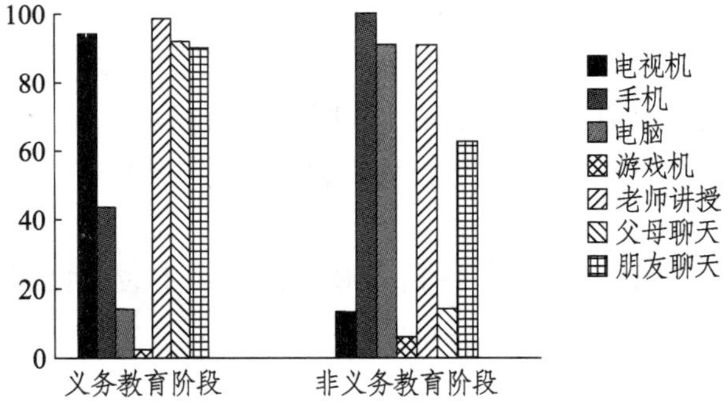

图 2　义务教育阶段和非义务教育阶段学生获得信息的途径

从图 2 中可以看出，义务教育阶段的学生绝大多数信息是通过老师授课、父母聊天、朋友聊天以及电视这四种途径获得；而非义务教育阶段的学生的绝大多数信息是通过手机、电脑、老师讲授这些途径获得。通过对比图可以直观感受到，义务教育阶段的学生由于年龄相对较小，家长在他们对新媒体工具的使用上是有要求和控制的；而非义务教育阶段的学生因为已经成年，绝大多数拥有属于自己的新媒体交流工具，所以此阶段的学生对新媒体工具的运用更频繁。

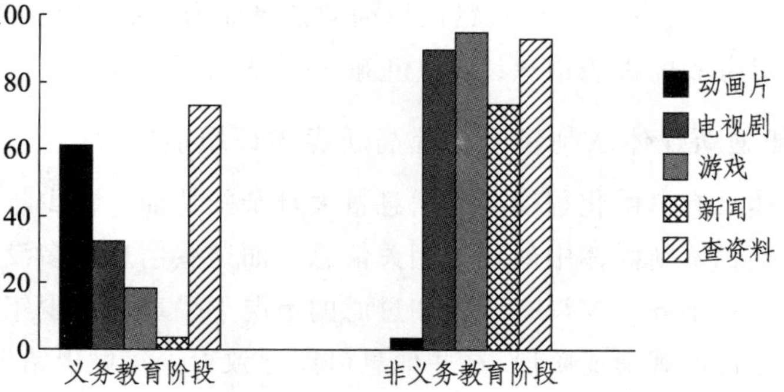

图 3 义务教育阶段的电脑和非义务教育阶段的手机各自使用的方面

从图 3 中可以观察出义务教育阶段的学生与非义务教育阶段的学生使用新媒体工具的兴趣倾向不同，带有明显的年龄分层。

三、新媒体环境下青少年思想道德建设正确引导的途径

我国正处于社会转型期，科技飞速发展，新媒体日新月异，社会思想逐渐多元化。当代青少年通过新媒体更容易接触到不同的文化、思想、价值观念，也更容易受到多元化思想的影响。因此，正确引导青少年思想道德的发展方向，对青少年身心健康发展、明确社会主义核心价值观在青少年思想中的定位有重要的作用。鉴于此，为给青少年创造良好的社会环境，探索让新媒体在青少年思想道德建设中发挥积极作用的途径和方法。

1. 加强青少年的阵地意识，使其树立科学的人生观

新媒体的出现和发展是科技发展的重要成果，也是当今人们社会活

动中无法避免的潮流。新媒体迎合了青少年对新事物、新技术的向往，其具有快捷、开放的特性，在保障青少年个性的同时使其开阔了视野，为其提供了更多获得知识的新平台。但由于青少年的世界观、人生观、价值观正处于构建阶段，他们对于新媒体中一些不良信息、失实报道缺乏辨析和思考的能力，容易被误导，所以，要清醒地看到在这种现实环境中加强青少年思想道德建设的紧迫性，加大新媒体中正能量信息的传播，保证道德建设中良好的舆论导向，帮助青少年提高自身道德修养和政治素养，增强鉴别能力和对错误思潮的抵御能力，使其建立起正确的、经得住外界考验的理想信念，树立正确、科学的“三观”。

2．加强新媒体法制建设，提高新媒体环境监控

新媒体具有自由化程度高、信息量大且杂的特征。青少年有意识或无意识地接触着新媒体中展现的相关信息，而这些信息大多没有经过有效处理，良莠不齐，在没有监管和过滤的情况下呈现在青少年眼前。青少年尚处在价值观形成阶段，这些信息可能导致青少年做出错误的判断，甚至做出一些不理智的行为。所以，我国相关部门应尽快出台与完善相关法规和章程，对新媒体进行管理，从新媒体的本源抓起，通过法律整治新媒体中无序和混乱的状态，达到肃本清流的目的。同时，要加强新媒体相关平台从技术到信息的有效监控，当发生紧急状况时能够做到快速反应、正确处理，将可能会出现的不道德行为，甚至是违法行为排查在事件产生之前，起到较好的防范作用。

3．增强对新媒体的创新型运用，引导青少年健康使用新媒体

在当今时代，新媒体与青少年之间已经密不可分。在此背景下，应认清新媒体的规律，运用其在青少年生活、学习中的影响，搭建良好有效的互动平台；利用新媒体开放、民主、平等的特性，让其在思想道德建设中成为思想沟通和信息交流的有力工具。同时，教育者可以起示范和领导作用，利用新媒体中有益的学习资源和信息，让青少年在享受现代科技成果的同时，引导其明是非、辨丑恶，自觉抵制不良信息的侵袭。

加强新媒体环境下青少年思想道德建设是一项长期且复杂的工程，

需要整个社会、学校、家庭全方面营造良好的新媒体环境，打造健康的新媒体家园，通过不懈努力，利用新媒体引领青少年思想道德和政治意识朝着积极健康的方向发展。

参考文献

[1] 中国社会科学院新闻与传播研究所. 中国新媒体发展报告（2013）[R]. 北京：社会科学文献出版社，2013.

[2] 高鑫辉，欧阳静. “互联网+”课堂：新媒体视域下“思想道德修养与法律基础”教学改革新思路——基于对新疆某高校继续教育学生的调查[J]. 兵团教育学院学报，2017，27（3）：59～63.

[3] 孙若菡. 运用新媒体做好网络时代青少年思想工作的几点思考[J]. 教育教学研究，2011（39）：184～185.

[4] 杨有景，滕菲. 网络环境下中学生的思想道德教育现状及路径探究[J]. 吉林省教育学院学报，2016，32（9）：45～47.

[5] 杨文. 全球化视野下中国青少年思想教育工作的路径选择[J]. 中央党校学员论坛，2011.

[6] 王鹏飞. 新媒体环境下高校思政教育有效途径分析[J]. 新教育时代电子杂志（教师版），2017（23）.

[7] 刘姣，李旭，杨定兰. 新媒体环境影响青少年思想道德素质存在问题及原因分析[J]. 青年时代，2016（6）：38～39.

（该文发表于《青年时代》2017年第12期，略有改动）

基于“双微”平台的高校网络思政队伍建设的路径研究

张　冀[①]

随着科学技术的不断发展，基于移动互联网技术的微信、微博已经在人们的生活中被广泛使用，是一种较为普遍的新媒体类型。现阶段，“双微”平台中的信息传播具有精细化以及个性化发展的特征，深受大学生们的喜爱。如何合理地应用“双微”平台，加强高校网络思政队伍的建设，满足新时代大学生学习、生活的需求，从而进一步提升思政教育的实效性，是大学生思想政治教育中亟待解决的一大课题。

一、“双微”环境对大学生思想政治教育的影响

（一）“双微”环境下高校网络思政队伍建设的积极影响

1. 有效地拓展了教育的模式与渠道

传统的思想政治教育主要是以理论灌输为主，通过各种讲座、面对面讲授等方式开展教学，在整个教学过程中，一些大学生会存在抵触心理，课堂教学也较为枯燥，传统的教学方式无法调动大学生的学习积极性，学习效果不明显。而“微信”“微博”是现阶段高校学生沟通交流以及获得信息的平台，基于“双微”平台打造一支专业的高校网络思政队伍，可以提升高校思想政治教育的时效性。通过潜移默化的形式，在“微信”“微博”平台中渗透思政教育内容，进而让学生积极主动地了解各种思想政治教育相关知识，让大学生在“润物细无声”中受到影响。

---

① 张冀，成都市社会科学院副研究员；研究方向：网络思想政治教育。

2．有效地打造了交流的互动平台

相对于传统的思想政治教育，构建一个“双微”平台，转变传统的传播渠道与模式，营造一个良好的、平等的互动沟通环境，大学生可以通过平台表达自己的观点、看法，而思政队伍则可以通过平台与大学生互动，一方面表达自己的观点、看法，另一方面针对学生的问题及时答疑解惑，从而在平台上构建一种良性的反馈模式，达到积极鼓励大学生进行思考探究，主动表述自己的观点与想法的目的。在正确的教育引导下，通过思想的沟通与辩证，在无形之中梳理正确的世界观、人生观、价值观。因此，基于“双微”平台的高校网络思政队伍建设为学生的思政教育拓展了全新的模式，可以通过动态化的方式进行思政教育，是一种较为有效的思政教学模式。

（二）基于“双微”平台高校网络思政队伍建设面临的挑战

在“微信”“微博”构建的“双微”平台中，可以鼓励学生积极主动地发表自己的意见，引导学生进行反思。然而，其存在的消极影响也是不容小觑的，如果任由消极的、负能量的思想肆意蔓延，就会导致高校学生群体受到各种不良影响，造成无法估计的损失。高校大学生是“双微”平台这种网络新兴事物应用的主力军，其在大学生的学习、生活、人际交往中应用较为广泛，在一些不良网络风气的影响下，一些大学生产生了不道德的网络行为。因此，将思想政治教育与网络有机融合，净化网络环境，构建专业的网络思政队伍，可以加强对学生的引导，加强监督管理，通过科学的方式系统管理，优化网络环境，约束学生的行为，这样可以在根本上促进学生的健康持续发展。

二、基于“双微”平台的高校网络思政队伍建设的路径研究

高校在进行思政队伍建设过程中，要积极响应国家“把掌握运用微信、微博等新媒体操作技术作为宣传思想工作队伍的必备能力，练就运用‘网言网语’参与网络文化建设管理的过硬本领”的要求，积极构建完善、科学的思政队伍，进而为高校网络思政教育工作的开展奠定基础。

（一）组织完善网上班级，提升网络思政队伍的建设质量

要充分利用网络的沟通优势，利用互联网构建微信、微博的网络团体与班级。辅导员要综合实际状况以及要求，组织构建班级的微博和微信公众号，综合学生的实际状况以及需求，合理地发布、组织各种信息内容，保障学生可以在“微信”“微博”网络平台中受到思想政治教育，在“双微”平台中进行讨论、分享、反思，获得感悟；或者在微信公众号上发布信息，将思想政治教育内容与网络进行系统融合，组织开展各种思政教育专题活动，通过微视频、微电影等方式提升网络思政队伍质量，为思政教育工作的开展奠定基础。

（二）明确网络角色，凸显网络思政队伍的作用与效能

在新媒体时代，网络技术的发展与完善，弥补了传统思想政治教育的不足。利用“微信”“微博”平台，提升网络思政队伍的综合素质能力，通过明确其网络责任与角色，认真了解“发声者”“评论者”和“潜水者”不同角色的不同责任，进而提升网络思政队伍教育的质量与效果。

在“微信”“微博”中，高校网络思政队伍不仅是“发声者”，还要做意见领袖，评论学生的各种网络行为，要加强对学生的引导，对于一些热点问题、棘手问题要及时发声，引导学生的思想动态；要做一名“评论者”，就是要对学生提出的想法、问题以及观念进行积极的、正面的回应，处理各种问题，要加强对学生的引导，对于一些传播负能量的学生要积极地教育，了解学生的心理状况、成长环境、存在的问题与不足，对学生进行正确的引导教育；做一名“潜水者”，就是要给学生一定的言论自由，充分尊重学生的各种观念与想法，做好学生的思想政治教育，进而提升思政教育质量与效果。

（三）提升网络能力，凸显网络思政队伍的价值

在“微信”“微博”的“双微”环境中，网络思政队伍必须要掌握一定的网络知识与能力，了解学生的话语系统以及思维模式，与学生进行深入、有效的沟通；要提升与学生的契合度，了解学生的关注点，可

以与学生进行实时有效的沟通，保障沟通内容的科学性，引导学生积极发展；要提升沟通的深度与内涵，给学生一定的启发与引导，梳理正确的价值观念，进而在根本上提升高校网络思政队伍的整体质量。

三、结语

新时代，基于“双微”平台的高校网络思政队伍建设具有重要的时代意义。随着微博、微信的普及，高校微博、微信的影响力也在逐渐增强。高校的“双微”平台通过对典型的人物事迹、校园新闻、信息发布等方式进行思想政治教育，拓宽了传统的思政教育途径。思政教师、辅导员作为网络思政队伍的重要组成人员，通过微信与微博及时发布信息，更新各种时事报道，不仅凸显了队伍应用网络的能力，展现了网络队伍价值，达到培养学生的媒介素养，让学生充分地认知新媒体教学有效性的目的，更是通过“双微”平台构建与学生兴趣、爱好融合的创新型思想政治教育教学模式，通过科学的方式与手段强化网络思政队伍建设，进而为高校思政教育工作的开展奠定基础。

参考文献

[1] 郑媛媛. 利用“双微”平台加强大学生思想政治教育的研究[J]. 西部素质教育，2017，3（19）：130.

[2] 邵小文. 基于“双微”平台的高校思想政治教育创新研究[J]. 吉林广播电视大学学报，2016（7）.

[3] 胡浩. 利用“双微”平台加强高校思想政治教育工作研究[D]. 晋中：山西农业大学，2014.

（该文发表于《文化创新比较研究》2018 年第 23 期，略有改动）

第四部分

学生综合素质培养路径

高职高专“9+3”学生的自信问题浅析

廖晓燕[①]

高职高专“9+3”学生是少数民族地区通过单招方式进入大学，开始大学学习和生活的学生。这些学生和参加高考录取的普高班大学生有不同的特点，为了能更好地因材施教，达到更好的教学效果，我对“9+3”学生进行了细致观察和深入了解，发现这些学生普遍存在缺乏自信的情况。由此我对这一问题进行了认真分析、思考，尝试能通过自己的努力帮助他们树立自信。

一、发现问题

通过长期观察发现，“9+3”学生自信缺失主要表现为“三个从不”：

1．从不主动展示

大学生作为一个优秀的个体，应该充分展现自己的表达、沟通、应变能力，让更多的人了解自己、欣赏自己，同时给自己创造更多的发展机会。但“9+3”学生这方面是块短板。但凡个人演讲类的活动，他们通常表现出抵触、害怕的情绪，教师只能以布置作业的方式强制进行，或者以要加分的方式吸引他们参加。

2．从不主动答问、提问

课堂教学本应是教学相长的过程。《礼记·学记》记载：“学然后知不足，教然后知困。知不足，然后能自反也；知困，然后能自强也。”教学中，教师提问，学生回答，教师点评、分析、总结，或者学生提出疑问，教师答疑解惑，师生彼此激发，形成良好的教学生态。但在课堂教

---

① 廖晓燕，成都职业技术学院马克思主义学院副教授；研究方向：思想政治教育。

学中，“9+3”学生答问不主动、提问不积极，听说要加分，才勉强说几句，有时还答非所问。

3. 从不主动人际交往

马克思说人的本质是一切社会关系的总和。人的社会属性决定了人际交往是人类生活的一部分，且贯穿生命的始终。良好的人际交往是大学生社会化的起点。“9+3”学生人际交往范围狭窄，交往对象局限于已经熟悉的同乡、亲友、中小学同学，他们通常不主动和不认识的同学接触，更谈不上和同学沟通交流。上课表现拘谨、紧张，课堂氛围沉闷、死板，严重影响教学效果；在较大的场合言谈举止皆不自如，自己的优势强项无法展现；在人际交往中始终处于被动地位，内心觉得孤独自卑。

二、寻找原因

要想解决问题，就必须找到问题的根源。我认为，“9+3”学生缺乏自信的原因主要有以下几点。

1. 学习能力较弱，学习上较难有获得感，自信不足

大学是学生全面提高综合能力的重要时期，学习能力越强，成效越明显。学习能力包括学习独立性、学习反思力、学习注意力、思维灵活度、学习成就感、学习自信心等。“9+3”学生学习独立性不强，大部分学生主要靠老师课堂讲授获取知识，课前预习和课后复习做得不到位，主动提问少，学到的东西有限。他们常常被动接受知识，缺乏主动反思过程，难以将所学知识举一反三。学习过程中表现出注意力不集中、思维僵化等情况，很难在学习上获得成就感，缺乏自信。

2. 对外部世界的认知有限，感到自己无知，自信受挫

我们一直认为，现在是信息时代，网络发达，智能手机普及，来自少数民族地区的孩子们也不乏接受信息、了解世界的途径，他们也一定掌握了大量信息，也会因为自己了解民生、了解社会、了解国情、了解世情而自信骄傲。但事实并非如此，孩子们手握手机，但其用途大多是聊 QQ、聊微信，发朋友圈，看娱乐新闻，淘宝购物等，很少把手机用

作学习工具。

3．基础知识不够扎实，学习吃力，自信丧失

“9+3”学生在进入大学之前，都是在少数民族地区接受教育。尽管我国改革开放以来各个领域均取得长足发展，但教育资源分布不均衡问题并未彻底解决。一些少数民族地区长期师资力量薄弱，教学设备简陋，办学条件落后，加上地处偏远，当地人文化水平偏低，普通百姓对学习的重视程度不够，孩子们在基础教育阶段掌握的知识有限。他们进入大学后，基础打得不牢的问题立马显现，学习困难，本就不多的自信也渐渐丧失。

三、解决问题

自信的缺失，导致“9+3”学生在学习上有畏难情绪，面对困难，采取回避、消极的态度，要么放弃，要么视而不见，这都不利于“9+3”学生知识的获取和能力的培养。对此，我进行了长期的思考，试图探索出一些方法，帮助孩子们树立自信，克服学习中的困难，创造更美好的人生。

1．挖掘学生优势，增强学生自信

（1）专业学习时间早，有宝贵的实习经历。“9+3”学生在完成 9 年义务教育后，在当地政府资助下完成了 3 年专业课程学习，就专业知识而言，他们比参加高考后录取的普高班大学生涉猎更早，最难得的是他们在走进大学课堂之前，已经有非常宝贵的实习经历。从实践操作的角度来说，他们比普高班大学生优势明显。但是，大一课程设置主要是基础课，专业课偏少，实操课更少，“9+3”学生的优势一时无法显现。与普高班的大学生相比，他们的基础知识不够扎实，难免有些失落。

发现这一问题后，我从两方面采取了措施：

第一，调整平时作业内容，有意识地引导学生展示自己的强项。比如布置拍摄“道德在我心中的”微视频，引导学生设置一些和本专业相关的故事情节。“9+3”护理专业的学生多次在视频作业中展现了他们的

急救、护理等专业技能。在视频里，学生面对专业问题，应对处理娴熟、规范，表演的故事情节紧张，但他们展现职业技能时，却表现得胸有成竹、有条不紊。观看视频时，普高班大学生露出惊讶、羡慕的神情，“9+3”学生则是双眼放光，满脸自信与骄傲。我注意到，在这样的课堂上，“9+3”学生的课堂表现会非常积极，课堂氛围轻松、活跃，师生互动频率明显高于其他时段。

第二，课堂师生互动时，有意识地多设置一些与实习有关的内容。比如在讲职业道德时，我设置了“谈实习经历中印象最深刻的事”的课堂讨论。“9+3”学生对这一话题非常感兴趣，争先恐后地发言，因为讲的都是亲身经历，他们的表述流畅自然、声情并茂。这样的教学互动，既能让学生积极主动地掌握知识，又能让学生获得一定的成就感，增强自信。

（2）具有吃苦耐劳的精神品格。“9+3”学生父母经常需要外出务工挣钱，家里只剩老人、小孩，孩子们除了要完成繁重的学习任务，还要承担大部分家务。由于交通不便，上学路途遥远且道路难走，披星戴月、跋山涉水是他们求学路上的常态。这样的成长条件铸就了孩子们不怕吃苦的精神品格，一旦得到正确的引导和足够的鼓励，定能激发他们刻苦努力、不放弃的决心。

（3）具有能歌善舞的特点。少数民族能歌善舞的基因在“9+3”学生身上得到鲜明体现。孩子们爱唱、会唱、爱跳、会跳，在大学生校园“歌王争霸”赛中，他们表现不凡，在社区联谊活动、养老院志愿者活动中，他们的表演赢得高度赞扬。教师可以充分利用这些机会，让学生感受自己存在的价值与意义，从而增加自信。

2. 教师言传身教，培养学生学习能力

前面我们分析了“9+3”学生学习能力较弱，学习独立性、反思力、注意力等欠缺，导致学生在学习上难有获得感，培养其学习能力成为当务之急。“9+3”学生离开熟悉的环境、离开亲人到大学读书，教师成为他们最信赖的人，教师的言行对他们的影响深远。教师不仅要耐心教导、悉心指导，培养他们的学习能力，还要身体力行，告知学生学习能力的培养绝不是一件轻轻松松、立竿见影的事情，它需要长期的付出与积累。我曾和学生约定每天打卡学英语，一学期结束后，有学生告诉我，“老师，虽然我的英语成绩进步不明显，但是我感觉这事没白做，每天打卡学习，让我学会了坚持、克制、独立、主动、专注……”，这些恰恰是学习能力的隐秘要素。

3．引导学生有效利用网络，增加对外界的认知，增强自信心

现代社会网络发达，“9+3”学生通过手机能获取大量的外界信息，但他们中的很多人往往关注娱乐信息，对国际国内时政要闻关注不够。这直接导致：一方面，在课堂互动中，学生参与度、获得感低；另一方面，学生思考问题缺乏高度、深度及前瞻性，缺乏大的格局。比如“9+3”学生一方面希望自己毕业后能找到满意的工作，另一方面又焦虑工作机会少，学习起来信心不足、动力不足。我在讲中国梦时，结合“两个一百年”奋斗目标、结合“一带一路”倡议，给学生讲中国的改革开放与发展，讲中国面临的机遇与挑战，告诉学生，他们的未来充满了机会，孩子们很兴奋，甚至有些小激动，他们分明看到了未来施展才能的广阔空间。课后，学生说他们过去从未将自己的未来与中国梦、与“一带一路”结合起来考虑，这些对他们来说只是一个概念。其实，有关中国梦、“一带一路”的新闻报道并不少，但学生的关注度往往不够。

教师应对学生做相应的引导，教他们如何从良莠不齐、纷繁杂芜的信息中找出并掌握一些重要信息。一方面，建议学生每天浏览权威网站，比如人民网、中国政府网、环球网等；另一方面，要求学生做时政要闻播报。一段时间后，“9+3”学生在时政话题讨论中也能各抒己见了。那一刻，他们充满自信。

爱因斯坦曾说：“自信是向成功迈出的第一步。”希望通过我的努力，能让更多的“9+3”学生树立自信，迈向成功。

参考文献

[1] 车丽萍．大学生自信与成就动机、综合测评成绩的相关研究[J]．心理科学，2004，27（1）：51～54.

[2] 马存芳. 高海拔地区藏、回、汉族大学生自我意识的跨文化研究[J]. 青年研究，2004（3）：33~41
[3] 杨金平，毛成耀. 农村大学生的就业困境及化解机制初探[J]. 社会科学论坛，2007（1）：7 ~ 11.
[4] 康站科. “90 后”大学生父母教养方式、自我和谐与人际信任的关系研究[D]. 成都：四川师范大学，2014.
[5] 梁筱梅. 大学生自信心现状及对策[J]. 淮北煤炭师范学院学报：哲学社会科学版，2006（2）：139 ~ 141.

（该文发表于《教育界》2019 年第 27 期，略有改动）

论大学生知行统一中“行”的缺失与对策分析

张瑾瑜①

一、知行统一的理论基础

知指的是我们的认识，行则代表着我们的实践。知行统一自古以来就是教育学家所提倡的教与学的原则，我国古代大教育家、万世师表的孔子就曾经要求其弟子“讷于言，而敏于行”，墨子也曾经倡导“强力而行”。[1]1937 年，毛泽东同志在《实践论》中用哲学范畴深刻地论述了知与行、理论与实际、认识与实践的关系。他认为：“从感性认识而能动地发展到理性认识，又从理性认识而能动地指导革命实践，改造主观世界和客观世界。实践、认识、再实践、再认识，这种形式，循环往复以至无穷，而实践和认识之每一循环的内容，都比较地进到了高一级的程度。这就是辩证唯物论的全部认识论，这就是辩证唯物论的知行统一观。”[2]他也曾指出：“必须使各级党的领导骨干都懂得，理论和实践这样密切地相结合，是我们共产党人区别于其他任何政党的显著标志之一。”[3]而作为 21 世纪新时期的大学生，需不需要继续贯彻执行知行统一这个原则呢？《中共中央、国务院关于进一步加强和改进大学生思想政治教育的意见》中明确的提出：“坚持知行统一”。

二、知行统一的现状

虽然有一部分学生能够用所学所得的科学认知去引导自己的行为趋向，但是仍然有不少学生在思想道德修养方面，理论的认知和行为的实践表现得完全不一样。笔者就所教授的八个班级进行课堂上的章节即

① 张瑾瑜，成都职业技术学院教师；研究方向：思想政治教育与教学。

兴调查表示，有相当一部分的学生在认知和行为上还存在着脱节。比如，在讲授《思想道德修养与法律基础》的第二章的时候，笔者就同学们是否爱国进行调查，当被问及“是否爱国”时，百分之百的同学都回答“是”，而且能够真切地感觉他们自己也认为自己是爱国的。但是当被问及“在公交车上遇到明显比你瘦弱的小偷你会出面制止吗？”时，却只有很少的人举手（而这些举手的同学是否真的会这样做还是一个未知数）。所以，同学们都认为自己是爱国的，作为中国人也必须爱自己的国家，对那些民族英雄都会发自肺腑地尊敬，对那些卖国贼也敢于批判。但爱国不能仅仅停留在认知上，还应该在行动上体现出来。爱国爱的是什么？一个基本要求就是要爱自己的骨肉同胞。谁是我们的骨肉同胞？就是我们身边每一个人。当他们的利益受到威胁时，我们完全可以出手帮助，为什么在行为上退却了呢？这体现了我们在知行统一当中“行”的缺失。在学习人生价值时，同学们都认同人生价值的衡量标准应该是为他人、为社会做出的贡献，可是，在选择工作的时候绝大多数同学却愿意留在大城市，很少有人会主动提出去贫穷落后的地区支援建设。在学习社会公德时，同样是百分之百的同学都讨厌一些校园不文明行为，如吐痰、抽烟、插队等，但是很多同学都做过别人眼中的不文明行为的主角；同学们都认同当发生困难时希望能够获得别人的帮助或者能够帮助别人，但如果与自身的利益发生冲突时，却选择了回避。这些现象的出现其实都和本文所阐述的知行统一中“行”的缺失有关。

三、解决知行不统一的对策

怎样改变知行不统一的现状呢？笔者认为这应该是多方面配合共同完成的事情，主要可以从以下几个方面入手。

（1）从学校方面讲。

学校和老师要注重培养学生的责任意识，实现让学生通过自己的行动去实践课堂上所学习的理论，要将书本知识的学习与社会实践活动结合起来。比如笔者所在学校，从进入大学开始，学生就必须通过服务校园来增强自己的服务意识，学校教室、公共区域的清洁卫生都是学生亲自动手打扫，并且以必修课给学分的方式从制度上约束学生完成。通过环境美化课程，同学的服务意识得到增强，在公共场合也更加注重自己的文明道德，随手乱扔乱丢的现象减少许多，走到自己负责的区域会主动检查卫生情况，会主动制止乱扔垃圾的行为。

（2）从社会方面讲。

社会应该营造良好的氛围，为大家做好事提供平台，不要让我们敢于“行”过后，还要承担经济、精神方面的损失。现在社会上出现了一种讨论，就是应不应该做好人好事，别人摔倒了该不该去扶呢？大多数人愿意施以援手，但是也常有做好事反被讹的新闻见诸媒体，从而让好心人望而却步。这种宣传也让我们的学生思考，该不该出手?所以，社会应该大力倡导诚信教育，不仅让我们获得“知”，还敢于“行”。

（3）从政策方面讲。

政府应该对于那些敢于“行”的行为提出表彰，对做好事而被讹的人提供支持。比如昆明市文明办就公开承诺，市民因搀扶老人摔倒被讹，由此产生的费用将由昆明市文明办申请爱心专项基金埋单。

（4）从学生自身讲。

要理论联系实际。邓小平同志说：“我们说的做的究竟能不能解决问题，问题解决得是不是正确，关键在于我们是否能够理论联系实际，是否善于总结经验，针对客观现实，采取实事求是的态度，一切从实际出发。”[4]要做到知行统一，首先我们的理论认识要正确，要经得起实践的考验，我们的理论认识要和现实情况紧密联系在一起，比如结合自身情况联系社会热点问题进行思考，解决思想深层次问题，从而提高自己的思想道德修养。

知行统一不但是学习“思想道德修养与法律基础”课的出发点，而且也是落脚点。在知行关系中，知是行的前提，行是知的目的。不知而行，会使行偏离正确的方向，走上不道德甚至是违法乱纪或者犯罪的道路；但是，如果只知而不行，知也就失去了存在的意义。学习“思想道德修养与法律基础”这门课程，目的在于让大学生知道自己应该做什么，不应该做什么，应该如何做，不应该如何做。青年时期注重思想修养，陶冶情操，努力树立正确的世界观、人生观、价值观，对自己一生的奋斗和成就将会产生长远而巨大的作用。如何做到知行统一呢？这就要求从自我做起，从现在做起，从一点一滴做起，一边学习思想道德理论一边加强实践，在实践中加深对思想道德理论的认识和理解，用所学的思想道德理论更好地指导自己的行为和社会实践活动，做到自己的行为和社会实践活动同所学理论知识相一致，真正实现知行统一。

参考文献

[1] 廉永杰."育人为本""知行统一"的哲学意蕴[J]. 思想政治教育研究，2008（1）.

[2] 毛泽东选集：第 1 卷[M]. 北京：人民出版社，1991.

[3] 毛泽东选集：第 3 卷[M]. 北京：人民出版社，1991.

[4] 邓小平文选：第 2 卷[M]. 北京：人民出版社，1994.

（该文发表于《法制与社会》2014 年第 4 期，略有改动）

基于课程思政理念的大学生素质拓展训育方式初探

——以成都职业技术学院个案为视角①

赖晓凡②等

新时代背景下，高校素质拓展训练教育要全面贯彻党的教育方针，围绕培养德智体美劳全面发展的社会主义建设者和接班人的培养目标实施各项拓展训育工作。素质拓展训练课程训练教育对培养高职大学生健康的心理素质、乐观积极向上的人生态度，磨炼坚韧毅力，增强团队协作精神及责任感，以及培养市场适应力和职业竞争意识有着不可替代的作用和功能。如何在素质拓展训练教育中既有素质提升，更有价值引领是每个高校素质拓展训育工作者必须思考的课题。笔者结合我院近年的拓展教育实践，秉持立德树人的理念，从素质拓展训育活动提升高职大学生职业核心素养的层面进行了探讨。

一、总结经验，坚持拓展训练和思想教育相结合的训育原则和功能

习近平总书记多次强调，所有课堂都有育人功能，各门课要守好一段渠，种好责任田。我院高职素质拓展训练教学从活动伊始就坚持着训练和教育相结合的原则，把做人做事的道理，把国家民族的大任和使命担当意识融入拓展训练教学之中。

成都职业技术学院素质拓展基地于 2015 年投入使用，基地建设经

---

① 该文是中国职业技术教育学会 2018—2020 年度职业院校德育课题“新时代五年一贯制高职生核心素养培育方式研究”立项研究（项目批准号 DGW1820GZ095）的阶段性成果。

② 赖晓凡，成都职业技术学院马克思主义学院教授；研究方向：思想政治教育、教育管理。

费总投入约120万元，占地面积6000平方米。拓展训练教育纳入校务行政、教务教学和学生部门协同管理之中，学院同时成立了专门的学生素质拓展中心，负责全校学生素质拓展训练教育日常活动事务。中心的校内训育对象涵盖了花源校区全部学生及高新校区和青羊校区的部分学生。花源校区5千余名在校学生在三年学习期间分批次完成训练教育，高新校区和青羊校区的团学干部及部分学生则每学期组织一次80余人的训练教育活动。学校每年度向学生素质拓展中心划拨8万元资金专项用于购买、维修设备器材和组织学院年度素质拓展大赛活动。学院从2015—2016学年第二学期将素质拓展训练课程纳入教学实施计划。学生素质拓展中心在花源校区特设“训练营”，训练和教育活动以培养合作意识和进取精神为宗旨，确定了“磨炼意志、陶冶情操、完善人格、熔炼团队”的培训目标。素质拓展训练课程以项目为载体，精心设计活动内容，指导学生在预设问题、找出解决办法、应对挑战的参与体验过程中实现课程训育目标。拓展训练课程采用2天1夜的集中教学形式展开，利用地面、中空、高空精心设置模拟场景项目使受训人员在心灵、思想、意志、体能、行动等方面获得一个较深的触动和提升。拓展教学通过先行后知法，即体验、分享、交流、整合、应用等流程，引导受训学生在思想上碰撞，在身体上体验，在心灵上分享，进而达到增强体能、培养健康心态、树立正确价值观、塑造顽强的意志、培养合作精神、提高其社会适应能力。这种体验式学习让学生在一种情景模拟的环境中经过反复体验和总结，找出自己存在的问题以及解决的办法，这样的学习效果是一般课堂教学所达不到的。

从我院近五年的大学生素质拓展训育教学情况看，这种体验式学习方式给各届参加训育的学生思想和心灵的震撼是不同寻常的，更有意义的是培养了学生的团体凝聚力和向心力，强化了学生的责任担当意识、组织纪律性，也极大增强了学生对学校的自豪感和归属感。然而，依照国务院2019年颁布的《国家职业教育改革实施方案》关于推进高等职业教育高质量发展，着力培养高素质劳动者和技术技能人才的相关政策和规格要求，当前我院素质拓展训育工作还存在较大差距，仍然亟待克服诸多发展迈进的瓶颈。譬如训育活动与各专业课程的教学如何保持在思政教育的同向同行，实现职业素质、技能、职业精神的高度融合；在原有的专项职业素质拓展课程基础上如何重构具有专业特色素质拓展训育课程体系；在多校区办学治理方式上，如何改革校区条块管理协调机制保障三全育人的成效落地；在原有单一性的素质拓展课程考核标准基础上，如何建立体系化的过程性和结果性的质量评价制度等。总结过去的工作经验，认真学习贯彻习近平总书记在全国教育大会上的讲话精神，笔者以问题导向，对改进今后的学生素质拓展训育方式提出了探讨建议。

二、强化方案设计，协同推进训练教育和专业教学活动同步进行

从 2019 年颁布实施的《国家职业教育改革实施方案》可见，职业教育的国家标准正在加速构建。其中“启动 1+X 证书制度试点工作”，深化复合型技术技能人才培养培训模式改革，夯实学生可持续发展基础，拓展就业创业本领成为关注聚焦点，这也为改革高职大学生素质拓展训育方式指明了方向。当前随着国家招生政策的调整，高职院校将会录取更多的低分段的考生。面对学生普遍存在文化基础薄弱、独生子女个体差异大、性格缺失突显、思想道德观念滞后等诸多素质问题，加之传统观念上重“技能做事”，轻“品德做人”的弊漏，使高等职业院校现代职业人才培养规格和目标遭遇前所未有的困境。其实我院的校训“德行天下，技走人生”就精辟地给出了化解这一难题的良方，既要重视学生专业知识和技能的“硬实力”培养，更要关注学生社会主义核心价值观、职业精神和就业创业综合素质等“软实力”的提升，启发我们从素质拓展训育活动的整体设计入手，从每个专业的训练教育课程入手，在原有拓展训练课程的基础上，依据职业岗位的职业素质和专业能力需求，建立和开发融合专业训练教育与专业教学为一体的课程体系，力争实现思想教育与专业教学的同向融合，突破传统素质拓展训练教育的工作模式。

第一，从人才培养方案入手做好训练教育计划和专业教学计划的同步制订。高职人才培养方案是高等职业院校一切教育教学活动的依据和标准。2019 年 3 月 18 日，习近平总书记在学校思想政治理论课教师座谈会上强调，用新时代中国特色社会主义思想铸魂育人，提出了“八个

相统一”要求，突显出人才培养专业教育性和教学性相结合的重要价值。素质拓展训育工作应秉持课程思政的理念，联合教务、各教学分院从修订专业人才培养方案入手，在目前专业教学计划基础上，依据充分的职业岗位和市场需求的人才就业调研分析，加快制订专业教育计划，从而逐步实现人才培养方案的完整性和系统性。素质拓展训练教育作为专业教育计划的一部分，更要突出社会主义核心价值观、公民素质、职业核心素养等内容的设计，要突破原有内容和形式的单一性，体现素质拓展教育培养及训练内容的层次性和多样性，并进一步明确细化训育各个环节的评价标准、实施路径和考核措施。专业教育计划的制订是一个系统工程，需要学院各部门通力合作，这项工作笔者建议分两步走。第一步，制订素质拓展训育计划；第二步，制订专业教育计划。素质拓展训育计划作为教育计划的组成部分可以先行先试，将学院教务、学工部门、各分院书记、专业教研室、辅导员队伍的力量有机整合，为做好人才培养方案两个计划的同步推进创造前提条件。因此，尽早做好教育计划和专业教学计划的同步制订和实施，才能落实好习近平总书记提出的“让每个人都有人生出彩的机会”的职教服务理念，才能指导专业素质拓展训练教育活动面向职业岗位培养学生正确的世界观、人生观、价值观，关注学生现实思想实际，研究高职大学生中的热点、疑点和难点问题，在训练教育内容上贴近社会、贴近生活、贴近实际。

第二，从职业人才成长规律出发做好素质拓展训练教育和专业知识技能学习的同步递进。有了科学先进的人才培养方案，课程就成为达成培养目标的关键因素。素质拓展训练教育要改变“一锤子买卖”的传统训育方式，在素质拓展训育计划的引导下修订和完善课程实施方案，遵循学生基本素质、职业素养、就业创业能力素质的梯度培养计划，在不同年级、不同学制，分层次、有步骤推进训练教育内容。学院教务部门、学生管理、各分院要协同力量完成训练教育和专业教学计划的融合统一，比如大一学生重点开展三观教育、行为习惯、心理品质、法纪观念等训练教育内容，大二学生着重开展洞察判断、坚韧毅力、责任担当、自我管理等综合素质培养，大三学生突出自我表达、协作沟通、积极进取、创业创新等关键能力的训练教育。就是要探寻素质拓展训育工作与不同专业课程教学相融合的契合面，通过一个人才培养方案的实施，完成教育计划、教学计划两个协同推进，如此逐步实现职业综合素质培养与专业人才规格相融合的育人目标。

总体来说，就是要在培养中国特色社会主义事业的建设者和接班人的教育方针指导下，完善素质拓展训练教育的统筹设计，整合挖掘课堂教学、校园文体品牌性活动、学生社团活动、专业技能大赛等载体的育人要素和功能，紧密结合市场和就业岗位的职业素质要求，将素质拓展训练教育计划纳入学院各专业人才培养方案的教育计划，根据不同专业、不同年级的学生选定不同的训练教育项目，明确训练途径、标准、评价手段，真正实现素质拓展训练教育的工作目标。

三、构建综合训育体系，系统提升学生职业素养和可持续发展能力

这些年来，高等教育领域广泛探讨了大学生核心素养和关键能力的基本概念，学界看法不一、视角不同，但归根到底还是落实立德树人根本任务，解决好培养什么人、怎样培养人、为谁培养人这个根本问题。从一般意义上讲，所谓核心素养，是指学生应具备的适应终身发展和社会发展需要的必备品格和关键能力。笔者上述的学生基本素质、职业素养、就业创业能力素质的梯度培养计划就是围绕高职大学生成才、出彩来统筹设计的。近年从高职毕业生反馈回来的信息看，在现代职场竞争活动中，职业人思想意识觉悟，非专业的知识、能力、素质已大于专业的知识、能力、素质的作用。如何突破传统培训思维和模式，以学生为中心，完善现有的素质拓展训育运行机制，加快推进全方位的素质拓展训育机制建设，构建学生职业素质培养综合体系是当务之急。

第一，打造高职校园拓展训育综合体系。笔者认为强化人才培养方案设计，协同推进训练教育和专业教学活动同步进行，就是要深入学习贯彻习近平总书记在全国教育大会上的重要讲话精神，坚持立德树人的根本任务，健全全员育人、全过程育人、全方位育人的体制机制，改革我院校区条块管理协调机制，协同学校教务部门、学生管理、各分院专

业力量，打通学生素质拓展训练教育与校园文化活动、各专业的校外社会实践活动的联通渠道，激活课堂教学、校园文体品牌性活动、学生社团活动、专业技能大赛等载体的育人要素和功能，从人才培养方案的修订、实施、考核、评价全程融入拓展训练教育元素，形成教育计划和教学计划的融合，实现人才培养教育性和教学性的统一整合，从而巩固和增强素质拓展课程化和活动化达到的培养成效，真正形成“人人皆可成才、人人尽展其才的良好环境”。此外，我院应充分利用现代信息技术平台实时实现素质拓展训育课程和专业教学课程的网络化管理,并将学校、学生、市场用人单位的需求整合在一个实时、动态的线上平台，这样才能及时反馈和不断改进。

第二，建立完善素质拓展课程体系。要遵循高等职业教育应用人才培养规律和高职大学生成长规律，在训练教育计划指导下，既要保持传统场景体验式课程项目的优势，还要结合各专业特色开发体现核心价值观、职业素养和职业关键能力多层次专业素质循序培养的课程体系，比如包括“职业素养训练”“心理素质训练”“关键职业能力训练”“创新创业能力训练”等课程，形成认知与体验结合、校园与职场对接，相互辅助、支撑的开放型课程体系。教务部门、学生管理、各分院专业力量和学生素质拓展中心还要根据训练教育计划和教学计划系统编排各类显性课程和隐性课程在训练教育中担当的“角色”，形成一个相互辅助、补充、支撑的课程活动体系。譬如知识讲授课和项目活动课的结合，校内实践课和校外实践课的互补，必修课和选修课的相辅，线上网络课和线下自主课的结合，学生社团课和学生就业创业课的结合等，在校区教室内外空间、学期前后全程，努力实现第一课堂和第二课堂在育人目标上的同步同向递进。

第三，建立和完善职业素质训育学分制度。互联网+职教为学院建立学生专业素质训育评定系统创造了便利，学院应在 AIC 线上管理平台上同步开通素质拓展训育课程体系的过程性和结果性评价，完善学生学习账号，建立学习成果可积累追溯、可查询转换的评定功能，打通拓展训练课与专业教学课、第一课堂和第二课堂、网络课和自主课、社团课和就业创业课的隔膜，实现课外素质拓展与专业教学课程学习过程和结果的有机衔接。制定相关评定指标细则和考评办法，根据学期训练教育进度定期公布评价结果，使素质拓展的成果更加有形化和显性化。这样有利于整个校园形成积极活跃的训练活动氛围和健康文明的学风、校风，促进学生全面发展的积极性，主动提高自己的校内外实践活动能力。应坚持素质训练教育的过程性评价和结果性评价相结合原则。素质训练教育的过程性评价能够让学生随时查询自己的测评成绩，及时矫正自己的不良习惯和领会着重提升哪个方面的素质能力，学期结果性评价则为评优选拔、干部培养、毕业资格认定提供了可靠的信息数据凭证。

第四，加强素质拓展训育综合体系教师队伍建设。国务院于 2019 年颁布的《国家职业教育改革实施方案》多次强调“落实好立德树人根本任务，健全德技并修、工学结合的育人机制，完善评价机制，规范人才培养全过程”，“探索组建高水平、结构化教师团队，教师分工协作进行模块化教学”要求，为培养高素质劳动者和技术技能人才明确了任务和方向。打造一批有培训能力的高水平的师资团队是学院素质拓展训育综合体系建设的前提条件。这就要求学院更新和转变教职工教育理念，各专业依据人才培养方案的训练教育计划，整合思政课、公共课、基础课、拓展课的师资资源，做好素质拓展训练教育教师的二级规划，加大教师培训力度，力争获得更多的素质拓展训育指导教师、职业培训师和创业培训教师资格，让一大批青年教师速速成长起来。

综上所述，高职大学生素质拓展训育工作要面向新时代对高素质劳动者和技术技能人才的要求，落实立德树人根本任务，坚持拓展训练和思想教育相结合，协同推进训练教育活动和专业教学活动同步进行，构建综合训育体系，系统提升学生职业素养和可持续发展能力，不断满足高职大学生发展成长的获得感和幸福感。

参考文献

[1] 李仁平. 略论“高职计划”与学生素质拓展体系的构建[J]. 武汉职业技术学院学报，2010（4）.

[2] 方卫中. 基于提升职业核心能力的高职院校素质拓展课程创新改革研

究[J]. 产业与科技论坛，2019（18）.
[3] 钟毅，许小玲. 浅谈素质拓展训练对高职学生思想政治教育的作用——以广东工商职业学院为例[J]. 当代体育科技，2017（31）.
[4] 徐钦. 素质拓展训练对提升高职院校学生综合素质的可行性研究[J]. 知识文库，2017（20）.
[5] 成都职业技术学院《关于花源校区开展素质拓展训练课程的实施方案》，2015-1-13.

（该文发表于《科技风》2020年6月第18期，略有改动）

新形势下高职学生职业发展与就业指导课程建设探析[①]

何　琳[②]

自2007年教育部颁布《大学生职业发展与就业指导课程教学要求》以来，各个普通高校都按照要求逐步开始开设职业发展与就业指导方面的课程和活动，让职业发展与就业指导贯穿广大学生的培养过程，有效地提高大学生的实践动手能力，为其将来适应社会工作的需求奠定了良好的基础。高职院校也纷纷针对不同的专业特点，编写了侧重点不同的高职学生职业发展与就业指导方面的课程材料及活动安排,在人才培养、就业工作等方面取得了比较好的成效。但是，综观新形势下高职学生职业发展与就业指导的课程实践，仍然存在着方方面面的问题，影响了课程实际作用的发挥，而如何突破当前高职学生职业发展与就业指导课程建设的发展瓶颈、增强相关课程的实效性，成为高职院校管理者和相关教师亟待解决的问题。

一、现阶段高职学生职业发展与就业指导课程建设存在的问题

一是，现阶段高职学生职业发展与就业指导课程太过注重对理论的教学，对技能的实训力度存在欠缺。

从高职学生职业发展与就业指导课程实践来看，现阶段关于学生职业发展与就业的理论教材已经比较丰富了，但是实训方面的教材却很少，学生很难将所学的理论知识运用到实践中，因此，学生职业发

---

① 本文是四川省省级课题“新形势下高职学生职业发展与就业指导课程建设问题研究”（课题编号：15SJZ15）成果之一。

② 何琳，成都职业技术学院马克思主义学院教师；研究方向：就业指导与创新创业。

展与就业指导课程也变成了一门枯燥乏味的理论课，得不到高职学生的关注与重视。

二是，现阶段高职学生职业发展与就业指导课程急功近利，大多关注学生毕业之前一段时间的就业指导，忽视对学生综合素质提高的长期关注。

近些年来，大学生就业形势日渐严峻，各高职院校开始重视学生的职业发展与就业，大多数高职院校都成立了学生就业指导中心，通过专题讲座、模拟面试、组织企业招聘活动等对学生的职业发展、就业等提供帮助，但是这些措施都是针对即将毕业的高职学生的突击式的服务，缺乏对高职人才社会需求、行业发展趋势、社会经济发展态势等方面的研究，忽视了对高职学生综合素质的长期培养，很容易造成高职院校人才培养与社会就业需求之间的不匹配。

三是，现阶段高职学生职业发展与就业指导课程内容相对单一，对学生个体差异的考量不够。

从实践来看，各高职院校开设的学生职业发展与就业指导课程采取的都是针对全体学生的大而全的教学方式，其课程内容相对单一，只考虑了高职院校学生共性的内容，而对学生个性化的需求却很少涉及，这就影响了高职学生个性特长、个人潜能的发挥，也使得对学生的职业发展与就业指导的针对性大打折扣，影响了高职学生职业发展与就业指导课程实效性的发挥。

二、新形势下高职学生职业发展与就业指导课程的改革措施

科学合理的职业规划应该是一个动态的、不断修正的过程，随着个人实际发展情况的不断变化，高职学生的职业方向、职业路线、职业目标、实施措施等相关内容也应该不断进行修正和优化，因此，相关课程教师要不断地提高自身的专业水平，加强学生的实训力度，让学生通过实践更好地认识自己，通过长期的培养，增强高职学生的职业发展与就业的意识，提升其各方面的能力。

首先，要不断提高职业发展与就业指导教师的素质水平。学生自

身经验缺乏，非常需要专业的导师答疑解惑、指点迷津。因此，想要解决高职学生职业发展与就业指导课程建设中存在的问题，第一要务就是要打造一支专业化水平过硬的学生职业发展与就业指导的教师队伍，通过引进高水平人才、提供专业的教育培训，提高职业发展与就业指导教师的素质水平，从而为学生提供职业发展与就业指导相关的全方位的服务。

其次，要增强高职院校的实训力度，让学生学以致用，通过不断地总结和思考，不断优化自身的职业生涯规划。高职院校要想在学生职业发展与就业指导方面获得比较理想的效果，就必须在做好职业发展与就业的理论教学的同时，重视对学生的实训力度。通过校外实训，一方面培养学生的实践动手能力，另一方面，帮助学生验证职业发展方向，为学生进一步明确自身的职业生涯规划提供依据。高职院校要通过整合校内外资源，打造具有针对性的学生实训基地，让学生掌握应有的基本的技能，并且通过思考总结，不断提升自己的技能水平，优化自身的职业发展路线。

最后，要转变职业发展与就业指导的教学方式，重视学生的个性化发展。从高职学生职业发展与就业指导实践经验来看，仅仅从就业信息的发布的角度为学生提供指导服务的方式是没有明显的效果的。高职院校要转变职业发展与就业指导的教学方式，将学生职业发展与就业指导变成主动式、预防式以及个性化的职业生涯辅导课程，将职业发展与就业的相关理念贯穿于学生学习生涯的各个阶段，让学生对自身有一个比较深刻的认识，选择适合自身特点的职业路径，并且主动参与职业训练活动，有针对性地提高自身的职业素养和综合素质，以适应社会发展。

参考文献

[1] 巢卫平，赵荣生. 大学生团体生涯辅导探讨——基于职业发展与就业指导课程教学改革实践的行动研究[J]. 湖南师范大学教育科学学报，2011（6）.

[2] 刘金明，朱晓文. 关于高职生就业指导课程的几点思考[J]. 山东行政学院山东省经济管理干部学院学报，2006（S1）.
[3] 吕炜. 高职院校就业指导课程师资队伍建设的思考[J]. 陕西青年职业学院学报，2010（1）.

（该文发表于《青年时代》2016年第1期，略有改动）

基于职业匹配的高职学生能力研究

欧美强[①]

在技术飞速发展的今天，青年就业问题日益引起政府、社会、家庭和个人的广泛关注。为了培养所有青年都有机会掌握工作所需的相关技能，各国政府正逐步建立和完善本国技术与职业教育及培训体系。2018年5月，国务院发布了《关于推行终身职业技能培训制度的意见》，意见明确要求，将“就业技能”“岗位技能”和“创新创业技能”作为终身职业技能培训的主要内容。因此，针对在校高职学生，研究和探索他们与职业相匹配的能力，成为职业教育发展的新趋势，具有十分重要的意义。

一、培养与职业匹配的能力是职业教育发展新趋势

按照联合国教科文组织的界定，学习目标一般与学习深造，或从事某个职业或行业，或为某一种职业或行业做准备相关联。这一定义说明，从一般意义上的学习目标来看，除了升学，为职业做准备是学习的重要目标。然而，从最终表现形态来看，能力却是衡量学习成果的重要指标之一。

从职业教育的内涵看，它是“使学习者获取某种职业或行业，或某类职业或行业所需的专门知识、技能和能力。”可见，培养学生的职业能力是职业教育的应有之义。从发展趋势看，新时期职业教育发展已经转向构建与职业相匹配的能力方面。2012年5月，联合国教科文组织在上海召开了第三次技术与职业教育及培训大会，会议主题为“转型的技术与职业教育及培训——培养工作和生活能力”。职业教育转型发展的建议主题表明，工作能力也就是通常所说的职业能力，成了职业教育与培

① 欧美强，成都职业技术学院马克思主义学院副教授；研究方向：思想政治教育。

训的两大重要能力目标。因此，培养与职业相匹配的能力顺应了今后职业教育的发展方向。

职业教育转向与职业相匹配的能力培养，一方面适应了经济社会发展的要求，另一方面满足了以职业能力为导向的高技能人才队伍建设的需要。因为新一轮的信息技术变革使得用人单位对劳动者的能力要求发生了很大变化，这种变化在人力资源市场上的反应就是对求职者提出了更高的能力要求。肩负向行业或企业输送合格人才的职业教育，面对用人市场新的发展变化，为满足用人方的需求和学生求职的需要，如何提供与之相适宜的课程内容和教育教学方式，如何培养和提高学生与职业相匹配的能力，便成了包括高职院校在内的职业教育机构关注的焦点。

二、与职业匹配的能力结构模型

为深入探究与职业相匹配的能力要素及体系，有必要对“能力”内涵及其与之相关的概念进行辨析。

1. 认识“能力”

在不同的语境中，“能力”的内涵存在很大的差异性。为了消除不同国家和地区关于“能力”语义的分歧，以及对技术与职业教育及培训效果做定性描述和比较，2006 年，“欧洲职业培训发展中心”引入了“知识”和“技能”两个概念，并将“知识”“技能”和“能力”置于一个有机的框架结构之中，由此创立了“KSC”(knowlegde, skill and competence)这一专门术语。在将“KSC”认定为一种学习成果类型的基础上，“欧洲职业培训发展中心”还对这些概念在学术界以及欧洲几个主要国家的使用情况进行了分析和比较，并指出了它们之间存在的差异。可见，在西方社会，单纯从字面来理解或定义“能力”是一件相当困难的事，但“欧洲职业培训发展中心”将“能力”置于“知识→技能→能力”发展链条的做法，不但在“能力”内涵方面取得了共识，而且还为我们进一步认识和理解“能力”提供了一种全新的思路。

2. 与职业匹配的“能力”

2008 年 4 月，在制定欧洲终身学习标准时，欧盟理事会分别对“知识”“技能”和“能力”进行了界定。“知识”是学习者对信息消化吸收后所获得的一种成果，其具体表现为与工作或研究领域有关的事实、原则、理论和实践；“技能”是对知识应用以及使用专业知识完成任务和解决问题的一种才能（ability）；“能力”指在工作或研究情景和专业以及个人发展中，运用“知识”和“技能”所展示出来的才能，它包括个人的、社会的和方法的才能。“知识”“技能”和“能力”三者间存在着密切联系，其中，“知识”是“技能”和“能力”形成的前提和基础，“技能”是对“知识”进行应用时所形成的一种才能，只不过这种才能还停留在思维观念和实验操作层面，其发生在一种“验证性的环境或条件下”，还不具备迁移性，而“能力”则是运用所掌握和形成的“知识”和“技能”，并在一种全新的情境下所展示出来的个人、社会或方法等不同层面的迁移性才能。在“欧盟职业资格框架”语境中，“知识”是对学习对象即理论和事实的描述；“技能”是对学习主体认知和实践两方面情况的描述，前者包括逻辑思维、形象思维和创造性思维的运用，后者包括动手的熟练程度，以及方法、材料、工具和器具的使用；“能力”则是对学习主体责任感和自主性的描述。因此，“能力”可以被视作学习者在了解和掌握一定“知识”的基础之上，通过自身思维力和“做中学”这一至关重要环节的训练，最终内化为自身独立自主解决问题的一种素养。

综上，“能力”主要是与工作或研究等职场实践相关联的。

3. 与职业匹配的“能力”结构模型

依照欧盟理事会对“知识”“技能”和“能力”内涵的界定，与职业匹配的能力结构模型分别由“知识柱”“技能柱”和“能力柱”构成，选择用“圆柱体”分别代表“知识”“技能”和“能力”，说明三者自身是一个完整的有机结构，其内部各要素间是以有机的方式结合的。将与职业相匹配的“能力”与“知识”“技能”相联系，表明“能力”是以“知识”为起点，在通过中间环节——“技能”对“知识”吸收、实验和转化的基础上，才在超越知识验证性情景下形成一种解决不确定性问题的素质。由知识到技能再到能力的演进顺序表明，三者具有层级递进的关系，脱离“知识”与“技能”的“能力”是不存在的，而“能力”的提升又有助于进一步掌握新的“知识”，并转化为新的“技能”，最终又形成一种新的“能力”。因此，“知识”“技能”和“能力”间的良性互动才能形成真正意义上的“能力”，也只有借助“知识”和“技能”，才能更好理解与职业相匹配的“能力”的内涵。但相对而言，“能力”与“知识”“技能”又具有一定的独立性，因此，在实际使用中，我们不能把三者混淆甚至等同起来。

与职业匹配的能力结构模型的建立，在强化“知识”“技能”和“能力”三者间关系的同时，不但为我们确立较为全面的人才培养目标和学习目标提供了理论支撑，而且在教育教学实践中，我们还可以有效解释通常所说的“高分低能”现象。这里的“高分”实际是相对“知识”而言的，它与“技能”和“能力”是既区别又相关联的概念，相互间并不具备必然的对应关系。因为“知识”表示“知道为何”，还只属于一种事实知识；“技能”意味着在特定条件下“知道怎样做”，是一种做事的技巧和诀窍等方面的知识；“能力”表明在未知条件下“知道怎样做”，是对“知识”和“技能”的迁移性运用，它已经远远超越了“知”的范畴，而进入了“行”的范畴。

三、与职业匹配的高职学生能力要素

在《关于职业技术教育与培训（TVET）的建议书》中，联合国教科文组织更进一步明确了与职业相关的五大能力要素：与职场相关的能力、基础能力、通用能力、创业能力和可持续发展能力。将“与职场相关的能力”位列其他各项能力之首，表明与职业相匹配的能力在各种能力中具有十分重要的地位。因此，在教育实践中，探索和建立与职业相匹配的高职学生能力要素就显得非常迫切。

1. 基于专业目录的职业能力对应性分析

对于高职院校学生而言，他们毕业走上职场所选择的“职业”，既与在校所学“专业”有关，又与即将要从事的具体工作“岗位”密切相连，因此，分析与职业相匹配的高职学生能力要素时，除了要考虑上文所提到的“知识”和“技能”这两个因素外，还必须考虑“专业”和“岗位”这两个因素对学生能力所提出的要求。2015 年 10 月，教育部颁布《普通高等学校高等职业教育（专科）专业目录》，依照该教育行政法规的规定，我国高等职业教育专业按照“大类—类别—专业—专业方向”的序列进行分类，该目录将高等职业分为 19 个专业大类、99 个专业类别、747 个专业和 749 个专业方向，其中“专业”和“专业方向”与 291 个职业类别相对应。可见，就“专业”与“职业”的关系而言，他们之间存在“一一映射”关系的情况很少，更多情形下是一种“多对一”的关系。2016 和 2017 年，教育部又两次共增补专业目录 19 个，至此，从总体情况来看，“专业”和“专业方向”与“职业”之比约为 5：1，换句话说，仅从对应概率来看，平均约五个“专业”和“专业方向”的高职学生毕业后，都有可能会从事同一类别的“职业”。而就某一职业而言，与其相对应的则是数量众多的岗位所组成的岗位群。因此，依照“专业—职业—岗位”之间的对应关系，我们可以建立起“与职业相匹配的能力要素”示意图（见图 1）。

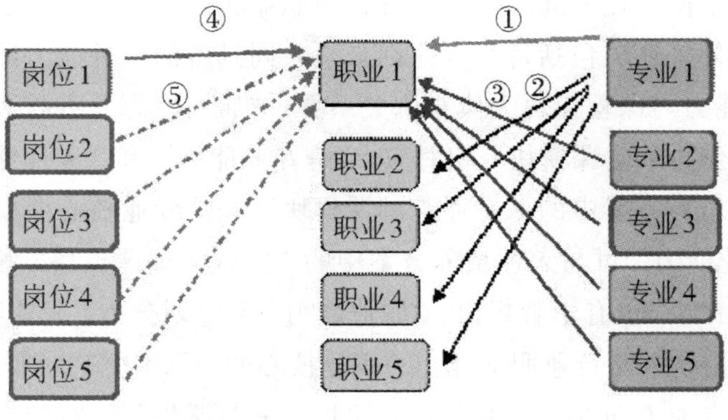

图 1　与职业相匹配的能力要素示意图

2．与职业匹配的能力要素设计

在图 1 中，专业 1、专业 2……，是指与某一职业相对应的专业或专业方向，这些专业或专业方向属于同一专业类别；职业 1、职业 2……，是指《普通高等学校高等职业教育（专科）专业目录》中所列举的不同职业类别，它们分别与相应的专业或专业方向相对应；岗位 1、岗位 2……，是指某一职业下从事多个具体事务所组成的“岗位群”。从理论上看，相对某一具体职业来说，其有多个专业或专业方向以及岗位与之相对应，因此，对高职院校学生而言，培养与职业相匹配的能力，就离不开与职业相匹配的专业或专业方向和岗位方面的能力要求。(1)和(2)所代表虚线表明，某一专业或专业方向除了与某一职业存在一定的对应关系外，它还可能与多个职业相对应；(1)和(3)所代表的实线表明，某一职业除了与某一特定专业或专业方向相关联外，它还与其他多个专业或专业方向存在密切联系；(4)和(5)分别代表的实线和虚线表示，某一职业存在多个岗位与之相对应。因此，与某一职业相匹配的高职学生能力要素，除了包括某一专业或专业方向和相关专业或专业方向所要求的能力外，还必须包含相应岗位群所需的能力。其中，(1)代表高职学生所学某一专业的“专业能力”，(3)代表“跨专业能力”，(4)和(5)表示“岗位群能力”。由于“岗位群能力”直接关系到求职者与具体岗位是否相匹配，因此，“岗位群能力”也就是我们通常所说的“就业能力”。

针对不同专业的高职学生而言，与职业相匹配的能力除了上述三个面的要素外，还应包括每个专业都必须共同具备的一种能力即“通用能力”。从能力与课程模块大体对应关系看，“通用能力”可与人才培养方案中的“公共基础课模块”相对应，“跨专业能力”和“专业能力”可分别与人才培养方案中的“专业基础课模块”和“专业核心课模块”相对应，“就业能力”可与人才培养方案中的“实践实训课模块”相对应。然而，在学术界，也有学者提出，“职业能力”可以划分为“职业特定能力、行业通用能力、跨行业职业能力、职业核心能力”，它们分别与“专业平台课程、专业方向课程、专业拓展课程、公共课程”相对应，由此也按照这种对应关系来“构建课程体系”。[1]以人才培养规格的标准来衡量，“通用能力”“跨专业能力”“专业能力”和“就业能力”与教育界所倡导的“基础牢、口径宽、能力强、素养高”的人才培养目标也是相吻合的。因此，对与职业相匹配的能力做这种分解，其能力要素既可与现有课程体系相对接，又与人才培养目标相一致。

为了深入阐释和揭示与职业相匹配的能力体系间及其内部能力要素间的关系，以下将从纵向和横向两个维度，即“跨专业能力”和“专业能力”从“知识→技能→能力”的纵向角度，“通用能力”“就业能力”从横向角度来构建高职学生的能力系统与结构。

四、与职业匹配的高职学生能力系统及结构

如果将与职业相匹配的高职学生能力看作一个系统，那么依系统论的观点审视，以上所说的四种能力要素可以被看作是与职业匹配的高职学生能力系统的四个子系统，各个能力子系统又是由不同的能力要素所组成，无论是能力子系统间，还是各能力子系统所包含的要素间，它们都应是以一种有机的方式结合在一起，方能产生一种结构性的力量。

1. 与职业匹配的学生能力系统构建

由上分析可得知，与职业相匹配的高职学生能力系统是由“通用能力”“跨专业能力”“专业能力”和“就业能力”四大子系统构成。因此，在对每一子系统的能力要素做进一步分析的基础上，我们便可以构建起与职业相匹配的高职学生能力系统与结构。

“通用能力”是高职学生作为一名大学生，所应具备的一项基本能力，而在国外，有的也将“通用能力”称作“关键能力”。它含了“语言应用能力”“信息与技术使用能力”“社会交往沟通能力”“价值评判与形成能力”和“创新思维能力”等五个要素。

因为“跨专业能力”和“专业能力”对知识、技能要求很高，所以，获得相应的专业知识、专业技能就成了这两种能力不可或缺的两个要素。而在现实生活中，大学生能力的测试，除了现场展示外，职业资格证书也是他们具有某种能力的资质证明，从而“跨专业资格证书”和“专业资格证书”就分别成了高职学生是否具有“跨专业能力”和“专业能力”的第三个能力要素。

2. 适应职业需求的能力结构化组合

职业招聘为的是找到适合相应岗位的竞聘者，以承担和完成某一项具体工作任务，并能依靠自己所掌握的“知识”和“技能”独立自主处理工作过程中遇到的新情况和新问题，因此，“解决问题能力”就成为“就业能力”的首选能力。而在现实工作中，同一职业由多个岗位所组成，从而各岗位在分工负责的基础上，相互间的协调配合就显得十分必要，因此，“团队合作能力”成了“就业能力”的又一要素。在职场生活中，由于经济社会的急剧发展，一个人在校学习期间所掌握的知识、技能和能力已经远远不够，加之为适应构建学习型社会的需要，培养一种以自我引导为主的学习能力也显得十分必要，因此，“自主学习能力”就成了“就业能力”的又一重要因素。在工作岗位中，一个人产生新的思路、方法以及采取新的措施，并创造性开展工作，相应就会产生新的工作效果与绩效，因此，“创新能力”是一个人“就业能力”的重要体现。

作为即将走上工作岗位的高职学生而言，在校期间有意识地养成以上所说各种就业能力要素，便可为找到适合自身的工作做好充分准备。在学界，也有学者认为，“高职学生就业能力由职业能力、自主能力、适应能力、竞聘能力、创新创业能力五个维度构成。”[2]虽然这种分类也有其存在的理由，但以“岗位”匹配和需求密切程度为标准，相比来看，将“就业能力”子系统分为“解决问题能力”“团队合作能力”“自主学习能力”和“创新能力”更具有逻辑性和合理性。

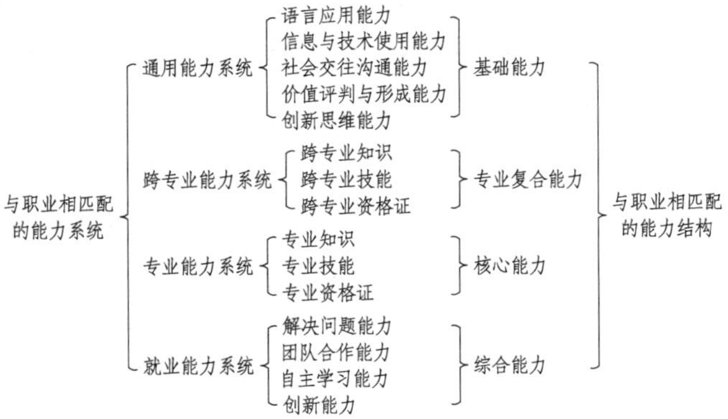

图 2　与职业相匹配的高职学生能力系统及结构

在与职业匹配的高职学生能力系统中，从各能力子系统的地位和作用来看，“通用能力”“跨专业能力”“专业能力”“就业能力”可以分别被看作是基础能力、专业复合能力、核心能力和综合能力。“通用能力”是面向所有高职学生的，它在各种能力中居于最基础性的地位；“跨专业能力”是具有多个专业或专业方向知识、技能和资格证书的一种体现，它可拓展高职学生的就业面向，因此，可以被看作是一种专业复合能力；“专业能力”则是不同专业或专业方向区别的标志，所以，它是一名高职学生能力的核心所在；“就业能力”则是运用所学“知识”和“技能”，以及由此所形成的“能力”独立解决问题的一种素养，它是高职学生综合素质的体现，因此，它是一种综合性的能力。由此，我们可以构建起如图 2 所示的与职业相匹配的高职学生能力系统及结构。

与职业相匹配的高职学生能力系统及结构的构建为高职学生能力发展和培养明确了方向。

五、结语

随着国家与社会对职业教育发展的高度重视，以及职业教育转向与职业相匹配能力的培养，如何认识和构建与职业相匹配的高职学生能力变得十分必要和重要。与职业匹配的能力结构模型及高职学生能力系统的建立，不仅在理论上厘清了“知识”“技能”“能力”三者之间的关系，而且在教育教学实践中加深了我们对“高职学生能力”内涵的全面理解，有助于增强学校和学生全面培养与职业相匹配能力的自觉意识。

参考文献

[1] 蒋庆斌. 职业能力结构化与职业教育课程体系构建[J]. 职业技术教育，2012（22）.

[2] 肖贻杰. 高职学生就业能力结构及高职教育对就业能力影响的研究[J]. 职业技术教育，2010（13）.

（该文发表于《中国职业技术教育》2019 年第 20 期，略有改动）

中国梦视阈下的高职新生入学教育调查研究

李竹玉[①] 左桂云[②]

随着我国高职院校的快速发展和壮大，越来越多的学生怀揣梦想，进入职业院校学习，开始了崭新的大学生活。然而，从中学到大学，生活环境、学习模式、人际交往以及学生管理方式等方面都发生了很大的变化，许多大学生因不适应新的环境而产生一系列的困惑：理想与现实、专业与就业、人际交往等。如何帮助大学新生尽快适应新的学习生活环境，科学合理地进行职业规划，培养综合职业能力，完成从中学生到大学生角色的转变，是我们正在进行研究的课题。

我们以成都职业技术学院会计专业 2013 级大一新生为研究对象，对新生的基本信息情况、对学校和专业的了解以及对军训、服务型专题教育和入职教育活动教育的评价等方面情况进行了综合问卷调查，并根据调查的结果进行了分析，提出了帮助学生实现自身中国梦、职业梦的举措。

一、调查对象和方法

本次调研的时间为 2013 年 10 月，调研对象为成都职业技术学院会计专业 2013 级新生。本次调研一共发放调查问卷 188 份，回收 188 份，有效问卷 188 份。调研方式：通过发放调查问卷、座谈会交流等方式开展调研工作，发放回收率 100%，有效问卷率 100%。有效问卷中男生 27 人，占总人数的比例为 14.4%；女生 161 人，占总人数的比例为 85.6%。男女学生均为“90 后”大学生。为保证调查结果能客观反映学生的真实感受，问卷调查采用匿名方式。本次问卷调查主要从以下几个方面进行。

① 李竹玉，成都职业技术学院副教授；研究方向：思想政治教育。
② 左桂云，成都职业技术学院教授；研究方向：会计。

二、问卷调查数据的基本分析及结论

1．大一新生的家庭基本情况

父亲职业是“农民”的占43.1%，“个体户”占8%，“务工”占5.9%，“有较长期稳定工作单位”占19.1%，“无工作”占10.6%，未做任何选择的占13.3%；母亲职业是“农民”的占46.8%，“个体户”占8.5%，“务工”占5.3%，“有较长期稳定工作单位”占10.6%，“无工作”的占16.5%，未做任何选择的占13.3%；选择家庭经济条件“好”的占2.7%，选择“一般”的占51.1%，选择“不好”的占37.2%，选择“说不清”的占8.5%。这说明高职学生大多来自社会中低收入家庭，在学习生活中，我们要给予他们更多的帮助与关爱。

2．大一新生对一系列入学教育的评价

对军训的评价，选择“很有必要”的占19.1%，“有必要”的56.9%，“一般”占13.8%，“没必要”占3.1%；对入职教育活动评价来看，选择收获“很大”占19.1%，“有意义”占53.7%，“一般”占21.8%，“没意义”占1.1%；对新生服务性学习（服务自己、服务师生、服务学院、服务社会）评价，选择“很有必要”的占19.6%，“有必要”占65.4%，“没必要”占4.3%，“不好说”占10.6%。学生对入学教育总体评价满意，但还有改进的方面。

3．大一新生对所学专业的了解

从学生填报志愿来看，选择“第一志愿”的占90.4%，“第二志愿”占4.8%，“调剂”占0.5%，“其他”占2.7%；从学生报志愿时是否了解本专业来看，选择“了解”的占10.1%，“一般”占63.3%，“不了解”占22.9%，“说不清”占2.7%；从学生了解所学专业应获取的职业证书来看，选择“会计从业资格证”的同学占78.1%，选择“初级会计师证”的同学占54.8%，选择“会计电算化证”的同学占25%。这说明学生对所选专业有一定的了解，但不深入，需要老师进行更专业的教育引导。

4. 学生对学业和职业的期望值

对选择专升本“很希望”的占 36%，“希望”占 50.5%，“无所谓”占 8.0%，“不希望”占 3.7%；对哪种能力最重要，选择“学习能力”的占 9.6%，“专业能力”占 37.2%，“社会能力”占 63.3%，“其他能力”1.6%；对职业梦想期望，选择“从事会计工作”的占 70.3%，“从事与本专业相关的工作”占 27.2%，“无所谓”占 2.5%。这表明学生对自己的未来有一定期盼和规划，但也有迷茫的，与时代大潮和自身实际脱节的地方，需要老师加强指导。

三、研究对策

1. 客观分析会计专业学生的“生源”情况，构建高职贫困生帮扶体系

习近平总书记就中国梦做了全面的阐述：“实现中华民族伟大复兴的中国梦，就是要实现国家富强、民族振兴、人民幸福。”而中国梦归根到底是靠人来实现的。新生入学教育就是通过多种途径和形式，有目的地引导学生完成从中学生到大学生的转变，积极主动地适应信息生活的新环境，处理好各种关系，成为一名国家和社会认可的合格的大学生。进而通过他们的言行影响社会、改变社会，让我们的社会更具活力，更加和谐、健康、向上。因此，我们在新生入学教育过程中要对生源进行认真分析，特别是高职贫困生。

高职贫困生一般指的是在高职院校就读的学生中，由于家庭经济状况不佳、生活困难、无力支付教育费用或支付教育费用困难的学生。主要表现为经济贫困、心理贫困、社会资源贫乏等。伴随着高等职业教育规模的不断扩大和学生总数的快速增长，高职院校贫困生的数量也在不断增加。从成都职业技术学院会计专业学生生源构成的调查结果来看，45%以上的学生来自中低收入家庭，贫困的大多来自农村地区以及城镇下岗职工家庭，远远高于教育部近期公布的普通高职院校贫困生的比例 25%～30%。2014 年 3 月 21 日，教育部关于“建设现代职业教育体系”的会议中指出，着力发挥职业教育的扶贫作用，会同有关部门努力使每

一个贫困家庭都有一个有技能、能稳定就业的孩子，真正实现脱贫。因此，构建以就业为导向的帮扶体系，切实帮助高职贫困生成长成才，实现每一位学生的就业梦，促进教育公平与社会和谐发展。

2. 采取多种教育方式，增强学生对学校的认同感，形成合力助推中国梦的实现

从学生了解成都职业技术学院的渠道来看，现代信息传播渠道略高于传统渠道。学生主要是通过亲朋好友的介绍，二者所占比例分别为39.9%、30.9%。这说明，应用现代传媒、加强网络宣传来提高学校的知名度很有必要，同时，校友的口口相传也必不可少；从学生填报志愿对学校的了解来看，他们对学校的认同度比较高。因为填"第一志愿"被录取的同学高达 90.4%，事先"了解学校"的高达 82.4%，说明学生选择成都职业技术学院是经过慎重考虑，而非盲目选择。但当学生到校后，对学校的印象，选择"很好"占 5.9%，"好"占 29.2%，"一般"53.7%，"不好"占 8.5%。这说明亲身感受与从媒体和他人那里了解的差异较大。当学生到学校后，我们需要通过解放思想、更新观念，在教育教学管理和后勤服务的方向、内容和方法等方面进行创新，调动所有的教育力量和资源，来增强学生对学校的认同感，形成合力助推中国梦的实现。

3. 以实现中国梦为目标，更新新生入学教育理念

第一，完善考核评价体系。在问卷调查中，新生对入学教育主要内容（军训、入职教育、新生服务性学习）满意度为 20%，而选择"一般""不满意"的加起来达 80%，说明新生入学教育与学生的要求相差较大，没有完全达到预期的目的和效果。缺乏有效的考核评价是导致入学教育满意度不高的主要原因之一。高职院校推行了新生入学教育考核制度，但考核的内容大多局限于校纪校规，但它并没有真正反映出新生接受入学教育的实际效果，何况新生入学教育作为一项工作，对于教育者来说，学院相关部门也没有对其进行必要的考核，因此完善考核评价体系（包括受教育者和教育者）很有必要。

第二，建立中国梦新生入学教育内容的针对性和规范性。新生入学教育内容的目标必须明确，即帮助大一新生适应大学生活，实现角色转

换。首先，针对大学新生面临的生活困扰进行必要的指导。新生进入高职院校面临的生活困扰主要包括两方面，一是部分同学进入高职院校之前没有离开家庭独立生活，自然欠缺独立生活的经验，二是部分家庭困难的同学急需经济帮助，解决生活问题。因此，我们必须帮助新生尽快熟悉校园及周边环境，了解学校各类办事机构与功能等，让学生获得安全感和归属感。其次，对大学新生加强校纪校规和行为规范的教育与监督，突出校园、课堂、食堂、宿舍、网络等方面的文明建设，促进学生良好行为意识的形成。

4. 培养学生过硬的综合职业能力，为学生“人生出彩”奠定坚实的基础

高等职业教育的目标是培养高素质的技术应用型服务人才，其必备基础是拥有可持续发展的综合职业能力。当前高职院校培养目标的主要特点就是强调对学生进行综合职业能力的培养，这是社会主义现代化建设对高素质的技术应用型服务人才需求的具体反映，是现代职业教育助推“人人尽展其才”，为每位学生实现“人生出彩”奠定坚实的基础。根据国家相关规定，会计电算化专业的学生必须具备三大职业能力（即基本素质与能力、专业素质与能力、可持续发展能力）与八大专项能力（即外语能力、计算机应用能力、财务管理能力、财务决策能力、会计核算能力、会计电算化能力、相关领域扩展能力、后续发展能力）。而学生在选择哪种能力最重要，选择“学习能力”的占 9.6%，“专业能力”的占 37.2%，“社会能力”的占 63.3%，“其他能力”的 1.6%，说明学生对综合职业能力要求是比较清楚的，但学生在对专业了解的选择中，选择“了解”的占 10.1%，“一般了解”的占 63.3%，两项加起来达 73.4%，“不了解”和“说不清”两项加起来占 26.6%；在对所学专业应获取的职业证书的调查来看，选择“会计从业资格证”的同学占 78.1%，选择“初级会计师证”的同学占 54.8%，选择“会计电算化证”的同学占 25%，选择“助理会计师证”的同学占 23.9%，说明学生在判断自己该具备怎样的综合职业能力方面是混乱的。

要适应社会的需求，符合专业培养目标，那么在教学中必须组成一

支专兼职结合的即会计专业理论与实操技能过硬的教学团队来培养学生，使其具有过硬的综合职业能力。包括：会计专业教师若干人、优选企业会计师做兼职讲师每专业 1~3 人为学生专业课教师，跟踪调查社会对会计电算化专业人才的需求情况，确定该专业的人才培养模式，根据社会发展变化，企业对岗位的要求、学生未来专业发展以及学生从业资格证书三大原则来重构课程体系，培养现代服务业高技能人才，从而更好地为成都区域经济的发展服务。

5. 尽早规划职业生涯，方能圆梦未来

在高职新生入学教育中，引导学生认真体会实现中华民族伟大复兴是中华民族近代以来最伟大的梦想；引导学生认真体会“梦想成真”，抓住“与祖国和时代一起成长的机会”，客观认识自己，增强自信心，形成良好的心理素质，激发自身潜能；引导学生认真体会个人前途命运与国家、民族的前途命运是紧密相连的，增强社会责任感，尽早做好职业生涯规划，形成正确的职业观、就业观、创业观；引导学生认真体会“空谈误国、实干兴邦”，树立爱岗敬业、诚信奉献、劳动光荣的职业道德观念。

从学生所学专业的专升本和专业憧憬的调查来看，学生对学业和职业的期望值都比较高。这表现在三个方面：一是对专业期望，选择“从事会计工作”占 70.3%，“从事与本专业相关的工作”占 27.2%，“无所谓”占 2.5%；二是选择专升本“很希望”的，占 36%，选择“希望”，占 50.5%，两项加起来高达 86.5%；三是填写专业憧憬，80%以上的同学都期望通过专业学习，提升能力，考取职业资格证书，找到一份不错的工作，有一个美好的前程。这就要求老师不仅要搞好专业教学，更要尽早对学生进行职业生涯规划教育。

对此，我们应该改进辅导员工作制度（方式），设立班级导师制。选择那些通晓所教专业人才培养计划和培养目标，了解相关的课程设置，专业知识造诣深厚，了解专业情况，关注学科发展动态以及就业形势的优秀教师来担任学生的导师，既协助学生思想教育工作，又指导学生专业学习、社会实践，帮助他们较科学地展望就业形势，合理地制订学习计划，针对每个学生的特点指导学生进行职业生涯规划，为今后实现人生梦想打下良好的基础。

参考文献

[1] 李术蕊. 职教人的中国梦[J]. 中国职业技术教育，2013（13）.

[2] 赵婀娜. 建设现代职业教育体系解决就业结构性矛盾[N]. 人民日报，2014-03-24

[3] 陈晶. 高职高专求职心理与职业生涯规划教育研究[J]. 教育与职业，2012（8）.

[4] 张晓明. 同伴导师制——大学新生教育的有效形式[J]. 教育探索，2011（4）.

[5] 胡晓琳. 如何强化大学生入学教育管理——浅析如何强化大学新生入学教育[J]. 管理观察，2008（7）.

[6] 姜宇，曲云进. 大学新生入学教育效果评价及对策研究[J]. 教育与职业，2011（26）.

[7] 刘月秀. 大学新生教育：挑战与创新[J]. 黑龙江高教研究，2011（4）.

[8] 杨海燕. 高职学生职业生涯规划探析[J]. 中国成人教育，2010（1）.

（该文发表于《中国成人教育》2014 年第 21 期，略有改动）

高职院校学生就业竞争力现状与提升路径

郑月波[①]

随着我国高等职业教育的迅速发展，高职院校学生规模日益扩大，但是，部分高职院校在培养学生职业素养过程中并未实现与社会需求状况相契合，导致部分学生就业竞争力相对较低，这严重制约了高职院校的进一步发展。为提高学生就业竞争力、缓解其面临的巨大就业压力，高职院校需要在日后学生职业素养培养过程中强化对学生就业能力的塑造，以实现学生充分就业，为学校的进一步发展创造良好条件。

一、高职院校学生就业竞争力的内涵

高职院校学生就业竞争力是指高职大学生在职业生涯中相对于其他竞争者具有更能满足市场需求的能力和素质，是促进学生顺利就业、彰显自我价值的综合性能力，具有相对性、发展性和变动性的特点，是相对于其他竞争对手而言的人力资源比较优势，主要体现在高职学生的基础竞争力、核心竞争力和环境竞争力三个维度。

基础竞争力是指高职学生能够顺利完成某项职场工作任务所需的各项基础能力的总和，主要包括人际交往与沟通能力、信息处理能力、社会适应能力、团队协作能力和身体心理素质，是一种显性的能力和素质，最易为雇主所发现和认可，它是影响高职学生能否顺利就业的最直接因素。

核心竞争力是指大学生在理论学习和专业实践过程中所积累并内化了的知识、技能和素质的总和，主要包括思想道德修养、专业能力、实践经验、创新创意创业潜质等能力和素质，直接关系到大学生的就业

① 郑月波，成都职业技术学院马克思主义学院教师、全国高级职业指导师；研究方向：大学生职业发展与就业指导。

层次和发展前景，是一种高职学生能否战胜对手、获得就业岗位和持续发展的关键性因素，关乎大学生就业质量和层次的决定因素。

环境竞争力是指源于高职学生个体之外、影响其顺利就业外部因素，主要包括学校、家庭和社会环境等，主要包括所在学校及专业的影响力、家庭背景、就业期望和就业创业服务指导，具有较强的独特性，不易被竞争对手模仿和替代。

不同高职学生个体的基础竞争力、核心竞争力和环境竞争力的不同组合构成了丰富多彩的鲜活个体特征。目前我国处于发展机遇期、矛盾凸显期和转型发展期三期叠加，稳中求进、转型升级是我国经济发展的新常态，对高职学生就业创业带来挑战，需要我们积极应对，努力提高就业竞争力。

二、高职院校培养学生就业竞争力的不足

提高学生就业竞争力，是高职院校培养学生职业素养工作的题中应有之义，但是，当前高职院校在培养学生职业素养过程中，对于学生就业竞争力的提高存在诸多不足，具体来说，包括以下方面。

1．学校办学目标不清晰，迷失了提升就业竞争力的方向

高职院校的办学定位是其实现科学发展、持续发展的前提与基础，对学校各项工作的指南针，对提升学生就业竞争力发挥着方向指引作用。因此，高职院校必须遵循职业教育的办学规律，必须坚持以就业为导向，坚持以社会人才需求为着眼点，根据社会经济发展状况来定位学校的办学航向。当前，我国处于经济转型期、矛盾凸显期和发展机遇期三期叠加阶段，经济发展呈现新常态，“互联网+”“一带一路”成为新的发展引擎，对人才素质结构提出了新的要求，对高职院校的办学模式产生深远影响，提高人才培养质量，提升学生就业竞争力成为新常态下职业教育发展的重点。但有的高职院校对国家对高职院校新要求、市场对职业教育新需求、学生对自我的新规划研究不够，一定程度上迷失了提升学生就业竞争力的方向，对学生基础竞争力、核心竞争力和环境竞争力的培养训练缺乏完善的体系，对高职院校在国民经济发展体系中的功能定

位不准确，存在思路不清、定位模糊的不足，这导致高职院校培养学生职业素养、提高学生就业竞争力难以确定工作目标，不可避免地给学生就业竞争力的提高带来诸多消极影响。

2．人才培养目标不明确，影响了提升就业竞争力的策略

当前高职院校还存在人才培养目标不明确的不足，这严重影响了学生就业竞争力的提高。对于高职院校来说，其应当培养能够满足社会经济发展需要、具备一定理论知识与过硬专业技能的人才，但是，当前部分高职院校并未从满足社会经济发展需求的角度来指导学校的人才培养工作，这导致提升学生就业竞争力的策略不科学。部分高职院校在专业设置方面未能够与所在区域经济发展相对接，而是在没做市场调查的情况下盲目追求专业的新颖性、盲目跟风式地设置专业，导致学生所具备的职业能力与市场实际需求相脱节；部分高职院校经济发展新常态在人才培养方案中缺失，“互联网+”“一带一路”的国家新举措没有通过一定的方式进入教学体系、进入学生的头脑，制约学生环境竞争力的提升；部分职业院校的课程设置与学生的职业需求相脱节，没有根据企业岗位的实际需求来设置相应课程，要么片面重视技能训练忽略综合职业能力的教育，要么弄成学科教育的压缩版，对学生实践能力训练不够，严重滞后于经济社会的发展要求和企业发展对学生就业素质能力的需求，导致所学知识与岗位的实际需求相脱节，影响了基础竞争力和专业核心竞争力的提高。

3．实训实习条件不先进，制约了提升就业竞争力的载体

从学生职业能力与就业能力塑造与提高的角度来看，实践教学是其在校学习过程中不可缺少的环节，因此，为提高高职院校实践教学的实效性，实训基地建设就必须紧跟时代发展步伐。当前，我国社会经济发展迅速，技术革新与升级换代周期不断缩短，这导致部分高职院校实训基地落后于市场的实际需求。比如，部分高职院校的实训基地往往存在资金不足、实训室落后于市场发展变化状况等。此外，很多高职院校在学生实践教学方面往往是采取筹建实训室与组织学生到企业进行实习等相结合的方式，但在实践过程中，

常常是由于交通、企业积极性不高等因素而难以满足学生提高就业能力的相应需求。

4. 就业创业指导不完善，降低了提升就业竞争力的力度

在“大众创业、万众创新”的背景下，创新创意创业能力已经成为学生就业竞争力的重要组成部分，是当前大学生就业过程中所不可缺少的能力。当前，高职院校的就业创业指导工作仍处于刚刚起步阶段，存在很多尚需解决的问题。一是部分高职院校就业指导体制机制尚需健全。根据国家教育部门规定，绝大部分高职院校都已成立就业指导中心，开设就业指导课程，并配备相应的就业指导教师等，但是，从学校工作力度与学生实际需求双向对比的角度来说，当前高职院校就业创业指导工作仍存在课程开设量相对较低、配备就业创业指导教师大都是兼职性质、就业创业指导经费短缺等诸多不足，这严重制约了学生职业素养培养工作实效性的提高，影响了学生就业创业能力的形塑与提高。二是部分高职院校就业创业指导工作还存在目标模糊不清等状况。当前，部分高职院校在开展就业创业指导工作过程中，存在盲目追求就业率，忽视学生正确就业创业观形塑、提高就业创业能力等不良倾向，这同样需要人们加以重视。三是部分高职院校创业指导教育工作严重不足。当前，部分高职院校并未重视创业教育的重要性，未能够对创业教育进行全方位的研究与探讨，导致学生所接受的创业教育难以适应创业实践的需求等。

三、高职院校提升学生就业竞争力的路径

为切实提高学生职业素养培育工作实效性，实现学生就业竞争力的全面提高，为高职院校的进一步发展创造良好条件，高职院校需要采取多重措施、形成合力，以提高学生的基础竞争力、核心竞争力和环境竞争力，顺利适应经济新常态，在激烈的市场竞争中脱颖而出。

1. 准确定位人才的培养规格，科学提升学生的就业竞争力

提高人才培养质量、提升学生就业竞争力在经济新常态背景下成为

当前职业教育发展的重中之重。要提高人才培养质量，提升学生就业竞争力，首先，要对学校办学目标进行科学定位，为提高学生就业竞争力提供有效的方向指引。唯有进行全方位的研究与论证，方能实现高职院校办学目标的科学定位。这要求高职院校强化对职业教育的研究工作，比如，到职业教育相对发达的地区、在职业教育方面取得突出成绩的高职院校进行调研学习，相互交流办学经验，以确立科学的职业办学模式等；要求高职院校强化对市场需求的研究工作，比如，到经济发展良好的区域进行实地考察、对行业需求以及企业需求进行调研分析，与主要企业进行交流分析，从而实现对市场需求的全面把握；要求高职院校对企业发展进行综合考察，比如，安排学校专业教师深入企业一线进行实训锻炼，实现对当前行业先进技术以及岗位实际需求的有效把握等。在进行全方位研究与论证的基础上，高职院校需要努力实现专业设置与产业发展、课程设置与岗位需求、实践教学与企业生产、教育服务与社会实际状况有效对接，从而适应高职教育与地方社会经济发展实际需求的职业教育规律等。其次，要根据市场需求进行专业设置，确立科学的人才培养目标。对此，高职院校需要根据所在区域社会经济发展状况来确立自身的人才培养目标，坚持以社会经济发展需求来培养具备一定理论知识与过硬专业技能的人才。故而，高职院校需要专门组织人员对市场需求进行动态分析，对毕业生进行跟踪调查工作，及时获取行业发展状况，准确获取市场、行业乃至于社会变化的最新信息，以有效把握市场与社会的实际需求状况；高职院校需要根据区域产业发展状况进行专业设置，其中把握区域支柱性产业居于关键地位，即需要根据市场需求较大、在本区域居于支柱性地位的产业进行专业设置，并根据社会经济发展趋势进行专业结构调整等。

2．强化就业技能的实践训练，全面提高学生的就业竞争力

高等职业教育是国民教育和人力资源开发的重要组成部分，必须坚持就业导向，不断提高学生的职业能力，满足经济社会发展对应用型人才的动态需求。首先，要坚持以提高学生就业竞争力为目标开展教育教学。实践操作能力是学生就业竞争力的重要组成部分，是顺利上岗的首

要环节。高职院校通过与行业内知名企业、区域经济中具有较大影响力的企业等进行校企合作，采取校中厂、厂中校以及订单培养等形式与企业共同开展人才培养工作，有针对性地提高学生职业技能。借鉴国外职业教育先进经验，推进企业教师进校园，学校教师进企业，培养“双师型”“双证式”的教师队伍，提高课堂教学的实效性与针对性。要求学生既要获取毕业证，也要拥有技能证，即要求其在学习过程中突出职业技能的训练，提高自身的实践操作能力与技能水平。同时，高职院校采取制度规范、体制约束等形式来对教育教学进行质量监控，提高教育质量，提升学生的就业竞争力。其次，要根据市场发展状况，开展多元化实训基地的建设工作。在应用型人才培养中，实践教学一般应不低于教学工作的 50%。因此，高职院校需要大力加强实训基地的建设工作，以全面提高其人才培养质量。坚持以理论与实践相统一的理念，以起点高、设备先进等标准进行实训基地的建设工作。高职院校可以尝试性地与当地政府或者知名企业在校园内共建共享实训实习基地，既能够满足学生的实践教学，又能够承担职业技能鉴定的工作。高职院校还可以建立健全校外实训基地，把学生送到企业工学交替，顶岗实习，弥补校内实训基地在设备、场地以及环境真实性等方面的不足，也让学生在企业一线生产工作中，了解行业先进技术、把握企业的岗位需求等，从而提高学生就业竞争力。

3．健全就业创业的工作体系，着力提高学生的创业能力

当前处于稳中求进的经济新常态中，“大众创业、万众创新”成为创新驱动战略的有效支撑，创业创新素质在提升学生就业竞争力中显得尤为重要。首先，要强化高职院校学生创新创意创业教育工作，以提高学生创新创业能力。充分发挥课堂教育的作用，《创新创意创业教育》课程进课堂，让学生掌握创业就业的基本理论，提高学生创新创业的实践能力；定期举办各种形式的创新创业培训班，聘请在创业领域取得突出成绩、拥有丰富经验的人士进行指导；利用课余时间邀请专家对创业就业进行专题讲座，邀请优秀毕业生、在创业方面取得一定成绩的同学与在校学生进行经验交流，突出学生工作中创业就业部分的工作，即以进

行创业设计比赛、开设创业论坛以及创业模拟比赛等社团活动，努力打造多维开展、契合学生实际需求的创业教育平台。其次，要强化高职院校技能训练工作，以提高学生创新创业实践水平。高职院校学生创业能力的塑造与提高离不开创新创业实践工作，高职院校必须着力打造学生技能训练平台，为学生提供依托专业拓展创新创业实践的机会。高职院校可以健全校内实训基地开放体制，即不仅在学生统一实训时进行开放，还可以应学生需求进行开放，以人为本，灵活柔性地为学生提高创新创意创业服务；高职院校需积极打造校外创业实践平台，即定期向企业输送学生进行创业实践，使其在企业一线接受创业技能训练。再次，要积极培育创业项目，建立健全创业项目扶持孵化体制机制。提高大学生创新创业能力的最终归宿是提高其就业竞争力。创业项目的开展以及相应成果的取得是学生就业竞争力取得突破性进展的重要标志。高职院校可以通过建立创业园区，举办创新创业博览会、创新创意创业大赛等形式，扶持与孵化学生的创新创意创业项目，提高学生创业项目培育工作实效性。

参考文献

[1] 王靖. 基于就业竞争力的高职创业教育课程体系构建研究[J]. 企业导报，2015（11）.

[2] 赵晓兰. 新形势下辅导员如何指导高职大学生提升就业竞争力[J]. 教育教学论坛，2015（21）.

[3] 李滟. 地方高职院校毕业生就业竞争力提升对策[J]. 职业时空，2015（3）.

[4] 钟秋新. 高职院校就业竞争力评价体系构建及提升策略[J]. 职业时空，2015（3）.

（该文发表于《中国成人教育》2015 年第 24 期，略有改动）

关于提高高职院校职业发展与就业指导课程实效性的研究①

何　琳②

每年高校毕业生人数持续增加，当前社会的就业形势越来越严峻，大学生面临的就业问题日益增多且突出。高职院校在指导学生就业的过程中，应该随着社会和形势的变化不断探索出新的思路与道路，将就业指导课程纳入高职院校职业发展与就业指导课程中，为高职学生提供更加广泛的就业教育和培训，帮助高职学生掌握基本的求职技能，找到适合自己的职业道路,这是高职院校职业发展与就业指导工作的重要内容。职业发展与就业指导课程具体来说就是为高职院校的学生提供最新的就业信息，根据社会的发展态势以及国家的政策导向，并且根据学生的专业需求来开设相关的课程，设计出一系列合理的教学内容，通过采取有效的教学方式和手段来帮助学生成功获得就业的一门课程。当前很多高职院校都开设了职业发展与就业指导课程,但其实施的效果不尽如人意。本文主要就当前高职院校职业发展就业指导课程实施过程中存在的问题进行分析研究，并试图提出相关的解决策略。

一、高职院校职业发展与就业指导课程的实施现状及问题

首先，部分高职院校对职业发展与就业指导课程的重视程度不够，认识不够全面。高职院校对职业发展与就业指导课程的认识上的问题主要存在于三个方面：一是高职院校对职业发展与就业指导课程的重视程

① 本文是四川省省级课题“新形势下高职学生职业发展与就业指导课程建设问题研究”（课题编号：15SJZ15）研究成果之一。

② 何琳，成都职业技术学院马克思主义学院教师；研究方向：就业指导与创新创业。

度不够，几乎很多高职院校都是以选修课的形式来开设该课程，虽然只有很少的高职院校将该课程纳入了正规的教学体系，但是学时非常少，有限的学时内根本无法将职业发展与就业指导的教学内容全部包含，也无法达到教育部对该课程的要求。比如，职业发展与就业指导课程的主要内容有职业规划、创业教育以及求职技能等，这需要大量的课时进行有针对性的教育。二是高职院校没有针对该课程成立相关的教科室或者研究室，对一些就业指导的实际问题无法进行规划和管理，而职业发展与就业指导课程也没有被安排进学校的排课系统，致使很多学生都认为该课程是无关紧要的，无法引起学生对该课程的重视。三是很多高职院校对职业发展与就业指导课程的研究缺乏广度和深度，没有真正深入地对其进行研究，这也是由于学习对该课程所不够重视引起的，最终导致教师和学生也没有引起相关的重视。

其次，部分高职院校目前开设的职业发展与就业指导课程与学生的专业不贴合，缺乏针对性和时效性。当前的高职院校职业发展与就业指导课程的教学内容涉及职业规划、创业以及求职技能等内容，而这些内容在实际教学过程中缺乏与学生专业之间的联结，学生很难从自身的专业出发去准确地认识专业的优势与未来就业之间的关系，对自己专业所处的行业环境与择业选择比较茫然。因此，高职院校职业发展与就业指导课程与学生专业脱节是高职院校职业教育的问题。同时，随着社会形势的变化，学生专业所处的行业发展也是日新月异，但是很多高职院校并没有及时更新课程体系和教学内容，这就无法满足学生就业教育的需求。

最后，部分高职院校缺乏职业发展与就业指导课程的教师，现有教师的专业能力有待提升。一方面，职业发展与就业指导课程具有极强的实践性与现实性，该课程在高职院校的发展还处于萌芽发展阶段，尚未完全发展。担任该门课程的教师不仅需要掌握当前的就业政策和形式，还需要熟练掌握求职技巧，以及教育学与心理学等方面的知识。但是，当前在高职院校从事职业发展与就业指导课程的教师都是非专业的学校管理人员，他们几乎没有接受过相关的培训，对教育学与心理学方面的知识更是非常缺乏；另一方面，专业对口的年轻教师缺乏相关的教学经验，对教学的效果难以保证。因此，有经验的、专业的从事职业发展与就业指导课程的教师就非常少，自然对该课程就没有深入的研究。

二、提高高职学生职业发展与就业指导课程实效性的策略

针对当前高职院校职业发展与就业指导课程实施过程中存在的问题，本文提出了以下三个方面的对策。

第一，提高高职院校全体教师和领导对职业发展与就业指导课程的重视。高校的就业工作是国家加强经济与社会发展的战略需要，也是高校可持续发展的重要途径。高职院校的职业发展与就业指导课程是高职院校进行人才培养的主要手段，通过对学生进行就业指导的教育，可以帮助学生合理地规划职业生涯，确定明确的发展目标，进而激发学生主动学习，转变学生积极的就业态度，提高学生的就业竞争能力，最终找到适合自己的职业发展道路。

第二，根据学生的专业与社会就业形势来丰富当前的职业发展与就业指导课程的内容。社会就业形势在变化，各个行业对人才的需求也在变化，用人单位对人才的考核聘用方式也在不断地改进，这就需要高职院校职业发展与就业指导课程不断地与时俱进，创新方法，满足学生和社会的需要。同时，就业指导课程需要密切结合学生的专业，尤其是让学生了解自己的专业在社会发展中的状态，以找准和确立自己在未来职业发展中的位置。

第三，打造一支专业的、高水平的教师队伍。教师是教学工作的主要实施者，就业指导课程的实施效果很大程度上取决于教师的能力和责任心，因此，要打造一支专业水平高、责任心强，专职与兼职教师相结合的高职院校职业发展与就业指导课程的师资队伍。

参考文献

[1] 吴轩辕. 高职院校就业指导课程体系的构建[J]. 企业技术开发，2010（3）.

[2] 徐凤. 高职院校职业发展与就业指导课程建设初探[J]. 南通航运职业技术学院学报，2010（3）.
[3] 邱晶晶. 高职高专学生就业指导课程教学改革初探[J]. 河南机电高等专科学校学报，2012（1）.

（该文发表于《东方青年》2016 第 1 期，略有改动）

第五部分

高校思政课教师培养研究

教学能力提升视角下高职思政课教师发展动力探析[①]

蒋家胜[②]

高职思想政治理论课是对学生进行价值引领、促其政治成长的关键课程，是培育听党话跟党走时代新人的主渠道，是为中华民族伟大复兴提供精神动力的重要武器。思想政治理论课教师是马克思主义理论知识的传授者，是价值引领的实施者，是国家有关政策有效实施的桥梁与纽带，提高思想政治理论课教师教学能力是落实国家有关政策方针的有效突破口，探究教学能力提升视阈下，高校思政课教师的发展动力对于加强新时代思想政治理论课建设十分重要。

一、高职思政课教师教学发展的有利条件

中国特色社会主义进入新时代后，以习近平同志为核心的党中央，高度重视思想政治教育工作，为思政课教师教学发展提供了前所未有的有利条件。

1．思政教育环境改善，教师职业自信增强

思想政治理论课是立德树人的关键课程，历来受到党中央的高度重视。但由于种种原因，在实际运行中一度存在着重知识传授、轻思政教

---

① 该文是四川省2018—2020高等教育人才质量与教学改革重点项目："高职院校思政课程与课程思政协同育人的体系与路径改革研究——以成都职业技术学院为例"（编号：scz-727，负责人邹克俭）的阶段性成果；四川省教育厅2019年度高校思政教育研究课题："新时代中国特色社会主义思想铸魂育人'五进'研究"（编号：SZQ201917）的研究成果。

② 蒋家胜，广州番禺职业技术学院马克思主义学院教授；主要研究方向：马克思主义理论与思想政治教育。

育的误区，造成思政课的作用被忽视，思政课教师被边缘化的现象。社会存在决定社会意识，随着“中国特色社会主义进入新时代，我国社会主要矛盾已经转化为人民日益增长的美好生活需要和不平衡不充分的发展之间的矛盾”，人们对美好生活的向往，对美好道德品质的追求和对中华民族伟大复兴的渴求成为新时代推动社会发展的主要动力。从学校思想政治工作会议到全国教育大会，再到全国学校思想政治理论课教师座谈会，习近平同志反复强调要站在世界百年未有之大变局、站在中华民族伟大复兴的战略高度来看待教育问题，指出培养什么人是教育的首要问题，认为思想政治教育工作是学校一切工作的生命线。国家先后颁布了加强和改进思想政治理论课的一系列文件，对高校思想政治理论课建设做出了一系列部署，学校思想政治教育环境得到了极大改善，思政课是立德树人的关键课程逐渐成为共识，极大地增强了思政课教师的职业自信和使命感。

2．中国社会治理成就显著，教师自我效能感提升

研究发现，“高水平教师对自我职业能力有较好的感知和更加客观的审视，即有较好的职业自我效能感”。思政课教师的自我效能感来源于教育对象对自己教学的认同和良好的反馈，是促进教师教学发展的重要内在推动力。思想政治理论教育的主要目标是让教育对象接受和内化执政党的意识形态，提高教育对象的政治认同，成为听党话跟党走的时代新人。教育对象的政治认同来自其从社会治理中所得到的获得感、幸福感和安全感，来自其在日常工作生活中对社会治理实践的感知、体验和评价。教育对象对意识形态的认同度、对执政党的信任度，取决于教育对象对社会治理实践的体验与评价。学校思想政治教育则是通过施教者引导教育对象对党的执政理念与社会治理实践做出间接评价，相对于政府的社会治理实践，具有派生性和间接性特征。思政课教师通过思政课教学，将意识形态工作寓于理论知识的讲授之中，引导教育对象运用所学理论知识再次评价自己曾经经历过的实践，形成对社会治理实践及其主体的间接评价。中华人民共和国成立 70 多年以来，尤其是改革开放 40 多年以来，中国特色社会主义取得了举世瞩目的成就，中国的国际地

位显著提升，国际影响力越来越大，教育对象从中国社会治理实践中得到的获得感、幸福感和安全感逐渐增强，夯实了思政课教学内容的现实基础，为讲好思政课提供了有力支撑，极大地提升了教师的自我效能感。

3．“双高计划”建设的实施拓展了教师的发展空间

我国正在推动“中国特色高水平高职学校和专业建设计划”的实施，要求各立项建设单位要深入推进习近平新时代中国特色社会主义思想“三进”，引导广大师生树牢“四个意识”、坚定“四个自信”、坚决做到“两个维护”；要落实立德树人根本任务，将社会主义核心价值观教育贯穿技术技能人才培养全过程，培育和传承工匠精神，实现职业技能和职业精神培养高度融合。“双高计划”关乎我国职业教育往哪里走、办成什么样、发挥什么作用的重大问题，是新时代职业教育发展的风向标。随着“双高计划”的启动实施，如何提升思政课教学的针对性和实效性、如何发挥思政课在立德树人中的关键作用、如何构建“三全”育人格局培养时代新人，成为各高职院校重点建设任务和重点突破的关键，无疑会给思政课教师在立德树人的根本任务中展现示范引领功能，为思政课教师拓展更大的职业发展空间。

二、高职思政课教师教学发展的实然困境

国家先后颁布《〈中共中央宣传部教育部关于进一步加强和改进高等学校思想政治理论课的意见〉实施方案》《普通高校思想政治理论课建设体系创新计划》《关于深化新时代学校思想政治理论课改革创新的若干意见》等系列文件，从课程建设的顶层设计到教师队伍的素质提升，从教学配方的科学创新到教学工艺的持续创新，进行了大量的实践探索，努力提升思想政治理论课教学质量，积累了大量行之有效的教学方法。但新时代对思政课建设提出新要求，对思政课教师提出了新期待，思政课教师教学发展具有前所未有的有利条件外，也面临着诸多挑战和困境。

1．教师话语阐释贫乏，教学亲和力有待增强

思想政治理论课是落实立德树人根本任务的关键课程，承担着

用习近平新时代中国特色社会主义思想铸魂育人的重任。为此，思想政治理论课教材承载着主流意识形态的教育引导和弘扬社会主义核心价值观的功能，为学生健康成长打好政治底色。为此，习近平总书记反复强调，推动思想政治理论课改革创新，要不断增强思政课的思想性、理论性和亲和力、针对性。思政课教师应该在教学中坚持“八个相统一”，寓价值引领于知识传授之中，把思政小课堂和社会大课堂结合起来，以透彻的学理分析回应学生，用身边鲜活的故事引导学生，用生动亲和的语言感染学生，增强教学亲和力和实效性。思想政治理论课是一门集思想性、政治性和理论性于一体的铸魂育人课程，教师在教学中既要科学解读教材大义实施价值引领，又回应生动丰富的社会现实，增加教学的亲和力。但教学话语的转译和阐释有赖于教师较强的话语转译能力和理论功底，由于种种原因，大多高职思政课教师教学文本语言转译和阐释能力偏弱，既对党的创新理论缺乏深刻科学理解，又缺少对学生现实生活需求和网络语言的回应，教师的话语体系与学生的话语体系难以同频共振，亲和力不强，影响学生对思想政治理论的接受。

2. 各种思潮激荡，教学实效性有待提高

当前，我国正处于全面深化改革的关键时期，处于全面建成小康社会的决胜阶段。一方面，党和国家各项事业发生了历史性变革，国家综合实力显著增强，国际地位空前提升，中华民族正以崭新姿态屹立于世界的东方，人民群众对中国特色社会主义充满自信，这是新时代中国社会占据主流的思想认识。另一方面，世界处于大发展大变革大调整时期，我国全面深化改革也步入了深水区，深层次的社会矛盾和问题日益暴露，代表各种利益诉求的社会思潮空前活跃，西方敌对势力也加紧实施“西化”“分化”的图谋，各种错误思潮交互激荡，意识形态领域的斗争复杂而激烈。高等学校是思想较为活跃，各种社会思潮交互碰撞较为集中的地方，高职学生涉世未深，缺乏科学理性的辨别能力，容易成为社会思潮的易感人群，造成他们诸多的理论理解困惑、思想道德困惑和价值抉择困惑。所以，“在社会转型发展的互联网时代，思想政治理论课的教学必然会面临改革开放和发展社会主义市场经济条件下思想意识多元多样多变的新特点，必然会面对世界范围内思想文化交流交融交锋下价值观较量的新态势，思想政治理论课教师也必然会直面学生的理论疑惑、道德困惑和价值抉择的新挑战”，如果教师缺乏较强的价值引领能力，无法发挥立德树人的育人主体作用，就不能给学生一双慧眼，无法引导学生在纷繁复杂的世界中把握自己前进的方向，科学辨识错误社会思潮。

3. 学校考核机制显性量化，教师自我效能降低

办好思政课，关键在党，重点是发挥教师的积极性、主动性和创造性。有专家认为思政课教师出现的诸多问题与学校“领导不重视、管理不到位、制度不完善等有关”。一方面，中央不断强调思政课在立德树人中的不可替代性，思政课建设只能加强，不能削弱，强调思政课教师在人才培养中发挥示范引领作用，十分重要。但基于某种利益考量，某些高职院校倾向于把有限的资源投入到一些短平快、显性且易于量化、能够带来立竿见影的建设项目中，认为思政课教学是教学工作中效果最难度量、短期内最难见效、最不能为学校争取实效性指标的，思政课建设与教学不是高职院校的核心关切，甚至还认为，“把有限的高校资源投入到思政课中是浪费”，但开设思政课又是刚性指标，是政治任务，不得不开设。因此，重视思政课往往是挂在嘴上，停在纸上，很难落实在行动上。党的十八大以来，党中央高度重视思政课建设，做出一系列重大决策部署，各学校认真贯彻落实党中央精神，加大对思政课的财力、物力和人力的投入，课程建设取得显著成效。但面对新形势新任务新挑战，有的学校对思政课的重要性认识还不到位，教师配备不足，教师教学任务偏重，考核评价制度和教师发展支持体系有待健全。可见，在高职院校传统运行的利益博弈和资源争夺中，思政课教师教学发展机会变少，发展平台不够，教学发展资源日益被压缩，实际上处于被重视的“边缘人”的尴尬境地。很多学校在绩效考核、职称评定等方面偏向科研成果、偏向科技服务、偏向技能竞赛，思政课建设得到的资源偏少，教师人手紧张，教学任务繁重，很多思政课教师无暇关注科学研究，无缘开展专业技能竞赛，无法出高层次成果，成长机会偏少，导致思政课教师自我效能感低。

三、高职思政课教师教学发展困境的成因

教师应然能力与实然能力之间、现行教育模式与思政规律、高校运行机制与思政教学本位之间的三重矛盾导致高职思政课教师教学发展困境。

1．教师应然能力与教师实然能力之间的矛盾

新时代对思想政治理论课教学提出了新要求，对思政课教师的专业理论功底、教学设计能力和媒介教学素养都提出了更高要求。新时代，国务院颁布了“职教 20 条”，启动了“双高计划”建设，推动产教融合背景下的教材、教法、教师改革。改到实处是教材、改到深处是教法，改到痛处是教师。新时代培养永远跟党走的高素质技术技能型人才，必须提高教师的理想信念、理论功底、教学设计能力和媒介素养，要求思政课教师应该政治强、情怀深、思维新、视野广、人格正、自律严；要求思政课教师应该有扎实学识、深厚学科素养，能够引导学生运用马克思主义基本原则、观点和方法分析问题、解决问题；要求思政课教师能够针对产教融合的办学模式和“00 后”学生的思想实际进行教学目标、教学内容、教学手段、教学方法、教学载体优化设计；要求思政课教师能够熟练运用现代信息技术手段让课程更加智能，要求思政课教师能够主动“前跨”一步，发挥立德树人引领作用，构建“三全育人”格局。但现实生活中，一些思政课教师无法适应知识更新速度加快带来的挑战，面对错误社会思潮不敢亮剑、发声，面对思想活跃的教育对象无法实施有效引领，面对教学手段日益信息化而茫然无措。新时代对教师能力素质提出的应然要求与教师实际具备的能力素质之间的矛盾，导致教学的实效性和针对性不强，教师能力素质跟不上时代要求。

2．现行教育模式与思政工作规律之间的矛盾

一个人思想观念和价值理念的形成有赖于自身经验的获取和自身需要的被满足程度。也就是说，大学生思想观念是基于自身经历的社会现实及其认同程度而形成对意识形态的原初判断与评价，是基于自身需求的不同满足程度而形成对意识形态或正面积极或负面消极的评价，思

想政治理论课教学效果很大程度上取决于学生的主动高效的自我建构。现行的思想政治教育模式是以意识形态为中心，以教材为主要依托，以自上而下、由外而内、你打我通的外在灌输为主的教育模式，然而大学生习惯自下而上、由内而外、自我体验的观念内化，从而促进自身成长。因此，单纯的灌输教育会影响思想政治教育的亲和力和实效性，而应该坚持灌输性和启发性相统一的原则,促进学生将思想政治理论内化于心，外化于行。现行思想政治教育一般模式是通过领导人讲话、国家相关机构发布文件，自上而下提要求下任务，推行不断更新的教育内容；颁布课程建设、队伍建设和教学实施的新目标、新举措；通过行政手段层层落实文件精神和政策要求；大多数教师通过以灌输为主的方式向学生传授知识，实施价值引领，促进观念转变，带有明显的外生刚性特征。但是大学生思想观念的形成却不是外生性的，是基于自己的内在需要和对社会现实的理解来内化思想政治理论课教材的基本理论和主要观点，从而接受主流意识形态的价值引领，具有明显的内生柔性特征。现行思想政治教育模式与思想政治工作规律之间存在某种程度的疏离和冲突，导致思想政治理论课教学的亲和力与针对性不强，很多教师讲得眉飞色舞、津津有味，而部分学生学得没精打采、昏昏欲睡，长此以往，教师不断累积负面情绪，产生职业倦怠感，工作激情逐渐消退，陷入教学发展困境。

3．高校运行体制与思政教学本位之间的矛盾

思政课教师要以学生为本，着眼帮助学生系好人生的第一粒扣子开展教学活动，要坚持教书与育人、言传与身教相统一，因此，思政课教师必须比其他课程的教师更加重视教学，需要课后花大量时间与学生进行情感交流。党和国家高度重视思想政治理论课，其实质是希望通过思政课教师的课堂教学，将价值引领和政治认同寓于知识传授之中，培养听党话、跟党走的时代新人。思政课教师肩负特殊使命，不仅要高度重视学科前沿发展和教学工作，高度关注党和国家的政策走向，而且要时时精准把握学生思想动态和情绪变化，精准地服务学生，引领他们认同中国特色社会主义道路、理论、制度、文化，引领他们将个人的前途命

运与国家、民族的前途命运紧紧相连。但在实际运行中，某些高职院校从争取更多资源、求得自身更大发展的自身利益考量，觉得思政课的投入短期内难以见到实效，更倾向于把有限的资源投入到学科群、专业群建设上，把有限的资源投入到产教融合和科技服务中，把有限的领导注意力投入到专业理论知识和技能训练中，思政课建设在实际运行中有弱化倾向，稍不注意，就容易被边缘化，变成说起来重要、做起来次要、忙起来不要。由于种种原因，在思政课教学场域中，思政课建设并不是一些高职院校实际关注的核心利益，不是学校领导的核心关切，思政课教学科研单位在各方利益博弈中处于弱势地位，思政课教师处于被支配的一方，居于不利地位。思想政治理论课是一门集思想性、政治性和理论性于一体的铸魂育人课程，具有鲜明的政治导向功能和强烈的意识形态属性，是帮助学生健康成长的有情感、有温度的课程。思政课教师是马克思主义理论的研究者和传播者，是党的意识形态和方针政策的阐述者和教育者，是用习近平新时代中国特色社会主义思想铸魂育人的中坚力量。思政课教师特殊的职业属性要求他们具有学术人、政治人和绩效人三重角色，思想政治理论课具有显著的理论学科属性，要求教师运用深厚的马克思主义理论学科素养，从学理上阐释清楚党和国家的大政方针，以真理的强大力量说服学生，要求思政课教师和其他学科教师一样是学术人；但思想政治理论课还具有显著的政治导向属性，要求教师具有极强的政治敏锐性，以情动人，增强“四个意识”，坚定“四个自信”，做到“两个维护”，要求思政课教师像辅导员一样是政工师；在注重绩效考核的高校运行体制下，思政课教师还是绩效人，必须完成学校层层下达的科学创造、科技服务、社会培训和经费到账等绩效指标。思政课教师由于职业特殊性而具有学术人、政治人和绩效人三重角色，在严格考核制度下，要兼顾三重角色，难免心力交瘁，自我效能感低。思政课教师无法改变学科特殊和职业属性去迎合高校的绩效考核模式，不可避免产生矛盾冲突。这种矛盾冲突容易导致发展平台低、薪资收入低、职业认同低，教师职业倦怠容易高于其他学科教师。

四、高职思政课教师教学发展的动力机制

办好思政课，关键在教师，重点在激发教师的积极性、主动性和创造性。应该从国家、学校、教师三个层面发力，营造全社会办好思政课、教师讲好思政课、学生学好思政课的良好氛围，增强教师的自我效能感，激发内生动力，促进思政课教师教学能力的发展。

1．进一步提升社会治理水平，改善思政教育体制

良善的社会治理理念和治理成效有助于提升思想政治理论课教学的实效性。中华人民共和国成立 70 多年来，改革开放 40 多年来，中国共产党带领全国人民励精图治，推进中国特色社会主义伟大事业，在经济、政治、文化、社会、生态文明等领域的建设取得显著成就；进入新时代，不忘初心，牢记使命，准确把握中华民族伟大复兴面临的机遇和挑战，站在“两个一百年”奋斗目标的历史交汇期，以习近平同志为核心的党中央高瞻远瞩，系统谋划民族复兴未来，坚持制度自信，推进国家治理体系与治理能力现代化，在抗震救灾、抗击新冠肺炎疫情中体现的执政初心、人民情怀和体制优势，增强学生对社会治理现实的良好评价和内心体验，为讲好思政课提供了有力支撑。同时，坚持灌输性与启发性相统一原则，改善自上而下、由外而内的外生刚性的教育体制，积极构建自下而上、由内而外的自我体验的内生柔性的教育体制，营造全员全程全方位育人格局，其他各类课程与思政课同向同行，课程教学与团学活动、校园文化三个课堂协同育人，推进教书育人、管理育人、服务育人、科研育人、实践育人等十育人活动，从日常生活入手，从小处着眼，增强学生的情感体验，由感性到理性，逐渐坚定中国特色社会主义道路自信、理论自信、制度自信、文化自信，实现师生教学同乐、相促相长，增强教师的职业认同和职业自信。

2．切实贯彻落实好中央政策，完善考核激励机制

“教育是国之大计、党之大计，承担着立德树人的根本任务。思政课是落实立德树人根本任务的关键课程，发挥着不可替代的作用”。党中央一直高度重视意识形态和思想政治工作，特别是党的十八大以来，面

对世界百年未有之大变局，站在中华民族伟大复兴的高度，着眼培养时代新人，全面加强党对思想政治理论课建设的领导，从组织保障、工作格局、队伍建设等方面，出台了一系列有针对性的举措，迎来了马克思主义理论学科和思想政治理论课建设的春天。切实贯彻落实中央关于加强思想政治理论课建设的决策部署，把思政课建设作为党建和意识形态工作的标志性工程摆上议事日程，纳入班子考核和政治巡视的范围，在人才遴选、评优评先、项目评定等方面加大倾斜支持力度，对立场坚定、成果丰硕、业绩突出的思政课优秀教师加大宣传表彰力度，提升思政课教师的社会地位和职业荣誉，增强思政课教师的职业认同感、责任感和使命感。高职院校要全面贯彻党的教育方针，坚持社会主义办学方向，把思政课作为重点课程加以建设，让思政课建设成为学校发展的核心关切，在机构建设、队伍建设、职称评定、经费保障等方面给予倾斜支持，解决好“钱从何处来，人往哪里去”的导向问题，确保思政课建设事有人干、责有人负。例如成都职业技术学院借高职院校“双高计划”建设之机，以《深化新时代职业教育“双师型”教师队伍建设改革实施方案》和《关于深化新时代学校思想政治理论课改革创新的若干意见》为指引，落实立德树人根本任务，将思想政治教育贯穿人才培养全过程，实施“教材、教法、资源、机制、师资、保障”思政“六创优”工程，打造铸魂育人“金课”，为思政课教师提供事业发展平台；深化产教融合，创新校企合作命运共同体，推动思政课教师进企业、机关挂职锻炼，拓视野，长才干；创新首席教授制度，设立教授工作室和名师工作室，组建结构化教师教学创新团队，促进思政课教师成长平台。要正确认识思想政治理论课的时代使命和学科属性，科学评价思想政治理论课教师的职业属性和工作特点，在部门工作考核和教师绩效考核中能够充分考虑到思政课的学科属性和教师的工作特点，科学制定思政课教学科研部门的考核办法和教师职称评定办法，营造好学校全力办好思政课、教师认真讲好思政课、学生积极学好思政课的良好氛围，努力化解学术人、政治人和绩效人的角色冲突，不断提升教师的自我效能感，最大限度克服职业倦怠感。

3．进一步强化教师使命担当，提升教师内生动力

高校思政课担负着培养时代新人的重要使命，高校思政课教师集学术人和政治人于一身，将价值引领寓于知识传授之中，既是经师，又是人师，做好学生健康成长的引路人。但大学的教育对象是大学生，他们徜徉在高深的学术殿堂中，对高深、系统、新奇的知识充满向往和渴求，对学养深厚、教艺精湛的老师充满敬畏和尊重，而对缺少学术、内容空泛的说教充满鄙视和轻慢。其实，“大学生并不反感思想政治理论本身的政治色彩或意识形态特征，他们反感的是缺乏学术性的政治说教和道德说教”，学生喜欢既有理论性又有亲和力、既有思想性又有针对性、既有营养口感又好的课程。“因事而化、因时而进、因势而新”是思想政治工作的时代要求，“贴近学生、贴近社会、贴近生活”则是保持思想政治教育生机活力的神兵利器。在全民众志成城、共克时艰、抗击新冠肺炎疫情的特殊时期，充分挖掘并及时将防疫抗疫中涌现出来的先进人物、典型事迹作为鲜活素材和教学案例，融入思政课教学，以事析理，以理服人，以情动人，用身边鲜活故事讲述枯燥深奥理论，让政治理论亲近起来、生动起来。思政课教师要给学生展示马克思主义理论既深刻、彻底、科学，又时尚、亲和、亲近的学科特质，既以理服人，又以情动人，不经意间用马克思主义基本理论和马克思主义中国化最新成果武装学生头脑，引导学生用马克思主义基本原则、基本观点、基本方法分析问题、解决问题。为此，思政课教师一方面要充分认识到自己肩负的历史使命，增强职业的使命感、神圣感，按照“政治强、情怀深、思维新、视野广、自律严、人格正”的要求，潜心问道与关注社会的统一，努力做到政治有高度、理论有深度、情感有温度、生活有厚度，不断提高自身能力和水平。另一方面要清醒地认识到教书育人面临的挑战，明白学生对思政品质“金课”的内心渴望和党中央对课程、教师的真心期待，按照“八个相统一”的要求，深化新时代思政课教学改革，守正创新，不断提升课程内涵，激发教师自我发展的内生动力，促进教师发展。

参考文献

[1] 习近平. 决胜全面建成小康社会夺取新时代中国特色社会主义伟大胜利——在中国共产党第十九次全国代表大会上的报告[M]. 北京：人民出版社，2017.
[2] 何心国，赵志群. 高职院校教师职业自我效能感的实证研究[J].中国职业技术教育，2019（24）.
[3] 张军. 论新时代高校思政课教师话语权困境及提升[J]. 淮南师范学院学报，2019（5）.
[4] 李丹，蒋家胜，任心甫. 论“价值引领、能力本位”视阈下思想政治理论课教师教学能力的培养[J]. 毛泽东思想研究，2016（5）.
[5] 陈占安. 关于进一步加强思想政治理论课教师队伍建设的思考[J]. 思想理论教育，2010（11）.
[6] 徐维凡. 关于加强学校思想政治理论课教师队伍建设的思考[J]. 思想理论教育，2009（1）.
[7] 詹世友. 道德教化与经济技术时代[M]. 南昌：江西人民出版社，2002.

（该文发表于《中国职业技术教育》2020年第7期，略有改动）

论“价值引领、能力本位”视阈下思想政治理论课教师教学能力的培养

李　丹[①]　蒋家胜[②]等

思想政治理论课建设质量的高低，关键在教师。《普通高等学校思想政治理论课建设体系创新计划》把教师队伍建设摆在突出位置，强调要全面提升教师的素质。自高校思想政治理论课建设课程方案实施以来，新的教学理念、新的教学模式和教学方法不断地探索创新，教学的吸引力和感染力有所增强，但思想政治理论课在对学生进行价值引领、素质提升和思维训练的价值与功能发挥方面还不尽如人意，教师“传道授业解惑”的效果也不甚明显。要切实解决上述问题，就要不断提高思想政治理论课教师的教学能力。

一、提高思想政治理论课教师教学能力的重要意义

高等职业教育是以就业为导向，面向基层一线培养高素质技术技能型人才的教育类型，强调能力本位，突出以职业岗位群所需的职业能力为核心来进行课程的进行教学设计。“价值引领、能力本位”是当前高职院校思想政治理论课教学改革的重要指针。思想政治理论课是高校人才培养中的重要课程，不但具有深厚的理论学科属性，还具有鲜明的意识形态属性，在教学实施中，必须发挥意识形态的灌输功能和引导学生健康成长的育人功能，在人才培养中具有价值追求的引领功能、人文素养的提升功能和思维品质的提升功能。而教师的教学能力是教师完成教学活动、驾驭教学过程的重要保证，是有效达成教学目标的前提。

① 李丹，成都职业技术学院马克思主义学院副教授；研究方向：思想政治教育。
② 蒋家胜，广州番禺职业技术学院马克思主义学院教授；研究方向：思想政治教育。

1. 提高教学能力是思想政治理论课“价值引领”功能的内在要求

高校教师的教学能力是“教师完成教育教学活动所必需的一种职业素养，并将直接影响大学教师自身的教学行为和终身的教学质量；同时，一所大学整体教学质量的高低在很大程度上由教师的教学能力构成决定”的。[1]亚里士多德曾说过，人类自然是倾向城邦生活的动物，每个人天生就有融入社会生活和参与政治生活的内在诉求。而思想政治理论课本身就具有鲜明的意识形态和价值引领的属性。通过思想政治理论课的教学，将书本知识转化成强大的精神力量，并内化为信念，提高学生政治素养，推动社会经济发展，从而培养社会主义事业的合格建设者和可靠接班人。《中共中央、国务院关于进一步加强和改进大学生思想政治教育的意见》指出：加强和改进大学生思想政治教育，要以理想信念教育为核心，深入进行树立正确的世界观、人生观、价值观教育，使大学生正确认识社会发展规律、国家的前途命运以及自己的社会责任。

在社会转型发展的互联网时代，思想政治理论课的教学必然会面临改革开放和发展社会主义市场经济条件下思想意识多元多样多变的新特点，必然会面对世界范围内思想文化交流交融交锋下价值观较量的新态势，思想政治理论课教师也必然会直面学生的理论疑惑、道德困惑和价值抉择的新挑战。思想政治理论课教师的教学能力，不仅体现在课堂上如何教的问题，还囊括了教师对课程建设的设计和教学改革的创新，也就是教什么、怎么教的问题。高职院校思想政治理论课教学，不仅要遵循思想政治理论课教学的一般规律，还要让“中国梦”“四个全面”战略布局、“创新、协调、绿色、开放、共享”五大发展理念等重要的马克思主义中国化的最新成果进教材、进课堂、进学生头脑，逐步坚定马克思主义的理想信念，引导学生逐步树立中国特色社会主义道路自信、理论自信、制度自信、文化自信，帮助学生培育和践行社会主义核心价值观，让学生扣好人生第一粒扣子，走好人生道路。思想政治理论课从史论的融合、思行的结合、知行的统一角度，阐述了社会发展的规律，指明了民族复兴的方向，规划了国家富强的路径，描绘了幸福生活的蓝图，这是思想政治理论课在立德树人中独特的“价值引领”功能。当然，也给思想政治理论课教师的教学能力提出了更高的要求，通过思想政治理论课教学，逐步提高大学生价值判断与抉择能力，让大学生掌握马克思主义的基本立场、观点和方法，去分析和解决理论与现实的重大困惑与疑难，解决成长成才中的困惑问题，从而坚定政治方向，在多元中确立主导，在多样中求得共识。

2. 提高教学能力是推行“能力本位”课程改革理念的关键所在

高等职业教育以服务为宗旨，以就业为导向，以能力为本位，面向生产、服务、建设、管理一线培养高素质高技术的应用型人才。能力本位是当前高等职业院校课程改革和教学模式重构的主导方针。能力本位的教学设计是“教什么、如何教”的一种操作方案，强调以能力为本，注重学思并举、手脑共用。思想政治理论课的教学目的虽然是培养社会主义事业的建设者和接班人,但社会主义事业的建设者和接班人的内涵，在不同层次和类型的学校是不同的，在应用型高校中就具体化为“下得去、留得住、上得去”的具有良好公民道德和职业素养的高素质高技能型人才。高校思想政治理论课在人才培养过程中，不仅要实现与意识形态属性、价值追求的引领功能密切相关的思想政治教育方面的目标，而且要承担起必要的人文素养的提升、思维品质和职业核心能力训练等功能。以“思想道德修养与法律基础”课为例，就是从国家、社会对高职学生的国家需求出发，着眼学生的成长成才的育人需求，引导学生运用马克思主义的基本立场、观点和方法发现问题、分析问题、解决问题的能力，着力提高学生的政治鉴别与价值抉择能力、道德认知与道德践行能力、责任担当与社会参与能力、理论思维与职业核心能力四个方面。逐渐成长为社会主义事业的合格建设者和可靠接班人。

按照“价值引领，能力本位”的理念对思想政治理论课进行教学设计，将课程从基于“知识本位”设计转换成“能力本位”的教学体系，进而将学生的“认知体系”逐渐向“信仰体系”转化，促成知行统一，增强课程教学实效性。对思想政治理论课进行“价值引领、能力本位”的教学创新，要求教师对高等职业教育的规律、思想政治理论教育的规律有深刻的理解和把握，要求教师具有对教学目标、内容、时机等的选择和整合能力，要求教师具有把握教学节奏、调控教学进程、与学生进行双向互动的教学沟通能力，要求教师具有对教学过程进行科学反思、评估和改进的教学评价能力，要求教师具有对教学模式、方法、手段进行持续创新的能力。要推动能力本位的教学改革，教师的素质尤其是教学能力是其中的关键因素，也是目前制约进一步提高思想政治理论课教学效果的重要因素。在《普通高等学校思想政治理论课建设体系创新计划》中，把教师的能力和素质摆在了突出的位置，强调把提升教师素质作为思想政治理论课建设体系创新的重要目标和主要任务。

3. 提高教学能力是新媒体时代应对思想政治教育挑战的必然要求

思想政治理论课是落实立德树人根本任务的主渠道，是进行社会主义核心价值观教育、帮助大学生树立正确的世界观、人生观、价值观的核心课程，而思想政治理论课教师，是党的理论、路线、方针、政策的宣讲者，是大学生健康成长的指导者和引路人。在新媒体时代，互联网技术和移动客户端为载体的信息技术建构了新的生产、学习和生活模式，互联网日益渗透到社会生产、人们生活的方方面面，对高校学生的政治素养、道德观念、行为选择和心理健康等产生着巨大的影响。互联网是一把双刃剑，创新了思想政治教育的平台、手段和方法，但由于网络信息良莠不齐又扩散极快，一定程度上削弱了教师对大学生思想政治理论教育的影响力和引导力。要提高思想政治理论课对学生的吸引力和影响力，增强教学实效，应该切实提高思想政治理论课教师的教学能力，顺应时代潮流，主动应对新媒体的挑战，抢占网络新媒体制高点，开发思想政治理论课在线网络课程，探索线上线下互动的混合式教学法，使教学资源可视化、碎片化、形象化、生动化，便于学生适时下载学习，提高教学实效。

二、思想政治理论课教师教学能力的构成要素

教学改革永远在路上，没有完成时，只有进行时。“教学改革实际上是人的改革，没有人的自身主动适应和变化发展，教学改革是不可能取得成功的”[2]。在新的历史时期，思想政治理论课的教学改革实施对教师是一种严峻挑战，教师必须准确定位角色，提升自己的专业素养，

尤其是教学能力。教学能力是思想政治理论课教师胜任教学岗位、完成教学任务所具备的各种基本能力，包含政治导向能力、理论阐释能力、教学设计能力和信息化技术应用能力四大要素。

1. 政治导向能力

政治导向能力是思想政治理论课教师首要的教学能力。思想政治理论课具有鲜明的意识形态属性，在教学实施中，必须发挥意识形态的灌输功能和引导高职学生健康成长的育人功能。教师是高校思想政治理论课教学的组织者和实施者，在培养中国特色社会主义事业建设者和接班人中起着至关重要的作用。列宁曾说过，“在任何学校里，最重要的是课程的思想政治方向。这个方向由什么来决定呢？只能由教学人员来决定”[3]。思想政治理论课承担着培养社会主义事业合格建设者和可靠接班人的重任，政治导向能力是高校思想政治理论课教师的首要能力，这一能力要求“教师在事关政治原则、政治立场和政治方向上与党中央保持高度一致，在政治纪律、政治辨别能力、引导能力、高尚的师德、强烈的责任感、使命感等方面具有优秀的素质”[4]。当前，意识形态领域并不太平，随着世界范围内思想文化领域的交流交融交锋的日益频繁，西方国家对我国意识形态的渗透不断加剧，高校成了各种社会思潮交锋斗争的前沿阵地。思想政治理论课教师要不断增强政治敏锐性和政治鉴别力，自觉抵制各种错误思潮，并与之作坚决的斗争，对学生进行准确的政治引导。特别是在当今“互联网+”大数据时代下，大量形形色色的信息不断冲击甚至改变着大学生政治选择的原则和确立“三观”的标准，它们或辩证或偏激，或宽容或刻薄，或正面或恶搞，这无疑是给思想政治理论课教师的政治导向提出了严峻的挑战。思想政治理论课教师在教学中务必要坚定政治立场，明确政治方向，培育和践行社会主义核心价值观，绝不能使课堂成为“愤青”不当言论和不良情绪的宣泄地，绝不能成为西方价值观和不良社会思潮的侵袭所，自觉担当起培养中国特色社会主义事业建设者和接班人的责任，引导大学生树立中国特色社会主义道路自信、理论自信、制度自信、文化自信，引导大学生将自己的聪明才智与祖国的前途命运紧紧相连，引导大学生将自己的青春年华与民族振兴大业紧紧相连，成为大学生健康成长的指导者和引路人。

2．理论阐释能力

理论阐释能力是思想政治理论课教师基础的教学能力。科学的信仰必须建立在知识殿堂之上。马克思说过，理论只要说服人，就能掌握群众；理论只要透彻，就能说服人。思想政治理论课在本质上是理论课，“要用理论力量去解决大学生的理想信念，提高对马克思主义和中国特色社会主义的自信，以及分析和解决现实问题的能力”[5]。思想政治理论课主要的学科支撑是马克思主义理论，马克思主义不仅包括马克思主义哲学、马克思主义经济学和科学社会主义在内的完整的科学体系，还包括后来的马克思主义学者对该理论的发展和创新，是一门不断丰富发展着的理论宝库。思想政治理论课教师需要深入钻研马克思主义理论，构建起合理的知识结构，用马克思主义理论的思想武器解决学生在成长成才过程中可能遇到的思想困惑。思想政治理论课教师不仅要政治坚定，而且要学养深厚。要自觉地深入研究马克思主义理论，系统掌握马克思主义基本理论，具备深厚的专业功底，有理有据地阐释困惑学生的思想和现实问题，才能引导学生成长成才。

3．教学设计能力

教学设计能力是思想政治理论课教师关键的教学能力。教学活动是在一定教育理念指导下进行的目的性活动，高水平的教学是在教师精心设计下有序推动完成的。“价值引领、能力本位”的教学设计是包括教学目标设计、教学内容设计、教学方法设计、教学支撑体系在内的一系列设计活动的总和，是教师综合能力的具体体现。实践证明，“不把握同一课程在不同类型、不同层次院校的具体定位和具体要求，简单地追求统一要求和千篇一律，课程建设与改革将毫无特色，也收效甚微”[6]。思想政治理论课教师要根据学校的人才培养目标、办学模式和专业的教学模式，结合思想政治理论课的性质和价值功能，开展思想政治理论课的教学设计。比如按照“价值引领、能力本位”的教改理念，高职院校“思想道德修养与法律基础”课应该树立政治鉴别与价值抉择能力、道德认知与道德践行能力、责任担当与社会参与能力、理论思维与职业核心能力四个方面的教学能力目标；相应地确定彰显高职特色、本土化特征、理实一体的教学内容，体现应用型人才培养的课程特色，在方法设计上遵循“双向主体性”德育范式、“基于问题式”和“工作系统化”教学理念，探索“专题教学、项目教学、案例教学、问题链教学、线上线下互动的混合式教学”等方法，进而设计包含师资队伍建设、长效机制和物质条件保障等支持系统设计。思想政治理论课是否能够做到学生真心喜欢、终身受益，关键是教师的教学设计是否科学，是否贴近学生实际和社会实际。教学设计能力是思想政治理论课教师关键的教学能力，不仅需要教师精通马克思主义理论和思想政治教育理论，而且要求教师通晓教育理论，掌握教学理论，并将二者有机结合，方能科学地进行思想政治理论课教学设计。

4．信息化技术应用能力

信息化技术应用能力是思想政治理论课教师核心的教学能力。信息技术是教师开展教育教学活动的基础和手段，这既是网络时代高度发展的大势所趋，也是科技进步的产物和人类智慧的结晶，对思想政治理论课亦是如此。在新媒体时代，教育业面临着“互联网+”的机遇和挑战。“互联网+”引发了新的学习革命，进而倒逼教育方式的变革。随着信息技术的迅猛发展，教育已经悄然进入信息化发展时代。精品资源共享课程、在线开放课程、微课、慕课、主题学习网站等如雨后春笋破土而出，互联网+思想政治教育将成为思想政治教育的必然，信息化技术将成为思想政治理论课课程建设和教学改革的必然，互联网+教育将成为新的教育增长点。信息化技术应用能力也将成为思想政治理论课教师核心的教学能力，无视或者不懂教育信息技术的教师将会被淘汰。思想政治理论课教师必须与时俱进，掌握信息化技术应用能力。一是要处理信息的能力，思想政治理论课教师要树立互联网+的思维，运用现代信息化技术对各类信息进行筛选、检索、处理和整合，这其实就是以现代信息技术为工具与思想政治理论课建设相融合的过程。在这个过程中，思想政治理论课教师可以将现代信息技术融入思政课程体系，使现代信息技术成为思想政治理论课教师在教学工作中最主要的教学媒体，达到更好地完成思想政治理论课教学任务的目的。二是应用信息技术的能力，就是思想政治理论课教师对现代信息化教学资源的设计、开发和实施的能力。思想政治理论课教师不仅要掌握常用多媒体软件的使用方法，具备运用软件制作精美实用的多媒体课件的能力，不断开发和设计新的信息化教学资源，创设知识性、趣味性及形象化的情境，提高思想政治理论课教学的感染力和亲和力。

三、思想政治理论课教师教学能力的提升路径

思想政治理论课教师的教学能力是提高思想政治理论课教学质量的关键，其教学能力直接影响着大学生科学的世界观、人生观、价值观的形成。通过构建思想政治理论课教师的动力机制、发展机制和保障机制，提升教师的教学能力。

1. 促进教师角色认同，强化教学能力提升的动力机制

在立德树人的过程中，高校思想政治理论课教师肩负着宣传党的理论、路线、方针、政策，用马克思主义理论武装大学生头脑，用社会主义核心价值观引领社会思潮，引导帮助大学生健康成长的崇高使命。高校思想政治理论课教师是大学生健康成长的引路人，教师必须科学把握自己在立德树人中的角色定位，强化责任意识，用马克思主义铸造学生信仰之魂，用社会主义核心价值观夯实大学生道德底色。很难想象没有理想和没有信仰的教师会教导出具有远大理想和崇高信仰的学生。教学实践证明，要让有理想的人讲理想，要让有信仰的人讲信仰。在一些不良社会思潮和错误认知的影响下，少数高校思想政治理论课教师一定程度上存在着信仰缺失、信仰多元化、信仰世俗化等倾向，对马克思主义没有真正信仰，导致对专业的认同度降低，角色感缺失。习近平总书记同北京师范大学师生座谈时强调，希望每一位教师都能成为符合党和人民要求，学生喜欢的好老师，希望每一位老师都成为有理想信念、有道德情操、有扎实学识、有仁爱之心的好老师。学院党委应该高度重视意识形态教育，优化高校思想政治理论课教师马克思主义信仰教育环境，促进思想政治理论课教师的角色认同，认清自己肩负的历史使命，使思

想政治理论课教师在健康进步的文化氛围中升华思想境界，强化思想政治理论课教师教学能力提升的动力机制,加深对马克思主义的思想认同、理论认同和情感认同，增强中国特色社会主义道路自信、理论自信、制度自信、文化自信。

2．实施“双学双进”工程，强化教学能力提升的发展机制

高校思想政治理论课教师是马克思主义理论和党的路线、方针、政策的宣讲者，也是学生思想困惑的释疑者，更是学生健康成长的引路人。高校思想政治理论课教师要完成上述角色要求的任务，必须视野开阔，学养深厚，对社会和人生有深切的体悟。高校思想政治理论课“05”方案相对于“98 方案”，课程更加综合化，对教师的专业知识、教学理论和对学生思想动态的把握提出了更高的要求。但有些思想政治理论课教师并非科班出身，而是半路出家，从其他学科转投过来，马克思主义理论储备先天不足；有些思想政治理论课教师虽出生科班，但心浮气躁，缺乏“板凳要坐十年冷”的钻研精神，马克思主义理论学养不深；大部分思想政治理论课教师都是从校门到校门，社会阅历欠缺，对学生思想动态把握不准。上述原因导致一部分的思想政治理论课教师缺乏系统的马克思主义理论，缺乏教学基本理论知识与学法指导，缺乏不懈探索的精神，缺乏社会阅历和生活感悟，对重大理论与现实问题理解不深不透，无法有效地释疑解惑。因此，对高校思想政治理论课教师应当加大培训和社会实践力度，大力实施“双学双进”工程，即组织教师重学马列经典著作，研学教育教学理论，掌握信息化技术，增强思想政治理论课教师的马克思主义学科的专业底蕴和教育教学的理论支撑；同时，思想政治理论课教师应走进机关、走进企业挂职锻炼或者多搞行业调研，机关干部、行业专家、企业行业精英应走进课堂、走进课题，与高校思想政治理论课融合。唯有如此，才能增强对社会和行业的理解力，增强对企业和岗位人才需求的理解力，对重大理论和现实问题才有真知灼见，才能对学生进行有效的释疑解惑，做好学生的“经师”和“人师”。

3．加强配套政策建设，强化教学能力提升的保障机制

教育行政部门和学校党委在提升高校思想政治理论课教师教学能

力方面发挥着十分重要的作用，既是大学教师教学能力培养的倡导者，又是大学教师教学能力培养的参与者。高校思想政治理论课教师教学能力提升的培养机制的主导和培养经费、办公设施等均需要他们提供和保障。首先，首先要充分认识高校思想政治理论课在人才培养中的重要功能,充分认识高校思想政治理论课教师在立德树人中的发挥的重要作用，营造思想政治理论课建设的良好氛围，让思想政治理论课教师有尊严。其次，按照马克思主义学院建设标准，独立设置直属于学校领导，与学校其他二级院系行政同级的教学科研二级机构，统一管理全校学生思想政治理论课的教学，统一负责马克思主义理论课程建设，统一管理思想政治理论课教师队伍，让思想政治理论课教师有归属感。再次，成立思想政治理论课建设领导小组，制定学校思想政治理论课建设发展规划，在人员编制、经费投入、公共资源使用方面给予充分保证，在科研立项、队伍建设、评优表彰、职务评聘等方面给予一定倾斜。最后，搭建思想政治理论课教师考察学习、骨干教师社会实践、在职进修、说课与赛课比赛、多媒体课件和教案设计比赛等平台，确保思想政治理论课优先优质发展，给思想政治理论课教师教学能力提升提供保障。

参考文献

[1] 田杨. 大学教师教学能力构成及培养机制探究[J]. 中国成人教育，2015（22）.

[2] 赵永明. 对高校思想政治理论课教师教学能力培养的若干思考[J]. 淮海工学院学报，2013（11）.

[3] 列宁. 列宁全集：第 45 卷[M]. 北京：人民出版社，1990.

[4][5] 顾钰民. 完善教学人才培养培训关键在于制度创新[J]. 思想理论教育导刊. 2015（10）.

[6] 陈春莲. 关于高职院校“基础课”改革与建设若干问题的思考[J]. 思想理论教育导刊，2010（4）.

（该文发表于《毛泽东思想研究》2016 年第 5 期，略有改动）

我国高校思想政治理论课教师职业认同的研究综述

罗　莉[①]　程　佳[②]

“职业认同”这个概念来源于西方教师领域二十多年前出现的概念“professional identity”一词，一般是指一个人从内心认为自己从事的职业有价值、有意义，并能从中找到乐趣。“教师职业认同”是指教师作为个人和职业者对自己所从事的教师工作，受学校内外和教师内外各种因素影响产生的完全认可的情绪体验或心理感受。

一、高校教师职业认同研究的总体情况

国外对于教师职业认同的相关研究分布在教育学、管理学以及心理学等学科，研究成果较为丰富。国内起步稍晚于国外，学者们主要针对国外资料做了初步的梳理和总结，研究对象主要为中小学教师，以定量研究为主，研究内容包括教师职业认同的总体分析，人口统计学变量对教师职业认同的差异分析，教师职业认同与工作满意度、工作倦怠、离职意向之间关系等。虽然我国高校教师职业认同的研究正在起步，但已经开始进行本土化研究，并在安徽、江苏、上海、山西等地进行了实证调查。部分学者还从相关专业出发，分析了辅导员，思想政治理论课、英语、体育等教师群的职业认同情况，有针对性地提出了发展教师职业认同的建议和措施，进一步拓展和深化了高校教师职业认同研究的领域。

二、高校思想政治理论课（简称“思政课”）教师职业认同研究的总体情况

1. 高校思政课教师职业认同的总体状况

不同学者采用多种工具对高校思政课教师调查后均发现，高校思政

---

① 罗莉，成都职业技术学院马克思主义学院副教授；研究方向：思想政治教育。
② 程佳，成都职业技术学院马克思主义学院教师；研究方向：思想政治教育。

课教师的职业认同状态不佳，甚至有持续弱化的趋势。如 2002 年教育部社政司委托北京大学孙蚌珠教授做的课题“普通高校‘两课’青年教师队伍状况研究”调查显示：“有 7.9%的人在寻找机会，想早日离开”；11.2%的人不能“坦然地告诉别人自己是‘两课’教师”；在与学校专业课老师相比受尊重程度上，83.9%的人觉得被轻视；在学生对自己与对专业课老师的尊重程度上，65.5%的人觉得被学生轻视。2009 年，李光莉对辽宁省 78 所高校思政课教师进行的调查表明，思政课教师自我感觉职业社会评价较低，25%的人“想转行”。[1]2011 年，张晓麒等人对南京高校思政课青年教师队伍状况的调研显示，75%年轻教师对自我角色认识“感觉一般”。[2]2012 年，杨易对上海本科类高校思政课 35 岁以下青年教师职业认同状况的问卷调查显示，他们的职业认同程度总体较高，但在问及“您对目前的工作的评价”时，只有 7.6%的青年教师表示“非常满意”，42%的青年教师表示“比较满意”，两者满意度不足 50%。[3]这些数据从某些角度说明高校思政课教师的工作满意度普遍不高，职业认同状况不容乐观。

2．高校思政课教师职业认同的研究方法和研究结构

国内外学者们在调查研究中采用了多种研究方法，主要包括质和量两种调查方法。质的调查方法包括理论分析法、文献研究法、访谈法和个案分析法等；量的调查方法主要以定量的问卷调查为主，运用独立样本 t 检验、方差分析、因素分析、结构方差模型等统计手段进行分析。随着教师职业认同研究的深入发展，学者们也越来越趋向于两种方法的综合运用，并在个别研究中探索使用新的调查手段。总的来看，高校思政课教师职业认同的研究方法取得了一定成就，但与中小学和其他教育领域的研究相比还不够完善，特别缺乏对个别教师职业认同的深入分析，调查样本所涉及的范围比较窄，理论分析的深度和广度也不够。

教师职业认同结构研究是职业认同研究的重要组成部分，也是学者们进行调查研究的前提和基础。从目前研究情况来看，涉及职业认同结构研究的资料不多，也没有形成统一的认识，很多学者都是在已有成果基础上来构建自己的职业认同结构。如杨易借鉴魏淑华和于慧慧等学者

的研究成果，提出高校思政课青年教师职业认同的结构包括：职业价值观、角色价值观、职业归属感和职业行为倾向。赵联则提出职业认同结构包括职业认知、职业情感、职业意志、专业素养和职业期望等。职业认同结构的研究还刚刚起步，需要用实证分析方法来进一步加以检测和验证。

3．高校思政课教师职业认同的人口统计学变量研究

人口统计学变量主要包括性别、年龄、学历、职称、教龄、收入状况等，目前国内针对高校思政课教师的人口统计学变量研究还不多。

现有研究结果显示，男女教师在职业认同上存在显著差异，男性在职业价值观、角色认同与定位上明显高于女性。杨易的调查表明，学历越高，收入越高，认同感越高。具有博士学位、已婚已育的男性青年教师职业认同水平最高，离职意愿最低。

从教龄和年龄来看，学者普遍认为差异显著，如杨晓华对上海松江大学城三所高校思政课教师的调查表明，教龄在 10～20 年的教师职业认同感最高，40～50 岁的教师职业认同感高于其他年龄段。这说明随着年龄和教龄的增长，教师对自身职业的感情逐渐加深，职业信念和职业技能等也不断提高，越来越感受到自身的职业价值，因此职业认同感越强。

职称方面也存在显著差异，但具体结论又有所不同。如杨晓华认为职称越高，职业认同感越强，而杨易认为中级职称的教师职业认同度最高，副教授在角色认同与定位和职业归属感上更为强烈。这可能是由于研究者对研究工具、对象和学校类型选取不同而造成的差异。

部分学者还对教师的专业背景和政治面貌做了调查，结果表明被调查高校的思政课教师大都专业对口，其中党员比例较高，党员教师对中国共产党和中国特色社会主义共同理想的认同度较高，其在敬业精神、为人师表等方面也比较突出。

4．高校思政课教师职业认同弱化的表现

思政课教师对自己所从事职业的性质、功能和意义等都有明确的认识，并有强烈的使命感和责任感；但在职业意志方面却常出现消极心理和动摇状态，职业归属感不强，对自身职业发展环境存在消极评价，甚

至有部分教师表示有机会就改行。

职业价值观方面，即对职业的认识和态度以及对职业目标的追求和向往。思政课教师的主流是认可并接受马克思主义信仰的，但极少数思政课教师，尤其是青年教师还存在淡化、彷徨、怀疑、反对等信仰弱化的现象，过于注重物质享受，忽视或轻视精神价值，在职业追求方面安于现状，仅将思政工作当作谋生手段，不认真钻研教学和科研。

三、高校思政课教师职业认同研究的总结和评价

1．高校思政课教师职业认同研究的意义

对高校思政课青年教师这一群体的职业认同进行系统研究，具有理论和实践双重意义。从理论上来看，能够拓展和丰富高校教师职业认同研究，进一步推动高校思政课教师的心理和行为研究。从实践上来看，可以帮助我们了解当前高校思政课教师职业认同的现状，为研究如何提高其职业认同度、增强其职业满意度、促进教师职业发展、减少人员流失提供依据和策略，帮助他们更好地适应当前的教育教学改革和变化，提高思政课教学师资队伍的整体水平。

2．高校思政课教师职业认同的影响因素

研究表明，高校思政课教师的职业认同，既受教师的主观因素（如认识偏差、角色冲突、个人压力等）影响，也受客观环境（如社会和学校）等影响。

（1）主观因素。

首先，部分教师对思政课抱有过高或过低的期望：有的希望对学生价值观产生深刻影响，并彻底接受马克思主义信仰；有的则认为思政课对学生根本无意义。这都会严重挫伤思政课教师的职业成就感。部分教师还对思政学科性质认识存在偏差，片面地认为思政课不具备研究价值，忽视思政课的学科建设和科研工作；或一味搞科研，忽视教学技能，导致教学效果不尽如人意，职业认同感也不高。

其次，教师面临的个人压力得不到及时调节也会影响他们的职业认

同。教师的职责、新课程要求、社会环境的变迁以及受众对象的变化等都对高校思政课教师提出较大挑战。这要求思政课教师不仅“要有专门的学科背景”，还需要具备深厚的政治素养和党性意识。部分高校学生对思政课有忽视甚至抵制的倾向，更需要教师具有较强的课堂掌控能力和灵活的教学手段。有的领导和专业教师还认为思政课没有学术性和专业性，社会、学校和学生的负面反馈，加上日益增长的衣食住行需求、抚养子女、养老压力等因素，极易出现职业认同弱化问题。

（2）客观因素。

社会环境方面，尽管国家高度重视思想政治工作，也赋予了思政课作为意识形态传播的主阵地和主渠道地位，但现实生活中，思想政治教育常常容易被忽视。

学校环境方面，虽然高校均设置了思政课，但每个学校的重视程度不一致。有些高校忽视思政课，在政策制度、师资配备、科研培训、职称评定、课时设置和经济待遇等多方面进行限制，出现未按规定落实思政课经费、思政课教师培训机会少、科研项目申请难、奖励激励政策少等问题。

3．目前高校思政课教师职业认同研究的局限和不足

虽然目前关于高校思政课教师的职业认同研究已经取得了一定的成果，但与其他教师群体的研究相比较，还存在局限和不足。

首先，从研究方法来看，理论研究居多，实证研究较少，研究的数据也比较少，尤其缺乏大样本的深入研究或跟踪调查，以及跨地区、跨校和跨专业等纵横向的比较研究数据，因此无法准确判断是共性还是个性问题，不利于提出解决问题的有效措施。

其次，国内关于高校思政课教师的职业认同研究还不太系统和深入，如对高校思政课教师的职业认同的形成过程、影响因素、层次结构、增强职业认同的措施等方面的研究；有些数据过时或自相矛盾。

参考文献

[1] 李光莉. 辽宁省高校思想政治理论课教师的现状分析与研究[J]. 现代教育管理，2009（12）.
[2] 张晓麒，张瑶，曹顺仙. 高校思想政治理论课青年教师队伍的现状及特点[J]. 科教导刊（上旬刊），2011（2）.
[3] 杨易，杨龙波. 上海市高校思想政治理论课青年教师职业认同状况调查及分析[J]. 理论经纬，2012（9）.

（该文发表于《科教文汇》2016 年第 7 期上旬刊，略有改动）

高职教师专业能力系统构建与发展测评研究

欧美强①

本着“能力为重”的原则，为了把高职教师所掌握的先进教育理念、系统学科知识与教育教学实践活动有机结合起来，不断提升他们的专业发展水平，本文以高职教师专业能力为切入点，采用系统论的原则和观点，在阐述高职教师专业能力系统的基础上，构建了高职教师专业能力发展结构与类型，并对专业能力发展测评方法和提高率公式的建立进行了初探。

一、教师专业能力概述

1966 年 10 月，联合国教科文组织召开了各国政府间特别会议，大会通过《关于教师地位的建议》这一文件，其中第六条规定：“教学应被当作一种经过专门训练的职业，这种职业是公共服务的一种形式，它要求教师通过严格和持续的学习，方能获得所需要的专业知识和专业能力。”[1]在国内，学术界普遍将这一倡议视为“教师专业发展”起源的标志，并认为教师的专业能力在教师专业发展中占有重要地位。由此可见，教师的专业知识与专业能力是构成教师这一职业所必备的重要因素，专业能力是衡量教师专业发展的指标之一。而在论及职业教育教师专业能力发展时，孟庆国等专家认为，职业教育教师专业能力应包含“教学、研究、沟通和领导”等四个方面，且教师的工作成效“最终依靠他们自身专业能力的培育与发展”。[2]综上，教师专业及专业能力发展受到了国际政府间组织和学术界的高度重视。

---

① 欧美强：成都职业技术学院马克思主义学院副教授，博士；研究方向：中国近代思想与学术。

21 世纪初，为消除国际上不同职业教育与培训体系关于“学习成果”理解的语义差异，“欧洲职业教育与培训学分转换系统”提出了以“知识—技能—能力”作为职业教育与培训结果的衡量指标。[3]虽然这种反映学习结果的概念在西方学术界引起了广泛的争论，但这种定义的方法论表明，能力是基于知识学习的基础之上，通过具有操作性知识所转化的技能展示，从而形成学习者的一种个性化特征。基于对能力所作的这种理解，教师专业能力可被界定为：经过多种形式的学习，在专业知识获得的基础上，教师为展示教育教学技能展示所形成的一种群体性特征。由于教师专业能力是教师这一特殊社会群体所具有的特征，因而它具有共性，相对个体来说，教师专业能力又具有鲜明的个性特征，以下所提“教师专业能力”主要指前者。

二、高职教师专业能力系统的建构

按照系统论的观点，任何系统都是一个有机的整体，母系统又可以分为若干子系统，不同要素则构成相应的子系统；系统不是各要素的机械组合或简单相加，系统的整体功能是各要素间有机结合所产生的一种结构性力量体现。高职教师专业能力也可以被视作一个母系统，并被分为基础、特色、动力、调控等四个子系统，且它们之间形成了一种有机的结合方式，而每一个子系统又是由不同能力要素所构成。

教与学是学校教育中一对重要的矛盾，正是它们之间不断相互作用，才推动了各种教学活动形式的展开。在学校，虽然教学工作处于中心地位，但随着就业市场对高职学生专业技术应用和解决问题能力要求的提高，“以教师为中心”的讲授方法也逐渐被“基于活动和项目为导向”的教学方式所代替，学生的成长与发展成了教育关注的焦点。因此，认识和了解高职学生群体和个体的需求，并为他们创造适宜的学习环境，就成了一名高职教师应当具备的一项基础能力，这既是以“学生为本”教育理念在教学活动中的要求和体现，又是高职教师所必备的一项能力。教师只有了解和掌握不同学习经历高职学生的需求，才能有针对性去开发课程教学资源，合理设计编写教案，并采用有针对性的教学方法，以满足高职学生学习需要。特色系统是高职“双师型”教师与其他类型教师的区别所在，其主要体现在对高职教师这一群体的技术应用能力与专业实践能力要求方面，具体而言，就是高职教师除了要具备基本的教师资格和能力外，还必须具有一定的行业或企业的专业实践经历，并取得相应的专业技术职务。教学与科研是学校教育的另一对矛盾，两者是相辅相成的。教学是学校科研的实践源泉，反过来，科研可以提升教学质量与教学水平。因此，科研与反思成了高职教师专业能力发展的“助推剂”和动力系统。在日常教育教学实践活动中，针对高职学生人才培养目标和规格的特殊性，教师只有不断进行反思，主动对高职学生和教育教学实践活动开展科学研究，及时发现教学问题、总结教学经验、研究教学方法，才能认识和掌握高职学生成长成才规律，不断改进和创新教育教学工作，在提高人才培养质量的同时，不断提高自身专业发展水平。调控系统是高职教师专业能力系统的信息反馈和调节机制，它不仅要求教师与高职学生建立良好的关系，并且也能与同事展开充分合作交流，协调好自身与学生、自身与同事以及自身与学校的关系，分享教育教学经验和资源，以促进共同发展，并对教育教学活动进行有效评价和管控。综上，高职教师专业能力系统包含高职学生需求分析与满足能力、课程资源开发与教学能力、技术应用能力、专业实践能力、教研与科研能力、反思与创新能力、协调与合作能力、评价与调控能力等八大要素。[4]为了更直观和形象地展示高职教师专业能力系统，现将其归纳为如下（见图 1）。

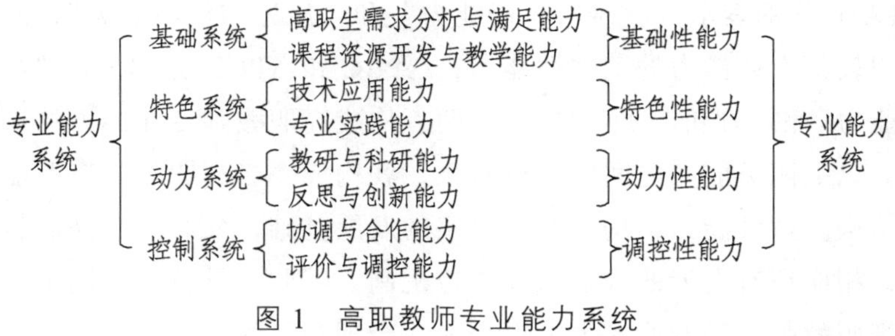

图 1　高职教师专业能力系统

高职教师专业能力系统的构建，为建立起相应的专业能力结构与发展类型奠定了相应的理论性基础。

三、高职教师专业能力结构与发展类型

结构是事物诸要素的有机结合，并产生一种力量。如果高职教师专业能力的结构合理，它就会充分发挥出教师巨大的潜能，反之，则会抑制教师专业发展，甚至成为一种阻力。为了进一步理解和掌握高职教师专业能力结构，并揭示每种能力要素以及各子系统间的相互关系，从而自觉引导教师的专业发展，现将合理的高职教师专业能力结构用一个正四棱锥表示（见图 2）。

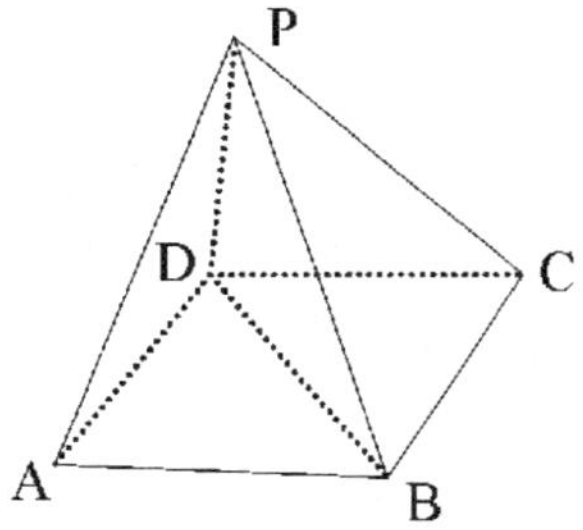

图 2　高职教师专业能力结构模型

在图 2 中，一名高职教师专业能力结构可以分别以正四棱锥的底面和四个侧面来表示，亦即高职教师专业能力结构模型。其中，△ABD 表示“高职学生需求分析与满足能力”和“课程资源开发与教学能力”，两者构成高职教师专业能力的基础性能力；△BCD 表示“技术应用能力”和“专业实践能力”，两者构成高职教师专业能力的特色性能力；△PAB 和△PAD 分别表示“教研与科研能力”和“反思与创新能力”，两者构成高职教师专业能力的动力性能力；△PBC 和△PCD 分别表示“协调与合作能力”和“评价与调控能力”，两者构成高职教师专业能力的调控性能力。以上四类能力之间的有机联系，就构成一名高职教师专业能力的合理结构。这种能力结构，既有坚实的发展基础，又彰显了高职教师的特色，相应还有发展的推动力和调控机制，因此，具备了这四个方面能力的高职教师，其专业能力才更全面、合理和科学。

一名教师，如果仅具有基础系统方面的能力，我们将他称作“教学

型”教师，这是教师所应具有的基础性能力，只有当他具有了特色性能力以后，方才称得上是一名合格的高职教师，亦即“双师型”教师。一名“双师型教师”，如果具有动力性能力，我们将他称作“双师成长型”教师；如果具有调控性能力，我们将他称作“双师调控型”教师；如果既具有动力性又具有调控性方面的能力，我们将他称作“双师成长调控型”教师。从高职教师专业能力构成来看，相对“教学型”而言，“双师型”“双师成长型”“双师调控型”和“双师成长调控型”均可称为“复合型”，但也只有“双师成长调控型”教师才兼具了一名高职教师专业能力系统的每一个要素，从而达到了专业能力发展的高峰，即高职教师专业能力发展的定点 P，因此，这种类型也可以被称作“完全型”。为了更直观形象地说明高职教师专业能力发展类型，我们将用五种模型类型一一示意，如图 3 ~ 图 7 所示。

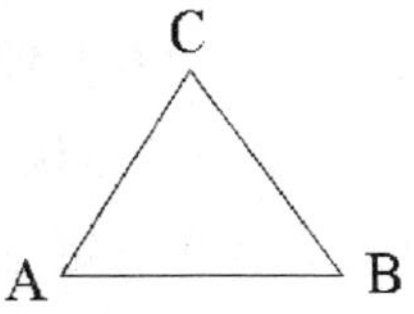

图 3　教学型

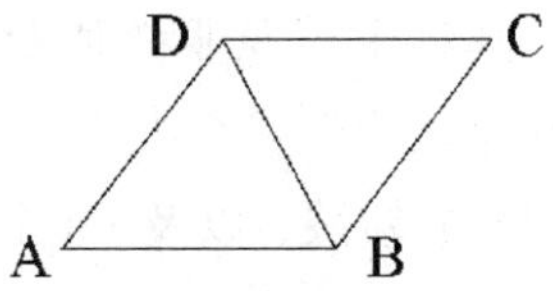

图 4　双师型

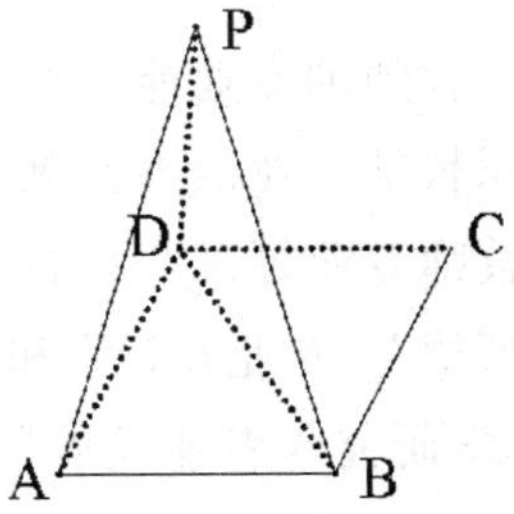

图 5　双师成长型

由以上各图可见,除了图 3 和图 4 专业能力结构与发展类型教师外，虽然图 5、图 6 类型教师专业能力均形成了立体的结构，但它们都存在一定的“缺陷”，只有图 7 类型教师能力结构更全面、更稳定。同时，这也揭示了，一名高职教师，在从“教学型”向“双师型”发展成长时，还必须兼顾“科研”与“调控”性能力方面的培养，方才能获得更为全面的专业能力素养，并最终达到“完全型”教师的发展水平。

高职教师专业能力结构与发展类型的分析和建立，确保了教师这一职业所必备的入职资格和必备条件，同时还具有高职教师“双师型”的特色，并指明了高职教师专业发展方向，参照“教学型”“双师型”“复合型”专业能力发展序列，广大教师可以增强自身专业能力发展的自觉性。当然，在专业能力发展实践中，并不是每位老师都应沿着“教学型”“双师型”“双师成长型”“双师调控型”“完全型”这一路径机械发展。

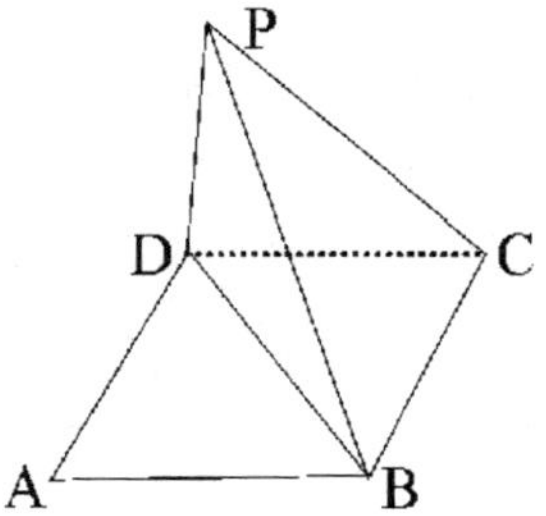

图 6　双师调控型

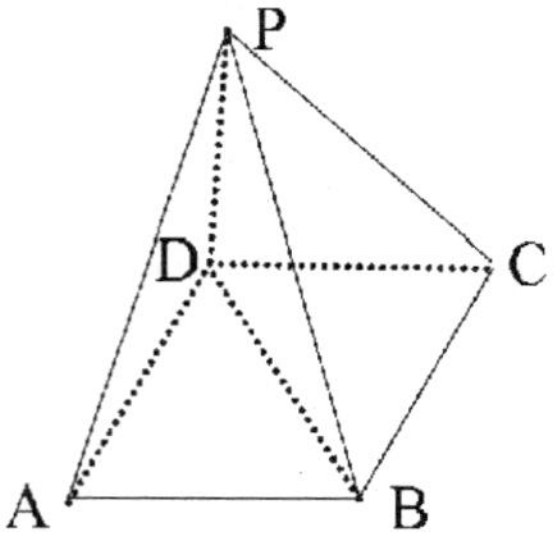

图 7　完全型

四、高职教师专业能力发展的测评

教师的专业能力经过系统培训，会得到很大提高，并可开展测评，高职教师专业能力发展亦是如此。2013 年，教育部印发了《中等职业学校教师专业标准（试行）》，其将中等职业教师专业标准分为“专业理念与师德”“专业知识”和“专业能力”三个维度，以及“职业理解与认识”“教学研究与专业发展”等 15 个领域，以及 60 个观测点，这在一定意义上为中职教师的专业能力发展与测评提供了指导性依据。[5]然而，时至今日，我国教育行政管理部门还没有颁布高职教师专业标准，这无疑为进一步探索高职教师专业能力的测评与发展变化规律提供了探索空间，但也增加了一定难度。

为了发展和测评教师的专业能力，2004 年，澳大利亚国家职业教育与培训包（Training and Assessment Training Package，简称“TAA04”）将职业教育教师的专业能力分为“学习环境”“学习设计”“评估”等八大领域和 55 个单元；[6]2011 年，《英国教师专业标准框架》将高校教师专业发展分为“活动领域”“核心知识”和“专业价值”三个模块与 47 项指标；[7]2015 年，《美国职业与技术教育教师标准》将教师的专业能力分为“认知学生”“团队协作”“反思教育教学实践”等十条标准。[8]由上可见，由于教育文化背景的不同，各国关于教师专业能力不仅在内涵理解，而且在外延方面也存在明显差异，因此，为便于测量，本文将高职教师专业能力观测点设定为100项，并分别归结为文中所提到的高职教师八项专业能力要素。由于目前我国还缺乏较为权威的高职教师专业能力标准，在参阅西方发达国家有关高职教师专业能力标准内涵的基础上，结合国家建设高职“双师型”教师队伍的目标要求，并借鉴《中等职业学校教师专业标准（试行）》关于中职教师专业能力的相关规定，以及王亚盛所著《提升高职院校教师职业能力方法研究》的相关成果[9]，对高职教师专业能力表征进行了解读和列举，从而建立了相应的指标测评体系，其具体内容见下表。

表 1　高职教师专业能力发展指标与测评

序号	能力要素	观测点	培训前	培训后	序号	能力要素	观测点	培训前	培训后
1	高职学生需求分析与满足能力	掌握学生测评工具能力			15	课程资源开发与教学能力	教学认知与判断力		
2		全面获得学生信息能力			16		鉴别选择课程资源能力		
3		人格魅力影响力			17		教学方案设计与创新能力		
4		指导学生职业生涯能力			18		课程修订与开设能力		
5		创设参与性学习情景能力			19		现代教育技术的运用能力		
6		培养学生自主学习能力			20		教学环节的监控能力		
7		激发学生学术兴趣能力			21		课程研究与构建能力		
8	高职学生需求分析与满足能力	满足学生专业需求能力			22	技术应用能力	新知识的应用能力		
9		培养学生创新思维能力			23		新技能的应用能力		
10		培养学生批判思维能力			24		新技术的应用能力		
11		指导学生创新创业能力			25		新工艺的应用能力		
12		指导学生升学能力			26		工艺技术革新能力		
13		培养学生职场准备能力			27		组织实施项目开发能力		
14		帮助学生向成人转变能力			28	专业实践能力	行业企业调研能力		

续表

序号	能力要素	观测点	培训前	培训后	序号	能力要素	观测点	培训前	培训后
29	专业实践能力	独立指导专业实践能力			52	教研与科研能力	国家科研项目		
30		社会培训和技术服务能力			53		学术著作		
31		独立指导专业实践能力			54		建立校企研发平台能力		
32		社会培训和技术服务能力			55		科研成果推广能力		
33		制定企业行业规范能力			56	反思与创新能力	解决问题的思维导向能力		
34		产学结合能力			57		反思督导听课意见		
35		行业企业的影响力			58		反思同行评教意见		
36		专业技能证书			59		反思领导评教意见		
37	教研与科研能力	教研教改研究能力			60		反思学生评教意见		
38	教研与科研能力	教学方法研究能力			61		利用反馈信息改进教学内容		
39		教材编写与出版			62		利用反馈信息改进教学方法		
40		指导学生竞赛获奖			63		利用反馈信息改善知识结构		
41		校级教学成果获奖			64		利用反馈信息提高判断力		
42		市级教学成果获奖			65		反总教学的有效性		
43		省级教学成果获奖			66		反思教学对学生成长的影响		
44		国家教学成果获奖			67		利用新发现调整教学能力		
45		横向科研项目能力			68		利用新思想新理论调整教学		
46		学术研究问题方向新颖明确			69		以言行塑造自身价值观念		
47		科研选题有创新			70		检查改进自身专业发展规划		
48		科研课题应用性强			71		认识到教师职业的特别要求		
49		校级科研项目			72		终身学习		
50		市级科研项目			73		教学自主创新能力		
51		省级科研项目			74		教学思维操作能力		

续表

序号	能力要素	观测点	培训前	培训后	序号	能力要素	观测点	培训前	培训后
75	反思与创新能力	教学创新观念蓝图能力			88	协调与合作能力	与学校员工有效合作能力		
76		教学创新形象蓝图能力			89		与行业企业建立稳定联系		
77		教学创新实践蓝图能力			90	评价与调控能力	与团队合作推动学校发展能力		
78	协调与合作能力	参与学校项目计划的制订			91		掌握所授课程评价要求		
79		认同和执行学校发展目标			92		掌握相关公共考试评价要求		
80		有与学生是学习团队的意识			93		掌握使用评价相关资源能力		
81		与学生有效沟通能力			94		自我职业发展规划能力		
82		与家长有效沟通能力			95		创新学生评价工具能力		
83		与同事讨论教学实践发展			96		有效使用评价学生与记录策略		
84		与同事分事成功实践经历			97		利用学生测评改进教育方式		
85		为同事提出建设性意见			98		关注学生出现新的学习需求		
86		与同事一道实现专业发展			99		为学生成长提供建设性反馈		
87		组建教学科研团队能力			100		制定师生相互促进学习目标		

在上表中，高职教师专业能力状况分为培训前和培训后两个阶段，每一项专业能力观测点均被赋值 1 分，总计 100 分，测评人员根据被测评教师在系统培训前后的表现情况给出相应的分值，由此便可测得该名教师相应的专业能力数值。如果以 60 分以下为差，60 ~ 69 分为较差，70 ~ 79 分为中，80 ~ 89 为良，90 ~ 100 分为优，那么以上结果不仅可以让我们测出该名高职教师培训前后专业能力分数所在的区间与水平等次，还可以测出该名高职教师培训前后专业能力发展变化情况。

假设高职教师专业能力培训后的总分数用 At 表示，培训前的总分数用 Bt 表示，培训提高分数用 Is 表示，则我们就可以建立如下单个教师专业能力提高分数计算方法和表达式：

$$Is = At - Bt$$

据此，如果该名教师专业能力提高率用 R′表示，那么其变化幅度计算式可表示如下：

$$R' = \frac{At - Bt}{Bt} \times 100\% = \frac{Is}{Bt} \times 100\%$$

通过对教师专业能力提高分数和提高率计算公式的进一步概括和归纳，我们还可提炼出同一批次高职教师在培训前后专业能力提高率公式的计算表达式：

$$I' = \frac{\sum_{At} - \sum_{Bt}}{\sum_{Bt}} \times 100\%$$

在此公式中，I′表示某批次教师的专业能力提高率，$\sum_{At}$ 表示某批次教师培训后的专业能力测试分值总和，$\sum_{Bt}$ 表示某批次教师培训前的专业能力测试分值总和。

高职教师专业能力发展测评方法的建立，揭示了教师专业能力培养与专业能力测评之间的本质联系和规律，从而确立起了高职教师专业能力提高率的理论计算公式。同时，通过专业能力发展测评方法和提高率计算公式的建立，我们还找到了一条关于高职教师专业能力培养和测评的可行性途径。因此，我们不仅可以从质的方面，还可以从量的方面测出高职教师个体或群体专业能力培养与发展变化状况，并有助于全面认识和掌握高职教师专业能力发展的水平，从而可以增强教师个人和学校改进教师专业能力发展与培养的自觉性。

参考文献

[1] United Nations Educational, Scientific and Cultural Organization. Recommendation concerning the status of teachers[R]. Paris, 1966.

[2] QING GUO-MENG, et al. The status and role of vocational teacher

education institutions in transforming the vocational teacher development model[J]. Chinese Education and Society, 2014(5): 55.
[3] JONATHAN WINTERTON, et al. Typology of knowledge, skills and competences: clarification of the concept and prototype[M]. Italy: European Centre for the Development of Vocational Training, 2006.
[4] 黄正夫. 教师专业能力体系研究——基于国家教师教育课程标准[J]. 内蒙古师范大学学报（教育科学版）. 2013（4）: 64～65.
[5] 教育部. 中等职业学校教师专业标准（试行）[S/OL]. 2013-09-20.
[6] Australian Training Products Ltd.Australian National Training Authority. TAA04 Training and Assessment Training Package[EB/OL]. 2004-11-23.
[7] Higher Education Academy. The UK Professional Standards Framework for teaching and supporting learning in higher education[S/OL]. 2018-03-29.
[8] National Board for Professional Teaching Standards. Career and Technical Education Standards[S/OL]. 2018-03-29].
[9] 王亚盛. 提升高职院校教师职业能力方法研究：职业能力结构要素与标准构建[M]. 北京：清华大学出版社，2014.

（该文发表于《高等职业教育探索》2018 年第 3 期，略有改动）

后　记

党的十八大以来，以习近平同志为核心的党中央把高校思想政治教育工作摆在突出位置，做出一系列重大决策和部署。党的十九大报告进一步强调，“青年兴则国家兴，青年强则国家强。青年一代有理想、有本领、有担当，国家就有前途，民族就有希望”。习近平总书记强调，高校思想政治工作是学校一切工作的生命线，思想政治理论课是落实立德树人根本任务的关键课程，思想政治理论课教学是思想政治教育工作的主渠道。成都职业技术学院高度重视思想政治教育工作和思想政治理论课建设，将其列入学院事业发展规划，在长期的办学实践中确立了“德行天下，技走人生”的校训和“成都服务，服务成都”的办学理念，取得了显著的育人成效。学院是国家骨干高职院校和国家优质校建设单位，是全国高职院校思想政治理论课建设联盟副秘书长单位，是四川高校“毛泽东思想和中国特色社会主义理论体系概论”课教学研究会副会长、副秘书长单位，是成都市职业院校思想政治理论课常务副会长单位，先后获得全国创业教育 50 强、高等职业教育育人成效、学生综合管理和思想政治教育创新案例 50 强，全面提升人才培养质量。

学院思想政治理论课教学科研团队深入贯彻党的十九大精神，坚持立德树人，按照《〈中共中央宣传部教育部关于进一步加强和改进高等学校思想政治理论课的意见〉实施方案》，加强和改进思想政治理论课建设。课程教学是提高人才培养质量的“最后一公里”，打造铸魂育人“金课”是课程建设的目标指向。什么是一堂好课？如何上好一堂好课？如何打造铸魂育人“金课”？是我们一直苦苦追问、全力解决的重大课题。在长期的实践探索中，我们坚持以提升教学实效为主线，以科研服务和师资队伍建设为两翼，全面加强和改进思想政治理论课建设，形成了鲜明的教学特色和显著的课程建设实绩，教师们发表了系列课程建设和教学改革的高质量论文。从中精选部分结集出版，不忘初心再出发、同行交流凝智慧，携手并肩提升思想政治理论课教学实效是我们一直以来的梦想和期盼。

本书是推动优质校建设的教学改革成果，该论著由蒋家胜、黄泽敏总体策划与设计，蒋家胜、黄泽敏、张冀、邓礼娟、张瑾瑜负责编辑整理，张冀负责整体书稿的汇总工作，最终由蒋家胜、张冀审定。思想政治理论课建设能够取得些许成绩，尤其是本书能够出版面世，离不开学院领导与专家的关怀与指导，离不开职能处室和教学院系的鼎力支持，离不开学院优质校建设办公室的指导与帮助，借此机会，一并致谢。由于时间仓促，加之作者和编者水平所限，难免有疏漏不当之处，敬请各位专家、读者批评指正。

编　者

2021 年 9 月